中国矿业发展报告

ZHONGGUO KUANGYE FAZHAN BAOGAO

(2021)

成金华　汤尚颖　主编

图书在版编目(CIP)数据

中国矿业发展报告.2021/成金华,汤尚颖主编.—武汉:中国地质大学出版社,2022.5
ISBN 978-7-5625-5269-7

Ⅰ.①中…

Ⅱ.①成… ②汤…

Ⅲ.①矿业发展-研究报告-中国-2021

Ⅳ.①F426.1

中国版本图书馆CIP数据核字(2022)第084390号

中国矿业发展报告(2021)	成金华　汤尚颖　主编
责任编辑:龙昭月	责任校对:何澍语
出版发行:中国地质大学出版社(武汉市洪山区鲁磨路388号)	邮政编码:430074
电　话:(027)67883511　　传　真:(027)67883580	E-mail:cbb@cug.edu.cn
经　销:全国新华书店	http://cugp.cug.edu.cn
开本:787毫米×1092毫米 1/16	字数:427千字　　印张:18
版次:2022年5月第1版	印次:2022年5月第1次印刷
印刷:武汉市籍缘印刷厂	
ISBN 978-7-5625-5269-7	定价:98.00元

如有印装质量问题请与印刷厂联系调换

前 言

2020年注定是极不平凡的一年。回首过去的一年，有许许多多不平凡的人和事，让人刻骨铭心，永载史册！"逆行者""不抛弃""不放弃""生命至上""人民至上""精准脱贫""精准扶贫"……这些2020年度最美和最有温度的热门词汇，无疑是对中国抗疫者和扶贫参与者无私奉献精神及中国人民共同抗疫、举国扶贫工作过程的真实写照。它们不仅处处闪烁着人性善良的光芒和体现着对生命的尊重，也温暖了国人，一次次地让人感动，而每一个感人的瞬间都已成为激发国人前行的力量；在净化人们心灵的同时，也充分彰显了在重大灾难和困难面前伟大的中国人民同心协力、团结合作、扶危济困、共渡难关的民族精神和战胜困难、砥砺前行的坚毅、勇敢、奉献及不屈的民族性格！他们的奉献，党不会忘记，国家不会忘记，人民更不会忘记！同时，经过持续八年的努力，近一亿绝对贫困人口全面脱贫、贫困地区全部摘帽的脱贫攻坚任务圆满收官则进一步彰显了中国集中力量办大事的制度优势和在"全面小康路上一个都不能少"的庄严承诺，是中国脱贫攻坚理论的具体成果，也是中国对人类减贫事业所做出的巨大贡献！

作为一个矿产资源种类丰富、地域分布广泛、开发利用程度较高、开发利用活动比较活跃的矿产品消费大国，为了尽快地克服新冠肺炎疫情和发展环境变化给中国矿业发展带来的不利影响，恢复正常的矿业发展秩序，应着力解决发展中存在的重要矿产资源和能源矿产供给能力严重不足、矿产资源供需矛盾突出、产业集中度不高、资源环境约束明显、部分产业产能过剩和区域发展不平衡、不充分等问题。为了在加快以国内大循环为主体、国内国际双循环相互促进的新发展格局建设的过程中，形成对国民经济健康和可持续发展的重要支撑，各级政府和矿业企业沉着应对，认真谋划，克难攻坚，在"促发展，惠民生，保稳定"等方面积极作为，加快绿色转型和高质量发展进程。在各方努力下，中国的矿业也得到了较好的发展，成为中国稳定发展的一支重要力量，并对世界矿业的发展产生了积极的影响。然而，在新发展格局下，如何在百年未有之大变局中适应新形势，应对新情况，解决新问题，全面推进"十四五"发展规划，着力解决影响我国矿业发展的制约因素，实现中国矿业的绿色转型和高质量发展，形成对国民经济和社会发展的重要支撑，为中华民族的伟大复兴贡献力量，已成为中国矿业发展面临的主要任务和重要课题。

本书共9章,分为绪论、中国能源矿业、中国黑色金属矿业、中国有色金属矿业、中国稀土矿业、中国建材矿业、中国化工矿业、中国矿业组织和中国矿业碳达峰与碳中和。全书主要以习近平新时代中国特色社会主义思想和党的十八大、党的十九大精神为指导,按照新时代新发展格局的要求,结合中国矿业发展的实际和发展战略的需求,通过对中国矿业发展现状、产业空间布局、产业发展绩效和发展潜力等问题的深入分析,提出促进中国矿业高质量、绿色和可持续发展的政策调整方向。

本书的出版得到了中国地质大学(武汉)资源环境经济研究中心(湖北省高等学校人文与社会科学重点研究基地)、中国地质大学(武汉)中国矿产资源战略与政策研究中心(中国地质大学(武汉)学术创新基地)2021年度开放基金重点项目"中国矿业发展报告(2021)"的资助。全书由成金华负责统稿和定稿工作,汤尚颖负责协调、写作分工和修改工作。初稿写作分工情况如下:第一章,刘江宜、邵阳、钟一聪、车德刚;第二章,龚承柱、贾维东、张康;第三章,洪水峰、罗伊敏、李梦亚;第四章,刘赟鋆、李志敏;第五章,易杏花、洪宸、何苗;第六章,徐翔、陈佳琪;第七章,倪琳、郭小雨、梅梦;第八章,朱冬元;第九章,孙莉、齐睿;资料整理,刘亚君、袁紫璇、郭瑛洁、车佩娟、楼怡江、柯友清、石志宇、章钺、李志敏、张欣竹、吴孟德、金斐翔、计雪珺、胡婧怡。

编 者

2021 年 12 月

目 录

第一章　绪论 …………………………………………………………………（1）

　第一节　中国矿业发展现状 ……………………………………………（1）

　第二节　中国矿业发展的支撑作用 ……………………………………（10）

　第三节　中国矿业发展环境分析 ………………………………………（12）

　第四节　中国矿业改革的主要进展 ……………………………………（15）

第二章　中国能源矿业 ……………………………………………………（20）

　第一节　中国能源矿业发展概况 ………………………………………（20）

　第二节　中国能源矿业空间布局现状 …………………………………（34）

　第三节　中国能源矿业发展绩效分析 …………………………………（42）

　第四节　中国能源矿业发展指数分析 …………………………………（53）

　第五节　促进中国能源矿业发展的政策建议 …………………………（60）

第三章　中国黑色金属矿业 ………………………………………………（65）

　第一节　中国铁矿石行业发展现状 ……………………………………（65）

　第二节　中国废钢产业发展现状 ………………………………………（69）

　第三节　中国钢铁和铁矿石未来需求分析 ……………………………（74）

　第四节　中国钢铁和铁矿石未来供给分析 ……………………………（77）

　第五节　"双碳"目标对中国钢铁行业的影响 …………………………（83）

　第六节　中国铁矿石行业发展政策建议 ………………………………（88）

第四章　中国有色金属矿业 ………………………………………………（90）

　第一节　中国有色金属矿业发展现状 …………………………………（90）

　第二节　中国有色金属矿业空间布局现状 ……………………………（105）

　第三节　中国有色金属矿业绩效分析 …………………………………（112）

　第四节　中国有色金属矿业的发展潜力探究 …………………………（120）

第五节 中国有色金属矿业发展政策建议 …………………………………… (129)

第五章 中国稀土矿业 …………………………………………………………… (134)

第一节 中国稀土矿业发展现状 …………………………………………… (134)
第二节 中国稀土产业上游公司生产绩效分析——非期望产出的DEA评价 …… (143)
第三节 中国主要稀土上市公司经营绩效分析——基于全局主成分分析法 ……… (147)
第四节 创新能力对稀土上市公司绩效的影响——基于规模门槛分析 ……… (156)
第五节 中国稀土矿业健康发展与绩效提升的对策建议 ……………………… (162)

第六章 中国建材产业 …………………………………………………………… (168)

第一节 中国建材产业发展现状 …………………………………………… (168)
第二节 中国建材产业空间布局现状 ……………………………………… (178)
第三节 中国建材产业绩效分析 …………………………………………… (182)
第四节 中国建材产业发展潜力分析 ……………………………………… (187)
第五节 中国建材产业发展政策的调整方向 ……………………………… (193)

第七章 中国化工矿业 …………………………………………………………… (197)

第一节 中国化工矿业发展现状 …………………………………………… (197)
第二节 中国化工矿业空间布局现状 ……………………………………… (205)
第三节 中国化工矿业绩效分析 …………………………………………… (213)
第四节 中国化工矿业发展政策的调整方向 ……………………………… (221)

第八章 中国矿业组织 …………………………………………………………… (226)

第一节 中国矿业市场分析 ………………………………………………… (226)
第二节 中国钢铁行业产业组织绩效分析 ………………………………… (228)
第三节 中国有色金属产业组织绩效分析 ………………………………… (230)
第四节 煤炭行业资本运作与公司绩效分析 ……………………………… (236)

第九章 中国矿业的碳达峰与碳中和 …………………………………………… (242)

第一节 碳排放现状 ………………………………………………………… (242)
第二节 中国矿业碳排放的主要来源 ……………………………………… (246)
第三节 中国矿业碳达峰与碳中和路线图 ………………………………… (253)
第四节 "双碳"目标下中国矿业发展与转型 …………………………… (259)

主要参考文献 …………………………………………………………………… (269)

第一章　绪论

作为人类工业化和城镇化的重要物质支撑,矿产资源的重要性在世界新冠肺炎疫情蔓延的过程中得到了充分的体现。本部分对2020年中国矿业发展问题进行总体分析,为中国矿产资源的安全供给问题提供解决方向。

第一节　中国矿业发展现状

矿产资源是由地质作用形成的,具有利用价值的有着固态、液态和气态的自然资源,是地壳在长期形成、演变、发展过程中的产物。矿业是从地下开采具有经济价值矿产的经济活动,是国民经济发展的重要组成部分。2020年,中国成功实现第一个百年奋斗目标,在更高起点上推进改革开放和经济发展。中国矿业发展在世界发展格局演变和新冠肺炎疫情暴发的背景下,机遇和挑战并存,矿业总体发展良好,为社会经济高质量发展提供了重要保障。

一、中国矿业发展基本情况

(一)矿产资源分布种类及储量

中国是一个矿产资源丰富的国家,矿产种类繁多,资源储备较丰富,为矿业的发展奠定了较好的资源禀赋基础。截至2020年底,中国已发现173种矿产资源,查明资源储量的有158种。其中,石油、天然气、煤、铀、地热等能源矿产13种,铁、锰、铜、铝、铅、锌等金属矿产59种,石墨、磷、硫、钾盐等非金属矿产95种,水气矿产6种,矿产资源种类齐全、储量丰富(表1-1)。据对已探明储量的矿产的统计,中国有45种主导地位矿产,其中一些矿产储量非常丰富,如稀土、钨、锡、钼、锑、铋、硫、菱镁矿、硼、煤等在世界上均排前列,有8种矿产资源储量位列世界第一,潜在价值居世界第三位。

中国矿产资源的勘查开发成效显著。自2011年国务院部署找矿突破战略行动以来,中国主要矿产资源产量逐年增长,金、钨、钼、锰、石墨矿产增长量占增产总量的50%以上,石油、天然气10年新增资源量分别为101亿t、6.85万亿m^3,发现17个亿吨级大油田和21个千亿立方米级大气田。矿产资源勘查开发重心逐步向西部转移、向海域拓展。西部石油新增探明地质储量和产量分别占全国总储量和总产量的 62% 和 34%,天然气占 85% 和 84%。2020 年,海域油气产量约占全国油气产量的 1/4。在全国新形成的 32 处非油气矿产资源基地中,25 处分布在西部。

表 1-1 2020 年中国主要矿产资源储量情况

矿种	矿产	储量	单位
能源矿产	煤炭	1 622.88	亿 t
	石油	36.19	亿 t
	天然气	62 665.78	亿 m^3
	煤层气	3 315.54	亿 m^3
	页岩气	4 026.17	亿 m^3
金属矿产	铁矿	1 087 800	万 t(矿石)
	铝土矿	57 650.24	万 t(矿石)
	锰矿	21 295.69	万 t(矿石)
	钛矿	20 116.22	万 t(TiO_2)
	锌矿	3 094.83	万 t(金属)
	铜矿	2 701.30	万 t(金属)
	锶矿	1 580.43	万 t(天青石)
	铅矿	1 233.10	万 t(金属)
	钒矿	951.20	万 t(V_2O_5)
	镍矿	399.64	万 t(金属)
非金属矿产	水泥用灰岩	3 426 600	万 t(矿石)
	钠盐	2 071 100	万 t(NaCl)
	磷矿	191 300	万 t(矿石)
	石膏	154 800	万 t(矿石)
	玻璃硅质原料	113 300	万 t(矿石)
	硫铁矿	69 470.86	万 t(矿石)
	高岭土	57 158.21	万 t(矿石)
	菱镁矿	49 475.87	万 t(矿石)
	膨润土	30 175.71	万 t(矿石)
	耐火黏土	28 259.68	万 t(矿石)

(二)中国矿业市场分析

2020年以来,全球矿产品价格持续上涨,中国矿业市场发展势头较好,但仍存在一些影响矿业发展的问题——中国矿业市场机遇与挑战并存。

1. 在疫情影响和经济下行背景下,矿产勘查投资和采矿业固定资产投资降幅明显

中国的矿产勘查投资以中央和地方财政投资为主。数据显示,2019年,社会投资占比仅约30%。在疫情和经济下行背景下,中央财政投资下降趋势明显,加之地质勘查的高风险性使社会融资难度提高,导致矿产勘查投资出现较大幅度的下降。2020年,中国矿产勘查投资871.85亿元,较2019年下降12.2%。其中,2020年油气矿产地质勘查投资710.24亿元,同比下降13.5%;2020年非油气矿产勘查投资161.61亿元,同比下降6.1%(图1-1)。

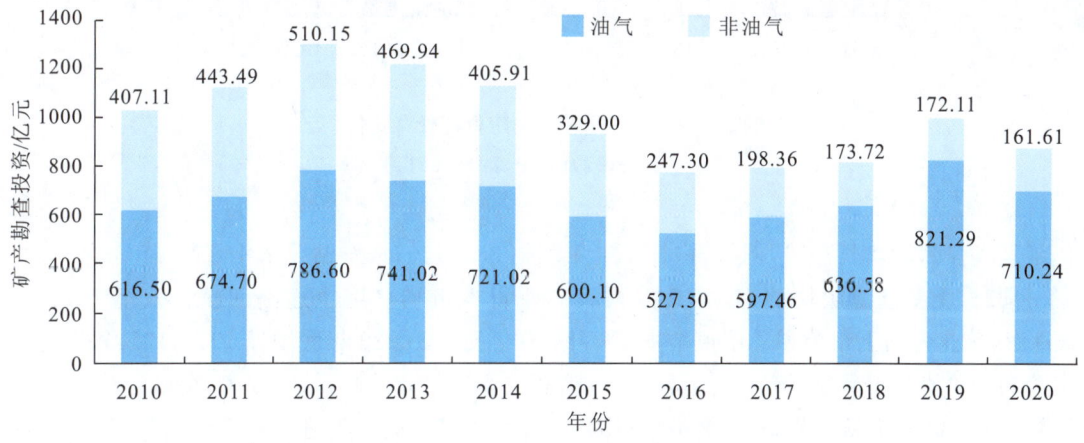

图1-1 2010—2020年中国矿产勘查投资变化趋势

(数据来源:自然资源部,2021)

2020年,相较于固定资产投资(作为疫情后修复经济刺激手段)的快速实施,采矿业固定资产投资脚步放缓,石油与天然气开采业固定资产投资大幅下降。2020年,采矿业固定资产投资较2019年减少14.1%,增速较2019年放缓38.2个百分点,低于全国固定资产投资增速17个百分点。在采矿业固定资产投资中,仅非金属矿采选业固定资产投资增长6.2%,煤炭采选业固定资产投资同比减少0.7%,石油与天然气开采业固定资产投资减少29.6%,黑色金属矿和有色金属矿采选业固定资产投资降幅收窄,同比下降10.3%和4.0%(图1-2)。

2. "双碳"目标下新能源相关上市公司表现抢眼,矿业资本市场持续回暖

在中国"碳达峰、碳中和"目标背景下,新能源相关上市公司表现良好,特别是三大新能源矿种(锂、钴、镍)市场关注度较高。2020年,天齐锂业、赣锋锂业、华友钴业、格林美等上市公司估价平均涨幅达81.2%,其中,龙头企业盛屯矿业、华友钴业、赣锋锂业涨幅分别达到74%、101%和191%。在2020年底,中国正式提出"双碳"目标后,新能源上市公司2021年

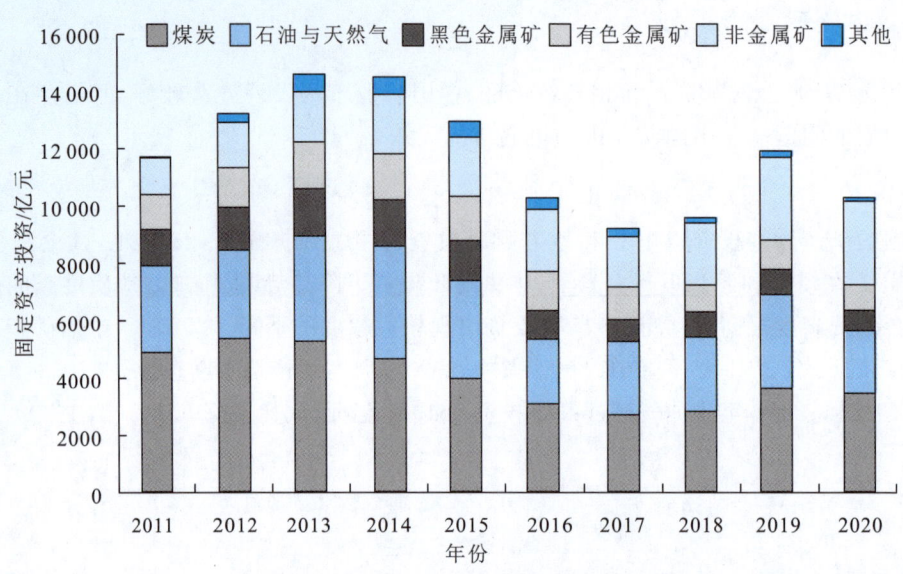

图 1-2 中国采矿业固定资产投资变化

（数据来源：自然资源部，2021）

仍延续了强劲的增长态势，例如，格林美半年涨幅 33.91%，华友钴业半年涨幅 44.33%。

同时，受新能源版块的带动，其他领域矿业资本市场热度也逐渐回暖。截至 2021 年 6 月底，矿业公司上市公司总市值增加至 3.84 万亿元，较 2020 年底增幅 19%，127 家矿业上市公司估价平均涨幅达 18.85%。其中，市值超过 500 亿元的公司达 16 家，突破千亿元的有 8 家。矿业资本市场自 2008 年金融危机以来，经过十多年的调整进入一个新的复苏周期（阴秀琦等，2021）。

3. 矿山生态修复工作稳步推进，市场开发前景良好

2020 年以来，中央财政分两批累计下达了 20 亿元专项资金，以支持 12 个省区开展黄河流域、青藏高原历史遗留矿山的生态修复治理工作，并对国家生态安全具有重要保障作用、生态受益范围较广、严重影响人民群众的历史遗留矿山问题予以重点解决。根据遥感监测数据，2020 年全国新增矿山恢复治理面积约 4.16 万 hm^2，包括在建和生产矿山、废弃矿山的生态修复两个方面。其中，在建和生产矿山新增恢复治理面积约 1.11 万 hm^2，占比 26.7%；废弃矿山的生态修复是重点，2020 年新增恢复治理面积约 3.05 万 hm^2，占比 73.3%。

中国矿山开采占地面积较大，并且中国的矿山生态修复起步较晚，还有很大的市场空间尚待挖掘。自 2009 年 5 月颁布《矿山地质环境保护规定》，中国的矿山生态环境修复和保护治理工作提上日程。相比于美国、德国等国的矿山生态恢复及复垦率达到 80% 以上，中国仅为 20% 左右（图 1-3）。中国矿山开采占用土地面积 5400 多万亩（1 亩 ≈ 666.67 m^2），历史遗留矿山占比超过 60%，如果这部分历史遗留矿山可以达到西方国家的修复比例，未来的生态修复市场潜力巨大。

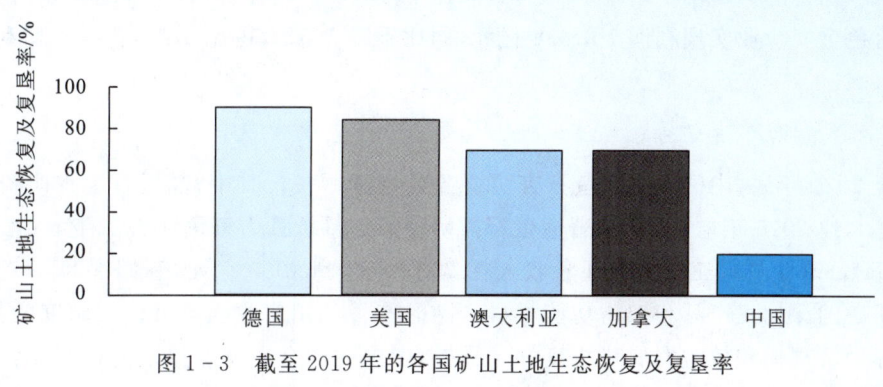

图1-3 截至2019年的各国矿山土地生态恢复及复垦率
（数据来源：北极星环保网）

(三)矿产品生产与消费现状

1. 能源矿产生产供应稳定,但存在能源对外依存度较高的风险

2020年,中国能源生产和供应链条基本稳定,能源生产企业积极克服疫情不利影响,有序推动复工复产,全年规模以上工业能源生产稳中有增,确保了能源供应,并提供了安全保障。全年一次能源生产总量为40.8亿t标准煤,较2019年增长2.8%;消费总量为49.8亿t标准煤,较2019年增长2.2%;能源自给率为81.9%。

从能源消费结构来看,在中国,化石能源消费仍占主体。在2020年的能源消费结构中,煤炭占56.8%,产量为39.0亿t,同比增长1.4%,消费量43亿t,同比增长0.6%;石油占18.9%,产量1.95亿t,同比增长1.6%,消费量6.7亿t,同比增长2.0%;天然气占8.4%,产量1 925.0亿m^3,同比增长9.8%,消费量3306亿m^3,同比增长6.9%。"富煤、缺油、少气"的能源禀赋特点决定了中国石油、天然气的对外依存度较高,分别达到70%、40%;而水电、核电、风电等非化石能源占比较小,为15.9%,在"双碳"目标背景下这部分清洁能源的占比有望得到进一步提升,减少碳排放的同时保障化石能源对外依存度较高可能带来的能源安全问题。

2. 金属矿产行业经营收入波动较小,但整体效益降幅较大

2020年1—10月,金属矿业累计营业收入107 641.6亿元,同比下降2.8%。其中,黑色金属行业实现营业收入61 426.2亿元,同比下降0.8%,占比57%,降幅较小,钢铁市场的快速恢复是主要原因。有色金属行业实现营业收入46 215.4亿元,同比下降5.2%,占比43%。2020年中国十大有色金属的比重稳定在50%以上,在全球有色金属总量中的规模优势明显。因江西铜业、中国铝业、紫金矿业等国内龙头企业的支撑,国内有色金属市场触底反弹。

矿业行业整体利润降幅较大,虽然稳住了产值,但经营效益出现较大幅度的下滑。金属矿业行业利润同比下降至13.8%,行业平均利润率为3.2%。其中以黑色金属行业降幅较大,黑色金属行业实现利润 2 138.9 亿元,同比下降 17.1%,占比 63%,行业平均利润率为 3.5%;有色金属行业实现利润 1 274.4 亿元,同比下降 7.5%,占比 37%,行业平均利润率为 2.8%。

3. 非金属矿产储量持续增长,产业量质齐升、集聚发展

截至 2020 年底,中国石墨和萤石查明资源量持续增长。其中,晶质石墨查明资源储量近 4.4 亿 t,比 2016 年增长 62%;普通萤石探明资源储量折算为氟化钙 2.22 亿 t,比 2016 年增长 8.56%;非金属矿工业主营业务收入在 2020 年达到 9000 亿元,利润率为 6.7%,其中产业链下游的深加工产品和矿物功能材料产品的产量和销售收入有着较大幅度的提升,行业的整体经济规模和效益发展势头良好。另外,中国的非金属矿业呈现向资源充裕地区集聚发展态势,已经初步形成了八大生产片区:石墨主要生产片区、萤石主要生产片区、硅质原料生产片区、重晶石生产片区、硅灰石生产片区、碳酸钙生产片区、膨润土生产片区和凹凸棒石生产片区。

(四)矿业企业发展现状

经过多年发展,中国已形成一批在国际上具备较强竞争力的矿业企业,在不同矿业领域引领中国矿业发展。2021 年初,加拿大 Mining.com 官网根据市场价值对全球矿业公司进行排名,选出了全球矿业公司 50 强。在这份榜单中,各行业的龙头企业均有上榜。表 1-2 为中国上榜的企业。

表 1-2 2020 年中国重点矿产公司介绍

名称	2020 年产值/亿元	主营业务
紫金矿业	1715	金、铜、锌等矿产资源勘查与开发,适度延伸冶炼加工及贸易金融业务等
山东黄金	636.64	黄金开采、选冶;黄金矿山专用设备、建筑装饰材料(不含国家法律法规限制产品)的生产、销售
洛阳钼业	1 129.81	基本金属和稀有金属的采、选、冶等矿山采掘及加工业务和矿产贸易业务
江西铜业	3 185.63	铜和黄金的采选、冶炼和加工,贵金属和稀散金属的提取与加工,有色金属及相关副产品的冶炼、压延加工与深加工,以及相关产品的贸易业务
兖州煤业	2 149.92	煤炭采选、煤炭销售、矿区自有铁路货物运输、公路货物运输、港口经营、煤矿综合科学技术服务、甲醇生产销售
北方稀土	212.46	生产经营稀土原料产品、稀土功能材料产品及部分稀土终端应用产品
天齐锂业	32.39	锂精矿及锂化工产品的生产、加工和销售

(1)紫金矿业位居第 18 名。2020 年 6 月,紫金矿业以 38.83 亿元收购西藏巨龙铜业 50.1% 的股权,主导开发中国已探明铜金属资源储量最大的斑岩型铜矿。收购完成后,紫金矿业权益铜资源量超过 6200 万 t,确立了公司在中国铜矿行业的绝对领先地位。

(2)山东黄金位居第 20 名。2020 年 6 月,《全球黄金年鉴 2020》发布会披露了山东黄金集团有限公司以 47.9t 的产金量首次跻身全球产金企业第 10 位,标志着中国黄金企业做大做强取得了初步成果。

(3)洛阳钼业位居第 28 名。该公司以钼钨的采、选、冶、深加工为主,集科研、生产、贸易为一体,公司主要业务分布于亚洲、非洲、南美洲、大洋洲和欧洲五大洲,是全球领先的钨、钴、铌、钼生产商和重要的铜生产商。

(4)另外,还有江西铜业(第 30 名)、兖州煤业(第 35 名)、北方稀土(第 42 名)和天齐锂业(第 47 名)也入选了全球矿业企业前 50 强,代表着中国矿业企业发展的领先水平,在国际矿业领域享有较高的知名度和认可度。

二、中国矿业区域发展情况

(一)矿产资源储量区域分布现状

中国能源矿产资源比较丰富,种类齐全,总体来看,主要分布在中国的西部和北部。作为中国的主要能源,煤炭的资源储量和产量均居全球前列。中国煤炭产量开采强度远超其他国家,以煤电为主的能源消费结构和富煤优势决定了这一特点(图 1-4)。中国煤炭资源蕴藏量大且分布广泛,地区间储量丰度差异十分悬殊,东部少,西部多,北部丰,南部贫,形成中国工业用煤北煤南下、西煤东运的局面。2020 年中国煤炭产量达到 39 亿 t,约占全球产量(77 亿 t)的 51%,主要分布在山西、内蒙古、陕西、新疆、贵州等煤储量较高地区。

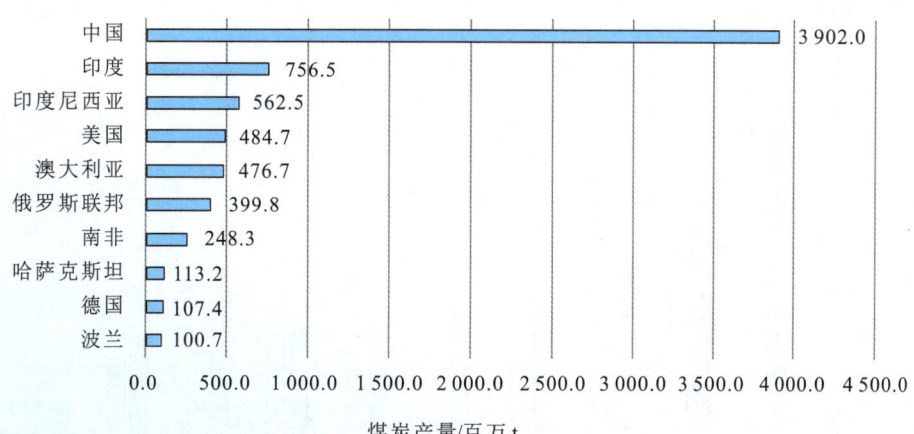

图 1-4 全球煤炭产量排名前 10 的国家

中国石油资源整体产量较低,分布较为广泛。集中分布在渤海湾、松辽、塔里木等八大盆地地区的油田,可采资源量172亿t,占全国的81.13%。2020年石油产量前10的省区市包括拥有渤海油田和大港油田的天津,拥有大庆油田的黑龙江,拥有塔里木油田、新疆油田的新疆,以及陕西、山东等地,其中天津、黑龙江、新疆2020年石油产量分别达到3242万t、2917万t、3001万t。

中国金属矿产资源是世界上储量比较丰富的国家之一,部分矿产分布较为集中。探明储量居世界第一位的金属矿产资源主要有钨、锡、锑、钼、稀土、钛等,全国60%的铁矿保有储量集中分布在辽宁、河北、山西、四川等地;82%的铝土矿探明储量主要集中在山西、贵州、河南、广西等地。

中国非金属矿产资源品种比较齐全,储量丰富,菱镁矿、石墨、膨润土、重晶石、明矾石等矿产的探明储量居世界前列。然而,一些非金属矿产分布不平衡,南方内陆地区矿藏较为丰富,而在沿海地区的非金属矿产探明储量尚不能满足本地区的经济发展需要。例如,中国80%以上的磷矿分布在云南、贵州、湖北、四川、湖南等南方地区,北方大量用磷则需南磷北调。

(二)矿业市场区域分布情况

从上游采矿业来看,山西、陕西、内蒙古、四川等中西部地区矿产资源较为丰富,2020年的矿业产值位居前列,分别达到7758亿元、4051亿元、3860亿元和2369亿元。同时,受疫情和部分矿业降产能的影响,2020年各地区的矿业产值都有不同程度的下降(图1-5)。从中下游矿业相关制造业来看,山东、江苏、广东、河北等东部地区因自身工业发展程度较高,相关产值较高,矿业市场发展出现了一定的要素空间错配,并且与上游采矿业变化情况类似,2020年采矿业产值增加较少或者出现了一定程度的下降。

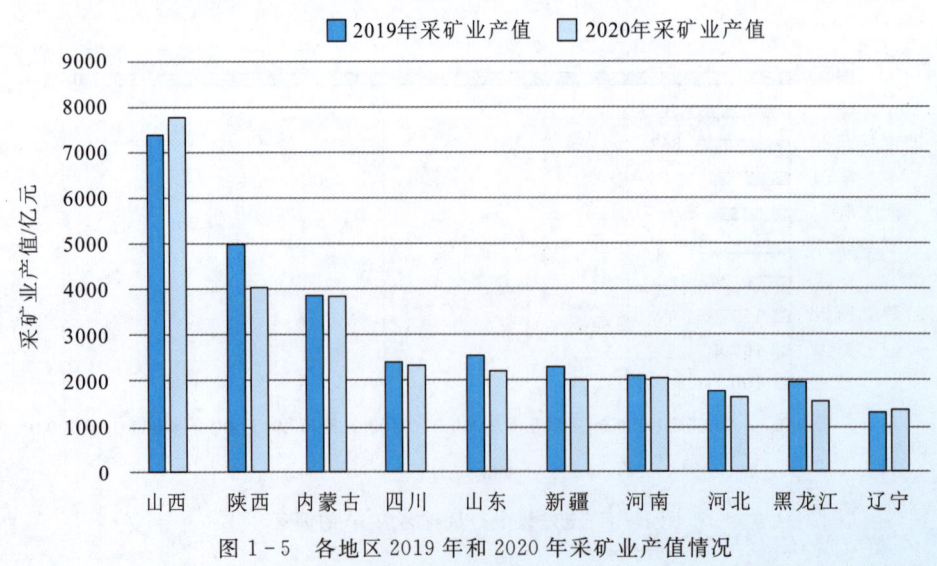

图1-5 各地区2019年和2020年采矿业产值情况

分区域来看,2020年西部地区和中部地区的采矿业产值占比近75%(图1-6),与中国矿产资源分布的比例基本一致。中西部地区地质构造复杂,矿产资源成矿条件优越。就中下游的相关冶炼、加工和矿产品制造业而言,2020年西部地区则占比较小,东部地区工业发展程度和产业链体系比较完善,贡献了全国近一半的矿业制造业产值。

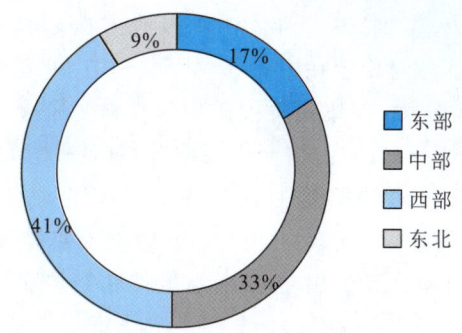

图1-6 2020年中国采矿业产值的区域分布情况

三、中国矿业发展中存在的主要问题

(一)关键矿产供需缺口较大,高对外依存度影响矿产资源安全

中国虽然矿产资源总量丰富,矿种齐全,但仍有部分关键矿产资源供需缺口较大。在45种战略性矿产资源中,中国短缺或不能保证自给的就多达27种,并且一半以上依赖进口。

关键矿产的自身供应不足导致中国每年需从海外进口大量矿产品,部分矿种对外依存度较高(表1-3)。中国的铁矿石对外依存度达84%,主要依赖于澳大利亚和巴西;铝土矿对外依存度达55%,进口主要来源为马来西亚和澳大利亚;石油矿产对外依存度达70%,主要依赖于俄罗斯和沙特阿拉伯等。对外依存度较高导致资源供应链安全受外部因素影响较大,这对中国形成完备的工业体系是一个隐患。近年来,美国针对中国关键矿产与材料产业出台多个行政令,如美国联合澳大利亚、巴西、刚果(金)和赞比亚等10个国家加入《能源资源治理倡议》,组建矿产资源大联盟。这10个国家是中国矿产资源进口主要来源地,也是中国最主要的海外矿业投资地。其中中国94%的铜矿海外权益产量、60%的锂矿海外权益产量来自上述国家,对中国的矿业发展和能源安全保障十分不利。

表1-3 中国重要矿产资源对外依存度及主要进口来源

矿产资源品种	对外依存度/%	主要进口来源
铁矿石	84	澳大利亚(对外依存度接近60%)、巴西
铝土矿	55	马来西亚、澳大利亚(对外依存度43%)、印度
铜矿	69	智利(对外依存度17.3%)、秘鲁、蒙古、澳大利亚
钾肥	51	加拿大、俄罗斯

(二)矿山生态修复动力不足,巨大市场空间有待挖掘

就资源型城市而言,矿山支撑了地区经济快速发展,但同时又面临前期开发模式粗放、弃矿废矿现象等带来的土地破坏严重、生态环境恶化等问题,矿山的生态修复问题近年广受社会关注。据统计,从2009年到2018年,中央和地方拨付的矿山生态修复资金总计654.6亿元,年均仅65亿元,相对稳定在中央35亿元、地方30亿元左右。矿山生态修复资金投入高、时间周期长、风险较大,导致现阶段矿山生态修复资金主要来源于中央和地方财政,社会资本投入较少。将废弃矿山变成"金山银山"的难度较大,投入和回报不成比例导致矿山企业在完成矿山生态修复时的积极性不高,只是被动完成任务。同时,对地方政府而言,矿山生态修复所需财政资金投入较大,且见效慢,效果不明显,政府更愿意将有限的财政资金投入到见效快的工程上,导致矿山生态修复虽然市场空间较大,但现阶段发展仍较缓慢。

为解决这一问题,2019年12月自然资源部出台了《关于探索利用市场化方式推进矿山生态修复的意见》,旨在解决矿山生态修复市场动力不足和资金投入不足等突出问题,矿山生态修复市场空间有望在进一步市场化探索后得到充分挖掘。

(三)矿业权管理制度不完善

为促进矿产行业有序发展,中国不断完善矿业权制度体系,并随着市场环境的变化及时做出相应调整。但在具体的矿业权产权管理中,由于市场、政府部门的影响,仍存在新立矿业权难度大、矿业权转让难、矿业权退出难等问题。

首先,为保障国家资源安全,各级政府对矿业权的设置态度谨慎,随着产权制度的不断完善,新立矿业权"准入门槛高,审核流程长"的问题逐渐凸显,新立矿业权难度逐年提高。其次,因中国的矿业权转让要求较严,程序较烦琐,目前矿业权转让市场不够活跃。最后,前期粗放式的发展导致中国弃矿废矿情况较严重,矿业权的退出缺乏相应的制度支持,不利于矿业权的管理。

第二节 中国矿业发展的支撑作用

自然资源是社会文明发展的物质基础,矿产资源是其重要组成部分,矿业是社会经济运行的基础性产业。受疫情影响,在经济下行背景下,矿产资源需求萎缩,矿业发展受阻较大。中国矿业的恢复和持续发展不仅为后疫情时代中国经济恢复提供资源要素支撑作用,也对稳定全球矿业市场和中国发挥世界经济引擎作用具有重要意义。

一、矿业发展对世界经济的影响

(一) 全球矿业市场分析

2020年,全球新冠肺炎疫情使矿业勘查和投资受到较大影响,导致全球矿产品供应缺口变大,全球矿产品资源供应能力受到不同程度的影响。由于各国采取疫情限制措施,能源矿产需求出现短期下降,矿业勘查活动的热度在疫情初期大幅下降,但从2020年4月开始迅速回升。2020年全球矿产勘查投入、采矿业投资总额分别约为83亿美元、2900亿美元,相比2019年分别减少11%和13%。在矿产资源供给方面,据不完全统计,全球共36个国家或地区的276座矿山相继关停,受疫情影响的采矿业项目超过1600个,导致2020年全球主要矿产品产量相较2019年下降3.7%,其中能源矿产品、金属矿产品和非金属矿产品分别同比下降5.1%、1.4%、0.5%。

伴随着世界经济复苏以及国际地缘政治分裂加剧、矿山开采受阻以及矿产品运费激增等问题,矿产品价格屡创新高,全球矿业指数大幅增长。其中,煤炭、天然气、铁矿石、铜、铝、锂、镍、钴等矿产品价格皆创近年来新高。2021年全球矿业指数年内均值为105,比2020年(均值为88.6)增长18.5%,比2019年增长39.7%。在疫情期间,全球矿业指数大幅增长的原因主要有:①面对经济环境下行,全球各国采用量化宽松的货币政策刺激经济,矿产品作为产品链的上游原材料,价值稳定,获取渠道广泛,更受到资本的青睐;②因疫情影响,全球地缘政治多极化加剧、国际矿山生产和国际海运受限,矿产品出现区域性短缺,导致煤炭、天然气、铁等产品价格大幅上涨,例如澳大利亚动力煤离岸从2020年1月的78.2美元/t上涨至11月的235.4美元/t,纽约商品交易所铁矿石(品位62%)同比上涨48.8%,带动股票价格持续走高。

(二) 矿业发展对世界经济增长的贡献分析

2018年矿业为人类提供227亿t的能源矿产、金属矿产和重要非金属矿产,总产值高达5.9万亿美元,相当于全球GDP的6.9%。其中,能源矿业产值4.5万亿美元,占世界矿业总产值的76%,金属矿产占12%,重要非金属矿产占12%。矿业在全球经济社会发展中的地位愈发重要。

矿业是亚非拉等区域发展中国家的支柱性产业。刚果(金)、赤道几内亚、安哥拉、哈萨克斯坦、秘鲁等20多个国家矿业产值与GDP之比超过了20%。它们凭借本国丰富的矿产资源,通过发展上游采矿业和中游冶炼产业,加速推动本国工业化进程。美国、欧盟等发达国家和地区的再工业化进程和振兴制造业计划,也对一些重要矿产资源提出了更高的需求,特别是对稀土矿、锂钴镍等新能源矿产和萤石等重要矿产资源加强勘查开发力度。矿业发展对各国经济发展和产业进程起到重要推动作用。

二、矿业发展对中国经济和社会发展的影响

中国是全球最大的矿产资源生产国和消费国之一,在全球矿业市场的生产端、消费端都具有较大的影响力,矿业发展是中国经济社会发展中不可分割的一部分。

在能源矿产方面,煤、石油、天然气等主要能源供应持续增长,为中国经济社会发展提供了持续的动力,同时,自2020年受到新冠肺炎疫情冲击以来,煤、电、油、气供需衔接平稳有序,也为疫情防控和经济社会稳定恢复提供了有力支撑。另外,在清洁能源革命和矿业高质量发展背景下,能源矿产行业也做出了积极回应。例如2020年前3个季度,规模以上工业水电、核电、风电、太阳能发电等一次电力生产占全部发电量的29.2%,比2019年同期增加了约1个百分点,其中9月份的一次电力生产比重比2019年同期提升3.4个百分点,达到33.1%,清洁能源生产电力比重也明显得到提高。

在金属矿产领域,特别是有一些关键金属,不仅能保障基本产业链条,例如电气、农业、医药、轻纺产业的完整,在高科技、军事、核工业和航空航天等重大战略领域也应用广泛,已经成为支持战略性新兴产业发展的重要材料,目前已经成为当前矿产勘查的重要目标。因此,金属矿产资源的开发,除了可以促进区域经济发展外,对中国未来重大战略领域的科技突破也有着不可或缺的作用。

在非金属矿产方面,非金属矿业在新一轮科技革命和国际竞争中扮演的角色也越来越重要。在"十三五"期间,石墨、萤石等非金属矿产资源被列入战略性矿产目录中,带动产业快速发展,其中晶质石墨2019年探明资源量较2016年增长近80%,方解石增长近35%(《非金属矿行业"十四五"发展规划及2035年远景目标》中非协字〔2021〕第028号)。产储量增长的同时,经济效益也不断提升,全行业主营业务收入从2016年的6400亿元,增长至2020年的9000亿元,利润从2016年的410亿元,增长至2020年的600亿元。除了产业上游的初次加工产品外,深加工产品和矿物功能材料产品的产量和收入均有较大幅度提升。据统计,主要非金属矿种的深加工产品产值比例已接近60%。非金属矿业发展对中国产业价值链延伸也起到了重要作用。

第三节 中国矿业发展环境分析

2020年,世界发展格局伴随着新冠肺炎疫情暴发进一步重组,在国际、国内环境显著变化的背景下,中国矿业发展环境影响因素众多,机遇和挑战并存。

一、世界经济社会发展环境的变化对中国矿业市场发展的影响

2020年,国际社会经济形势变动较大。联合国发布的《2020年世界经济形势与展望年

中报告》显示，2020年全球经济预计萎缩3.2%，发达国家经济萎缩5%，发展中国家经济萎缩0.7%。2020—2021年，全球经济产出累计损失将达8.5万亿美元，几乎抹去过去4年的全部增长。在此背景下，中国的矿业产业同样也受到影响，采矿业投资及营收相对于2019年都明显下滑，但中国作为全球经济复苏最快的主要经济体，国内矿产企业在矿产进口等方面保持上升态势，表现出较强韧性。

（一）矿产进口保持上升水平

受经济波动的影响，2020年全球贸易额大幅萎缩10%以上，但中国仍然是全球最大的大宗矿产买家。2020年1—11月，除煤炭外，原油、天然气等大宗矿产进口量持续上升。其中，原油进口量5.0亿t，比2019年提高1.6个百分点；天然气进口量1 248.0亿m^3，比2019年下降0.1个百分点；铁矿石进口量10.7亿t，比2019年提高1.3个百分点。

（二）采矿业营业收入及投资额下降明显，采选业发展保持平稳

国家统计局数据显示，受全球经济下滑及新冠肺炎疫情等的影响，2020年中国采矿业规模以上企业营业收入约为31 621亿元，比2019年下降31.5%，2020年采矿业投资额为8434亿元，比2019年下降14.1%，下滑幅度明显。2020年1—11月，采选业发展水平基本保持平稳。与2019年基本持平。其中，煤炭采选业增加值累计同比增长1.2%，石油与天然气开采业同比减少0.1%，黑色金属矿采选业同比减少2.1%，有色金属矿采选业同比减少0.1%，非金属矿采选业同比减少0.5%。

二、"双碳"目标对中国矿业发展的影响

2020年9月22日，国家主席习近平向世界宣布，中国"二氧化碳排放力争于2030年前达到峰值，努力争取2060年前实现碳中和"（习近平，2020）。作为国民经济序列中的基础产业，矿业为很多行业提供原材料和能源，具有不可或缺的重要作用。在"双碳"目标背景下，矿业行业面临实现"双碳"目标带来的新机遇和挑战。

（一）低碳产业所需要的矿产资源需求增加

首先，"双碳"目标作为全球共识，全球能源绿色低碳转型意味着能源系统从燃料密集型向材料密集型转变。这将导致新能源矿业所需要的重要矿产资源呈爆发式增长，矿产资源将在全球能源转型过程中发挥至关重要的作用。其次，"双碳"目标将倒逼矿产资源技术创新，政府、企业、高校、科研机构等社会力量的投入会更加明显。围绕"降碳"这一核心目标，通过高新技术进一步优化中国矿产资源的配置模式，生产出更加低碳、绿色的矿产品，更加符合新能源矿业的需求，提高中国矿业企业在国际上的竞争力，增加企业效益，从而投入更多成本在技术端进行改良，形成良性循环，更快、更高效地实现"双碳"目标。

(二)兼顾经济发展和"降碳"任务艰巨

作为"双碳"目标的实现路径之一,推动高能耗产业的绿色转型一直是中国重点关注的问题。中国的矿业行业碳排放的主要来源是矿产在勘查和开采过程中产生的排放、矿产选冶及加工过程产生的排放、化石燃料在燃烧过程中产生的排放及车辆使用化石燃料产生的排放(赵腊平,2021),而这些细分行业恰好处于中国碳排放量的前列。国家统计局及招商证券的数据显示,2018年中国碳排放量排名前10的细分行业中有5项与矿业产业有关(图1-7)。这足以说明,矿业行业中的细分领域仍然是中国碳排放的主力军之一。

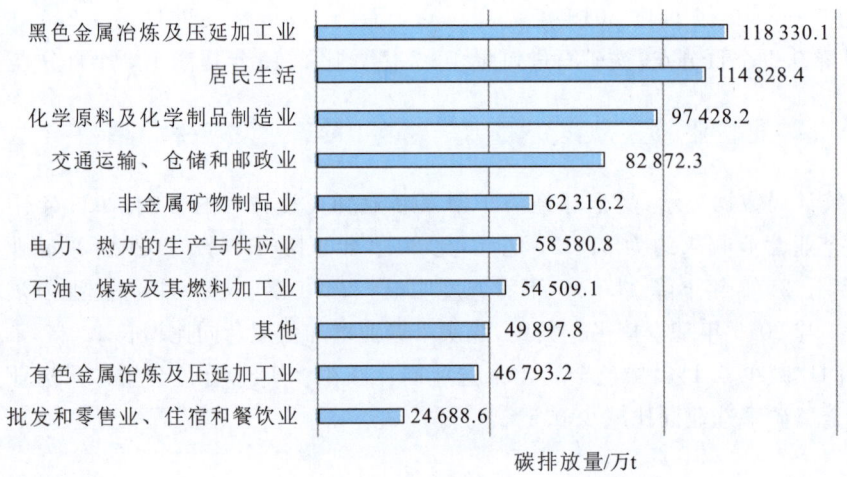

图1-7 2018年中国碳排放量排名前10的细分行业

与此同时,"降碳"目标的约束会使得开采成本大幅度增加,建设绿色矿山、填充开采、保水开采等煤炭资源绿色开发技术普遍存在效率低、效益差等问题,从而削弱煤炭资源价格竞争优势,这样就会导致企业不愿意推动产业的绿色转型。在绿色转型过程中如何兼顾经济发展与降碳之间的平衡,是在"双碳"背景下推动矿业转型需要重点考虑的问题。另外值得注意的是,《中国矿产资源报告(2020)》数据显示,截至2019年底,中国煤炭探明资源储量约为1.74万亿t(自然资源部,2020)。煤炭是中国最丰富且使用量最大的能源矿产,中国能源结构决定了煤炭资源仍然是短期内无法被替代的,所以如何推动煤炭等中国储量较为丰富矿产的绿色开发和清洁低碳利用,对实现"双碳"目标是至关重要的。

三、新冠肺炎疫情对中国矿业发展的影响

新冠肺炎疫情给中国经济社会带来了严重影响,也对中国矿业发展带来了较大冲击。

第一,大部分矿产品价格下跌,上市企业股票持续性下跌。在疫情发生后,除黄金等少数金属的价格受避险情绪影响有所上涨外,铁矿石、铝、铅、锌、镍的价格均出现不同程度的

大幅下跌。国内外大宗矿产品的现货价格和期货价格均遭遇大幅下跌,国内外上市企业的股价大幅下跌,如2020年初开始,中国矿业、五矿资源等国内大型矿产企业股票全部开始下跌。

第二,矿业公司正常的生产和经营活动受到很大影响。在疫情防控期间,国内矿产企业面临着用工普遍紧张,复工复产较为困难的局面。尤其是煤炭、钢铁等传统矿业企业,矿产资源一般处于偏远地区,需要大量的人力、物力及运输保证才能正常运转。这也导致全国部分煤矿企业停产,钢铁行业也面临延迟开工、钢材下游需求锐减、库存持续增加等一系列问题。

针对国内矿业企业所面临的难题,政府及国家金融机构发布一系列举措尽可能保证矿业企业的正常运行。一是针对矿业企业复工复产过程中遇到的问题,自然资源部相继发布《关于疫情防控期间自然资源部矿业权审批登记申请有关事项的函》等4项政策措施,全国各省区市自然资源主管部门先后出台了多项涉矿政策,内容涉及适当延长矿业权有效期、实行线上审批等,以保证国内矿业企业的正常运转。二是对于全球矿产品价格下跌等问题提供大量的金融支持,中国人民银行、银保监会等5个部门出台了《关于进一步强化金融支持防控新型冠状病毒感染肺炎疫情的通知》(银发〔2020〕29号),要求对于有发展前景但受疫情影响暂遇困难的企业,金融机构"不得盲目抽贷、断贷、压贷",应当给予信贷支持,尽可能减少疫情给矿业企业带来的冲击。

第四节 中国矿业改革的主要进展

中国一直致力于进行矿业改革,优化矿业运行管理体制,完善矿业交易体系,推动矿产资源市场进一步扩大开放,让市场在矿产资源配置中起决定性作用,发挥政府有效调控作用。为加强矿产资源勘查、开发利用和保护的统一规划,2019—2021年,针对矿产资源管理的改革进展成效显著。

一、矿产资源储量管理改革及成效

矿产资源是矿业开发的对象,明确矿产资源储量管理对矿业发展至关重要。2020年5月,全国国土资源标准化技术委员会出版了《固体矿产资源储量分类》(GB/T 17766—2020)和《油气矿产资源储量分类》(GB/T 19492—2020)两项国家标准。前者对固体资源量和储量类型划分,资源量与储量的相互关系,资源量和储量的公开发布等内容进行了规范,后者对勘探开发阶段划分、类型划分、储量状态、公开发布与使用进行了标准化。两项国家标准的相继出台对确定矿产资源储量分类标准、具体定义和操作方法等进行了标准化,对推动中国矿产资源储量改革具有重要意义。同时,新标准的实施也将加速中国与各矿业强国矿业企业和资本市场的互认,提高中国矿业技术水平和人才素质,推动中国矿业进一步融入国际市场,助力中国经济与社会长远发展。

2020年7月,《自然资源部办公厅关于完善矿产资源储量动态更新机制 做好矿产资源国情调查工作的通知》(自然资办发〔2020〕36号)就健全完善矿产资源储量动态更新机制提出指导性意见,旨在摸清中国重要矿产资源数量、质量、结构和空间分布情况,进一步明确了储量管理改革的重要意义,并在储量管理标准化基础上,更进一步探索完善动态储量管理相关机制建设,促进了矿产资源储量改革进程。

二、矿业权改革及成效

矿业权,即矿产资源的使用权,分为探矿权和采矿权两个部分。进行矿产资源勘查、开采等活动的先决条件即取得矿业权,因此矿业权的交易是矿产资源分配的外在形式。落实市场在配置矿产资源中的决定性作用的重要举措之一就是健全矿业权出让制度。2019年12月,自然资源部印发《关于推进矿产资源管理改革若干事项的意见(试行)》,在矿业权出让制度改革方面全面推进矿业权竞争性出让,严格控制协议出让,积极推进"净矿"出让,实行同一矿种探矿权采矿权出让登记同级管理。相关改革政策不断实施和完善,矿业权市场的竞争程度充分加强,矿业权竞争出让比例不断提高,促进了矿产资源的配置效率的有效提升。

三、资源税改革及成效

2020年9月,《中华人民共和国资源税法》(以下简称《资源税法》)正式施行。《资源税法》对税目进行了统一的规范,将目前所有的应税资源产品都在税法中一一列明。目前所列的税目有164个,涵盖了所有已经发现的矿种和盐。按照现行制度规定,资源税按不同的资源品目分别实行固定税率和幅度税率,实行固定税率的包括原油、天然气、钨、钼等,其他资源实行幅度税率。对共伴生矿、低品位矿、尾矿以及因意外事故和自然灾害等原因遭受重大损失的,《资源税法》授权各省确定减免资源税的具体办法。

典型的如在稀土相关领域,《资源税法》明确规定:中重稀土实行固定税率,税率由原来的27%降至20%;轻稀土实行幅度税率,税率为7%~12%。稀土企业的收益主要体现在企业的盈利上,而企业的盈利指标中,又以收益性指标为主,包括企业的销售净利率、销售毛利率和成本利润率等。资源税的改革有利于促进资源产业持续健康发展。新的制度体现了合理税负的原则,不仅能有效调整资源收入,合理提高国家财政收入,而且有助于企业走出当前的生产经营困境,激发市场活力。

此次资源税费改革的目标是,通过全面实施清费立税、从价计征改革,理顺资源税费关系,建立规范公平、调控合理、征管高效的资源税制度,有效发挥其组织收入、调控经济、促进资源节约集约利用和生态环境保护的作用。

四、绿色矿山建设

近年来,各地方政府要求矿山企业自觉践行"绿水青山就是金山银山"的理念,高度重视强管理,多措并举提效益,全力唱响矿井绿色发展主旋律。2020年3月,自然资源部发布了《关于开展矿产资源规划(2021—2025年)编制工作的通知》,要求明确各级规划定位、强化资源安全保障、优化资源勘查开发保护布局与结构、推进资源高效利用和加快矿业绿色发展。

随着中国矿业绿色发展的不断深入,绿色矿山建设取得了5个方面的转变:一是从"要我建"到"我要建";二是从试点示范到全面推进;三是从行政推动到标准引领;四是从企业自律到社会监督;五是从倡导引导到激励约束并举(中国砂石协会,2020)。建设绿色矿山、发展绿色矿业是中国矿业发展的必由之路,建设绿色矿山业已成为新时代矿产资源开发管理与矿业改革发展的重要方向和工作抓手。绿色矿山建设的主要对策:一是注重建设的规划性;二是完善配套政策措施,建立长效激励机制;三是做好煤炭绿色矿山建设标准体系建设;四是技术创新。

目前共有954家矿山企业达标纳入全国绿色矿山名录库,接受社会监督。绿色矿山建设正在全国全面推进,通过矿山布局优化调整、资源高效利用和矿山地质环境治理恢复等措施,逐步改善矿区生态环境,恢复生态系统,产生了明显的环境效益、社会效益和经济效益。绿色矿山建设是一个历史大趋势。

五、矿业重点行业进展

(一)石油行业

近年来,国际形势渐趋复杂,全球经济政治动荡加剧导致不确定因素增加。面对风云莫测的全球油气市场,中国持续加大油气勘探开发力度,实现油气产量双增,行业市场化改革进程不断推进,形成了全产业链开放发展格局。

"三桶油"签订的合作协议使得2019年成为油气勘探开发的"丰收年"。中国石油化工集团有限公司(以下简称中石化)与中国海洋石油集团有限公司(以下简称中海油)签订合作框架协议,协议内容涉及双方在渤海湾、北部湾、南黄海和苏北盆地的19个探矿权,总面积约2.69万 km^2。在此之前,中国石油天然气集团有限公司(以下简称中石油)与中海油、中石油与中石化分别签署了油气勘探开发协议。这意味着"三桶油"打破了彼此各自为战的利益格局,加强合作,引领了新一轮油气勘探开发浪潮,为中国能源安全提供了有力保障(新华社,2019)。

中国于2020年5月正式实施《关于推进矿产资源管理改革若干事项的意见(试行)》,全面开放油气勘查开采市场,意味着中国国有石油企业专营局面的结束。在这之后,国家管网集团全面接管油气管道资产,中国油气干线管道实现互联运行。2020年9月,国家石油天然气管网集团(以下简称国家管网集团)举行油气管网资产交割暨运营交接签字仪式。按约定,国家管网集团将全面接管原分属于三大国有石油公司的油气管道资产,实现国内主要干线管道全部正式联网运营。同年,油气勘探开发取得新成果,中国石油国内上游业务油气开发实现多个标志性突破——油气年产量当量突破2亿t,天然气当量突破1亿t,一批油气田攀上油气当量新高峰,长庆油田油气当量突破6000万t,西南油气田建成300亿m^3战略大气区,塔里木油田油气产量超3000万t。

(二)煤炭行业

在国家加大节能减排力度、推动大气环境治理的绿色发展要求下,煤炭行业也面临着新能源和可再生能源崛起产生的替代作用的部分影响,因此,在这种背景下,煤炭行业着力提高自身利用效率,促进高质量发展,并随着煤炭行业供给侧结构性改革不断深化,保持煤炭市场供需平衡,尽量使煤炭价格在一个合理区间内波动。

科技进步在煤炭行业转型过程中发挥着重要作用,2020年2月,国家发展和改革委员会、国家能源局等8个部门联合印发了《关于加快煤矿智能化发展的指导意见》。该文件提出,到2025年,大型煤矿和灾害严重煤矿基本实现智能化;到2035年,各类煤矿基本实现智能化,构建多产业链、多系统集成的煤矿智能化系统,建成智能感知、智能决策、自动执行的煤矿智能化体系。此后,山东、山西等省份陆续出台地方煤矿智能化建设方案。2020年9月24日,全国煤矿智能化建设现场推进会在山东召开,71处煤矿进入国家首批智能化示范煤矿建设名单。

掘进体系也是煤矿智能化建设的短板,掘进效率低是制约煤矿安全、高效生产的关键。目前全国已建成煤矿智能化掘进工作面123个,具备环境感知、自主导航、自动截割等功能,部分煤炭企业围绕掘进智能化正开展一系列探索研究。在智能快速掘进方面,陕西煤业化工集团榆北煤业曹家滩公司创造了单巷91m/d、2020m/月的纪录。

煤炭行业市场化程度进一步提高。2020年6月,动力煤期权在郑州商品交易所正式挂牌交易,成为继焦煤期货、动力煤期货之后,在国内上市的第三个煤炭金融品种。作为价格的保险,动力煤期权是对动力煤期货的有益补充。它有利于引导更多客户参与交易,优化市场投资者结构;有利于丰富风险管理工具,更好地满足产业企业多样化、精细化避险需求;有利于进一步完善煤炭价格形成机制,更好地服务煤炭和电力市场化改革。

(三)有色金属行业

2020年,有色金属行业产量稳步增长。价格逐渐回暖,进出口总额也同比增加,提高有色金属新材料高端供给能力提高,市场内需扩大,双循环格局正在形成,有色金属行业发展质量和效益持续提升。2020年有色金属行业在科技创新、国际化和市场化等方面发展势头良好。

有色行业在国际产能合作上成果斐然。2020年4月,中国铝业几内亚博法铝土矿项目23km皮带输送系统带料重载联调一次成功,标志着全球第一大氧化铝生产企业的首个境外铝土矿项目全线贯通投运。6月,中铝几内亚博法铝土矿项目20万t货轮满载到港,标志着中国在几内亚最大铝土矿项目提前达产达标。11月,第三届中国国际进口博览会开幕式在上海举行。

市场化程度不断提高,有色金属期货市场发展不断完善,十大有色金属年产量首次突破6000万t大关,主要有色金属价格年内呈现探底后恢复性向好趋势。国内沪铜价格创2012年以来新高。2020年,国内稀土市场价格均有不同程度的上涨,轻稀土市场价格涨幅较大,重稀土市场一直处于高位水平,铽系价格上涨至近10年新高(中国有色金属报编辑部,2021)。

(四)稀土行业

中国自2018年以来正在有序增加稀土开采总量控制指标。2020年6月,自然资源部、工业和信息化部公布2020年度稀土开采、冶炼分离总量控制指标,分别为140 000t、135 000t。相比于2019年,矿产品开采量增长6.1%,冶炼分离产品数量增长6.3%。2020年9月,《资源税法》实施,规定中重稀土实行固定税率,税率由原来的27%降至20%;轻稀土实行幅度税率,税率为7%~12%,减轻稀土企业税负,刺激产业发展。

2020年3月,生态环境部发布《排污许可证申请与核发技术规范稀有稀土金属冶炼》(HJ 1125—2020),进一步完善稀土行业排污许可制度,以推动稀土行业绿色高质量发展。同年8月,工业和信息化部提出并归口的首个稀土领域强制性国家标准《稀土产品的包装、标志、运输和贮存》(GB 39176—2020)发布。该项标准有利于保证稀土产品质量、降低环境危害、保证稀土产品运输安全、保护工作人员的健康与安全。10月,由中国牵头的两项国际标准《稀土术语 第1部分:矿产品与化合物》(ISO 22444.1:2020)和《稀土术语 第2部分:金属及其合金》(ISO 22444.2:2020)发布,成为稀土领域首批发布的国际标准。

第二章　中国能源矿业

能源矿产是蕴含着某种形式的能量,并可以转换成人类生产和生活所需要的热能、光能、电能、机械能等形式能量的矿产。根据物质特性,能源矿产资源又可分为 3 类:燃料矿产、放射性矿产和地热矿产。燃料矿产又称可燃有机矿产,既是燃料又是重要的化工原料,按产出状态又分为固体矿产、液体矿产和气体矿产,包括煤、石煤、油页岩、油砂、天然沥青、石油、天然气和煤层气等。放射性矿产为可裂变或聚变为原子能的矿产,包括铀矿、钍矿等。地热矿产是指蕴藏于地球内的热能,主要源自地球内部长寿命放射性元素衰变产生的热能。按照其储存形式,地热矿产资源可分为蒸汽型、热水型、地压型、干热岩型和熔岩型。

能源矿业是指服务于煤、石油、天然气等能源矿产的,包含资源发现、采选、保护、再生等方面的产业。中国当前正处于能源转型期,能源矿业为国民工业经济提供重要支持和保障,也面临着众多机遇与挑战,如煤炭石油资源产业为中国提供了最大比例的能源供应,但需要向结构清洁化、供给安全化等方向发展,天然气资源进口依赖程度高,在供应上仍存在巨大缺口等。

第一节　中国能源矿业发展概况

在分析中国能源矿业发展现状的基础上,本节总结了中国能源矿业发展过程中存在的主要问题。

一、中国能源矿业发展历程

能源矿产资源在保障中国工业化生产、国家能源稳定供应上起着至关重要的作用,而煤、石油、天然气是中国重要的基础能源。以下主要对煤炭工业、石油与天然气工业进行简要的介绍和分析。

(一)煤炭工业发展历程

1. 扩张发展时期(1949—1977 年)

在 1949 年之前,中国煤炭来源主要为近代矿和土法开采的小煤窑,生产力极度落后,年产量仅有3000万t。1949年后,政府对全国煤矿进行了改造,对煤矿的所有制进行重新分配。到1952年,国营煤矿占到了80%以上,全国煤炭生产能力和产量均提升了一倍之多。1953年,在"一五"计划的政策背景下,中国煤炭工业体系初步建立。到1957年,中国煤炭总产量已增至9433万t。"大跃进"和"文革"使煤炭工业发展受到一定的干扰,为了解决这一时期的地区供需矛盾、煤炭供需矛盾突出等问题,国家对煤炭工业从区域上和生产技术上进行了调整,大力发展机械化开采工业并进行技术研发,引进国外先进回采设备和综采机械化装备。到1977年,煤炭工业化水平出现了大幅提升,固定资产投资和产量增速显著,全国煤炭产量达到5.5亿t,比1949年产量增加了17.3倍。

2. 改革转型时期(1978年至今)

党的十二大之后,政府从基本建设、生产经营、劳动用工、工资分配、煤炭销售等方面进行改革,探索新的煤炭工业建设方式。国家通过乡镇煤炭建设促进煤炭产业发展,并下放煤炭企业部分自主经营权,提出六年投入产出总承包的改革方案(周维富,1998)。到1989年,中国煤炭产量已经突破10亿t。1992年,国家实施了煤炭价格机制改革,取消了计划外煤价限制,放开了定向煤、超产煤以及指导性计划煤炭的价格限制,对出口煤、集资煤和协作煤进行市场调节。1998年,国务院加快煤炭行业改革和结构调整,在煤炭行业推进政企分开。2001年,煤炭市场严重的供大于求的不平衡问题得到缓解。2002年开始,国家改革了煤矿审批制度和订货会制度等,深入改革煤炭投资体制,促进煤炭工业体系现代化进程。2008年,大中型煤炭企业不断优化产业结构,积极发展煤电、煤化工、煤电铝、煤气化等优势产业。随着中国重工业所占比例在2012年达到峰值,中国环保政策纷纷出台来规制污染密集型产业,中国煤炭产量也在2013年达到39.74亿t的峰值,煤炭工业进入了结构性优化的新时期。2015年,国家供给侧结构性改革提出"三去一降一补"的方针,煤炭工业企业积极响应"去产能"的任务且取得显著成效(闫晗,2017)。截至2020年底,全国累计退出煤矿5500处左右,退出落后煤炭产能10亿t/a以上,安置职工100万人左右。在供给侧结构性改革的道路上,煤炭工业正在走向绿色的高质量发展道路(肖兴志等,2016;朱彤,2019)。

(二)石油天然气工业发展历程

1. 政府决定油气资源配置阶段(1949—1978年)

中央人民政府政务院在1950年成立燃料工业部,并设立石油管理总局。1955年,燃料工业部被拆分为石油工业部、煤炭工业部和电力工业部。1978年,国务院管理下的能源部门分为石油工业部、化学工业部、煤炭工业部、电力工业部,从而更充分服务于国民经济的调整。在这一时期,中国石油天然气的勘探、开发、运输、销售等不同环节的生产经营权由政府管理部门在全国范围内统一配置,油气企业几乎没有生产经营自主权。

2. 承包经营责任制阶段(1979—1997年)

在这一阶段,油气体制改革的主要表现为国务院先后成立了具有行业管理职能的专业化公司:1982年成立了专门负责中国海上油气勘探、开发和对外合作业务的中国海洋石油总公司;1983年成立专门负责全国的炼油、石化和化纤企业,并对其进行集中管理的中国石油化工总公司;1988年成立负责统一规划、组织、管理和经营全国陆上石油天然气资源的勘探与开发、管道运输的中国石油天然气总公司。这三家中央国有企业加上1961年成立的专门负责石油石化产品进出口的中国化工进出口公司,构建了这一时期中国石油天然气体制上下游分割、海陆分家、内外贸分治管理的体制格局。

继1978年中国原油年产量突破1亿t后,中国原油产量徘徊不前,国务院决定对石油工业部实行原油产量亿吨包干的政策,即石油工业部承包生产原油1亿t,并可留用超产原油出售带来的价差收入(吕建中,2018)。20世纪90年代,在总结1亿t包干经验的基础上,国家对总公司实行了"四包两定"承包办法,总公司对油气田则实行了"四包三定两保一挂钩"承包责任制。随着管理体制改革的不断深化,它又调整为"两定两自一挂钩"生产经营责任制。这一系列的改革创举发挥了重要的历史作用,原油产量和新增储量大幅度提升,石油工业得到充分发展。

3. 油气产业行政性垄断与局部市场化改革阶段(1998—2012年)

1998年,中国石油天然气总公司和中国石油化工总公司重组为从事勘探、采油、炼油到销售的上、下游一体化的石油石化集团公司,即中石油和中石化(朱彤,2014)。《国务院办公厅转发国家经贸委等部门关于清理整顿小炼油厂和规范原油成品油流通秩序意见的通知》(国办发〔1999〕38号)奠定了石油石化行业行政性垄断的政策基础,基本上确立了中石油和中石化在原油流向、原油加工和成品油批发3个环节的垄断经营权,其影响延续至今。

2001年,《国务院办公厅转发国家经贸委等部门关于进一步整顿和规范成品油市场秩序意见的通知》(国办发〔2001〕72号)确立了中石油和中石化对成品油零售环节的"统一配置权"。至此,两大石油集团不仅在原油、炼油和成品油批发3个环节上拥有了"统一配置权",在原油流向、原油加工和成品油批发与零售各个环节的行政垄断地位也基本得以确立。

4. 油气行政垄断打破阶段(2013年至今)

党的十八大以来,中国石油天然气行业体制机制改革有序推进,油气行政垄断逐渐被打破,主要表现在以下几个方面(刘小丽,2018)。

第一,价格市场化改革稳步快速推进。在提高气源和销售等竞争性环节价格市场化程度的同时,加强自然垄断环节的输配价格监管。在"十二五"期间,中国天然气价格改革完成了"三步走",实行最高上限价格管理,并将定价方法由"成本加成"定价改为"市场净回值"定价,建立起天然气与燃料油、液化石油气等可替代能源价格挂钩的动态调整机制。此外,国家近年来积极推进石油天然气交易中心建设,成功在上海、重庆搭建了一东一西两个市场化改革平台。2016年11月,上海石油天然气交易中心正式运行。2017年5月,中共中央、国务院印发了《关于深化石油天然气体制改革的若干意见》,提出管网独立并实行公平准入和上下游放开,形成上游油气资源多主体多渠道供应、中间统一管网高效集输、下游销售市场充分竞争的"X+1+X"油气市场体系,即"管住中间、放开两头"。

第二,天然气管输定价机制优化。国家发展和改革委员会于2016年颁布办法,一改过去"一线一价"的定价办法为基于政府公开的成本核定和定价公式核定管道运输价格,并厘清了管输成本的构成,为未来开放第三方准入提供了清晰可查的收费准则。2017年6月,国家发展和改革委员会又印发了《关于加强配气价格监管的指导意见》,明确了配气价格的制定方法,进一步建立起了下游城镇燃气配送环节价格监管框架,从而构建起天然气输配领域全环节价格监管体系。2019年12月,国家石油天然气管网集团有限公司挂牌成立,标志着中国油气管网运营机制改革进入实质性实施阶段。

第三,原油"双权"改革不断深入。中国原油进口的非国营贸易实行配额管理,企业进口资质条件和数量由商务部管理。2012年以前,拥有非国营贸易经营权的企业仅有20余家,进口原油量占国内进口原油总量的10%左右。2015年2月,国家发展和改革委员会发布通知,允许符合条件的原油加工企业使用进口原油,这标志着原油进口权正式有条件开放,油气改革"破除垄断"开始提速。2015年7月,商务部发布《关于原油加工企业申请非国营贸易进口资格有关工作的通知》(商贸函〔2015〕407号),规定拥有进出口经营资质和成品油批发经营资格的原油进口企业,符合能耗、质量、环保、安全、仓储等资质条件,可以申请获得原油非国营贸易进口资质。原油"双权"的进一步放开,为形成竞争有序、主体多元、透明公开的炼油市场提供了制度基础。

二、中国能源矿业发展总体情况

在改革开放不断深入的进程中,中国能源矿业得到了快速的发展。

(一)能源矿产资源勘查开采与储量情况

近年来,中国煤炭、石油、天然气能源矿产探明资源储量逐年增加。在勘查开采技术提高和矿产资源政策机制不断完善的背景下,中国探明资源储量增速较为稳定(王伊杰等,2018)。2020年,中国煤炭探明储量达到1.43千亿t,石油探明储量为3.5亿t,天然气探明储量为8.4万亿m^3。

自2010年以来,中国能源矿产资源探明储量在不断增加。2012年和2016年,中国石油探明储量有了很大的增加。煤炭探明储量增速较慢,在2016年有了明显提高。中国天然气探明储量逐年提高且增速较快,尤其自2015年,天然气勘查有了明显进展,探明储量不断提升,2015—2017年间的增速均超过10%。中国矿产资源构成在向清洁能源方向发展。在去产能政策环境和中国煤炭资源开采到一定阶段的背景下,2017年,煤炭探明资源量出现了下降。(图2-1)。

2012—2015年,全国地质勘查投资总体处于下降趋势。2016—2019年,投资表现为逐年上涨趋势。2019年全国地质勘查投资993.40亿元,较2018年增长22.6%。2020年,投资出现下降。

非油气矿产的地质勘察投资自2013年起一直呈下降趋势,2020年非油气矿产地质勘查投资161.61亿元,下降6.1%。2011年以来,非油气矿产地质勘查投入中基础地质调查等社会公益性地质工作投入比例不断提高,矿产勘查占比呈下降趋势。非油气矿产勘查以金矿、铅锌矿、煤炭、铀矿、铜矿为主,合计占全国非油气矿产勘查投资的54.2%。2020年,煤炭资源勘察资金投入最多,为12.23亿元,同比增长22.3%。

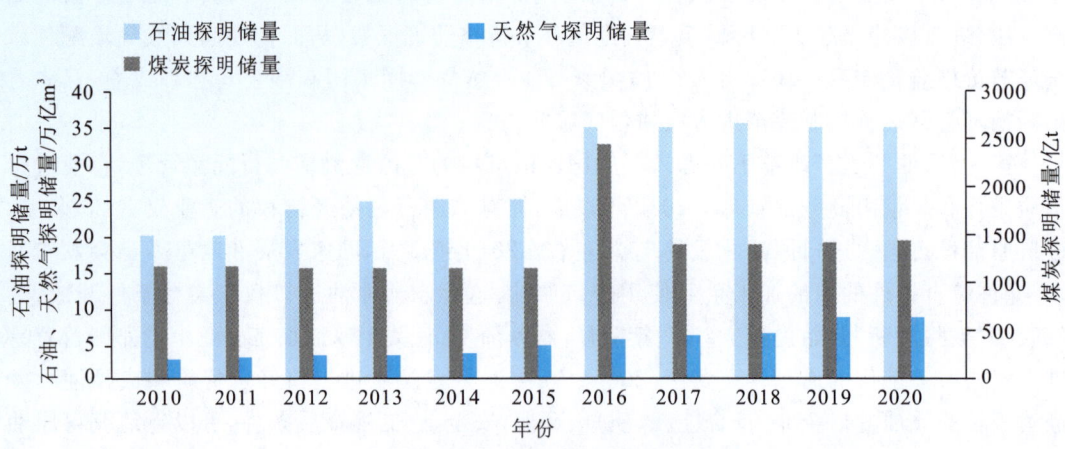

图 2-1　主要矿产资源探明资源量
（数据来源：国家统计局官网）

近年来,中国油气开采的态势为"油稳气增",原油产量稳中有增,天然气产量较快增长。由于 2015 年中国勘查投资大幅下降,全国石油与天然气探明地质储量明显下滑。自 2018 年起,勘查投资投入增加,油气勘查开采力度大幅度加强,油气查明储量大幅增加,2018 年和 2019 年石油与天然气新增查明储量分别同比增长 9.4% 和 17.2%,2019 年新增 2 个亿吨级油田,石油新增查明地质储量 11.24 亿 t。2019 年,中国油气增储上产势头良好,全国新增查明油气地质储量 18.4 亿 t 并创历史新高,全国新增 3 个千亿方级天然气田,天然气新增查明地质储量 8 090.92 亿 m^3；2018 年和 2019 年各新增 3 个千亿方级页岩气田,页岩气新增探明地质储量 7 644.24 亿 m^3,同比增长 513.1%；2020 年,上游产量下降,勘探活动数量有所回落,油气矿产投资降低了 14%,为 710.24 亿元。近年来,油气勘查开发力度加大并得到了极大的发展进步,大量的理论技术创新促进和推动了一系列油田的发现和油气勘查的新进展。开采技术的进步创新促进了油气田的高效开发,特色钻井工艺技术、煤层气高效增产改造技术等多种开采技术在各个盆地、油田遍地开花,大大提升了开发效益(图 2-2)。

除资源分布因素外,矿产资源的状况主要取决于勘查和开采两大重要因素,其开采年限可通过储采比模型进行研究。储采比模型是以当年产量为基础计算剩余可采储量可供开采的年限,是综合考虑地质条件后的资源勘探速度、采收率、技术水平等因素后的指标。中国矿产资源综合利用程度和采选回收率较低,矿产资源储量形势严峻,采出矿量不能满足增长消耗的要求。例如一些小窑的越界开采和滥采乱挖破坏主矿脉,造成大型矿场无法正常开采,估计 30a 后便"无矿可采"。

根据 2020 年底的全部探明储量数据,中国煤炭资源占世界总量的比例为 13.3%,中国煤炭总量在世界范围内的占比较大,而由于较为粗放的开采质量和巨大的资源消耗量,储采比仅为 37a,低于亚太地区储采比的 78a 和世界储采比的 139a。中国石油资源较匮乏,仅占世界石油探明储量的 1.5%,储采比为 18.2a,略高于亚太地区储采比的 16.6a,远低于世界储采比的 53.5a。从世界范围来看,中国石油资源量较为贫乏,对外依存度高。中国天然气

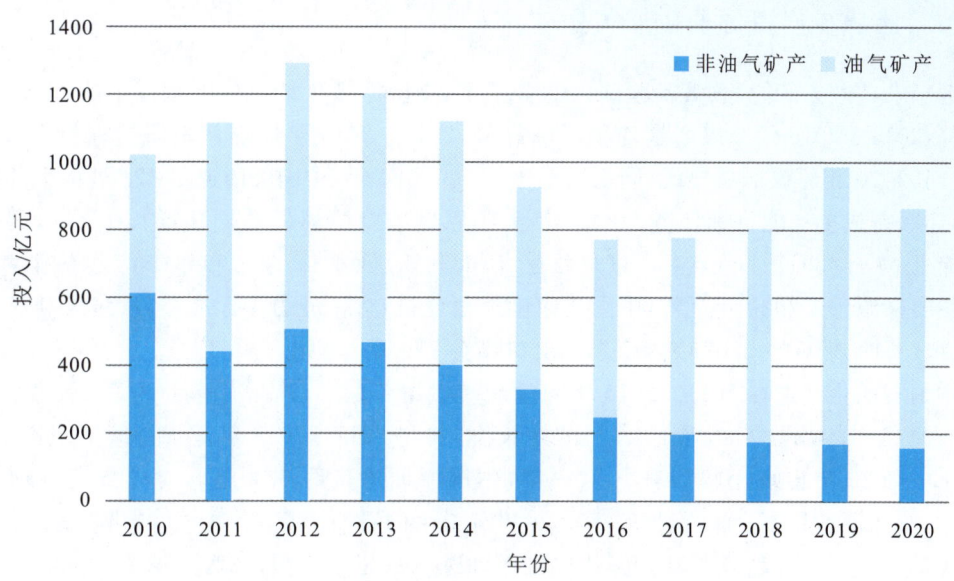

图 2-2 2010—2020年全国地质勘查投资变化趋势

(数据来源：国家统计局、《中国矿产资源报告 2020》)

资源占世界资源总量仅为 4.5%，世界范围的天然气资源主要分布于俄罗斯、中东地区。中国天然气储采比为 43.3a，略高于亚太地区的 25.4a，低于世界的 48.8a。中国能源矿产资源有待进一步探明和勘查，应大力加速开采工艺的研发，进一步提高开采效率和能源利用效率（表 2-1）。

表 2-1 2020年中国能源矿产资源在世界范围的资源总量占比和储采比

(数据来源：《BP 世界能源统计年鉴 2021》)

矿产资源类型	资源储量占比/%	储采比/a	亚太地区储采比/a	世界储采比/a
煤炭	13.3	37	78	139
石油	1.5	18.2	16.6	53.5
天然气	4.5	43.3	25.4	48.8

综上，以煤炭、石油、天然气为代表的能源矿产资源勘查投资在近几年趋于平稳，在采矿业固定资产投资中的占比超过 50%。中国煤炭资源储量巨大，品种丰富且齐全，是目前主要的能源供应资源。油气等优质资源相对短缺，石油资源有一定的潜力，可采量不高。天然气资源较丰富，在世界占有一席之地，其勘探尚处于早期，增储前景相对乐观，储采比相对较高，作为碳中和过渡资源接替较充足。

(二)能源矿产资源的生产与需求

近年来,在"去产能"政策不断深入的背景下,中国原煤生产总体上呈现平稳、较慢的增长趋势,2014—2016 年原煤产量均呈下降趋势,2017—2019 年原煤产量增速保持在 3%~5% 之间,2020 年原煤产量放缓,同比增长 1.4%。2020 年,中国关闭退出 428 处以上的落后煤矿,超额完成去产能目标任务。2020 年全年原煤进口约 3 亿 t,同比增长 1.4%,增速比 2019 年提高了 4.9 个百分点。印度尼西亚、澳大利亚、俄罗斯、蒙古和菲律宾为中国煤炭进口的主要来源国。2020 年全年,中国从印度尼西亚进口 7956 万 t 标准煤,从澳大利亚进口 7140 万 t 标准煤煤炭。2020 年,全国共出口煤炭 319 万 t,同比下降 47%。

中国石油生产量在 2011—2015 年间呈现缓慢增长的态势,增长率约为 5.8%,2016 年国内石油产量大幅减少,出现 −6.9% 的增长率,并在 2017—2018 年呈现持续下降态势,直至 2019—2020 年出现小幅回升。2020 年,中国原油进口约 5.4 亿 t,对外依存度增长至 73.5%,石油消费量占全世界的 15.7%,为世界最大的石油消费国。自 2003 年以来,中国的原油进口一直为上升趋势,2018 年,中国的石油进口量超过美国,成为全球最大的石油进口国,中东、非洲、俄罗斯及南美是中国石油进口的主要来源地,进口量约占进口总量的 95%。同时中国也是全球第六大石油开采国,中国作为制造业大国对石油需求量很大。

2020 年,全国天然气产量 1940 亿 m^3,同比 2019 年增长 11.9%,连续 3 年增产超过 100 亿 m^3,天然气产量稳定增加。近年来由于天然气开采遇到瓶颈,对外依存度大幅上升,2020 年国产天然气供给占比仅为 59%,全年进口量为 1391 亿 m^3,同比增长了 5.2%,其中 LNG(液化天然气)进口占比逐年提升,占进口总量的 62.6%,中国的 LNG 约 45% 进口于澳大利亚。中国天然气对外依存度大幅度提高,从 2010 年的 15.2% 上升至 2020 年的 43%。中国不断完善加强天然气产储销体系建设,逐步构建"全国一张网"体系,完善液化天然气接收站布局。天然气消费量一直呈现高速增长的态势,2020 年,天然气表观消费量 3306 亿 m^3,同比增长 7.8%,中国已成为决定全球天然气消费的中坚力量,加快中国天然气国际化对全球和中国天然气市场均有重要意义(表 2-2)。

表 2-2 2000—2020 年中国煤、石油、天然气能源进出口数据

(数据来源:《中国能源统计年鉴 2021》、海关总署、中鼎产业研究网)

年份	煤炭进口量/万 t	煤炭出口量/万 t	原油进口量/万 t	原油出口量/万 t	天然气进口量/亿 m^3	天然气出口量/亿 m^3
2000	218	5505	7027	1031	—	—
2005	2622	7172	12 682	807	—	30
2010	18 307	1910	23 768	303	165	40
2011	22 236	1466	25 378	252	312	32

续表 2-2

年份	煤炭进口量/万 t	煤炭出口量/万 t	原油进口量/万 t	原油出口量/万 t	天然气进口量/亿 m³	天然气出口量/亿 m³
2012	28 841	928	27 103	243	421	29
2013	32 702	751	28 174	162	525	27
2014	29 122	574	30 837	60	591	26
2015	20 406	534	33 548	287	611	33
2016	25 555	879	38 101	294	746	34
2017	27 092	802	41 946	486	946	35
2018	28 189	493	46 189	263	1259	34
2019	29 967	603	50 572	81	1322	35
2020	30 399	319	54 239	110	1391	40

中国正处于迈向能源结构完善和能源安全得到保障的进程。中国是世界上第一大能源生产和消费国，2003—2005 年间，中国能源生产和需求总量均有 10% 以上的增速，直至 2015 年，能源生产量出现了十余年来的首次下降。天然气占一次能源消费总量的比例日趋增长，且增速较快，由 2010 年的 4.42% 增至 2020 年的 8.18%，中国能源消费结构逐步趋于优化（图 2-3～图 2-5）。

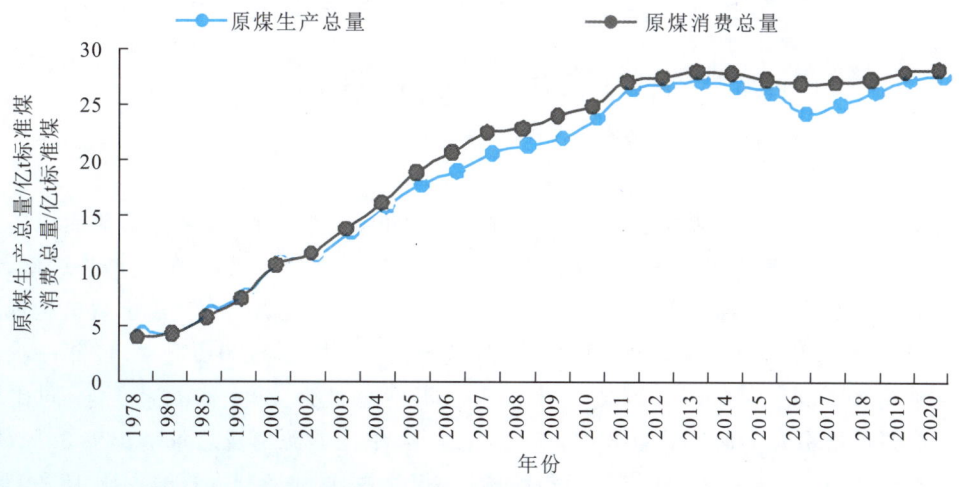

图 2-3 原煤生产总量与消费总量

（数据来源：《中国能源统计年鉴 2021》）

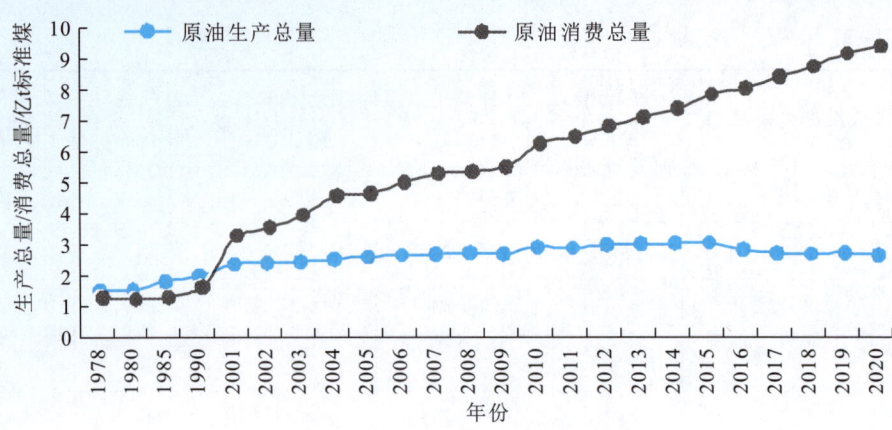

图 2-4　原油生产总量与消费总量

(数据来源:《中国能源统计年鉴 2021》)

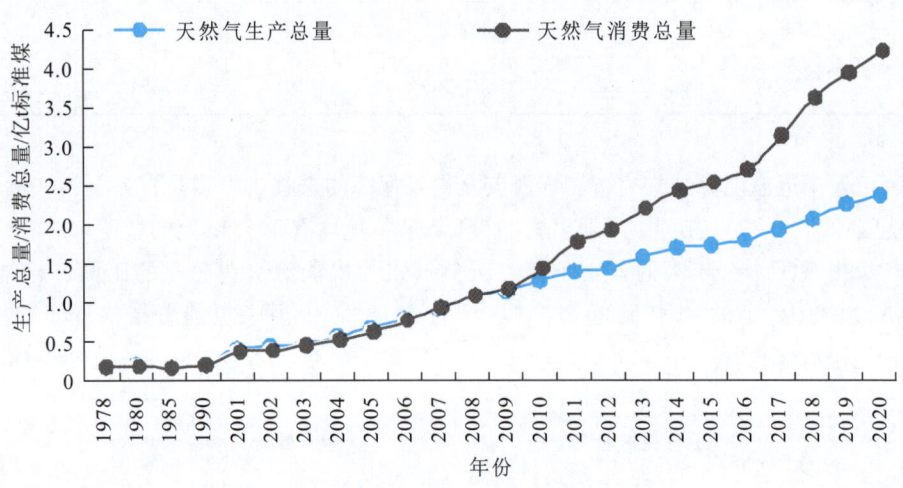

图 2-5　天然气生产总量与消费总量

(数据来源:《中国能源统计年鉴 2021》)

中国的能源矿产结构基本处于"以煤为主,以石油与天然气为辅,多种其他能源矿产综合利用"的态势。随着中国经济的快速发展,对能源的需求迅速增长,而储量增长缓慢,能源生产总量和能源消费总量存在一定缺口,尤其是原油、天然气资源的生产需求缺口呈现逐年扩大的趋势,对外依存度较高,能源供需矛盾日益突出(邹才能等,2019)。2020 年一次能源生产总量为 40.8 亿 t 标准煤,同比上升 2.8%;消费总量为 49.8 亿 t 标准煤,同比增长 2.5%,能源自给率为 81.93%,自 2010 年至 2020 年,中国能源消费总量增长了 38%,能源消费增长幅度很大。在 2020 年能源消费结构中,煤炭占比 56.80%,石油占比 18.90%,天然气占比 8.50%,一次电力及其他能源占比 15.83%。天然气、一次电力及其他能源较 2019 年上升了 6.41 个百分点。中国能源消费结构不断改善,煤炭比重不断下降,天然气、风能等清洁能源的比重不断上升,并保持着强劲的攀升速度,成为改变中国能源消费结构的重要力量。中国天然气消费量远高于煤炭、石油等其他化石能源消费量。

2017年,国家发展改革委、国家能源局联合发布《能源生产和消费革命战略(2016—2030)》,明确指出,到2020年,能源消费总量控制在50亿t标准煤以内,调整能源结构,降低煤炭消费比重,使清洁能源成为能源增量主体。2019年政府工作报告提出推进煤炭清洁化利用,继续促进能源矿业绿色化发展。中国已建成世界上规模最大的清洁高效煤电系统,煤电超低排放机组超过8亿kW,排放标准世界领先。煤炭清洁化利用工作加快从电力领域向非电领域扩展。中国能源消费结构正在不断优化,能源供给侧结构性改革逐步深入。

(三)能源矿业经济运行情况

通过对煤、石油、天然气工业的企业经营数据进行分析,表2-3、表2-4展现了产业的发展现状和趋势。

表2-3 全国规模以上煤炭采选业企业数据

(数据来源:《中国统计年鉴2021》、中商情报网)

年份	企业数量/个	亏损企业数/个	亏损总额/亿元	存货/亿元	产成品/亿元	利润总额/亿元
2012	7790	1290	240.07	1 943.43	772.66	3 555.03
2013	7975	1788	456.95	2 192.57	840.02	2 369.87
2014	7098	1929	781.70	2 524.80	983.90	1 268.50
2015	6430	2027	972.60	2 444.70	992.70	440.80
2016	5592	1490	669.30	2 217.20	872.60	1 090.90
2017	5111	1054	308.30	1 819.10	799.00	2 959.30
2018	4505	1070	327.50	1 668.80	665.70	2 888.20
2019	4239	1160	401.20	1 598.10	631.10	2 830.30
2020	4245	1400	617.10	1 146.20	525.60	2 222.70

表2-4 全国规模以上石油与天然气开采业企业数据

(数据来源:中商情报网)

年份	企业数量/个	亏损企业数/个	亏损总额/亿元	存货/亿元	产成品/亿元	利润总额/亿元
2012	137	30	77.49	295.89	97.08	4 097.27
2013	138	32	66.04	296.97	111.21	3 657.84
2014	144	30	45.90	290.40	107.40	3 162.00

续表2-4

年份	企业数量/个	亏损企业数/个	亏损总额/亿元	存货/亿元	产成品/亿元	利润总额/亿元
2015	144	66	497.60	264.00	95.40	804.80
2016	140	70	1 125.00	229.70	95.40	−476.30
2017	139	58	835.80	203.30	105.00	391.90
2018	123	50	284.40	206.30	101.70	1 627.50
2019	115	41	222.90	200.20	100.20	1 606.10
2020	125	52	767.50	183.00	88.60	257.10

煤炭采选业的经营性分析如下：2020年，全国规模以上煤炭企业主营业务收入20 002亿元，同比下降8.4%；利润总额出现了21.1%的降低，全年实现利润2 222.7亿元；应收账款2 675.5亿元，同比增长16.3%；资产负债率66.1%，其中大型煤炭企业利润总额1 196.9亿元，同比下降25.2%。2012—2015年间，煤炭采选业亏损企业占比逐年增加。近年来的企业数总体上呈现减少趋势。2012年以来，煤炭需求放缓，过剩产能难以消化，煤炭经济形势急转直下，产销量下降。自2015年起，全国规模以上煤炭企业主营业务收入体量明显下降，企业利润在经历了2015年急剧下跌后开始逐步得到改善，亏损企业在逐年减少。这表明中国煤炭产业去产能进展显著，企业经营质量有大幅度提升。煤炭全社会库存总体处于较高水平。2020年，全国规模以上煤炭采选业企业存货1 146.2亿元，煤炭行业去库存效果显著，自2015年，存货处于下降趋势，2017年下降趋势最大，库存同比下降了17.96%。在2020年，煤炭采选业的利润总额出现了负增长的态势，整体经济效益呈现下降趋势（图2-6）。

截至2020年12月末，石油与天然气开采业规模以上企业125家，全年实现利润总额257.1亿元。2016年石油与天然气开采业出现一个较差的经营状况，利润出现476.3亿元的亏损，2020年利润较2019年降低了84%。石油与天然气开采业的工业企业总体上亏损企业占比大于煤炭采选业企业。2014年以来，石油与天然气开采业企业数量逐年降低，直至2020年有5%的增加，但总资产却小幅减少了4.5%，企业经营压力较大，油气产业向集中化方向发展，尤其集中于中国石油和中国石化为代表的央企。2018—2019年，油气行业的利润总额相较前两年有所提高，经营状况在逐步改善。2016年及以后，能源矿产资源领域去产能成效显著，经济效益得到改善，矿产市场出现回暖信号。矿产资源开发利用水平总体上得到提升，综合利用经济状况得到改善。

资料表明，近年来，煤炭采选业和石油与天然气开采业的固定资产投资呈现出逐年降低的趋势。煤炭行业在2012年固定资产投资达到最高，2019年，煤炭采选业固定资产投资同比增长34%。油气行业固定资产投资在2014年达到峰值，且呈现出逐年下降的趋势。它在2017年有小幅度的增长，固定资产投资为572亿元，到2019年则有明显增长，同比实现增长18.9%（表2-5）。

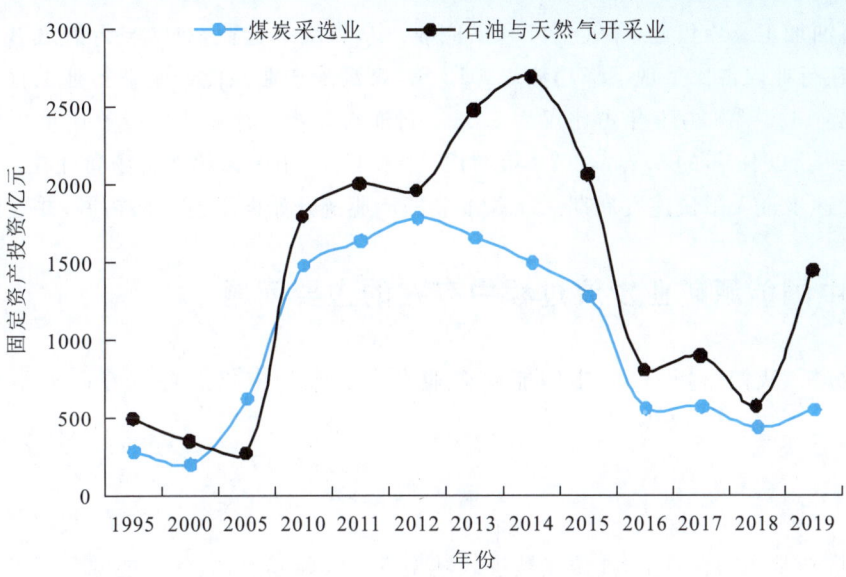

图 2-6 国有经济能源工业分行业固定资产投资

（数据来源：《中国能源统计年鉴2020》、国研网）

表 2-5 国有经济能源工业分行业固定资产投资

（数据来源：《中国能源统计年鉴2020》、国研网）

年份	能源工业/亿元	煤炭采选业/亿元	石油与天然气开采业/亿元	煤炭采选业固定资产投资占比/%	石油与天然气开采业固定资产投资占比/%
1995	2025	282	500	13.93	24.69
2000	2840	199	356	7.01	12.54
2005	4766	624	279	13.09	5.85
2010	11 219	1477	1798	13.17	16.03
2011	11 468	1635	2009	14.26	17.52
2012	12 402	1784	1963	14.38	15.83
2013	14 011	1657	2480	11.83	17.70
2014	15 425	1496	2695	9.70	17.47
2015	15 419	1277	2068	8.28	13.41
2016	11 758	561	811	4.77	6.90
2017	11 400	572	901	5.02	7.90
2018	9952	438	577	4.39	5.82
2019	10 818	522	1450	5.10	13.40

在国有经济五大能源工业（煤炭采选业，石油与天然气开采业，电力、蒸汽、热水生产和

供应业,石油加工及炼焦业,煤气生产和供应业)中,煤炭采选业、石油与天然气开采业固定资产投资在行业内占比呈现下降趋势。2012年,煤炭采选业在能源工业行业的固定资产投资占比达到14.38%,2019年占比仅为5.1%,石油与天然气开采业的投资比重也由17.7%的峰值降到了2018年的5.8%,2019年增长至13.4%。中国天然气市场尚处在早期快速发展阶段,并逐步进入了快速发展期。能源工业的产业链开始向下游方向拓展,并逐渐完善。

三、中国能源矿业发展过程中存在的主要问题

通过分析,我们可以看到,中国能源矿业在发展过程中仍然存在着许多不可忽视的问题。

(一)产业发展质量有待提高,落后产能尚存

在经济新常态的背景下,能源发展进入转型变革的新起点,非化石能源和天然气消费比重提高,煤炭消费比重下降,能源矿业向着清洁化方向发展,能源矿业结构和动力机制面临改革,煤炭工业产能需要进一步优化,淘汰落后产能,有序退出过剩产能(黄其励等,2015)。国家推进能源革命和强化煤炭消费总量控制,煤炭消费增速将被大幅度限制。

中国煤炭工业存在煤矿中小规模居多、产能小且分散的问题,煤炭产能释放压力较大。2017年,全国各地淘汰退出煤矿1072处、产能18 300万t。亿吨级企业产量占全国比重为32.61%,千万吨级企业产量占全国比重为68.23%。与发达国家相比,煤炭市场集中度仍较低,煤炭工业仍存在落后产能。此外,近年来煤炭需求放缓,过剩产能难以消化,煤炭经济形势急转直下,煤炭淘汰化解过剩产能任务重大(林文达,2017)。

(二)发展不平衡的问题比较突出

一是生产与消费逆向分布加剧。东部矿区资源含量较低,生产成本高;中部矿区资源开发强度大,生态环境与经济社会协调发展面临挑战;西部矿区远离能源消费区,区域煤炭市场间供需不平衡的矛盾突出,省间消纳壁垒有待破除。二是煤矿生产力水平差异大。目前中国既有领先世界水平的大型现代化煤矿,也有大批装备落后、管理水平低和环境污染大的中小型煤矿,发展过程中还存在着较大障碍。三是新旧矿区与新老企业发展不平衡,产量与利润向资源条件与运输条件好的地区和大企业集中,资源禀赋不好、负担重的老企业面临生存危机。由于矿产资源开采投资大、施工难度大,能源矿业未形成联系紧密的产业链,部门间缺乏协调。

(三)资源综合利用水平和生产效率不高

煤炭资源综合利用水平和深加工能力较低,产业结构不尽合理。2000年,中国煤炭入选率仅为35%。随着煤炭生产达峰以及政策对环境保护的强化,煤炭入选率已经达到了70%,但仍与发达国家的90%的水平相差甚远,提高煤炭清洁化率的任务非常紧迫。

从采煤机械化程度分析,中国煤矿机械化程度仅有 65%,其中原国有重点煤矿达到 85%,与国外先进国家相比差距仍然较大。从生产效率分析,中国煤炭人均生产效率不足 700t/a,仅为美国和澳大利亚人均生产效率的 6%。原始创新能力比较薄弱,国产装备的可靠性和稳定性与国外相比还有较大差距。能源开采生产技术水平与能源结构转型的要求不够适应,关键核心技术的自主创新能力有待加强。

(四)生态环境问题与能源结构有待转型

能源矿产资源开采生产带来了环境污染问题,使得生态系统退化。矿区水资源约束强化。神东、黄陇、陕北、蒙东和新疆等煤炭基地水资源约束性强,鄂尔多斯、山西等主要地区水资源开发利用程度均超过 70%,远高于 40% 的极限值。2020 年以来,中央财政分两批共下达了 20 亿元专项资金,以支持 12 个省区开展黄河流域、青藏高原历史遗留矿山的生态修复治理工作,并对国家生态安全具有重要保障作用,生态受益范围较广,严重影响人民群众生活的历史遗留矿山问题予以重点解决。根据遥感监测数据,2020 年全国新增矿山恢复治理面积约 4.16 万 hm^2,包括在建和生产矿山(约 1.11 万 hm^2,占比 26.7%)、废弃矿山(重点,约 3.05 万 hm^2,占比 73.7%)两个方面。

矿区生态环境恢复与治理机制亟待健全和完善。随着国家加大生态环境治理力度,传统、粗放的煤炭生产和利用方式有待转变。中国化石能源消费占能源消费的 85% 以上,煤炭消费占能源消费的 50% 以上,且煤炭利用效率低,不利于低碳清洁发展。新能源发展水平远落后于发达国家,在中国能源需求逐年提高的背景下,能源政策目标需要平衡,需要调整消费结构,使能源结构朝着清洁化、绿色化的方向发展。

(五)中国能源供需结构需进一步完善

在中国碳中和和碳达峰的政策背景下,能源消费结构向清洁化迈进。在过去十年间,煤炭消费占一次能源消费的比重下降了 13.4%,水电、核电、风电等非化石能源消费的比重提高了 7.5%。在电网脱碳、工业化脱碳目标要求的指引下,清洁能源将扮演更加重要的角色,煤炭产量和煤炭消费受到控制,煤炭行业在去产能的背景下积极进行转型升级。2020 年受到新冠肺炎疫情的冲击,供需阶段错位失衡矛盾突出,加之极端天气不确定性的影响,局部区域、个别时段的能源供应紧张,部分煤种出现供应偏紧的情况。

中国油气消费量快速增长,对外依存度加速扩大。近 10 年来,国内原油产量增长乏力,并呈现下降趋势,而消费量翻了近两倍,供需缺口持续扩大,2020 年中国石油、天然气对外依存度分别攀升到 73% 和 43%,预计到 2025 年中国天然气对外依存度将突破 50%,中国天然气的进口格局也将发生巨大变化。天然气供应的缺口将对中国能源安全带来极大挑战,国外油气能源价格波动给本国价格稳定带来巨大冲击,受国际经济、外交环境影响较大,并可能出现连锁反应(王显政,2015)。天然气进口贸易坚持长约、现货两手抓,在保障长期供应稳定的同时,充分发挥现货资源的市场调节作用。

天然气市场面临着快速增长的用气需求与有限的天然气资源、快速增长的用气需求与管道输气能力、储气设施调峰能力等矛盾,特别是天然气消费季节峰谷差矛盾突出,夏季和冬季天然气日供给量差异巨大。中国通常采用气田强采和管道加压等方法进行调峰以增加冬季供应量,长期依靠气田调峰会严重影响气田的生命周期,而淡季的限产与闲置也是一种浪费(杨华等,2016)。天然气大型储气库等基础设施建设有待进一步加强。

第二节 中国能源矿业空间布局现状

在中国经济布局不断展开的过程中,中国的能源矿业的空间布局也展开了。

一、中国能源矿业空间布局情况

为进一步说明中国能源矿业空间布局情况,以下主要从原煤、原油、天然气产量的空间分布,煤炭和油气产业的空间分布两个方面进行分析。

(一)原煤、原油、天然气产量的空间分布情况

能源矿产资源作为工业生产和人民生活消费的重要能源来源,对区域经济起着重要的影响作用,影响着区域分工,并直接作用于区域能源矿业的发展。中国能源矿产资源区域分布与经济发展水平总体呈逆向分布关系(张欢等,2011)。

中国煤炭资源集中分布在经济还不发达的晋、蒙、陕、新、黔等地区。2020年,全国原煤产量38.4亿t,同比增长3%。各地区原煤产量主要呈现以下特点:一是煤炭产能优质化发展,向主要的煤炭大省和优势企业集中。山西和内蒙古为中国原煤主要产出省区,2020年产量合计20.64亿t,两省的原煤产量超过全国产量的一半。自2017年以来,内蒙古煤炭产量均保持7%以上的高速增长,2020年出现首次下降。宁夏、新疆产量增幅最大,分别达到13.72%和11.84%。产量前八省区原煤产量均过亿吨,合计产量34.54亿t,占全国产量的88.56%。从大型基地和区域煤炭产量来看,2020年,14个大型煤炭基地占全国总产量的96.6%,比2015年提高了3.6个百分点。二是产业结构调整取得新进展。大部分产煤量少的省表现为产业退出趋势,2020年底,全国煤矿数量减少到4700处左右。2020年北京已基本退出煤炭生产,月均产量为0。在24个产煤省区中,14个省区减产,10个省区增产,减产省区数量占比为58.3%。煤炭产量低的省份减产幅度较大。产量排名后10位的省区中,除青海、湖北外,其余省份均表现为减产趋势,其中有6个省区降幅均超过10%。重庆、福建、江西、广西、湖北五省原煤产量少于1000万t,合计产量2 148.3万t,仅占全国产量的0.55%。

中国石油资源集中分布在新疆、内蒙古等省区的盆地以及渤海湾、珠江口和东海陆架的海上油田中。天然气资源集中分布于东海陆架、琼东南和渤海湾以及新疆、四川、内蒙古等省区盆地。中国十大油田分别是长庆油田、大庆油田、渤海油田、塔里木油田、胜利油田、西

南油气田、南海东部油田、新疆油田、延长油田和南海西部油田,油田产量均超千万吨。其中,长庆油田在2012年产量首次超过大庆油田成为中国第一大油气田,原油产量约为5701万t。油田主要分布的区域有陕西、黑龙江、渤海、新疆、山东、内蒙古、四川、南海。这些油田供应了大量石油、天然气,为中国能源经济带来了巨大的动力。

目前,全国有19个省区市开采原油,2020年全国原油产量前五的省区市分别是天津、黑龙江、新疆、陕西、山东,以上省区市原油产量在全国占比均超过10%,合计占比72.34%,是中国石油最主要的产地。东三省的原油产量均位于全国前10,资源禀赋较好。大部分省区市均呈现负增长的趋势,石油原油的自产量在下降。近年来,中国原油产量增速放缓,2020年,除甘肃庆城10亿吨级大油田开发建设启动,原油产量增长15.7倍、上海有两位数的增长比率,陕西有两位数的减少外,其余省区市原油产量较上一年变化不大,黑龙江、广西等10个省区市出现了负增长的态势。

全国共有24个省市开采天然气。2020年,全国有4个省区的天然气产量过百亿立方米,分别为陕西、四川、新疆、广东。其中,陕西省天然气产量排名第一,累计产量为527.4亿m^3,陕西、四川两省的天然气产量占全国产量的50%以上,天然气资源禀赋较好。2020年,全国天然气总产量增长9%,天然气生产发展势头旺盛,7个省区市天然气产量较2019年增长率均高于10%,在天然气产量排名前20的省区市中,仅有北京、河北、江苏、河南呈现负增长的趋势。

(二)煤炭和油气产业的空间分布情况

地区间矿产资源禀赋的差异直接导致资源产业结构特点和分工的不同,构成了产业差异性的基础。中国东中西部煤炭和油气产业在产业结构、经济效益、工业布局等方面有明显的差异。中国矿业的专业化程度与资源富集程度并不协调,西部地区和中部边远地区资源丰富,但工业化发展水平低于东部地区,充分发挥区域优势有利于促进区域经济的发展。

1. 煤采选业

相对集中的矿产资源是采选业建立和发展的基础,可以在较短时间内为企业和区域经济带来丰厚的回报,为区域经济建设积累资金和提供物质基础。中国能源矿产资源比较丰富,种类齐全,但结构不合理,主要分布在中国的西部和北部。煤主要集中在内蒙古、山西、陕西、新疆4个省区,是中国的主要能源。煤炭资源蕴藏量大,但勘探程度较低;分布广泛,但储量丰度差异十分悬殊,东部少,西部多,北部丰,南部贫;中国工业用煤形成了北煤南下、西煤东运的局面。

在"十三五"行业改革发展的背景下,煤炭去产能目标任务超额完成。在主要产煤省区地方政府的领导和推动下,煤炭供给质量显著提高。中国煤炭现代产业体系建设取得新进展,截至2020年底,全国煤矿数量减少到4700处以下,大型现代化煤矿成为全国煤炭生产的主体。企业战略性重组步伐加快,煤炭企业集中度大幅提升,排名前5的企业所在地区分别是北京、山东、陕西、山东、河北,排名前15的企业均分布于北方省份。

新兴产业与生产服务性产业加快发展,人工智能、大数据、机器人等现代信息技术与煤炭开发利用深度结合,煤炭数字化、智能化、绿色化转型全面提速,71处煤矿列入国家首批智能化示范建设煤矿,所在地区包括内蒙古、山西、陕西等全国煤炭产业所在省份。

关于煤炭采选业,1995—2010年,中国4个区域的投资规模相对差别不大;2010—2015年,煤炭采选业投资由高到低依次是西部、中部、东部、东北,西部与中部地区投资额之和占到全国总额的85%~90%;在2016年及以后,东北地区反超东部地区排名第三,且西部地区投资额大幅增加,投资变动也反映了煤炭采选业的发展变化,其整体更加趋于集中在西部、中部地区。

2. 石油与天然气开采业

中国石油主要分布在东北、华北、江淮等西部和东北部地区,石油资源储量大,但资源的探明程度低,资源品质相对较差,分布比较集中,有较大的潜力。中国的天然气主要分布在中部地区,普遍存在埋深大、圈闭条件复杂等特点,勘探开发存在较大困难。此外,中国海洋油气资源也十分丰富,具有丰富的含油气远景。目前,中国面临着成本增高、供求矛盾逐渐扩大等严峻形势。

中国东部、中部、西部、东北的工业生产总值占全国比例依次降低。近十年来,国有经济能源工业固定资产投资总量从高到低的排序大致为西部、东部、中部和东北地区。西部地区整体资源禀赋较好,能源工业方面投资占工业产值的比重最大。自2015年以来,全国整体能源工业的投资减弱,全国各地区的能源工业投资均表现为大幅下降的趋势,其中西部地区降幅最明显,并在2017年低于东部地区排名,降为第二(图2-7)。

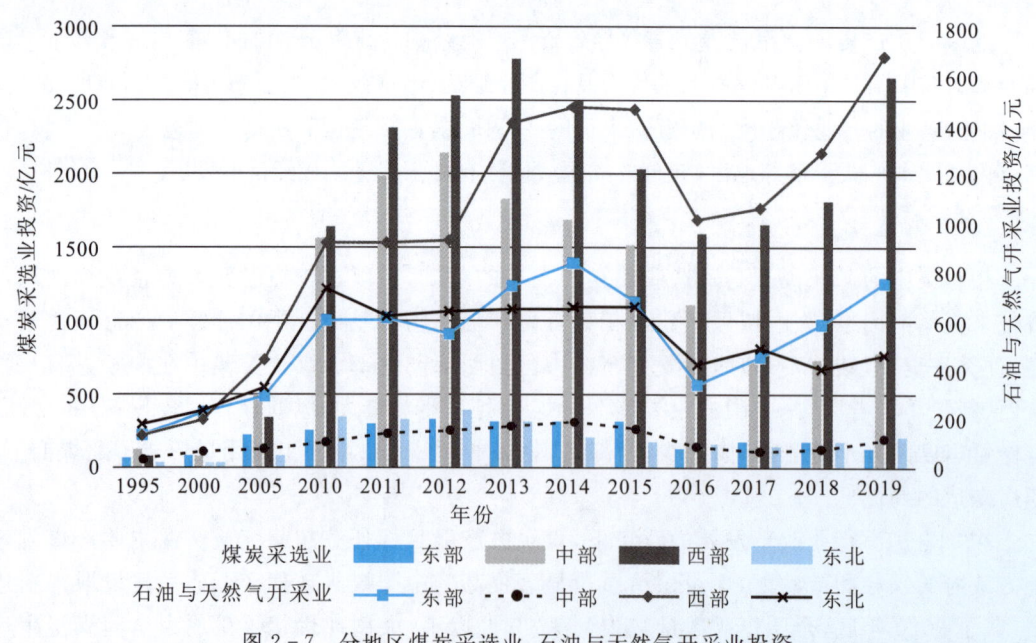

图2-7 分地区煤炭采选业、石油与天然气开采业投资

(数据来源:《中国能源统计年鉴》(2018,2020))

关于石油与天然气开采业,中部地区的投资相对较少,1995年以来只占到全国投资额的3%~8%;1995—2012年,东部、西部和东北地区的石油与天然气开采业投资额相对均衡,西部地区投资额增长较快;2013年以后,西部地区石油与天然气开采业投资占比50%左右;东部地区与东北地区自1995年以来的投资额处于相似水平,占比20%~30%。

二、中国能源矿业发展空间差异分析

比较优势理论是分析地区间产业发展状况的重要理论(李理等,2008),本书通过比较优势量化指标来展现地区产业经济的空间差异,判断某一地区某一行业的聚集程度。

区位熵分析法常用来分析区域矿业布局和产业优势,是评价区域优势产业的基本分析方法。区位熵又称为区域专门化率,建立在区域比较优势理论的基础上,是用来衡量某一产业的某一方面在某一特定区域的相对集中程度,主要应用于衡量某一区域要素的空间分布情况,反映某一产业部门的专业化程度和规模化水平(陈莲芳等,2011)。区域集中程度选用产业企业数量区位熵来表示。

$$NQ_{ij}=\frac{\dfrac{N_{ij}}{N_i}}{\dfrac{N_j}{N}}$$

式中,N_{ij} 表示 i 地区 j 产业的企业数量;N_i 表示 i 地区企业总数;N_j 表示 j 产业全国企业总数;N 表示全国企业总数。

当 $NQ_{ij}>1$ 时,表明 i 区域中 j 产业的专业化程度较高,说明 j 产业在该地区生产较为集中,超过全国平均水平,在一定程度上显示出该产业较强的竞争力,具有一定的比较优势和相对规模优势,发展也较快。NQ_{ij} 值越大表示该产业的地区经济占比越高。($NQ_{ij}-1$)可表示出高于全国平均水平的程度,在一定程度上反映产业的地区专业化程度和竞争力,也表示该地区该行业的产出除满足本区域需求外,还对外出口,属于净出口产业。当 $NQ_{ij}<1$ 时,则表明区域中 j 产业专业化程度较全国水平低,没有竞争优势,为劣势产业。NQ_{ij} 值越小,相对弱势就越明显。其产出不能达到本地要求,需从区域外输入产品或者服务,为净进口业。当 $NQ_{ij}=1$ 时,说明 j 产业为一般水平,优势不明显,与全国水平差不多,能够自给自足(殷俐娟,2007;张会新等,2011)。

本书选取2019年全国各省区市工业企业数量来进行分析,从企业分布的角度来衡量地区煤炭采选业、石油与天然气开采业的产业聚集程度和地区竞争力(图2-8、图2-9,表2-6、表2-7)。

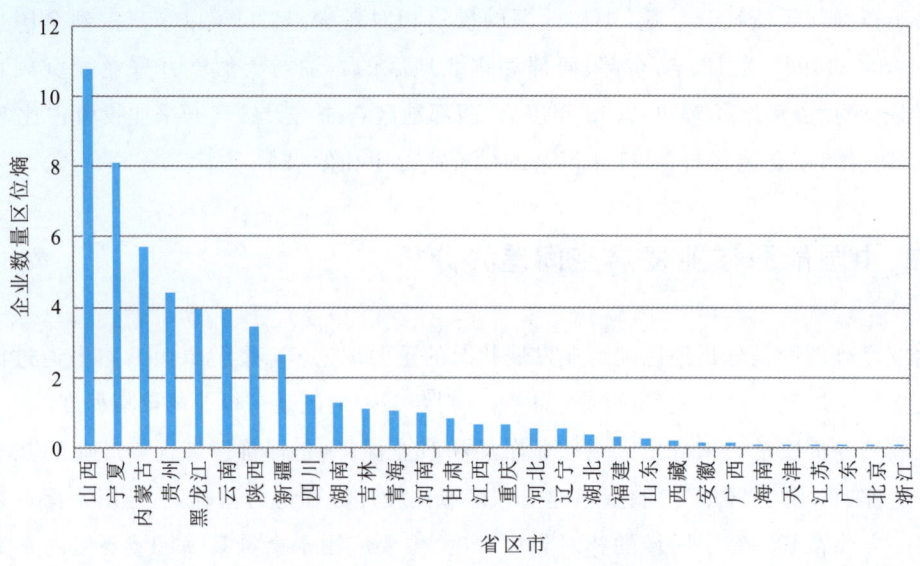

图 2-8 煤炭采选业企业数量区位熵

(数据来源：《中国基本单位统计年鉴2020》)

表 2-6 煤炭采选业企业数量区位熵和固定资产投资

(数据来源：《中国能源统计年鉴2020》《中国基本单位统计年鉴2020》)

省区市	山西	宁夏	内蒙古	贵州	黑龙江	云南	陕西	新疆	四川	湖南
区位熵	10.75	8.07	5.66	4.35	3.95	3.90	3.40	2.60	1.50	1.27
固定资产投资/亿元	100.13	149.21	124.05	29.54	21.02	19.90	136.70	22.45	9.63	7.82
省区市	吉林	青海	河南	甘肃	江西	重庆	河北	辽宁	湖北	福建
区位熵	1.10	1.04	0.98	0.77	0.64	0.60	0.51	0.49	0.33	0.26
固定资产投资/亿元	6.85	0.00	65.14	15.92	4.71	0.33	10.30	3.32	0.56	0.00
省区市	山东	西藏	安徽	广西	海南	天津	江苏	广东	北京	
区位熵	0.25	0.17	0.13	0.11	0.03	0.03	0.02	0.01	0.01	
固定资产投资/亿元	16.52	0.00	22.72	0.00	0.00	0.00	0.00	0.00	0.00	

研究结果显示，各省区市位熵与煤炭产量强相关，煤炭工业对自然资源的直接依存度很高，煤炭产业集中度直接依赖于当地煤炭储量的先天优势。在29个拥有煤炭企业的省区市中，12个省区市的区位熵大于1，这些地区均存在着行业集聚现象，其余省区市的煤炭企业分布得较为分散，地区间的产业分布有着明显差异。山西、宁夏的区位熵分别达到10.75和

8.07,集聚程度高于其他省区市。山西、宁夏、内蒙古(区位熵排名前3)的固定资产投资超过100亿元,远高于其他省区市。此外,青海、福建、西藏、广西等省区虽有煤炭企业,但其固定资产投资额为0,地区的煤炭生产已逐渐退出或未进行生产活动,呈现缓慢发展态势。

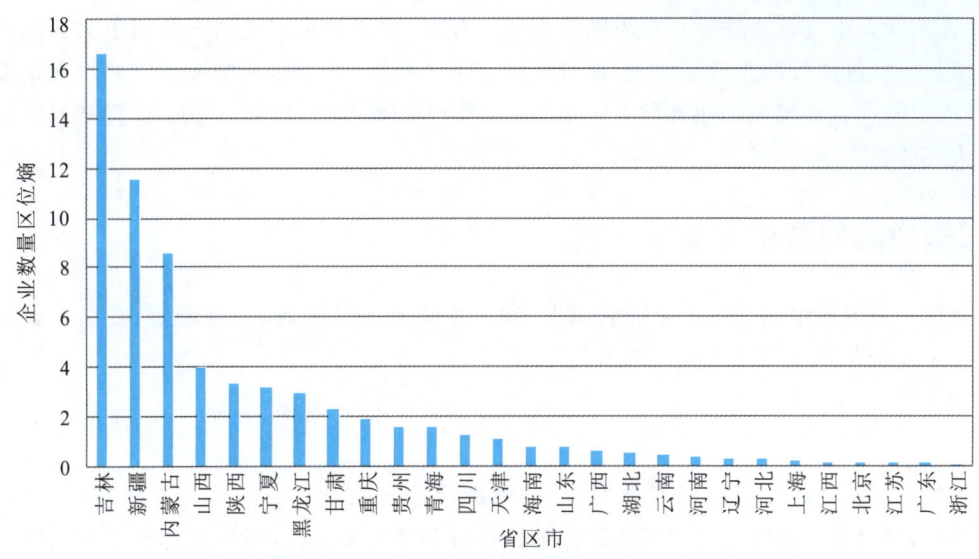

图 2-9 石油与天然气开采业企业数量区位熵

(数据来源:《中国基本单位统计年鉴2020》)

表 2-7 石油与天然气开采业企业数量区位熵和固定资产投资

(数据来源:《中国能源统计年鉴2020》《中国基本单位统计年鉴2020》)

省区市	吉林	新疆	内蒙古	山西	陕西	宁夏	黑龙江	甘肃	重庆	贵州
企业数量区位熵	16.65	11.60	8.58	4.04	3.40	3.16	2.94	2.30	1.90	1.63
固定资产投资/亿元	19.14	17.38	140.33	20.33	18.82	1.50	7.56	23.90	5.28	0.00
省区市	青海	四川	天津	海南	山东	广西	湖北	云南	河南	辽宁
企业数量区位熵	1.56	1.30	1.11	0.82	0.78	0.64	0.51	0.45	0.36	0.33
固定资产投资/亿元	0.00	110.56	0.00	5.70	10.50	0.12	0.00	0.00	10.48	16.68
省区市	河北	上海	江西	北京	江苏	广东	浙江	安徽		
企业数量区位熵	0.31	0.21	0.18	0.17	0.15	0.14	0.03	0.00		
固定资产投资/亿元	0.00	0.00	0.00	0.00	2.50	0.00	0.00	0.32		

在中国28个石油与天然气开采业的省区市中,13个省区市有油气产业集聚现象。中国西部地区的产业集中程度普遍高于其他地区,与其高资源禀赋密不可分。作为资源大省产业集中度位列前三,吉林、新疆、内蒙古的区位熵远高于其他省区市。内蒙古与四川的固定资产投资均逾百亿元。作为固定资产投资规模最大的省,内蒙古石油与天然气产业规模较大,中俄东线天然气管道建设正在不断推进,拥有较好发展势头与较高产业竞争力。四川省近年来积极推进油气勘查开采建设,油气新区带不断被探明发现,新增潜在资源量大幅度增加,其固定资产投资规模远超其他省区市,2019年投资额达到110.56亿元,将建成高产量的战略大气区。

三、中国能源矿业配置分析

为进一步说明中国能源矿业配置情况,我们主要从区域配置、产业配置、要素配置和市场配置来分析。

(一)区域配置

区域矿产资源的配置一般遵循经济性、可持续性、生态性、空间性等目标准则(闫军印等,2006),通过提高地区技术状态来提高地区资源利用效率,综合考虑能源矿业地区发展的经济学、环境友好性和资源存量保障性。利用区域分工,依据自身优势和产业基础,鼓励对同一产业进行持续的资金和技术投入,培育优势产业,加速融合产业集群的发展,因地制宜地发展区域优势能源矿业,发挥区域产业结构优势。如西部地区经济规模小,经济结构不合理,产业相对分散,缺少经济聚集效应,在市场竞争中难以发挥整体竞争优势,建议可以着力打造以合成氨、甲醇、烯烃及其下游深加工产品为主导的黔中煤磷化工产业带。

(二)产业配置

中国能源矿业占据了矿产业很高的比例,结构演化迟滞。自20世纪80年代以来,矿业结构便以能源、原材料供应为主,工业产业结构框架有待充实和延伸。能源矿业的技术水平较低,产品结构单一、产品粗放,粗加工产品多,深加工产品少,技术含量、附加值低的产品过剩与技术含量、附加值高的产品短缺并存。中国仍然存在着高能耗、高污染的煤炭开采加工产业模式,不仅造成高投入、低产出的问题,而且带来了巨大的资源浪费,因此产业结构需要进一步转型升级。

煤炭产业应加强高竞争力产品的打造,进一步延伸产品链条,煤气化走炭化工的甲醇及其下游产品路线,煤制油向油品深加工发展,煤焦化向苯化工和焦油加工工艺延伸,走精细化工产品路线。

中国油气资源的上游开采主要被"三桶油"占据主导权,产业垄断程度高,部分地区开放了油气开采改革试点,有朝市场方向变革的趋势。天然气开采环节参与企业少,垄断性强,经营模式简单。储运环节的独立自主性差,地下储气库发展较为滞后,储气费定价方式仍不明朗。管网运输系统作为中间环节将上游开采和下游消费市场连接为一个整体,管网系统的天然气流量配置对天然气产业社会福利水平起着决定性作用。

(三)要素配置

目前中国天然气输送管道主干线由"三桶油"负责建设和运营维护,采用一体化经营的方式,各自建设的管道也都只用于运送各自气田开采的天然气资源,导致管网之间不互通。同时,由于管道运输环节具有自然垄断性,即一旦某地区的管道建成投产,其他公司将很难建设新的管道来形成竞争,管网的内部连通和外部准入壁垒都严重地阻碍了运输环节的开放和竞争,并影响整个运输环节对天然气的配置效率。目前,天然气管网结构有待提高和改善,但要形成有利于提高管网对天然气输配的效率,就应综合考虑新增管线的成本效益,完善管网布局规划。

中国的煤炭行业存在着产业结构和加工深度有待提高及资源产出效率不够等问题。要改变当前不利的局面,一方面应加快技术创新投入与大型先进设备的引用,使资源消耗最小化,提高资源利用效率,从而提高能源矿产资源开发时的经济效益,另一方面要支持重大技术装备、重点新材料等领域的自主知识产权市场化运营。积极探索通过天使投资、创业投资、知识产权证券化、科技保险等方式推动科技成果资本化。

(四)市场配置

煤在中国仍是资源使用量中占有最大比例的能源。为提高煤炭市场配置效率,中国主要采取了以下措施:稳定煤矿石资源的供给并逐步提高其开采质量和效率。煤炭企业推进兼并重组和战略性组合,推动煤炭行业供给侧结构性改革,关闭退出落后产能,促进煤炭行业兼并重组。中小型矿井数量和产能占比不断下滑,煤炭行业集中度有了明显提升,地方区域龙头企业逐步形成,行业逐步向健康稳定方向发展。

天然气行业属于资金密集型行业,由于管道设施投资规模大、行业受政策管控较严,其准入门槛较高,主要由实力雄厚的国有企业投资运营并形成垄断或者寡头垄断市场。行业中部分环节市场化程度较低,产品价格并不能完全反映其在市场中的价值,甚至部分环节常年利润倒挂。天然气现行价格机制仍为管制下的价格机制,有着管网垄断经营的市场特征。天然气市场配置效率较低,自由定价和管网开放模式使得天然气资源配置更加灵活,可以提高天然气产业整体社会福利。中国天然气进口量需求大,对外依存度高,外部供给波动也对天然气价格有着很大的影响。管道天然气进口减供以及海运 LNG 价格上涨均会对中国天然气管网系统和市场产生不同程度的影响。

第三节 中国能源矿业发展绩效分析

一、中国能源矿业发展绩效评价模型

目前,中国能源矿业发展并没有形成专属的绩效评价体系,而且现有与能源矿业绩效评价模型有关的文献也相对较少。因此,本书在结合学者针对相关行业绩效评价研究的基础上,通过比较,确立了适合中国能源矿业绩效评价的模型。

(一)模型比较

很多学者采取了多种方法对煤炭及相关产业进行研究:有学者采用因子分析方法将原来的多个测量指标综合为少数几个能充分反映信息的公因子变量,进而评价大庆市低碳经济发展现状(王斌斌,2010)。从绿色价值链这一新视角入手,以从直接利益相关者延伸至社会、生态等广义利益相关者的共同价值最大化作为价值导向,采用层次分析法划定评价指标,构建企业绩效评价模型,并进行实证分析(周宇倩等,2019)。利用基于松弛的序列方向性距离函数,本书测算了 2003—2010 年中国 30 个煤炭城市工业经济的市场、环境效率和相应的全要素生产率指数,并采用二元选择模型分析了煤炭城市发展模式转型的影响因素(邓晓兰等,2013)。针对煤炭企业绩效,应用模糊神经网络理论基础我们构建了评价指标体系,和绩效评价模型(田野等,2009)。在探讨煤炭企业发展循环经济影响因素的基础上,从经济发展、资源利用、节能减排、环境状况、循环特征 5 个方面建立了煤炭企业循环经济评价指标体系,构建基于模糊神经网络的煤炭企业循环经济评价模型,并按照模糊神经网络结构的建立、输入数据的模糊化、输出数据的反模糊化、BP 神经网络训练进行模型求解和运算,并用算例进行了验证(徐君,2011)。在具体区域性研究上,有学者从山西省的煤炭产业概况分析入手,运用 SCP 范式[①]对山西省煤炭产业的发展变化情况进行了分析,进而在分析山西省煤炭产业发展存在的问题及原因的基础上,厘清山西省煤炭产业未来的发展方向(韩振兴等,2019),或是运用 SCP 范式从市场结构、企业行为及市场绩效 3 个方面进行理论分析,指出制约中国煤炭产业发展的因素,提出适合中国煤炭产业的发展模式(张文,2016)。结合演化经济学观点就石油产业 SCP 范式的研究模型进行了具体设计,并对于石油产业结构和绩效演进开展了实证分析(霍建,2017)。SCP 范式作为一种成熟的手段被广泛运用在煤炭和油气及相关产业的绩效研究中。然而,SCP 范式主观性较强,诸多学者也从客观数据出发来探究了中国能源资产矿产的发展。例如有学者从国内供需、技术创新和进口 3 个维度构建中国天然气供应安全指标体系,利用主成分法和 VAR 模型分析各指标因素的影响程度(李宏勋等,2020)。以 2013—2018 年在上海交易所和深圳交易所上市的 39 家煤炭上市公司为研究

[①] 即市场结构(structure)、市场行为(conduct)、市场绩效(performance)相结合的研究模式。

对象,选取9个反映煤炭上市公司财务发展状况的指标,采用主成分分析法对中国煤炭上市企业的财务绩效进行评价(王珅,2019)。以结构-行为-绩效范式为基础,建立了相应的有效竞争评价指标体系,并运用主成分分析法对2000—2009年中国煤炭产业的有效竞争状况进行了实证分析(马洪云等,2014)。本书采用主成分分析法对29家上市企业进行绩效分析。

(二)模型确立

对于主成分分析,通过筛选上市企业财务年报中的各项经济指标,本书最终选取以下使用频率较高的经济指标,构建能源矿产上市企业财务绩效的评价指标体系,如表2-8、表2-9所示。

表2-8 煤炭企业财务绩效评价指标体系

类型	经济指标
盈利能力	X_1:成本费用利润率
	X_2:总资产报酬率
	X_3:营业利润率
	X_4:销售净利率
	X_5:股东权益比率
	X_6:资产负债比率
	X_7:资本积累率
营运能力	Y_1:总资产周转率
	Y_2:固定资产周转率
	Y_3:总资产增长率
偿债能力	Z_1:速动比率
	Z_2:现金比率
	Z_3:流动比率
成长能力	H_1:流动资产周转率
	H_2:固定资产增长率

表2-9 油气企业财务绩效评价指标体系

类型	经济指标
盈利能力	X_1:成本费用利润率
	X_2:总资产报酬率

续表 2-9

类型	经济指标
营运能力	Y_1：总资产周转率
	Y_2：流动资产周转率
偿债能力	Z_1：股东权益比率
	Z_2：资产负债比率
	Z_3：流动比率
	Z_4：速动比率
	Z_5：现金比率

二、中国能源矿业发展绩效评价

根据以上确立的分析方法,我们就中国能源矿业的发展绩效问题进行具体的评价。

(一)能源矿产资源行业市场结构分析

本书选择以产业集中度来衡量煤炭市场结构。产业集中度是指某行业的相关市场内前 n 家最大的企业所占的市场份额,产业集中度越高,则产业中前几家企业对于行业的领导力和支配力越强,竞争性越高。油气产业集中度较高,本书计算了 2015—2020 年中国煤炭产业的 CR_4 和 CR_8 指数,见表 2-10。以美国贝恩分类法为对照标准,可以得出中国煤炭行业从竞争性行业逐步迈入了寡占Ⅴ型—寡占Ⅳ型行业,这与行业产能过剩、价格降低压力增大有关(表 2-10、表 2-11)。

表 2-10 2015—2020 年中国煤炭产业 CR_n 指数计算

(数据来源:国家统计局、中国煤炭工业协会)

年份	前 4 家产量/Mt	前 8 家产量/Mt	全国总产量/Mt	CR_4/%	CR_8/%
2015	907.13	1 350.36	3747	24.21	36.04
2016	821.15	1 224.76	3411	24.07	35.91
2017	958.57	1 398.78	3524	24.20	39.69
2018	1 038.06	1 505.24	3546	29.27	42.45
2019	1 248.05	1 722.18	3970	31.43	43.38
2020	1 331.00	1 862.43	3902	34.11	47.73

表 2 – 11 美国贝恩分类法

产业集中度市场结构	$CR_4/\%$	$CR_8/\%$
寡占Ⅰ型	$CR_4 \geq 85$	—
寡占Ⅱ型	$75 \leq CR_4 < 85$	$CR_8 \geq 85$
寡占Ⅲ型	$50 \leq CR_4 < 75$	$75 \leq CR_8 < 85$
寡占Ⅳ型	$35 \leq CR_4 < 50$	$45 \leq CR_8 < 75$
寡占Ⅴ型	$30 \leq CR_4 < 35$	$40 \leq CR_8 < 45$
竞争型	$CR4 < 30$	$CR8 < 40$

(二)主成分分析评价过程

根据以上方法,我们利用主成分分析方法就中国能源矿业发展绩效问题进行评价。

1. 煤炭产业分析

在对煤炭产业进行分析之前,首先需对样本数据进行 Z-score 标准化处理,以消除各项经济指标间量纲差异的影响。其次需对标准化的样本数据进行 KMO 检验和 Bartlett 球形度检验,KMO 检验的值为 0.627(大于 0.50),Bartlett 球形检验的近似卡方值为 547.067,自由度为 105,显著性水平为 0.000(小于 0.05),说明标准化后的样本数据适合进行主成分分析(表 2 – 12)。

表 2 – 12 样本数据的 KMO 检验和 Bartlett 球形度检验

KMO 检验	Bartlett 球形度检验		
	近似卡方值	自由度	显著性水平
0.627	547.067	105	0.000

主成分提取的目的是尽可能地提取并简化上述 15 个经济指标所携带的信息,用主要成分来衡量煤炭企业的绩效水平,避免由于经济指标含有重叠信息而影响煤炭企业绩效评价的准确性。由表 2 – 13 可知,在煤炭企业绩效评价体系中,初始的 15 个经济指标共提取出了 4 个主成分,并且累计方差贡献率达到了 83.019%,说明这 4 个主成分可以反映初始经济指标 83.019% 的信息,总体效果较好。

表 2-13 煤炭企业经济指标解释的总方差

主成分	初始特征值			提取平方和载入			旋转平方和载入		
	合计	方差贡献率/%	累计方差贡献率/%	合计	方差贡献率/%	累计方差贡献率/%	合计	方差贡献率/%	累计方差贡献率/%
F_1	6.224	41.491	41.491	6.224	41.491	41.491	5.367	35.781	35.781
F_2	2.702	18.010	59.502	2.702	18.010	59.502	3.298	21.984	57.765
F_3	2.125	14.166	73.668	2.125	14.166	73.668	2.188	14.585	72.350
F_4	1.403	9.351	83.019	1.403	9.351	83.019	1.600	10.669	83.019

最后采用最大方差法对样本数据的初始载荷矩阵进行正交旋转,得到正交旋转后的主成分矩阵,如表 2-14 所示,可依此确定各个主成分代表的实际意义。其中,在 F_1 中,成本费用利润率、总资产报酬率、营业利润率、销售净利率等指标的成分载荷较大,明显大于其他经济指标,因此,F_1 被用来反映煤炭产业上市企业盈利能力方面的财务绩效水平;在 F_2 中,速动比率、现金比率和流动比率的成分载荷较大,因此,F_2 被用来反映煤炭产业上市企业偿债能力方面的财务绩效水平;在 F_3 中,总资产周转率、固定资产周转率、总资产增长率等指标的成分载荷明显大于其他经济指标,因此,F_3 被用来反映煤炭产业上市企业营运能力方面的财务绩效水平;在 F_4 中,流动资产周转率和固定资产增长率等指标的成分载荷明显大于其他经济指标,因此,F_4 被用来反映煤炭产业上市企业成长能力方面的财务绩效水平。

表 2-14 正交旋转后的主成分矩阵表

经济指标	各主成分得分			
	F_1	F_2	F_3	F_4
成本费用利润率(X_1)	0.900	0.191	−0.076	0.316
总资产报酬率(X_2)	0.933	0.160	0.186	0.144
营业利润率(X_3)	0.913	0.147	−0.028	0.284
销售净利率(X_4)	0.922	0.098	0.045	0.224
股东权益比率(X_5)	0.692	0.407	−0.058	−0.386
资产负债比率(X_6)	−0.698	−0.463	0.040	0.380
资本积累率(X_7)	0.811	−0.051	0.217	−0.318
总资产周转率(Y_1)	−0.098	0.036	0.876	0.285
固定资产周转率(Y_2)	0.002	0.151	0.918	−0.096
总资产增长率(Y_3)	0.279	−0.133	0.565	−0.205

续表 2-14

经济指标	各主成分得分			
	F_1	F_2	F_3	F_4
速动比率(Z_1)	0.246	0.932	0.198	−0.025
现金比率(Z_2)	0.146	0.895	−0.191	0.132
流动比率(Z_3)	0.284	0.915	0.205	−0.106
流动资产周转率(H_1)	0.321	−0.523	0.211	0.439
固定资产增长率(H_2)	0.161	−0.013	−0.045	0.775

注：提取方法使用主成分分析法；旋转法为具有 Kaiser 标准化的正交旋转法；矩阵旋转在 5 次迭代后收敛；数据经过 Z-score 标准化处理；后同。

如上所述，主成分分析法共提取出了 4 个主成分。这些主成分充分反映了煤炭产业上市企业在盈利、偿债、营运以及成长共 4 个方面能力的财务绩效水平。根据各主成分得分系数矩阵（表 2-14）可以进一步计算出各煤炭产业上市企业主成分得分（S）情况如下。

$$S_{F_1} = 0.163X_1 + 0.175X_2 + 0.171X_3 + 0.180X_4 + 0.136X_5 - 0.131X_6 + 0.198X_7 - 0.076Y_1 - 0.044Y_2 + 0.068Y_3 - 0.052Z_1 - 0.065Z_2 - 0.037Z_3 + 0.093H_1 - 0.009H_2$$

$$S_{F_2} = 0.006X_1 - 0.028X_2 - 0.015X_3 - 0.041X_4 + 0.033X_5 - 0.054X_6 - 0.141X_7 + 0.050Y_1 + 0.041Y_2 - 0.103Y_3 + 0.311Z_1 + 0.326Z_2 + 0.292Z_3 - 0.180H_1 + 0.060H_2$$

$$S_{F_3} = -0.070X_1 + 0.051X_2 - 0.048X_3 - 0.014X_4 - 0.053X_5 + 0.045X_6 + 0.072X_7 + 0.410Y_1 + 0.426Y_2 + 0.253Y_3 + 0.079Z_1 - 0.098Z_2 + 0.081Z_3 + 0.097H_1 - 0.029H_2$$

$$S_{F_4} = 0.174X_1 + 0.054X_2 + 0.147X_3 + 0.101X_4 - 0.254X_5 + 0.245X_6 - 0.266X_7 + 0.196Y_1 - 0.050Y_2 - 0.168Y_3 - 0.067Z_1 + 0.174Z_2 + 0.009Z_3 + 0.214H_1 + 0.501H_2$$

接着，可以进一步计算煤炭产业上市企业最终的综合财务绩效。绩效由各主成分得分与对应的方差贡献率以及累计方差贡献率综合计算可得，应用旋转平方和载入计算：

煤炭产业上市企业的综合财务绩效 = (S_{F_1} × 35.781% + S_{F_2} × 21.984% + S_{F_3} × 14.585% + S_{F_4} × 10.669%) ÷ 83.019%

根据上述主成分得分以及综合财务绩效得分的计算公式，利用标准化后的样本数据很容易计算出煤炭产业上市企业的综合财务绩效，表 2-15 显示了 2020 年 29 家煤炭产业上市企业的 4 个主成分得分以及综合财务绩效计算结果。

表 2-15　2020 年煤炭产业上市企业的主成分得分以及综合财务绩效

煤炭产业上市企业	S_{F_1}	S_{F_2}	S_{F_3}	S_{F_4}	综合财务绩效
美锦能源	0.38	-0.83	0.75	-0.93	-0.63
冀中能源	-0.31	0.39	-0.28	-0.27	-0.47
露天煤业	0.83	-0.45	-0.17	0.06	0.27
郑州煤电	-3.12	0.25	-0.90	-0.59	-4.37
兰花科创	-0.12	-0.64	-0.95	-0.32	-2.03
盘江股份	0.31	0.20	-0.46	1.71	1.76
安源煤业	-1.97	-0.42	1.71	1.85	1.17
上海能源	0.61	-0.88	-0.61	-0.33	-1.21
山煤国际	-0.66	-0.42	0.97	0.75	0.64
山西焦化	0.56	-0.25	-0.22	-0.53	-0.45
云煤能源	-0.51	1.03	0.93	-0.57	0.89
恒源煤电	0.34	1.95	-0.51	-0.31	1.47
宝丰能源	2.43	-0.42	-0.50	1.72	3.23
宝泰隆	-0.03	-0.82	-0.88	-2.73	-4.46
陕西黑猫	-0.25	-0.40	0.31	-0.29	-0.63
中国神华	0.83	3.31	-0.75	0.44	3.84
昊华能源	-0.23	-0.44	-1.39	-0.54	-2.60
陕西煤业	1.26	0.63	1.01	0.40	3.30
平煤股份	-0.09	-0.48	-0.77	0.23	-1.11
潞安环能	-0.11	-0.14	-0.70	-0.10	-1.06
中煤能源	-0.12	0.03	-0.10	-0.08	-0.27
新集能源	0.75	-1.99	-0.78	0.83	-1.18
金能科技	1.24	0.03	2.84	-2.31	1.80
山西焦煤	-0.37	-0.63	-0.43	0.85	-0.58
兖州煤业	-0.65	-0.58	1.99	0.96	1.71
华阳煤业	-0.06	-0.43	0.25	-0.01	-0.25
开滦股份	-0.24	1.35	0.78	0.18	2.08
晋控煤业	0.20	0.12	-0.33	0.07	0.06
伊泰 B 股	-0.90	0.94	-0.81	-0.13	-0.91

就 F_1 而言,在 2020 年 29 家煤炭产业上市企业中有 12 家盈利为正值,其中宝丰能源、陕西煤业、金能科技等盈利绩效较好,得分在 1 以上。就 F_2 而言,偿债能力为正的企业有 12 家,占比 41%。中国神华和恒源煤电等偿债能力相对较好,新集能源和上海能源的偿债

能力在煤炭产业上市企业中最差。就 F_3 而言,企业营运能力较好的企业占比 34%,金能科技、兖州煤业、安源煤业等企业的营运能力较强,而昊华能源、兰花科创等企业的营运能力相对较差。就 F_4 而言,行业成长方面绩效为正的占比 45%,安源煤业、宝丰能源、盘江股份等企业的绩效相对较好,金能科技、宝泰隆等企业的成长能力绩效相对较差。从行业绩效来看,样本内煤炭产业 55% 的上市企业综合财务绩效为负值,即低于平均财务绩效水平。其中,样本内综合财务绩效最好的是中国神华,综合财务绩效值为 3.84,其盈利性偿债能力在行业内较好;样本内综合财务绩效最差的为宝泰隆,综合财务绩效值为 -4.46,原因主要在于其成长性较差。

2. 油气产业分析

在对油气产业进行分析之前,首先需对样本数据进行 Z-score 标准化处理,以消除各项经济指标间量纲差异的影响,其次需对标准化的样本数据进行 KMO 检验和 Bartlett 球形度检验。适应性检验的结果如表 2-16 所示,KMO 检验的值为 0.607(大于 0.50),Bartlett 球形度检验的近似卡方值为 258.554,自由度为 36,显著性水平为 0.000(小于 0.05),说明标准化后的样本数据适合进行主成分分析。

表 2-16 样本数据 KMO 检验和 Bartlett 球形度检验

KMO 检验	Bartlett 球形度检验		
	近似卡方值	自由度	显著性水平
0.607	258.554	36	0.000

主成分提取的目的是尽可能将上述 9 个经济指标所携带的信息进行提取并简化,用主要成分来衡量油气企业的绩效水平,避免由于经济指标含有重叠信息而影响油气企业绩效评价的准确性。由表 2-17 可知,油气企业绩效评价体系中初始的 9 个经济指标共提取出了 3 个主成分,并且累计方差贡献率达到了 86.422%,说明这 3 个主成分可以反映初始经济指标 86.422% 的信息,总体效果较好。

表 2-17 油气企业经济指标解释的总方差

主成分	初始特征值			提取平方和载入			旋转平方和载入		
	合计	方差贡献率/%	累计方差贡献率/%	合计	方差贡献率/%	累计方差贡献率/%	合计	方差贡献率/%	累计方差贡献率/%
F_1	4.252	47.242	47.242	4.252	47.242	47.242	3.966	44.069	44.069
F_2	1.945	21.614	68.856	1.945	21.614	68.856	1.943	21.584	65.653
F_3	1.581	17.566	86.422	1.581	17.566	86.422	1.869	20.769	86.422

最后采用最大方差法对样本数据的初始载荷矩阵进行正交旋转,得到正交旋转后的主成分矩阵,如表 2-18 所示,可依此确定各个主成分代表的实际意义。其中,在 F_1 中,速动

比率、流动比率、现金比率等指标的成分载荷明显大于其他经济指标,因此,F_1 被用来反映煤炭产业上市企业偿债能力方面的财务绩效水平;在 F_2 中,流动资产周率转和总资产周转率等指标的成分载荷明显大于其他经济指标,因此,F_2 被用来反映煤炭产业上市企业营运能力方面的财务绩效水平;在 F_3 中,成本费用利润率、总资产报酬率指标的成分载荷较大,明显大于其他经济指标,因此,F_3 被用来反映煤炭产业上市企业盈利能力方面的财务绩效水平。

表 2-18 正交旋转后的主成分矩阵表

经济指标	各主成分得分		
	F_1	F_2	F_3
成本费用利润率(X_1)	0.900	0.191	−0.076
总资产报酬率(X_2)	0.933	0.160	0.186
总资产周转率(Y_1)	0.913	0.147	−0.028
流动资产周转率(Y_2)	0.922	0.098	0.045
股东权益比率(Z_1)	0.692	0.407	−0.058
资产负债比率(Z_2)	−0.698	−0.463	0.040
流动比率(Z_3)	0.811	−0.051	0.217
速动比率(Z_4)	−0.098	0.036	0.876
现金比率(Z_5)	0.002	0.151	0.918

如上所述,主成分分析法共提取出了 3 个主成分。这些主成分充分反映了煤炭产业上市企业在偿债、营运、盈利共 3 个方面能力的财务绩效水平。根据各主成分得分系数矩阵可以进一步计算出各煤炭产业上市企业主成分得分情况(各主成分得分 S 是得分系数与各个经济指标标准化数据乘积的总和)如下。

$S_{F_1} = -0.099X_1 - 0.055X_2 + 0.023Y_1 - 0.026Y_2 + 0.199Z_1 - 0.189Z_2 + 0.256Z_3 + 0.256Z_4 + 0.238Z_5$

$S_{F_2} = -0.081X_1 + 0.037X_2 + 0.459Y_1 + 0.466Y_2 + 0.178Z_1 - 0.161Z_2 - 0.070Z_3 - 0.076Z_4 - 0.104Z_5$

$S_{F_3} = 0.544X_1 + 0.514X_2 + 0.005Y_1 - 0.052Y_2 + 0.037Z_1 - 0.065Z_2 - 0.067Z_3 - 0.078Z_4 - 0.101Z_5$

接着,可以进一步计算油气产业上市企业最终的综合财务绩效,绩效由各主成分得分与对应的方差贡献率以及累计方差贡献率综合计算可得,计算公式为:

油气产业上市企业的综合财务绩效 $= (S_{F_1} \times 44.069\% + S_{F_2} \times 21.584\% + S_{F_3} \times 20.769\%) \div 86.422\%$

根据上述主成分得分以及综合绩效得分的计算公式,利用标准化后的样本数据很容易计算出油气产业上市企业的绩效得分情况。表 2-19 显示了 2020 年 25 家油气产业上市企业的 3 个主成分得分以及综合财务绩效计算结果。

表 2-19 2019 年油气产业上市企业的综合财务绩效

油气产业上市企业	S_{F_1}	S_{F_2}	S_{F_3}	综合财务绩效
泰山石油	−0.14	2.03	−0.30	1.60
茂化实华	−0.25	1.85	−0.26	1.34
蓝焰控股	−0.45	−1.25	0.19	−1.52
东华能源	−0.49	−0.24	0.33	−0.39
陕天然气	−0.51	0.31	0.18	−0.02
恒基达鑫	0.65	−0.92	1.69	1.42
中晟高科	−0.45	−0.64	0.80	−0.28
首华燃气	−0.57	−0.75	0.73	−0.60
博汇股份	−0.20	−0.04	0.49	0.25
中国石化	−0.34	0.98	−0.06	0.57
安彩高科	0.19	0.37	0.52	1.08
广汇能源	−0.82	−0.84	0.33	−1.32
国新能源	−0.94	−1.06	−0.99	−2.99
上海石化	0.02	1.24	−0.10	1.17
洲际油气	−0.74	−0.84	0.23	−1.35
新潮能源	0.38	−0.38	−3.67	−3.67
石化油服	−1.01	−0.37	−0.41	−1.79
中国石油	−0.28	0.50	−0.16	0.05
龙宇燃油	1.66	1.02	−0.70	1.97
和顺石油	0.87	0.57	1.43	2.87
皖天然气	0.15	1.53	0.55	2.23
国新 B 股	−0.94	−1.06	−0.99	−2.99
广聚能源	3.74	−1.35	−0.29	2.09
国际实业	0.55	−0.75	0.63	0.42
华锦股份	−0.05	0.09	−0.19	−0.16

就 F_1 偿债能力而言,在 2020 年 25 家油气上市企业中,9 家企业的偿债能力为正,占比 36%。其中广聚能源的偿债能力绩效最好,偿债能力绩效达到了 3.74。就 F_2 营运能力而

言,有 11 家企业的营运能力绩效为正,占比 44%。其中泰山石油的营运能力绩效最好,达到了 2.03,有龙宇燃油、上海石化、皖天然气、茂化实华、泰山石油 5 家企业的营运能力绩效大于 1,样本内营运能力绩效最差的是广聚能源。就 F_3 盈利能力而言,有 13 家企业的盈利能力绩效大于 0。其中恒基达鑫、和顺石油两家企业的盈利能力绩效大于 1,样本内盈利能力绩效最强的是恒基达鑫,最差的是新潮能源。综合而言,25 家油气上市企业中 13 家企业综合财务绩效大于 0,综合财务绩效最好的是和顺石油,因为其盈利能力较强;其次是皖天然气、广聚能源、龙宇燃油等,广聚能源有较好的偿债能力,皖天然气有较好的营运能力;国新能源与新潮能源是 2020 年样本内综合财务绩效能力最差的。

三、结论

(一)煤炭行业发展绩效评价

目前,中国能源矿产资源发展较为稳定,占主要消费比重的仍然是作为传统能源的煤炭,但煤炭消费增速已低于总消费量增速。一定时期内,中国煤炭产业仍然会面临着产能相对过剩的问题,同时由于环保和能源转型的压力,电力及其他部门对于煤炭的需求会有所降低,二者相互作用就导致煤炭产业利润相对减少,价格和产量增速相对下行。同时,我们也需要关注煤炭行业污染问题与安全问题,尽管近年来在严格把关下已有所缓解,但仍有改进空间。对此应积极探索落实兼并重组,实现煤炭企业平均规模明显扩大,使中低水平煤矿数量明显减少,提高上下游产业融合度,借此合理配置资源并提高产业集中度。通过整合,提高整合后企业的创新能力,建设创新企业,大力发展循环经济与洁净煤技术,从而发展清洁能源,并提高企业管理能力。对于过剩产能,可考虑通过控增量、减存量化解过剩产能,通过市场机制对煤炭企业优胜劣汰实行煤炭资源有偿开采,深化产权制度改革,大力提升煤炭资源的回采率(韩振光等,2019)。

煤炭行业龙头拥有明显的资源禀赋优势,有企业业绩增长的趋势,陕晋蒙煤炭储量丰富、区域集中,铁路专线不断完备,运输能力不断提高,更多产品将销往价值更高的地区。以陕西煤业为代表的价值龙头,大力推动科技创新,公司首套智能化无人开采国产成套装备大大提高了生产效率和煤炭资源回收率,降低了人员工作强度和安全风险;对采煤工法进行技术变革;探索、应用智慧化矿山、瓦斯零排放等科学技术。此外,煤炭行业积极推动网络交易平台的建立,陕西煤炭交易中心是服务西部地区煤炭等大宗商品的省属第三方平台企业,为中国网上交易量与实物交割量最大的煤炭现货交易市场之一。"交易平台+中心仓储+井口超市"的网上采购运营模式初步形成。

(二)油气行业发展绩效评价

在经济社会快速发展的过程中,中国的石油及天然气消费量发展增速较快,尤其天然气消费量近些年增速很快。就天然气产业发展而言,首先,需要加大国内天然气勘探开发力度,尽管对外我们目前逐步形成了多元多主体的进口天然气方案,对外依存度仍然相对过高,在未来需要加大国内的勘探力度,同时开拓更多的进口渠道,避免资源风险;其次,加速全国的互联互通网络建设(中游管网基础设施的分拆将是自由化市场工作推进的重点),深化市场化改革;再次,加快扩大天然气利用规模,使天然气在供需两侧平衡发展,例如在西部配套实施天然气发电等措施,维持天然气消费增加速率;最后,由于目前全球LNG市场呈现供过于求的宽松局面,对于长贸资源,建议国内石油公司通过价格复议等手段重谈合作,确定新的计价公式,有效降低天然气进口单价,彻底扭转中国进口天然气的高价模式,建议在鼓励开放竞争的前提下,有关部门要对国内各公司采购行为进行统一协调,以降低无序采购带来的价格风险(郜婕等,2020)。中国富煤炭而油气相对不足,随着消费总量同步增加,石油的消耗量逐步攀升,对外依存度过大。同时,进口来源相对集中,主要进口通道单一,能源安全供应不稳定,能源进口劣势突显,供应安全存在较大风险,应推动常规天然气和非常规天然气共同发展,保障海域内和海域外的油气权益,促进氢能等新能源矿业与油气产业协同融合发展(邹才能等,2020)。

第四节 中国能源矿业发展指数分析

遵从可持续发展和绿色发展的理念,对能源矿业发展指数进行分析评价,有利于更加全面地了解行业的整体发展实力及水平,也有利于绿色矿业政策的实施。本书在结合学者针对能源矿业发展指标体系及评价方法的相关研究基础上,通过综合比较构建能源矿产资源企业可持续发展指标体系模型,并以中国石化2016年至2020年的数据为例,采用差异驱动法确定权重并测算企业的可持续发展指数,间接衡量能源矿业的发展水平。

一、发展指数评价指标体系构建

目前,中国能源矿业发展并没有形成专属的发展指数评价体系,而且现有与能源矿业发展指数评价模型有关的文献也相对较少。因此,本书在结合学者针对相关行业发展指数评价研究的基础上,通过比较,以确立适合中国能源矿业发展指数评价的模型。

(一)相关研究综述

有学者对能源矿业及相关产业进行过发展指数评价指标体系进行了研究,构建了一套包含经济、环境、政策、技术、产业、社会6个方面内容的矿业经济绿色发展水平综合评价指标体系,并以中国31个省区市2005—2015年相关数据为基础进行了研究(任思达等,2019)。结合专家咨询法和层次分析法,根据压力-状态-响应模型的作用机理,苏美权(2018)构建了湖南矿业经济绿色发展指标体系,其中一级指标分为矿业经济绿色增长量、资源环境承载力和绿色发展支持力3个方面,另外还包括6个二级指标、25个三级指标。结合整装勘查区的特点,确立勘查区综合评价指标构建的思路与原则,姚震等(2018)从文献、理论、专家调研等多个角度,对指标进行筛选、取舍,最终确定了相关的5个一级指标、15个二级指标。以西部地区矿产资源禀赋为基础,赵平飞等(2011)构建了基于"一目标,三协调,五统筹,六资本"的区域科学发展评价指标体系,并通过逼近理想点法对评价指标赋权,进而评价了西部各省区的科学发展程度。通过建立地区绿色矿业经济评价指标体系,并采用AP-RP模型进行实证分析后,周灵(2018)提出相关建议。陈其慎等(2017)建立了包含矿产资源稳定供应能力、国际经略能力和可持续发展能力的矿产资源强国三维评价指标体系,运用该评价体系,对包括美国、中国在内的10个全球矿产资源国家进行了评价。在剖析矿业绿色发展架构的基础上,黄洁等(2018)从资源节约、环境友好、转型发展、安全和谐4个方面构建了矿业绿色发展指数体系框架,运用专家咨询法和层次分析法测算了指标权重,提出了指标标准化和指数的计算方法。综上可见,现学者在对矿业发展指数进行分析时,往往需多方面、多层次地对发展能力进行评价。

(二)指标体系构建

本书基于以上学者的研究以及能源资源矿产行业自身发展对应标准指标构建了煤炭消费总量、煤炭价格指数、规模以上煤炭企业利润、固定资产投资、原煤产量、铁路煤炭运输、煤炭企业和重点发电企业库存、对外依存度、煤矿数量、大型企业煤炭从业人员10个合理指标,并形成发展指数评价指标体系(表2-20)。

表2-20 煤炭产业发展指数指标体系

(数据来源:国家统计局,历年煤炭行业发展报告)

指标	单位	表示	作用方向
煤炭消费总量	亿t	X_1	+
煤炭价格指数	—	X_2	+
规模以上煤炭企业利润	亿元	X_3	+
固定资产投资	亿元	X_4	+
原煤产量	亿t	X_5	+
铁路煤炭运输	亿t	X_6	+
煤炭企业和重点发电企业库存	亿t	X_7	−
对外依存度	%	X_8	−
煤矿数量	座	X_9	−
大型企业煤炭从业人员	万人	X_{10}	+

(1)煤炭消费总量。反映整个社会对于煤炭行业需求的刚性和利用效率,整个消费总量越大,说明煤炭行业的供需越大,即煤炭行业的交易量越大。

(2)煤炭价格指数。可以客观、全面地反映各品种煤炭市场价格变化的走势和平均变化幅度,利用煤炭价格发展指数可以测度煤炭行业的行业消费情况和价格平均变化幅度及走势。

(3)规模以上煤炭企业利润。用于衡量行业中规模以上煤炭企业的营业利润,以较大企业为主体验证行业变化情况。

(4)固定资产投资。固定资产投资作为支出大项,在行业发展前景较好或预期前景较好时有所增加,用于衡量行业发展现状及行业对未来的预期。

(5)原煤产量。指当年国内企业的原煤生产量,反映的是企业对于市场交易的未来预期。

(6)铁路煤炭运输。铁路煤炭运输运量大,运距远,速度快,不受气候条件限制,占中国煤炭运输的比重超过50%,可以反映中国煤炭产品结构性流通活跃度。

(7)煤炭企业和重点发电企业库存。近年来中国煤炭产业产能过剩问题较为严重,对煤炭行业健康发展颇有影响,这里重点以煤炭企业和重点发电企业库存反映中国煤炭行业产能过剩度。

(8)对外依存度。指能源净进口量与能源消费总量的比值。它作为一种衡量能源安全与价格差异的指标,用来衡量中国煤炭产业对外依存度,阐述国外市场对国内发展的影响。

(9)煤矿数量。用来衡量煤炭行业企业合理集中开采及集中度问题,集中的煤矿开采有利于煤炭行业合理科学可持续发展。

(10)大型企业煤炭从业人员。衡量煤炭产业对于社会就业的贡献度。

同理,本书也构建了油气资源产业发展指数指标体系(表2-21)。

表2-21 油气资源产业发展指数指标体系

(数据来源:中商产业研究院)

指标	单位	表示	作用方向
产成品	亿元	X_1	+
存货	亿元	X_2	+
利润总额	亿元	X_3	+
资产总计	亿元	X_4	+
负债合计	亿元	X_5	−
增加值同比增长	%	X_6	+
主营业务成本	亿元	X_7	−
亏损企业亏损总额	亿元	X_8	−
企业数	个	X_9	+
亏损企业数	个	X_{10}	−

二、发展指数评价方法选择

大多学者对资源矿产及相关产业发展指数的研究采取层次分析法(analytic hierarchy process,AHP),依托主观评价将定性评价转化为定量评价,并建立了基于灰色关联分析和层次分析法的水泥回转窑用煤质量等级评价模型。该方法不仅能够反映不同级别样本之间的差别,而且还能反映同一级别的样本质量优劣,可用于不同公司或不同供应商之间的煤炭质量综合评价对比(周斌等,2020)。杜建磊等(2020)从资源条件、安全及开采技术条件、环境条件、开采经济效益4个方面进行分析,建立了潞宁煤业公司煤炭资源综合评价指标体系,并运用层次分析法对煤炭资源综合评价指标体系中的24个评价指标进行权重计算,再利用熵权法修正指标权重,得到各评价指标综合权重,对潞宁煤业公司各分公司煤炭资源进行了综合评价。杨永恒等(2005)基于协方差的主成分分析法分析了1990年以来UNDP(United Nations Development Programme,联合国开发计划署)发布的中国人类发展数据,然后采用Spearman秩相关系数来分析获得的主成分与HDI之间的关系,还分析了人类发展指数替代技术。针对火电行业的具体发展现状,依据火电项目的评价工作标准,徐靖雯等(2017)首先建立评价指标体系,制定生产技术、减排管理、经济效益3个一级指标以及包括供电标准煤耗在内的9个二级指标,利用熵值法和灰色关联度法对火电行业发展进行了测度。

本书主要的评估目的是评估能源矿产资源整个产业的发展,而AHP等方法更注重对微观个体企业的探讨,且主观性较强;另外,使用单一指标很难量化能源矿产资源整个产业的发展现状,故本书采用BOD模型建立了煤炭消费总量、煤炭价格指数、规模以上煤炭企业利润、固定资产投资、原煤产量、铁路煤炭运输、煤炭企业和重点发电企业库存、对外依存度、煤矿数量、大型企业煤炭从业人员10项指标来测度能源矿产资源的产业发展。

三、具体评价过程

在以上研究基础上,本书建立了中国能源矿业发展指标体系(energy and mineral resources industry development index;Gnansounou,2008),用以衡量中国能源矿业发展,模型中用RIDI表示。RIDI指数计算方法简述为:

$$RIDI = W \times Z$$

式中,Z表示指标数据;W表示指标权重。

显然,RIDI指数是各项指标线性加权组合。对于已确定的指标,其数据标准化和权重的设定将是RIDI指数计算的关键,因此,合理的数据标准化方法和指标权重选取尤为重要。

对于指标标准化,考虑指标量纲差异以及正、逆向,并保证指标单调性、区间稳定性、差异比不变性和缩放无关性,本研究选取极差法处理原始指标数据。在权重选取上,常用方法很多,包括相等权重、主观权重(Pavlović et al.,2018)、客观权重(Berk et al.,2018)以及组合权重(Kruyt et al.,2009),其结果大多取决于决策者显性偏好和样本数据内在特征。本研究采用 Benefit-of-the-Doubt(BoD)模型计算指标权重。与数据包络分析法(data envelopment analysis,DEA)一致,BoD 模型的基本逻辑是:关于被评估对象的最合适的权重分配方案,可以从被评估对象的绩效原始数据中提取(Cherchye et al.,2007)。由于效数据本身包含被评估对象关于不同指标重要性的价值判断的信息,提取这些信息并以此为基础构建灵活的权重可以使被评估对象的绩效评估结果最优。

RIDI 指数计算流程如下。

(1)指标标准化。原始数据为 $x_j(j=1,\cdots,m)$,采用极差法进行指标处理,正向指标和逆向指标处理后的标准化数据 z_j^t 分别如下。

$$z_j^t = \begin{cases} \dfrac{X_j^t - \min(X_j^T)}{\max(X_j^T) - \min(X_j^T)} & \text{正向指标} \\ \dfrac{\max(X_j^T) - X_j^t}{\max(X_j^T) - \min(X_j^T)} & \text{逆向指标} \end{cases}$$

(2)计算指标权重。设各项指标的权重为 $w_j(j=1,\cdots,m)$,根据 BoD 模型,将寻找一套独特的权重,在这个权重之下,评估结果将最大。与 DEA 的 CCR 模型思路完全一致,BoD 模型转化为一个典型的线性规划问题,即

$$I^t = \max_{w_j} \sum_{j=1}^{m} w_j^t z_j^t$$

$$\text{s.t.} \begin{cases} \sum_{j=1}^{m} w_j^k z_j^k \leqslant 1 \\ \sum_{j=1}^{m} w_j^t = 1 \end{cases} \quad \text{其中} \begin{cases} k=1,2,\cdots,t,\cdots,T \\ j=1,2,\cdots,m \\ w_j^t \geqslant 0 \end{cases}$$

式中,I^t 为在 t 年的综合绩效得分;z_j^t 为 t 年指标 j 的值(标准化后);w_j^t 为 t 年指标 j 的权重;t 表示各个年份;j 表示指标;m 表示总指标数。

可以得到:

$$\text{RIDI}^t = w_j z_j^t$$

求解主体的 BoD 模型,我们将获得指标得分 I^t;BoD 模型中的目标函数类似于简单线性加权(simple additive weighting,SAW)分析方法,但两者之间存在基本差异。在 BoD 模型中,每项指标的权重是可变的和内生的,而简单线性加权分析中的权重是固定的和外生的。BoD 模型可以看作一个产出乘数最大化的 DEA 模型,具有恒定的投入和多种产出,它是最佳的权重度量被评价的实体。在 BoD 模型中,权重是根据数据创建的,对指标的权重选择没有任何限制。在这种情况下,一些指标权重可能为 0,在汇总时会被忽略。由于每个实体都有必要就其指标为 RIDI 的汇总做出贡献,因此所有选定的指标都应被视为重要的、不可忽视的。为了克服这一问题,我们对权重的灵活性施加了限制,这是构建综合指标的一种常见做法,因此每项指标的贡献应保持在一个固定的范围内(Verbunt et al.,2018)。

$$I_b \leqslant \dfrac{w_j^t}{\sum_{j=1}^{m} w_j^t} \leqslant U_b \quad \text{其中} \ 0 < I_b < U_b < 1$$

运用 BoD 方法得出各项指标的最终权重,如图 2-10、图 2-11 所示。

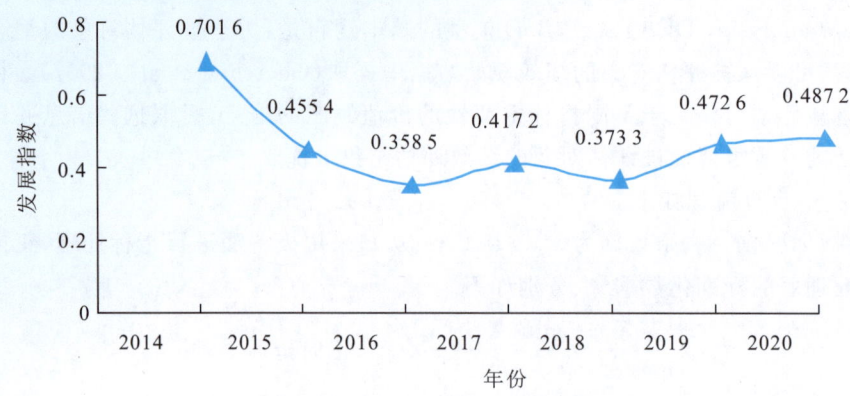

图 2-10 中国煤炭产业发展指数变化

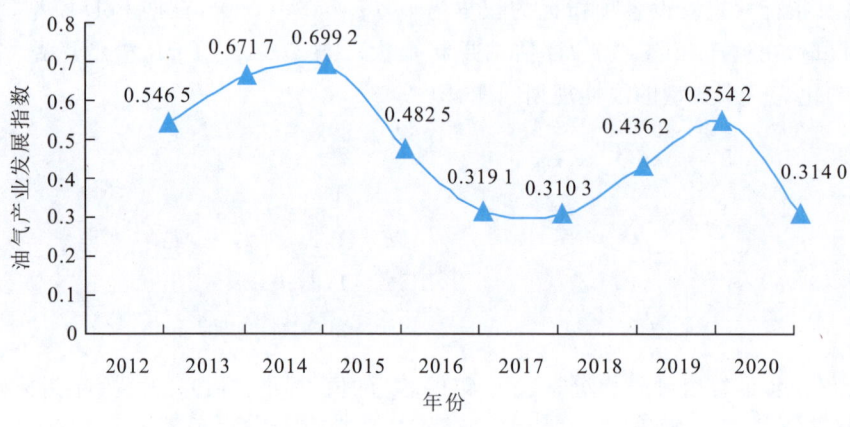

图 2-11 中国油气产业发展指数变化

由图 2-10 可以看出,在 2014—2020 年间,中国能源矿业发展指数经历了下降—上升的变化过程。在 2014 年,中国煤炭消费 41.16 亿 t,总量较大,煤炭产业固定投资 4682 亿元,未来发展前景看好,国内煤炭企业原煤产量 38.73 亿 t,产量较大。2014—2015 年是煤炭企业下滑的一个重要阶段。2015 年,煤炭价格下滑严重,同时规模以上煤炭企业利润额仅有 440.8 亿元,同比下降 65.0%。根据中国煤炭工业协会统计的 90 家大型煤炭企业(产量占全国的 68.7%)合计利润 21.9 亿元,比 2014 年同期减少 574.1 亿元,下降 96.3%。2016 年中国煤炭行业发展陷入低谷,主要原因是中国煤炭消费减少和原煤产量的减少,以及与消费减少同时发生的煤炭运输量也减少了,煤炭价格指数较高但消费量较低。但从 2016 年开始,中国煤炭产业产能过剩,库存量开始有所减少。至 2017 年,随着消费量的好转,同时价格指数较高,中国规模以上煤炭企业利润快速好转,利润总额 2959.3 亿元,同比增长 290.5%。2018—2020 年,随着煤炭消费量的好转,规模以上煤炭企业的利润额维持在较高水平,同时国内原煤产量也在不断上升,铁路煤炭运输量不断上升,产业综合发展复苏。

由图 2-11 可以看出,在 2012—2020 年间,中国于 2012—2014 年油气产业发展指数较高,于2014年发展开始逐步下滑,在2016年来到发展冰点,又反弹向好发展,但2019年之后又呈现了向下趋势。2012年油气产业企业亏损数量最少,全行业仅为30家,同时,行业企业负债最少、利润总额最大,存货数量较多。2013年行业进一步发展,企业个数得到增加,亏损企业个数略微增加,但对行业影响不大,行业产成品和存货数量为8年来最多的,行业利润相对较高。2014年行业发展也相对较好,仅相对于2013年而言行业发展出现下滑,但在2012—2020年间发展指数仍为较高点,行业企业个数在8年中最多的同时亏损企业数目最少,亏损总额也为最低,但利润以及产成品和存货相对减少。2015年,行业内利润出现大幅度下滑,亏损企业数目和亏损金额陡增,同时,产成品到达8年中的最低点。下滑趋势延续到2016年,亏损企业数目进一步增加,行业利润总额大幅度下降,出现了行业整体亏损的情况,亏损企业亏损总额达到8年中的最大值,产成品数量与2015年保持一致,为8年最低,行业发展到了低谷。2017年是对于2016年发展的一个调整期,2017年行业的资产总额出现了较大幅度的下降,行业开始缓慢调整并获得利润,亏损企业亏损总额略微减少。2018—2019年行业进一步好转,利润总额快速提高,与此同时,行业内企业开始较大幅度减少,资产总额也有所上升。但于2020年由于利润的大幅度减少,行业内企业亏损额度大幅度增加,整体发展较差。

四、结论

1. 煤炭产业发展分析

随着经济秩序的恢复运行,中国耗煤的主要行业需求将会稳步恢复。从长期来看,基于可再生能源发电的不断发展以及能源转型的必要性,电力部门对于燃煤的需求将会进一步下降,这会较大影响煤炭行业的需求。

2020年,中国能源供需出现了较大幅度的波动,煤炭行业多方发力加快推进全产业链复苏,为中国能源安全发挥了基础性支撑作用,市场现货价格出现了较大幅度波动,中长期合同价格始终稳定在合理区间。2020年初煤炭行业产运两旺加速复工复产,释放出积极信号。然而,作为动力煤需求大户的电力行业的用能需求出现了大起大落,市场供求反复失衡持续影响煤炭价格走向,此外,进口煤炭的增加也为国内煤炭价格波动添加一个重要影响因素。

未来全国煤炭供给体系质量将稳步提升,煤炭市场将保持基本平衡态势。在宏观经济稳定向好发展的态势下,煤炭下游需求将保持在一定的水平。在节能减排与大气环境治理的背景下,新能源与可再生能源的广泛使用对煤炭的替代作用将进一步增强,煤炭需求将稳定在一定的范围内。

2. 油气产业发展分析

油气产业2019—2020年情况相对好转,行业利润持续转好、亏损企业额度减少。基于中国资源禀赋原因,在未来的发展中从资源端油气行业仍需在国内加大勘探、对外寻求更多的进口渠道和主体。对内需要加快市场化改革,例如对于天然气市场要持续推进上中下游市场化改革,以实现产业可持续健康发展。

中国油气投资与开采成本越来越高,陆上石油开发的平均完全成本明显高于当前油价水平,大部分油田效益开发面临严峻挑战,对石油企业效益造成巨大冲击。另外,中国石油储备能力不足,中国目前有待建成与中国石油进口体量相适应的海上储备体系,从而保障本国产业顺畅运行。

受新冠肺炎疫情影响,2020 年中国天然气市场消费量减少,国际新冠肺炎疫情的蔓延加剧了天然气市场供需的不确定性。这不仅将给国内供气企业带来上游关井和进口长贸合同履约风险,也将影响企业上游投资。此外,中国出口也受到较大的影响,其中成品油、下游纺织服装、塑料制品和家用电器等出口占比较高的产品出口受阻,利空国内石化市场。

第五节 促进中国能源矿业发展的政策建议

在"双碳"政策背景下,各地逐渐实行能源消费总量和强度"双控"制度,国家能源结构变革速度逐渐加快。中国人均能源需求水平仍将保持在较高水平,保障能源供应安全至关重要。

一、促进中国能源矿业经营模式变革

1. 提升行业生产经营水平

随着生态环保与应对气候变化压力增加,煤炭行业重整升级成为必然。企业需要对自身发展战略进行优化调整,建立绿色发展、信息化发展的发展战略,遵循绿色矿山的建设规范。煤炭企业需要转变粗放型的煤炭开采模式,加大清洁化生产技术投入、科研和人才投入,有针对性地引进先进生产技术与工艺,降低能耗并提高开采效率,加强煤炭加工质量,提高矿井清洁化生产水平和环境友好性。抓好生产方式升级改造,大力推广充填式开采、保水式开采等绿色开采技术,提高资源回收率,减少煤矿生产对生态环境和地表的破坏,煤炭开采与环境友好的协调发展。企业应注重利用资源产业标准,结合节约标准等制度设计企业规范,增强企业发展的规范化和标准化,实现可循环的经济模式。

煤炭企业应寻求多元化转型,坚持信息化和工业化深度融合的原则,通过物联网、大数据、云计算、移动互联等技术手段,构建以数字技术为支撑的智慧生产及智慧运营体系。重视将互联网技术运用于生产、管理、销售等环节当中,建立生产指挥系统和客户管理系统,实现井下开拓、采掘、洗选、生产管理等全过程智慧化高效运转。

企业应树立大数据分析的新理念,运用相关性"网络"分析方式来研究判断煤炭市场供需关系变化的走势,从而实现精准化决策、精细化管理、精益化运营,优化要素资源配置,走高质量、高效益型发展道路。企业管理者应更新经营理念、创新经营模式,做到精细化管理,重视提升产品质量,优化关键环节,提升生产的安全性,积极推进企业现代化转型,为自身可持续发展奠定基础。

2. 完善市场建设、推进能源矿业市场化改革

中国应推进煤炭、油气等能源资源产业的市场化建设,发挥市场在资源配置中的决定性作用,提高能源资源的市场属性,推进市场能源革命进程,同时更好地发挥政府作用,加强基础制度建设,精准科学调控,推进能源治理现代化建设。

首先,中国应进一步开放煤炭和油气勘查开采市场,上游市场放宽市场准入,全面推进矿业权竞争性出让和完善矿业权的产权制度,实行油气探采合一制度。鼓励更多企业参与到油气的勘查工作并进行开采,提高中国油气的产出供应。其次,应逐步推进完善石油价格监管体系,完善市场进入和退出机制,改革原油进口贸易政策,使更多国有石油公司之外的石化企业进口原油天然气,从而拓宽油气进口渠道和增加进口量以保障供给(吕明等,2016)。

目前,中国油气产业链运营机制为"产运销"一体化,油气管网的建设运营主要集中于少数大型央企,高度集中的基础设施运营状态不利于管网建设、资源调配、市场保供以及对第三方的开放。未来中国应推进形成开放的石油天然气市场体系,推进中国石油价格市场化。成品油价格机制改革一方面要反映国际市场石油价格变化,另一方面要综合考虑企业生产成本和国内市场发展水平,逐步形成较为完善的石油价格机制。整个产业将进入一个全开放、强监管以及大改革的阶段。政府部门应将管网改革与勘探等其他环节的油气体制改革协调推进,落实配套措施,尽快建立起科学合理的制度。

二、促进中国能源矿业结构调整和优化

1. 推动传统能源矿产产业低碳发展

煤炭资源仍是中国主体能源资源,消费占比最大。在完善现有化石能源系统基础设施的基础上,应充分考虑总量制约和减量的市场变化,推动煤炭的有序、高效开发,建立健全煤炭质量管理体系和清洁开发利用体系,加强煤炭质量全过程监督管理,推进绿色开采。《能源发展"十三五"规划》提出要优化规划建设时序,加快淘汰落后产能,不断优化火电结构和促进煤电清洁高效发展。中国将逐步淘汰落后产能煤矿,有序核准新建大型煤矿项目,建设高效低排放煤电机组和加快现役机组改造,探索清洁高效的煤化工发展路径。将提高能源利用效率落实到能源生产、转换、消费等各个环节,提高煤炭的再电气化程度并提高终端利用率,以更高能效标准约束能源发展。

中国应继续推进能源矿业"供给侧"结构性改革,加紧煤炭产能优化步伐,推进煤炭产业增优减劣;鼓励企业提高开采高效化、清洁化,优化能源企业结果;提高供给质量,破除无效、低效供给,通过新投产一批、新核增一级、新核准一批、新规划建设一批,加快释放优质先进产能,促进煤炭产能结构优化升级,推动实现煤炭集中使用与治理。

严格控制能源矿产资源开采和生产中的污染物排放,降低化石燃料消费比重,建立完善碳排放权分配制度和做好环境监控预警系统工作,从源头上加以预防和刚性约束。中国应

完善化石燃料退出机制,推进能源系统建设逐步转型。

2. 大力发展清洁能源和可再生能源

中国能源矿业正向清洁化方向转型,天然气作为未来清洁能源,在中国能源资源构成中起着重要作用,是中国能源改革的重要组成部分。在推进风能、太阳能、核能等新能源开发利用的同时,还应加快天然气产业基础设施建设和供给能力的开发,发挥天然气在中国现代清洁能源体系的主体能源地位。

逐步形成多轮驱动的清洁能源供应体系,进一步推进清洁能源的生产供应,大力推进风能、太阳能等新能源逐步替代化石能源的路径和改造目标,加速化石能源逐步退出市场,使清洁能源基本满足未来新增能源需求,实现单位国内生产总值碳排放量不断下降。从历史规律、现实需求和世界发展趋势等方面看,清洁能源取代化石能源有利于实现可持续发展目标,是中国碳中和碳达峰目标的重要选择。

统筹调整各能源之间的供应关系,统筹化石和非化石能源资源的关系,坚持传统能源与新兴能源并重发展原则,降低煤炭在能源结构中的占比,大幅提高新能源和可再生能源比重,实现新、旧能源矿业包容式综合发展。能源资源领域应发挥对经济发展的重要支撑作用,逐步进行能源转型,推进建成利用效率更高、环境更友好、更可持续、能源资源体系更完善的能源供应体系。

三、促进中国能源矿业发展方式变革

1. 提高能源利用效率

中国乃至世界的能源需求量增长速度远远超过了人口的增长速度,中国能源对外依存度高,很大程度上还依赖进口,提高能源利用效率对于抑制需求增长至关重要。一方面应提高资源能源储备,另一方面应提高资源使用效率和控制能源消费总量,提高能源自给率。

中国作为世界上最大的煤炭生产国和消费国,煤炭在未来相当长一段时间内仍将占据着中国能源供应的主体地位,但应加快其结构调整与转型升级,并严格控制煤炭消费与推进其清洁高效利用。另外,还应科学谋划石油替代产业,推进燃料乙醇等替代燃料的生产。

必须将科技进步放在至关重要的地位来推动能源矿业转型。首先,社会和科研机构要继续加大技术研发投入,不断降低风电、光伏发电等新能源发电的制造、运维等成本。其次,政策扶植力度应进一步加强,提高对储能技术的研发支持,推广应用储能技术并降低其成本。最后,在消费环节,应增强对高效用能设施的研发应用,提高用能效率。

2. 改善能源工业产业链结构

优化煤炭行业全产业链的生产发展,将清洁高效和可持续开发利用贯穿于煤炭开采、加工、利用、转化、综合循环等全产业链,实现煤炭行业良性发展,走生产优质和环境友好的可持续发展之路。继续深入贯彻去产能政策方向,提高行业集中度,企业应通过收购或并购上、下游延伸业务,实现产业链的兼并重组,组建大型企业集团,从而提高生产等各环节效率,降低运营成本。各能源生产商、电力输送公司和销售公司应建立更加紧密的联系,打造产业链集群。

中国应出台政策,推进天然气形成竞争型产业链,加速推进油气行业全产业链改革。在上游环节推出矿权竞争性出让试点,全面深化油气勘查开采体制改革;中游环节的储存运输应加强管网系统建设,改革应向独立运营方向发展;下游的分销销售环节应完善市场定价机制,以政府指导基准门站价、放开出厂价及用户终端价格来进行管控。沿着产业链结构推进天然气价格市场化改革,并通过天然气价格市场化来改善产业链结构调整。

3. 促进传统产业和新能源的整合与创新

加快能源科技创新步伐,推动能源技术自主创新,提高能源资源配置效率。应大力推动多种类型、不同模式的智能化大型煤矿的建设,努力实现煤矿智能化生产、智能化建设,将机器人更多推广投放于掘进、采煤、运输、安控和救援等关键危险岗位,加强煤矿工作的安全性,提高生产效率,改善企业盈利能力。建设中国能源互联网意义深远,有利于推动产业升级和投资就业。能源互联网聚集了储能、电动汽车、5G、物联网、大数据等"新基建"重点领域和关键技术,技术创新和高端装备制造将带领产业进入全新发展阶段。

在中东部煤炭资源日趋枯竭与碳中和政策的背景下,煤炭企业应向新能源、新材料、光伏发电转型或介入光伏制造等领域;依托传统业务优势,促进产业链升级、转型新材料方向,打造经济发展新模式、新业态、新动能,加速自身转型,提高资源的有效配置并带动相关产业的发展。在加快能源转型及促进传统的煤炭、油气和新能源领域融合发展的进程中,技术和商业模式创新也将挖掘更多发展潜力。例如氢能源矿业与天然气和石化产业的进一步整合,综合能源服务站(加油+加氢+充电)以及降本增效等先进作业技术有利于促进中国能源结构向可持续性的新能源方向发展。

四、促进中国能源矿业区域布局优化

1. 提高地区能源矿业专业化能力

中国应合理布局能源矿业及其上、下游产业的空间分布。发挥西部地区产品生产成本和投资成本较低的资源优势,给予政策扶植优惠,加速东部的一些以石油、天然气为原料的加工业等产业向西部转移,逐渐形成产业规模化。一方面给东部企业带来较高投资回报率,另一方面通过产业转移为西部地区带来先进科技和管理经验,为西部地区能源矿业集群的建设发展带来强大动力和新的发展机遇(谢雄标等,2011)。

国家应加快西部油气勘查与生产,增加产量以接替东部煤炭、油气产量相对萎缩的供给重任。加大对西部地区油气勘探和开采的投入力度,使西部地区油气产量增长更快。做大资源总量,为当地能源资源产业集群提供更多基本原料。提高地区开采效率和产业集中化程度。

优化调整能源供应区域布局。西北地区重点保障化石能源和可再生能源供应,建设大型综合能源基地,保障全国能源供需平衡;西南地区重点保障天然气、水电供应,积极推动四川盆地千亿级天然气生产基地及金沙江等水电基地建设。结合资源区域禀赋与经济结构空间布局,贯彻区域协调可持续发展战略,实行差别化管理,提高能源发展现状和潜力。

2. 增强能源矿业地区合作与对外开放

在国内能源矿产资源的发展进程中,应当加强地区间的紧密联系,充分发挥能源矿产资源禀赋优势和对下游产业的辐射作用,西部地区能源矿业应以全国和中东部市场需求为导向,生产更具市场竞争力的产品。此外,西部地区要办好矿业开发区和矿业加工高科技园区来吸引境外资金、技术和人才,引进和吸收中东部地区高效生产技术和经验,努力实现技术跨越(殷俐娟,2007)。中国能源矿产资源较多分布于西部地区,与需求逆向分布,发展大容量、远距离、低损耗特高压输电可以加快能源利用效率和供给大范围配置。通过加快西部、北部清洁能源集约化开发和大规模外送,变资源优势为经济优势,促进区域协同发展。有力带动西部大开发和东北全面振兴,扩大投资就业,带动当地经济发展,缩小地区发展差距,实现共同富裕的目标。

在"一带一路"倡议的机遇下,中国应拓展国际间的能源合作,以更高水平的对外开放、更深化的贸易往来应对能源资源的挑战,保障能源安全和促进可持续发展。在天然气需求不断增长的背景下,推动管输气与LNG的进口,保障中国能源供应。西部地区可以充分利用与多国邻近、接壤的外部条件,大力发展边境贸易和跨国界合作,优化发展能源矿业,将区位优势转化为促进产业结构优化的有力动力。

第三章 中国黑色金属矿业

黑色金属包括铁、锰和铬三种金属,其产量约占世界金属总产量的95%。其中,铁矿石作为黑色金属原料的突出代表和炼钢的主要原料,其重要性是不言而喻的。本章选取中国黑色金属中的铁矿石为研究对象,从发展现状、未来供需、"双碳"目标的影响、政策建议几个方面对中国铁矿石行业进行全面分析,为中国铁矿石行业走上可持续高质量发展道路提供可行性建议。

第一节 中国铁矿石行业发展现状

为了更深入地了解中国铁矿石行业的总体发展情况,本节主要从铁矿石资源分布、铁矿石行业市场综述、铁矿石进口现状3个方面进行论述。

一、中国铁矿石资源分布

中国铁矿石有较广泛的分布。资料表明,中国铁矿石已探明资源储量852.24亿t,其中,资源量656.10亿t,基础储量196.14亿t。中国铁矿资源分布相对集中,其中,辽宁省已探明资源储量位居全国第一,其次为四川、河北。中国铁矿石储量全球排名第四,占比约为11%。2020年中国铁矿石原矿产量8.67亿t,同比增长3.7%。从区域占比来看,2020年华北地区铁矿石原矿产量最高,其次为东北地区,占比达到16.4%。西南地区、华东地区铁矿石原矿产量占比分别为15.1%和100%(图3-1)。

资料表明,全国铁矿矿区数量为3917个,其中,大型矿区152个,中型641个,小型3124个。大型矿床主要集中在辽宁、河北、安徽等省区市,其中辽宁有30个大型矿区。

中国有1/4的铁矿石主要集中在辽宁鞍山矿区,鞍山铁矿是目前中国储量及开采量最

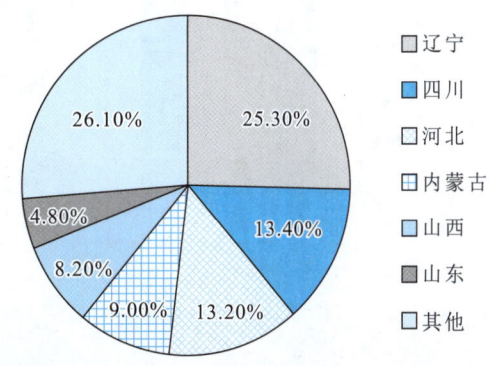

图3-1 2020年中国铁矿石资源分布占比

大的矿区,主要包括鞍山铁矿和本溪大台沟铁矿等。鞍山铁矿的铁矿石绝大部分为贫矿,含铁量为20%~40%,平均值为30%左右。经过选矿处理,精选后的含铁量可达60%以上。

中国华北地区的铁矿主要分布在河北省宣化、迁安和邯郸地区以及内蒙古自治区和山西省各地,合计铁矿石储量占比约为30%,代表矿山有水厂铁矿、白云鄂博铁矿等,是首钢、包钢、太钢等钢铁厂的原料基地(姜雪薇,2017)。

二、中国铁矿石行业市场综述

作为重要的战略物资资源,中国从第一个五年计划开始就对铁矿石开采展开了大规模的探索研究。新冠肺炎疫情使2020年国内外钢铁行业受到较大影响,海外产销均出现大幅下滑。经过一段时间的经济复苏,整体来看,2021年国内铁矿石呈现供需双旺、紧平衡状况(徐文强,2021)。国内铁矿石市场呈现以下特点。

(一)铁矿石产量持续增长

2010—2018年,中国铁矿石产量呈现先升后降的走势,但2019年有所回升。根据国家统计局数据,2014年中国铁矿石原矿产量达到峰值,为15.1亿t,为历年最高水平。2014年以来,中国铁矿石原矿产量呈逐年下降态势,2019—2020年有所回升,2020年铁矿石原矿产量为8.7亿t,同比增长3.21%。2021年上半年中国铁矿石产量为4.9亿t,较2020年同期增长了18.69%(图3-2)。

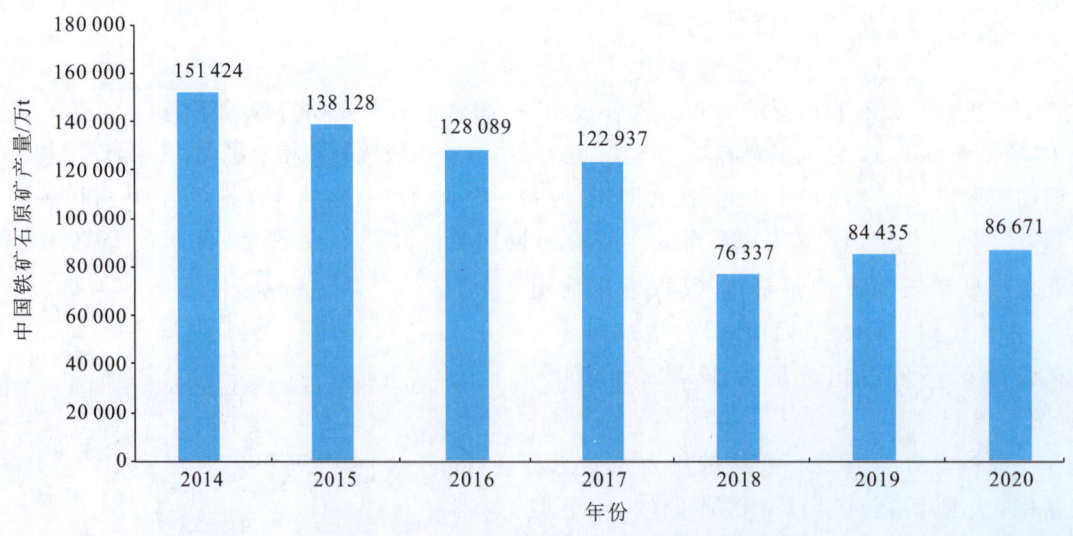

图3-2 2014—2020年中国铁矿石原矿产量

(二)铁矿石需求端生铁产量持续增长

铁矿石主要用于生铁生产,故从生铁的产量情况可以推算出铁矿石的需求情况。根据中国国家统计局的数据,2013—2020年,中国生铁的产量总体呈现增长趋势,2020年为8.88亿t,同比增长9.77%。2021年上半年,中国生铁产量为4.56亿t,同比增长5.31%(图3-3)。

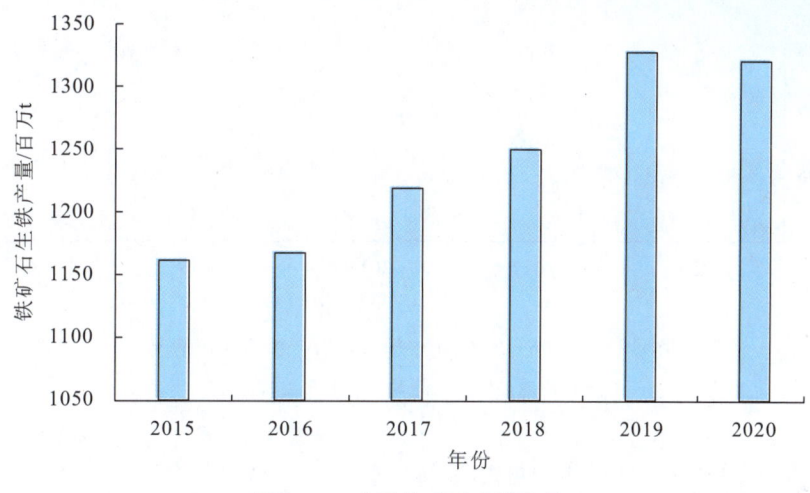

图3-3 中国铁矿石生铁产量

(三)铁矿石供需旺盛,维持紧平衡状态

2016—2020年中国铁矿石产销率呈先上升后下降的趋势。2018年铁矿石产销率达到近5年最高,为101.3%。前瞻产业研究院根据2020年铁矿石产销量情况进行了初步测算:2020年中国铁矿石产销率为100%。在海内外经济复苏的大背景下,2021年铁矿石需求持续旺盛,产销率将呈上升走势(图3-4)。

三、铁矿石进口现状

钢铁工业一直是中国的基础产业。改革开放以来,中国经济处于高速发展的阶段。在此背景下,国内的钢铁产量也一直保持着较快速的增长,多次居于世界首位。然而,以每吨钢铁生产耗费1.7t铁矿石来计算,中国铁矿产量规模无法满足钢铁行业对铁矿石的强大需求,只有通过进口来填补铁矿石的供给缺口。据统计了解,中国铁矿石对外依存度已高达50%以上(李雨佳,2017)。中国绝大多数铁矿石需求依托进口,进口铁矿石供应来源更加集中于澳大利亚、巴西两国(图3-5)。

2020年,中国铁矿石进口量达到11.7亿t,较2019年的10.69亿t,增加了9.4%,突破了2017年创下的10.75亿t铁矿石年度进口量历史高位。2020年,中国新基建投资增加提

67

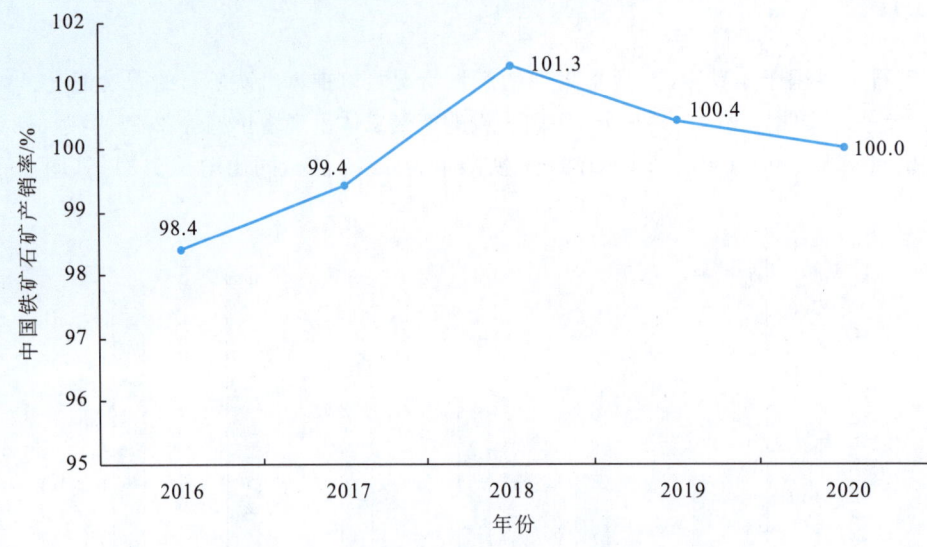

图 3-4 2016—2020 年中国铁矿石产销率变化情况

（数据来源：国家统计局、前瞻产业研究院）

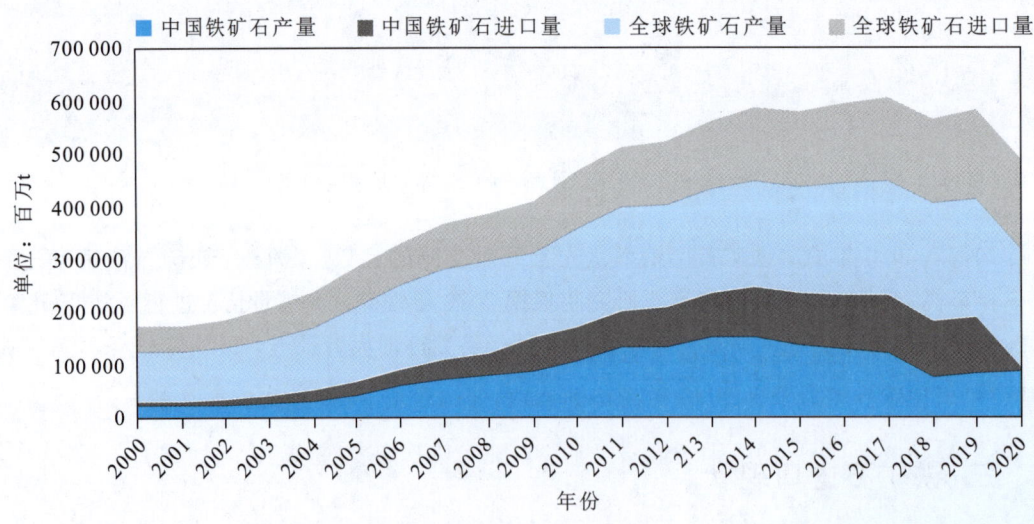

图 3-5 中国铁矿石产量、进口量与全球铁矿石产量、全球铁矿石进口量的比较

（数据来源：WSA、中国钢铁工业协会）

振需求，铁矿石下游钢铁行业需求量增加，带动了行业整体需求增加。2021 年前两个月，中国铁矿石进口量为 1.78 亿 t。

从进口国家结构来看，中国铁矿石进口来源国有 30 多个。自 2014 年以来，中国来自澳大利亚与巴西的铁矿进口量占据全部进口量的 80% 以上，其中从澳大利亚的进口量超过了 60%。铁矿石的进价主动权集中在卖方出口国，在全球的铁矿石供应市场，澳大利亚和巴西形成了双寡头垄断的局面(丁玮等,2019)。

近几年,中国累计进口非主流国家铁矿石的数量大幅上涨,但从数据来看,2020年中国从澳大利亚和巴西的进口数量仍占全部进口数量的80%以上,其中从澳大利亚进口铁矿石的数量占比达到66%,巴西达到21%,两者累计达到87%(图3-6)。

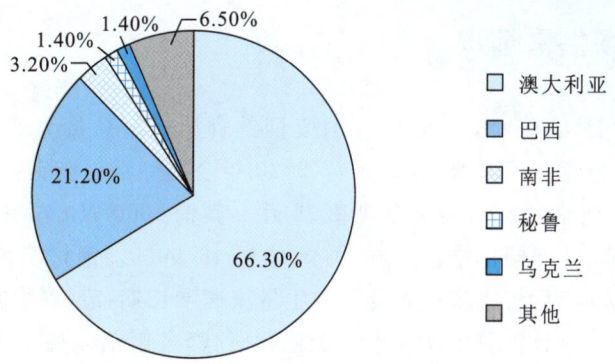

图3-6 2020年中国铁矿石来源分布

(数据来源:海关总署、前瞻产业研究院)

第二节 中国废钢产业发展现状

在改革开放不断深入的进程中,中国废钢产业也得到了快速的发展,并对中国经济社会发展产生了重要的影响。

一、中国废钢地域分布

从地域上来看,中国的废钢资源主要来源于三大废钢圈(李文婧,2019)。

1. 长三角废钢圈

以江苏苏南为中心的长三角区域集中了中国最大的钢铁企业群和废钢回收企业群。长三角废钢市场上承京津唐,下接珠三角,是中国废钢市场走向的晴雨表,具有非常重要的地位。此外,长三角作为中国经济发展最活跃、开放程度最高、创新能力最强的区域之一,对钢铁的需求量巨大,是中国废钢供应和需求的集中地。

2. 渤海湾废钢圈

渤海湾拥有临沂金属工业园,地处苏、鲁、豫三省的交界地带,是连接华北和华东的重要枢纽。此外,天津子牙环保产业是一个重要的进口废金属拆解工业园。

3. 珠三角废钢圈

珠三角再生金属产业发展最快。其长足发展始于1987年,1992年后废金属进口拆解从宝安向其他地区转移,最终在南海、清远、博罗等地形成了强大的废金属进口、拆解、回收、再利用的产业群。

二、废钢市场供需情况

中国废钢铁应用协会统计,2020年全国废钢铁资源产量总量为2.6亿t,同比增加约2000万t,其中钢铁企业自产废钢4766万t。2020年全国炼钢用废钢铁消耗总量2.3亿t,同比增加1400万t,增幅为6%;铸造企业2025万t,其他1000万t左右。2021上半年全国废钢消耗量为13 972万t,同比增加4594万t,增幅48.99%。钢材使用后变成废钢需8～30a,预计中国在2020年后将逐步进入废钢发生量快速增长期,废钢供应紧缺的局面将明显改观(黄维等,2021)。预计随着中国步入后工业化时代,各废钢品种比例有所变化,2025年全国废钢发生量将超过3.1亿t/a,2030年约3.5亿t/a。预计2030年以后,中国废钢发生量增长将趋缓,根据废钢回收周期推算,2035—2040年中国废钢发生量峰值或将出现。

(一)废钢供给

废钢主要包括自产废钢和社会废钢两个方面。

1. 自产废钢产量

自产废钢,又称生产性废钢,主要来自钢厂内部生产过程,包括切头、切尾、切边、报废品、铸余、钢渣回收等。自产废钢产量以粗钢产量为基础,受到钢材生产率或收得率(=1-自产废钢产量/粗钢产量)的影响。近几年钢铁生产工艺并没有太大改善,因此企业内的收得率波动较小,自产废钢产量趋于平缓。

$$自产废钢生产率=\frac{自产废钢产量}{粗钢产量}$$

自产废钢统计数据来自钢铁工厂,较为准确。2018—2020年,随着中国钢铁积蓄量的不断累积,废钢供应量稳步增长,年增量在2000万t左右。据统计,截至2020年,中国废钢市场可统计的废钢供应量约为2.6亿t。其中,自产废钢0.5亿t,占废钢供应总量的20%;社会采购废钢2.1亿t,占废钢供应总量的80%(图3-7)。

2. 社会废钢产量

社会废钢源自下游行业的生产废钢以及老旧废钢折旧回收。下游生产废钢(加工废钢)是指钢材在应用到下游过程中的切边、切角、边角料等,常见于建筑、汽车和造船业等。上海钢联数据显示,中国行业用钢结构稳定,建筑行业用钢量最大,2013—2020年平均用钢量约占总用钢量的61%,其次依次为机械行业、汽车行业和造船行业。随着近年来冶炼工艺的提升,钢铁产品加工技术更加成熟,零部件能够更匹配机械制造业的需要,因此加工废钢产量占比会相对稳定甚至减少。

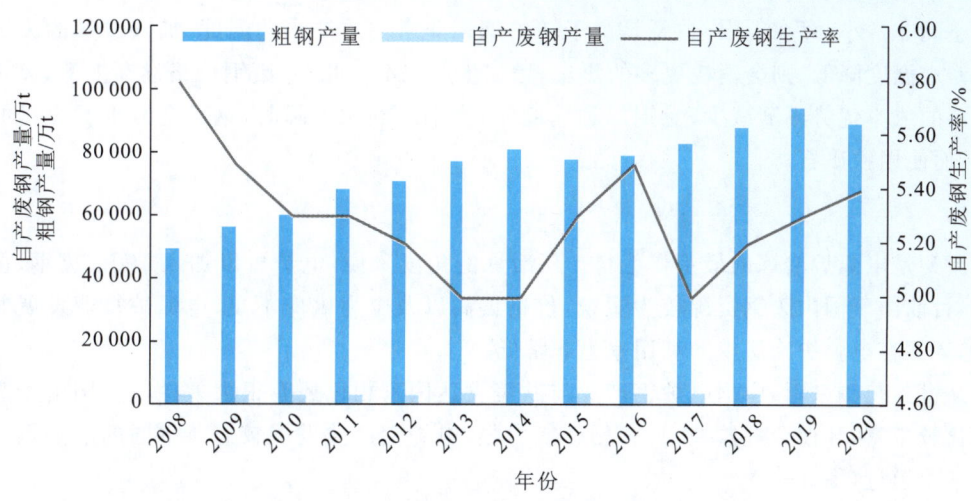

图 3-7 粗钢产量、自产废钢产量及自产废钢生产率
（数据来源：兴证期货研发部）

受到工艺提升的影响，中国下游行业加工废钢和自产废钢未来增加量有限，预计未来废钢爆发产生量将大部分来源于折旧废钢，而折旧废钢量又取决于过去几十年的钢材消费累积。钢联数据显示，建筑、机械、汽车、造船、家电等行业均从 2008—2010 年进入用钢加速期，虽然建筑行业钢材的寿命周期会长达 50 年，但汽车、机械、造船、家电等行业平均使用年限为 10~15a，以此算得 2020 年以后中国的废钢供应量将加快增长。

在发达国家，折旧废钢的产生量的经验公式是本国 17 年前钢材消费量的 70%。2003 年中国钢材表观消费量为 2.75 亿 t，以此推算，2021 年中国折旧废钢产生量约为 2.18 亿 t（徐文强，2021）。

（二）废钢需求

2001—2011 年，中国废钢消耗量逐年增长，2011—2016 年消耗总量略有下降，但整体平稳。中国废钢铁应用协会统计：2017 年中国废钢消耗总量为 14 791 万 t，同比增长 6.7%；2018 年上半年废钢消耗总量为 8772 万 t，同比增长 40%，废钢比为 19.4%。2016 年以来，废钢消耗量的增速预示着大规模应用废钢的时代已经到来。

1. 长流程炼钢废钢消费情况

2017 年螺纹钢生产利润可达 1000 元/t，高行业利润刺激高炉开工率。然而，受 2017 年环保限产影响，高炉开工进度受到严格控制，钢厂只能从入炉矿石品位和添加废钢方面入手提升产量以获取利润。

2017 年上半年，由于打击中频炉，部分废钢价格大幅下降。受成本优势影响，许多钢企纷纷提高废钢使用配比。同年 10 月，受限产政策影响，北方部分钢厂生产受限，钢厂为获取利润继续通过高炉或者转炉前添加废钢来获取利润，添加的比例可以达到 12% 左右，河北唐山地区添加比例可提升至20%以上。但长流程使用废钢限制较多,从技术层面讲,添加废钢上升空间非常小,存在上限,主要是由于转炉炼钢非常注重铁水的温度,加入过量的废钢会导致铁水温度降低,则会消耗更多的焦炭,增加生产成本。此外,废钢价格逐渐上涨,废钢作为原料的成本优势逐渐减少,受钢厂利润刺激,当钢厂利润下降时,钢厂会减少对废钢的使用,转而使用铁矿石。

2. 短流程炼钢废钢消费情况

废钢是电弧炉冶炼的最主要毛料。从冶炼的角度来说,电炉可以加入100%废钢,但实际上,目前由于国内废钢资源较为短缺,价格偏高以及电力供应不足,电弧炉行业发展非常缓慢,废钢在电弧炉冶炼中的利用率也非常低。

从世界范围来看,中国电炉钢产业与欧美发达国家相比还有很大差距。美国由于废钢资源比较丰富,环保合规监控,自主创新能力强,电炉钢产业发展较好。中国的电炉钢产业发展任重道远(图3-8)。

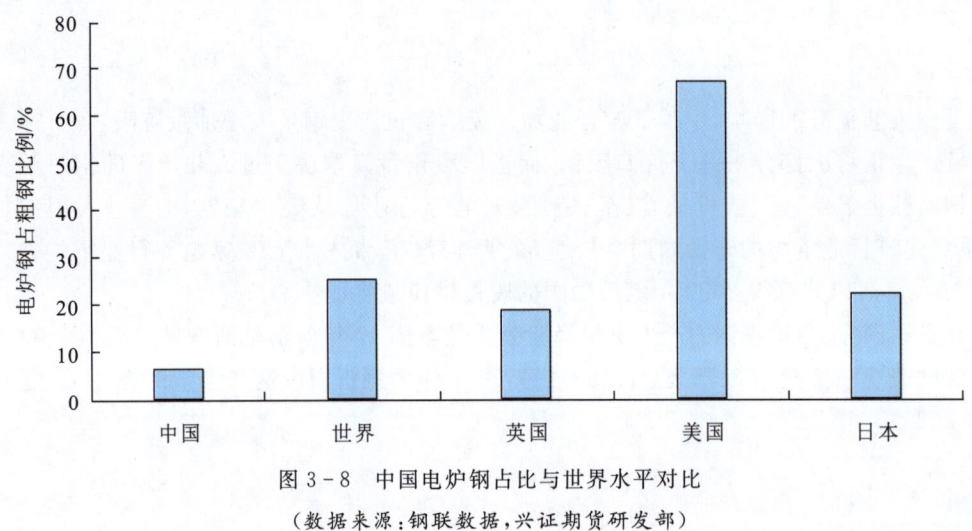

图3-8 中国电炉钢占比与世界水平对比

(数据来源:钢联数据,兴证期货研发部)

长期来看,长流程废钢应用量已经触及天花板,高炉和转炉添加废钢数量有技术上限,上升空间有限,未来废钢需求增量将大部分来自电炉生产需要。伴随产业升级政策和环保政策的持续落地,电炉钢产能逐步扩大,废钢需求量将持续放量。2020年原本新建电炉产能1221万t,年底合计产能达到18 225万t;受疫情影响,部分电炉钢企计划开工的项目暂停或者延期到2021年;2020年实际新增电炉产能约500万t,截至2020年末,国内电炉产能约为1.75亿t。

3. 产业升级:环保+去产能政策共同拉动废钢需求

2015年,中华人民共和国工业和信息化部发布了《钢铁产业调整政策》,要求到2025年,炼钢废钢比达到30%,并基本建立废钢铁加工体系。2016年12月,国家印发了《废钢铁产业"十三五"发展规划》(以下简称《规划》),明确指出要牢固树立创新、协调、绿色、开发、共享的发展理念,深入贯彻节约资源和保护环境的基本国策,以钢铁工业绿色发展、提高炼钢废钢比为主线,积极推进绿色低碳循环发展的新模式。《规划》的提出意味着2019—2021年将是中国废钢产业发展的重大转折时期,期间炼钢废钢需求将稳定增长,钢企配备更多短流程工艺,促进钢铁产业结构升级。

与去产能政策一起发挥作用的还有环保方面的政策。钢铁行业在生产过程中会排放大量的废弃物,从而污染大气。党的十九大报告指出,必须树立和践行绿水青山就是金山银山的理念,坚持节约资源和保护环境的基本国策。废钢炼钢具有巨大的环保节能优势,废钢相较于铁矿石而言可以节能60%(1t废钢可节省1t原煤),节水40%,减少86%的废气(节省1.6t二氧化碳等)、76%的废水和97%的废渣等。"十二五"期间,与铁矿石炼钢相比,中国利用废钢炼钢共减少排放约7亿t二氧化碳,约13亿t固体废物,节约煤4.4亿t。废钢铁的循环利用,对生态环境的改善有着不可替代的重要作用。冬季环保限产主要对象以长流程钢厂为主,电弧炉炼钢产能并不在限产之列。此外,高炉利润较高,但受限产影响,产能无法完全释放,为提高产量,许多钢企都选择多加废钢进行生产。因此,从产能优化升级以及环保的角度来看,未来废钢需求潜力巨大。

三、废钢进出口现状

(一)进口现状

中国废钢资源短缺,满足不了国内钢铁企业的需求,需要进口废钢以弥补国内资源的不足。2015—2017年中国废钢进口量均在200万t以上,2018年下降至134.26万t,在进口废钢国家中位列第十;2019年又因中国禁止进口"洋垃圾",废钢进口量进一步收缩,截至2021年第一季度,中国废钢进口量为5.54万t,进口额为0.3亿美元;中国在国际废钢市场中话语权较小,主要还是自产自销。

从进口来源国进口量排名统计来看,2020年中国主要从韩国与日本进口废钢,主要原因是日本与韩国废钢兼具船期短、运费低、价格较低、质量好等特点,受到国内钢厂的青睐。2020年中国从韩国进口废钢12 200.1t,从日本进口废钢7 522.1t。

(二)出口现状

由于中国废钢资源不太富足,因此,国家实际上限制废钢出口,执行40%的出口关税,不享受出口退税政策。近年来中国废钢出口持续下降。2017年中国出口废钢224万t,2018年下降至33万t,同比下降了85.17%;截至2021年第一季度中国废钢出口量为6.23t,出口额为0.4万美元。

从出口目的地来看,2020年中国废钢共出口到14个国家或地区。其中,出口到尼日利亚数量最多,出口量为112.1t;其次是坦桑尼亚,出口量为96.9t;出口量排第三的是越南,出口量为78.2t(图3-9)。

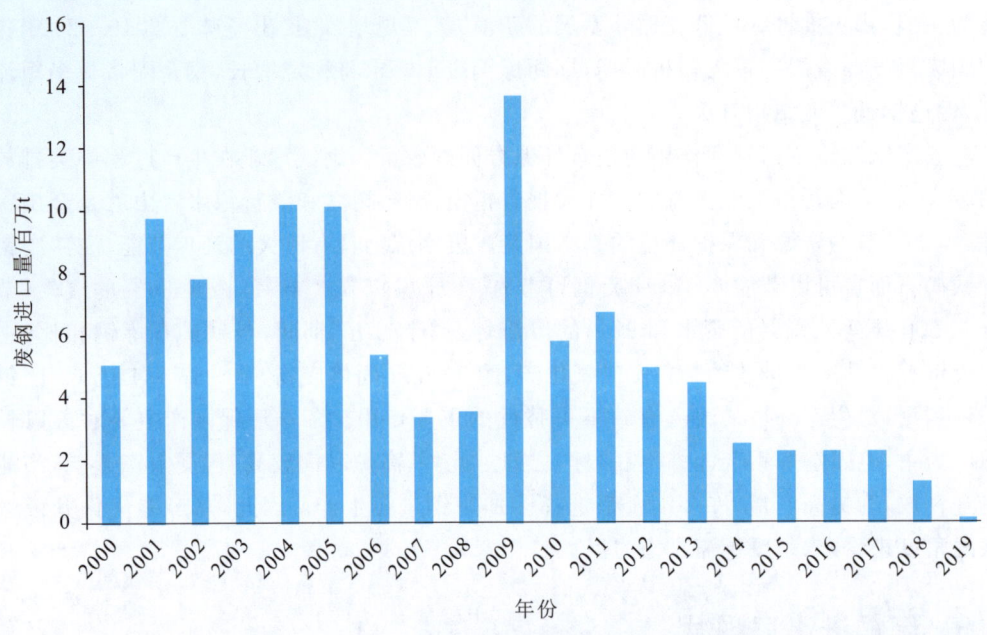

图 3-9 中国废钢进口量

(数据来源:钢联数据、兴证期货研发部)

第三节 中国钢铁和铁矿石未来需求分析

为了更深入地了解中国钢铁和铁矿石的需求情况,本节从中国钢铁和铁矿石消费历史及其现状、未来十几年中国钢铁和铁矿石需求趋势预测两个方面进行介绍。

一、中国钢铁和铁矿石消费历史及其现状

1949年以来,中国的粗钢消费经历了三个阶段:缓慢增长阶段(1949—2000年)、快速增长阶段(2001—2013年)和平稳或缓慢下降阶段(2014—2020年)。在缓慢增长阶段,粗钢消费量从16万t增长至1.38亿t,年均增长14%;在快速增长阶段,粗钢消费量从1.7万t快速增长至9.08亿t,年均增长16%;在平稳或缓慢下降阶段,粗钢消费量下降至2018年的8.35亿t,年均下降2%(张艳飞等,2015)。

1945—2019年,中国粗钢累计消费量为148亿t。其中,1945—2000年,中国粗钢累计消费量为23亿t,占1945—2019年中国粗钢累计消费量的16%;2001—2013年,中国粗钢累计消费量为73亿t,占1945—2019年中国粗钢累计消费量的49%;2014—2019年,中国粗钢累计消费量为52亿t,占1945—2019年中国粗钢累计消费量的35%。

据国家统计局公布的数据,2020年中国粗钢产量为10.53亿t,同比增长了5.2%,粗钢表观消费量同比增长了9%,而钢材价格逐步回升,总体水平低于2019年。据中国钢铁工业协会监测,2020年12月末,中国钢材价格指数(China steel price index,CSPI)为124.52点,同比上升了17.36%。其中,长材指数为126.25点,同比上升了15.09%;板材指数为126.23点,同比上升了20.74%(图3-10)。

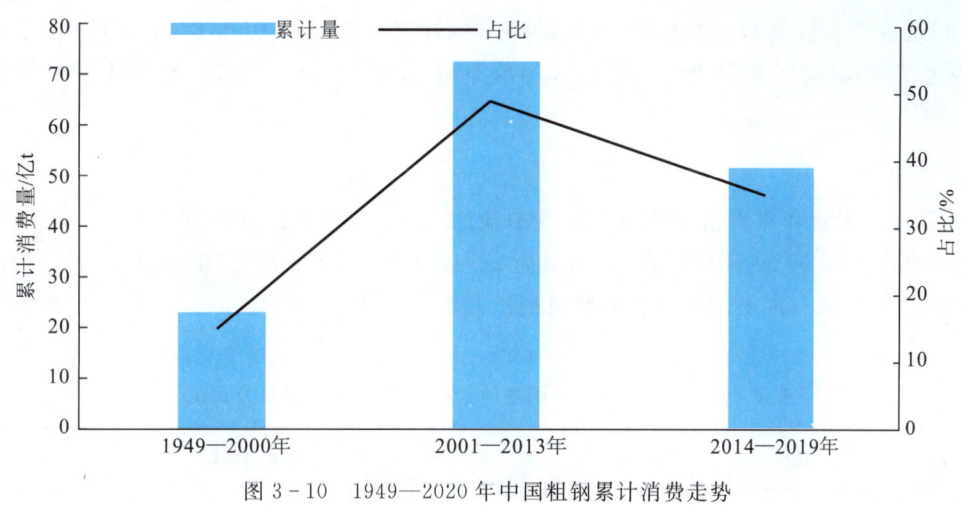

图3-10　1949—2020年中国粗钢累计消费走势

(数据来源:国家统计局、WSA)

二、未来十几年中国钢铁和铁矿石需求趋势预测

本小节主要从地区发展来预测未来十几年中国钢铁和铁矿石需求趋势。基于钢铁需求的区域划分以经济发展程度和钢铁产品销售半径作为划分标准。一方面,经济发展水平相近的省份,其钢铁消费水平相近,若地理位置也相近,则可以划分为一个区域;另一方面,经济发展水平还影响所划分区域的大小,影响钢铁产品的运输半径,经济发展程度越高的地区,物流网络越发达,钢铁产品额贸易越发达,如东部沿海地区,由于海运的便利性,钢铁产品可从辽宁运至广东进行销售,而内陆地区封闭性则较高,如新疆的钢铁产品主要用于本省的经济建设;另外,国内钢铁贸易以南北向为主,东西向贸易流量相对较少,在区域划分的时候也考虑了上述情况。

将中国31个省区市划分为四大区域:东部沿海地区,黑龙江、吉林、辽宁、河北、北京、天津、山东、江苏、上海、浙江、福建、广东、海南;中部地区,内蒙古、山西、河南、安徽、江西、湖北、湖南;西北地区,新疆、青海、甘肃、陕西、宁夏;西南地区,广西、西藏、四川、重庆、贵州、云南。

1. 东部沿海地区

2020年,中国东部沿海地区人口总计5.64亿,占中国总人口数的39.93%;GDP总量为

52.57万亿元,占中国GDP的51.75%;粗钢消费量为5.19亿t,占中国粗钢总消费量的58.1%,高于GDP的占比。

按照1990年盖凯美元计算,2020年人均GDP已到达20 052美元,按照"S"形规律,东部地区已越过钢铁消费峰值点。未来东部沿海地区经济增速将会逐步下滑,钢铁消费量也将缓慢下降。

未来,东部沿海地区钢铁消费量将会随着地区工业和制造业向内陆和海外转移而有所下降,但仍保持着较高的消费水平,人均消费量保持在600kg以上;预计到2035年,东部沿海地区粗钢需求量将会降到4.19亿t,年均下降1.4%;2020—2035年累计需求量将达到25亿t。

2. 中部地区

中部地区是近年来经济发展速度最快的地区。2020年,该区域拥有3.65亿人口,占中国总人口数的26.07%;区域内GDP总量为26.18万亿元,占中国GDP的25.76%;粗钢消费量约为2.41亿t,占中国粗钢总消费量的比例为26%(表3-1)。

表3-1 2013—2035中国各地区粗钢消费/需求现状及预测

区域	2013年	2015年	2019年	2020年	2025年E	2030年E	2035年E
东部沿海地区	5.27	5.01	5.27	5.19	4.92	4.54	4.19
中部地区	2.27	2.31	2.38	2.41	2.26	2.08	1.90
西北地区	0.86	0.57	0.55	0.47	0.33	0.27	0.23
西南地区	0.81	0.83	0.87	0.87	0.82	0.75	0.65
合计	9.21	8.72	9.08	8.93	8.33	7.64	6.96

按照盖凯美元计算,中部地区2020年人均GDP接近13 760美元,已超过峰值点。2020年,区域人均钢铁消费量为574kg。未来,中部地区人均钢铁消费还将持续下降。预计到2035年,中部地区人均钢铁消费量将会下降至468kg。

3. 西南地区

2020年,西南地区人口为2.05亿,占中国总人口数的14.64%;GDP总量为11.79亿元,仅创造了中国14%的GDP,经济发展较为落后,钢铁消费量为8700万t,占中国钢铁消费总量的9.74%,低于人口和GDP的占比。

按照盖凯美元计算,西南地区人均GDP达到12 215美元,人均粗钢消费量仅为343kg,正处于峰值平台期或即将下降。未来,西南和西北地区将是中国重点建设和发展的区域。预计到2035年前后,年人均粗钢消费量为250kg左右。

4. 西北地区

西北地区面积广大,但仅拥有 1.036 亿人口,占中国总人口数的比例为 7.4%;GDP 达到 5.6 万亿元,占中国 GDP 的 5.54%,因此,该区域对钢铁的消费水平也不高,也是目前中国城镇化率最低的区域;粗钢消费量 6000 万 t,占中国消费量的比例仅为 6%,与工业产值占比相近。

按照盖凯美元计算,西北地区人均 GDP 达到 12 290 美元,高于西南地区,人均粗钢消费量为 484kg。未来西北地区经济发展和城镇化建设会推动钢铁消费的快速增长,人均粗钢需求量将持续下降。

综合上述几个区域的预测结果,到 2035 年,东部沿海地区仍然是中国粗钢消费的最主要区域,其他地区粗钢消费量略有增长。

第四节 中国钢铁和铁矿石未来供给分析

随着中国废钢资源产生量的不断增加以及行业的"双碳"要求,废钢将在铁矿石市场上占据越来越重要的地位。本节主要从中国铁矿石和废钢供应消费现状进行分析,预测中国铁矿石资源和二次回收废钢的供应能力。

一、中国铁矿石资源现状

1. 铁矿矿床类型

中国目前具有工业意义的铁矿床,按其成因可分为沉积变质型、岩浆型、接触交代-热液型、火山岩型、沉积型和风化淋滤型六种主要类型。沉积变质型铁矿、岩浆型铁矿和接触交代-热液型铁矿,其占比分别为 57.1%、15.6% 和 13.5%,三者共占保有资源储量总量的 86.2%,其他类型占比较低。

2. 铁矿矿石类型

铁在自然界中,大多以铁的氧化物、硫化物和含铁碳酸盐及含铁硅酸盐等矿物的方式呈现,当前具有工业利用价值的矿物主要有以下几种(图 3-11)。

(1) 磁铁矿(Fe_3O_4)。呈黑灰色,相对密度约为 5.15,含 Fe 72.4%、O 27.6%,具有磁性,结构细密,被还原性较差。

(2) 赤铁矿(Fe_2O_3)。呈暗红色,相对密度约为 5.26,含 Fe 70%、O 30%,是最主要的铁矿石。根据本身结构状况可以分为赤色赤铁矿、镜铁矿、云母铁矿、黏土质赤铁矿等。

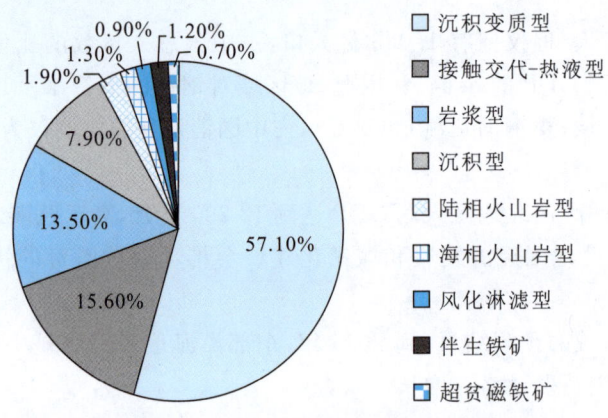

图 3-11 中国铁矿保有资源储量矿床类型

(3) 菱铁矿($FeCO_3$)。含有碳酸铁的矿石,青灰色,相对密度约为 3.8,含有相当多数量的钙盐和镁盐。

(4) 褐铁矿($Fe_2O_3 \cdot nH_2O$)。呈土黄色或棕色,含有 Fe 约 62%、O 27%、H_2O 11%,相对密度为 3.6~4.0,多半赋存于其他铁矿石之中。

中国铁矿保有资源储量以磁铁矿为主,占总量的 63.4%,其次分别为钒钛磁铁矿(9.9%)和红铁矿(9.0%),其他类型铁矿石均较少(图 3-12)。

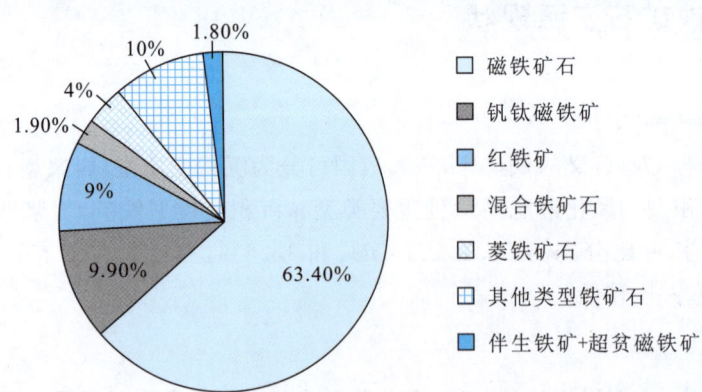

图 3-12 中国铁矿保有资源储量矿石类型

3. 资源品质

中国铁矿保有资源储量品位并不高。品位大于 55% 的富矿石资源储量仅占保有资源储量的 0.38%;品位介于 25%~55% 的中品位矿石占保有资源储量的 74.90%;品位低于 25% 的低品位矿石占保有资源储量的 24.72%。中国铁矿资源的富矿少,贫矿多。

中国铁矿平均品位为 30.62%,其中,大型矿区为 29.61%,中型为 32.57%,小型为 34.04%,沉积变质型铁矿平均品位为 30.35%,沉积型铁矿为 36.38%,风化淋滤型铁矿为

36.73%,海相火山岩型铁矿为32.00%,接触交代-热液型铁矿为37.05%,陆相火山岩型铁矿为28.83%,岩浆型铁矿为23.11%。

4. 中国铁矿石资源潜力

根据中国矿产资源潜力评价项目的预测结果,中国31个省区市铁矿预测资源量为1927亿t,其中排在前10位的为辽宁、河北、安徽、四川、云南、湖北、山西、湖南、山东、新疆(图3-13)。

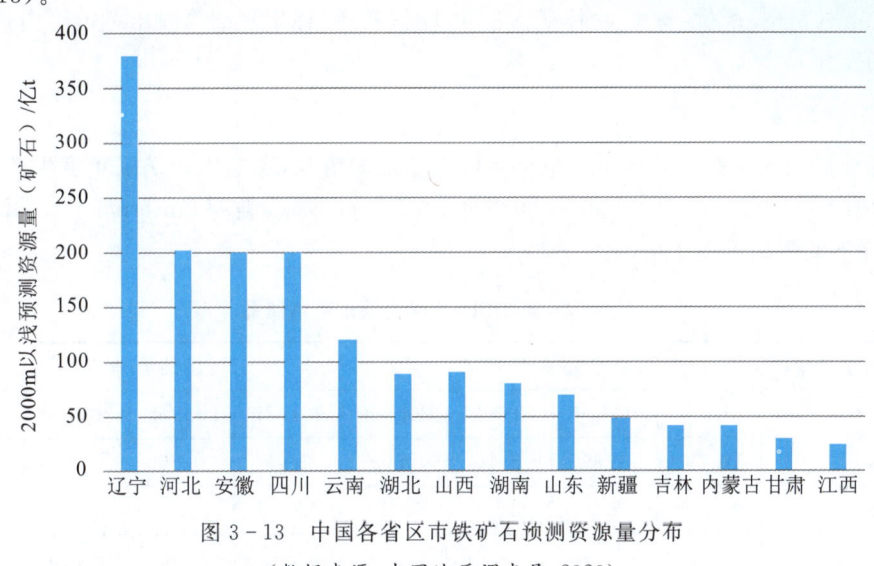

图3-13 中国各省区市铁矿石预测资源量分布

(数据来源:中国地质调查局,2020)

中国铁矿预测资源量按深度分类统计如下:500m以浅预测资源量为775亿t,1000m以浅预测资源量为1280亿t,2000m以浅预测资源量为1927亿t。

二、中国铁矿资源供应能力分析

近年来,随着中国的快速发展,铁矿等大宗矿产品供给安全问题日益突出。为保障中国对铁矿资源的需求,现就中国铁矿资源的供应能力问题进行深入的分析。

根据自然资源部"中国主要矿产资源对经济社会发展保障程度论证"项目所确立的铁矿资源供应能力论证评价技术方法,估算中国现有铁矿资源供应能力。中国现有铁矿资源供应能力包括可供储量和可供产量。

(一)可供储量

1. 测算方法

可回收储量=(保有基础储量+保有资源量×可信度系数)×开采回采率

式中,可信度系数在0.60~0.85之间取值;开采回采率数据来自实地调研和"矿产资源开发利用与三率数据库"。

在评价可供产量时,虽然部分企业在市场价格低于可供价格时仍继续生产,但是本书均设定当市场价格低于可供价格时不生产。

中国国内自产铁矿石与生铁产量之间的系数大多在 2.21~8.04 之间变化。中国铁矿石平均品位在 28%~33% 之间,选矿回收率在 80%~85% 之间;按平均品位与选矿回收率测算,系数在 3.56~4.46 之间。综合考虑系数选定为 4.0,即国内生产铁矿石每 4t 原矿对应于 1t 生铁(粗钢)产量,每 2.5t 原矿对应于 1t 铁精矿(标矿)(测算时未考虑国内进口铁矿石库存的变化)。

2. 可供储量–吨位模型

根据计算的大中小型矿区可供价格与可供储量的情况,考虑生产矿区年度生产情况,我们测算 2019 年、2025 年、2030 年和 2035 年,在不同内部收益率(internal rate of return,IRR)条件下的铁矿可供储量(表 3-2)。

表 3-2 当 IRR＝0 时的铁矿可供储量

铁精矿市场价格/ (美元·t^{-1})	可供储量(原矿)/亿 t				可供储量(标矿)/亿 t			
	2019 年	2025 年	2030 年	2035 年	2019 年	2025 年	2030 年	2035 年
40	2.73	1.39	0.44	0.09	1.09	0.56	0.17	0.03
60	89.00	73.01	62.25	53.31	35.60	29.20	24.90	21.32
80	195.89	155.94	128.87	105.56	78.36	62.37	51.55	42.22
100	309.75	245.03	202.40	166.07	123.90	98.01	80.96	66.43
120	323.25	254.55	209.33	170.48	129.30	101.82	83.73	68.19

当内部收益率为 0 且铁精矿市场价格为 40 美元/t 时,2019 年、2025 年、2030 年和 2035 年的铁矿(原矿)可供储量分别为 2.73 亿 t、1.39 亿 t、0.44 亿 t、0.09 亿 t;当价格为 60 美元/t 时,铁矿(原矿)可供储量分别为 89.00 亿 t、73.01 亿 t、62.25 亿 t、53.31 亿 t;当价格为 80 美元/t 时,铁矿(原矿)可供储量分别为 195.89 亿 t、155.94 亿 t、128.87 亿 t、105.56 亿 t;当价格为 100 美元/t 时,铁矿(原矿)可供储量分别为 309.75 亿 t、245.03 亿 t、202.40 亿 t、166.07 亿 t;当价格为 120 美元/t 时,铁矿(原矿)可供储量分别为 323.25 亿 t、254.55 亿 t、209.33 亿 t、170.48 亿 t。

(二)可供产量

根据大中小型生产矿区年度产量、产能的情况,计算在内部收益率为 0 的条件下,铁矿可供产量随时间的变化情况(表 3-3)。

当内部收益率为 0 且铁精矿市场价格 40 美元/t、60 美元/t、80 美元/t、100 美元/t、120 美元/t 时,对应的铁矿(原矿)可供产量分别为:2019 年,0.19 亿 t、2.33 亿 t、5.94 亿 t、10.25 亿 t、10.84 亿 t;2025 年,0.19 亿 t、2.24 亿 t、5.63 亿 t、8.96 亿 t、9.50 亿 t;2030 年,

0.19亿t、2.04亿t、5.16亿t、8.11亿t、8.62亿t；2035年，0.04亿t、1.68亿t、4.26亿t、6.65亿t、7.14亿t。当价格为100美元/t与120美元/t时，可供产量值比较接近。

表3-3 当IRR=0时的铁矿可供产量

铁精矿市场价格/ （美元·t^{-1}）	可供产量（原矿）/亿t				可供产量（标矿）/亿t			
	2019年	2025年	2030年	2035年	2019年	2025年	2030年	2035年
40	0.19	0.19	0.19	0.04	0.08	0.08	0.08	0.02
60	2.33	2.24	2.04	1.68	0.93	0.89	0.82	0.67
80	5.94	5.63	5.16	4.26	2.38	2.25	2.06	1.71
100	10.25	8.96	8.11	6.65	4.10	3.58	3.24	2.66
120	10.84	9.50	8.62	7.14	4.34	3.80	3.45	2.86

三、中国废钢供应消费现状

2020年，中国废钢消耗量超过2亿t，废钢比为21.85%，同比增加了0.18%；电炉钢比为10.37%，同比增加了0.17%（樊三彩，2021）。中国是世界上第一大粗钢生产国，但中国粗钢产量的增长主要依靠消耗铁矿石的高炉-转炉炼钢的发展，主要消耗废钢资源的电炉钢仅占粗钢产量的10.4%。全球钢铁行业平均电炉钢产量占到粗钢产量的27.9%左右；在发达国家中，美国的电炉钢产量占比达到67.8%；而土耳其、印度等国家的电炉钢占比高于发达国家（图3-14）。

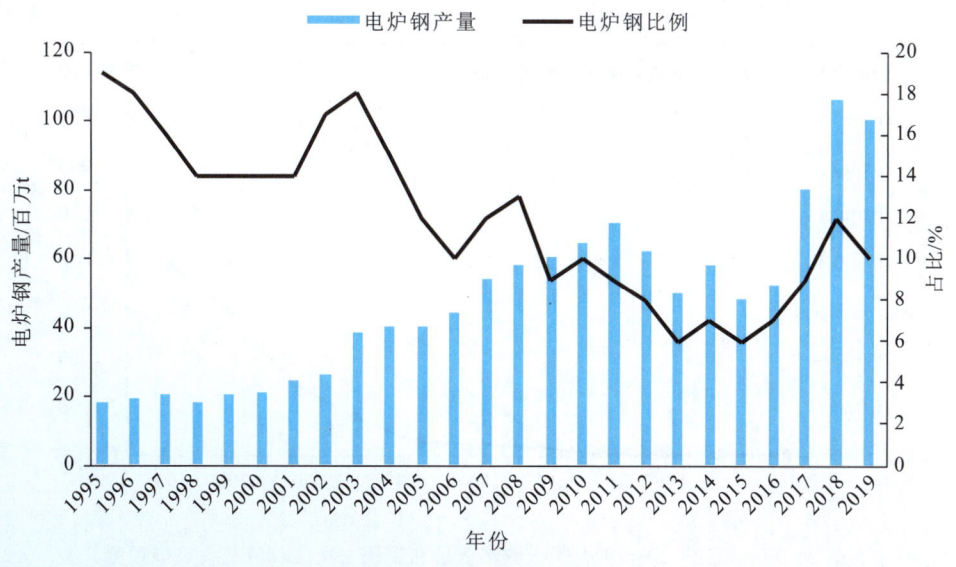

图3-14 中国电炉钢产量

（数据来源：WSA、中国钢铁工业协会、BIR）

使用废钢也是缓解对铁矿石依赖的重要途径。数据显示每多用 1t 废钢铁，可减少约 1.6t 铁精矿的消耗。根据中国废钢铁应用协会数据，"十三五"期间，中国炼钢消耗废钢铁 8.74 亿 t，炼钢废钢比为 18.88%，比"十二五"增加 7.54 个百分点；电炉钢比为 9.5%，较"十二五"增加 1.3 个百分点。

中国废钢回收量从 2000 年开始后开始快速增长，但其占废钢消费量的比例却逐渐下降，2000 年后中国开始走上本国工业化道路，粗钢消费量快速增长，尽管这一时期废钢的回收也在同时增长，但其增长速率难以跟上粗钢消费增长速率，这一阶段由于基础设施建设需要，粗钢主要靠铁矿石生产。2019 年中国废钢回收量为 2.16 亿 t，而本国粗钢产量为 9.96 亿 t，废钢回收量占粗钢消费量的比例仅为 21.7%。这一比例仍远远落后于发达国家。

四、中国二次回收废钢供应能力分析

钢铁二次资源回收来源主要集中于建筑行业、基础设施、机械行业、家电行业、船舶行业以及汽车行业的报废产品。根据产品生命周期理论，不同类别的含钢铁产品，寿命年限不同，含钢铁产品在达到其最大寿命年限后将退出社会使用，并转化为二次资源。

从区域分布来看，2016—2035 年船舶行业报废量主要集中于东部发达城市，尤其是山东、江苏、广东三省报废量较为集中，且在未来时间段内增势强劲；其次是中部地区报废量较为集中；西藏、青海、新疆、广西等西部地区报废量相对较少，且增幅较小。

中国各行业 2035 年理论钢铁报废量为 3.4 亿 t。其中，机械行业钢铁报废量最大，为 1.2 亿 t，占比为 35%；建筑行业钢铁报废量次之，为 5800 万 t，占比为 17%；船舶行业钢铁报废量最小，为 791 万 t，占比为 2.3%。2035 年中国钢铁报废量占钢铁需求量的比例为 80%（图 3-15）。

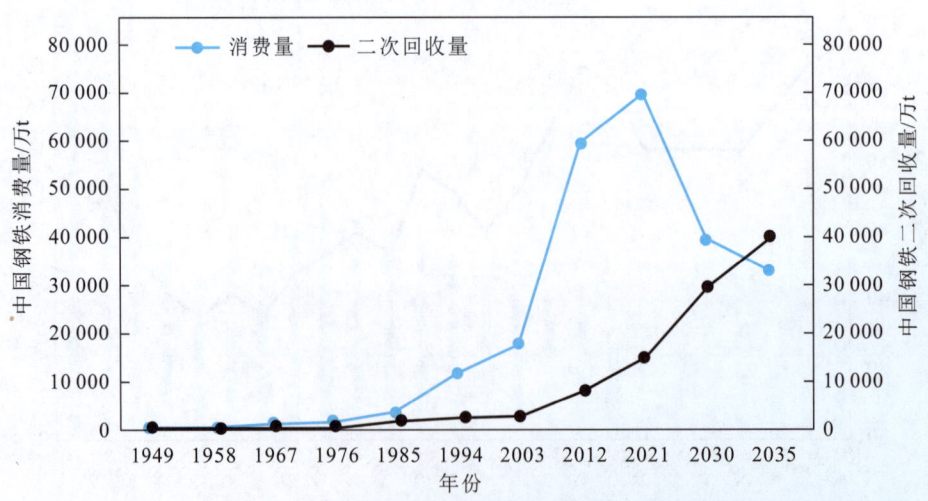

图 3-15　1949—2035 年中国钢铁消费量和钢铁二次回收量变化趋势预测

第五节 "双碳"目标对中国钢铁行业的影响

2020年9月22日，国家主席习近平在第75届联合国大会上提出："中国将提高国家自主贡献力度，采取更加有力的政策和措施，二氧化碳排放力争于2030年前达到峰值，努力争取2060年前实现碳中和。"作为世界第二大经济体，碳中和目标对于中国来说意义非凡。通过碳中和的实施，中国可以加强国际合作，也可以发展低碳经济，促进高质量发展；降低资源依赖，确保能源安全。

2021年3月13日，《中华人民共和国国民经济和社会发展第十四个五年规划和2035年远景目标纲要》正式公布，提出"落实2030年应对气候变化国家自主贡献目标，制定2030年前碳排放达峰行动方案"。这意味着"碳中和"政策正式落地。

据国家统计局公布的数据，2020年中国粗钢产量10.53亿t，占2020年度全球粗钢产量的56.5%；中国钢铁产业的碳排放量占全国碳排放总量的15%左右，占全球钢铁碳排放总量的60%以上。因此，无论是从国内还是国际来看，中国钢铁产业都是碳达峰、碳中和的重点（祝嫣然，2021）。

一、中国钢铁行业碳排放现状

（一）钢铁行业碳排放为制造业首位

中国目前的碳排放总量位居全球第一，碳排放形势较为严峻。钢铁行业作为传统的能源消耗大户和污染物排放大户，2020年钢铁行业煤炭消费量占全国煤炭消费总量的20%，是仅次于电力行业的第二大碳排放源（全国能源信息平台，2021）。因此，中国要实现碳中和目标"二氧化碳排放力争于2030年前达到峰值，努力争取2060年前实现碳中和"（习近平，2020），钢铁行业或将是重要发力点，高排放的转型势在必行。

一方面，中国钢铁行业工艺结构不合理，能源结构单一，产业集中度低，绿色发展水平不平衡，绿色低碳转型任重道远。另一方面，行业和地方碳达峰及减碳行动规划尚未完全出台，钢铁行业节能降碳相关标准缺失，减碳工作缺乏顶层设计指导；高端碳管理人才、创新性节能降碳技术以及配套资金支持的缺乏，使得行业节能降碳空间有限。据测算，以年产量400万t的钢铁企业为例，若要达到降碳30%的目标，需要投资约35亿元，而目前中国缺乏相应的配套资金支持政策。在国内碳中和的目标下，钢铁行业面临着严峻的挑战。钢铁行业将必要且必须地采取措施以实现节能减碳的目标（叶肖鑫，2021）（表3-4）。

表 3-4　与钢铁行业相关的碳排放政策

时间	部委或会议	政策
2020年9月22日	第75届联合国大会	二氧化碳排放力争于2030年前达到峰值,2060年前实现碳中和
2020年12月29日	2021年全国工业和信息化工作会议	要围绕碳达峰、碳中和目标节点,实施工业低碳行动和绿色制造工程。钢铁行业作为能源消耗高密集型行业,要坚决压缩粗钢产量,确保粗钢产量同比下降
2021年1月6日	工业和信息化部(以下简称"工信部")	根据中国碳达峰、碳中和目标节点,工信部2021年将实施工业低碳行动和绿色制造工程,并制定钢铁、水泥等重点行业碳达峰行动方案和路线图
2021年1月26日	国务院新闻办公室新闻发布会	工信部下一步主要从推进钢铁行业的兼并重组等4个方面促进钢铁产量的压减
2021年2月22日	国务院	建立健全绿色低碳循环发展经济体系,促进经济社会发展全面绿色转型,加快实施钢铁行业绿色化改造
2021年3月13日		《中华人民共和国国民经济和社会发展第十四个五年规划和2035年远景目标纲要》:落实2030年应对气候变化国家自主贡献目标,制定2030年前碳排放达峰行动方案

(二)钢铁行业碳减排压力大

钢铁行业是31个制造业门类中碳排放量最大的行业。自2004以来,中国粗钢产量明显递增,每年增量5000~7000万t,其中也曾因为金融风暴、供给侧结构性改革等外部因素而出现增量放缓的现象。粗钢产量从2000年的1.27亿t迅速增长至2020年的10.5亿t,粗钢产量增长726.8%。世界钢铁协会数据显示,中国粗钢产量占全球比例不断提高,中国粗钢产量占全球粗钢产量的比重超过50%(图3-16)。

CEADs数据显示,黑色金属冶炼与压延加工业二氧化碳排放量在2014年达到高峰后开始出现回落。国家统计局数据显示,2020年全国粗钢产量10.5亿t,同比增长5.2%,假如按照吨钢二氧化碳排放量为1.8t来计算,2020年中国钢铁工业二氧化碳总排放量约为18.9亿t。

从吨钢二氧化碳排放[①]来计算,自2000年以来,吨钢二氧化碳排放呈现震荡下降趋势,中国钢铁行业经过20年的节能减排、超低排放等措施,二氧化碳排放控制已经取得相当明显的效果,但是中国粗钢绝对量基数大,处于10亿t级别,导致二氧化碳排放总量相当高,但是下游制造业、基建等用钢行业回暖,钢铁消费量仍可能增加导致钢铁行业产量压减难度大,从而造成碳减排压力大。

---

① 吨钢碳排放=黑色金属冶炼及压延加工行业排放二氧化碳/粗钢产量。

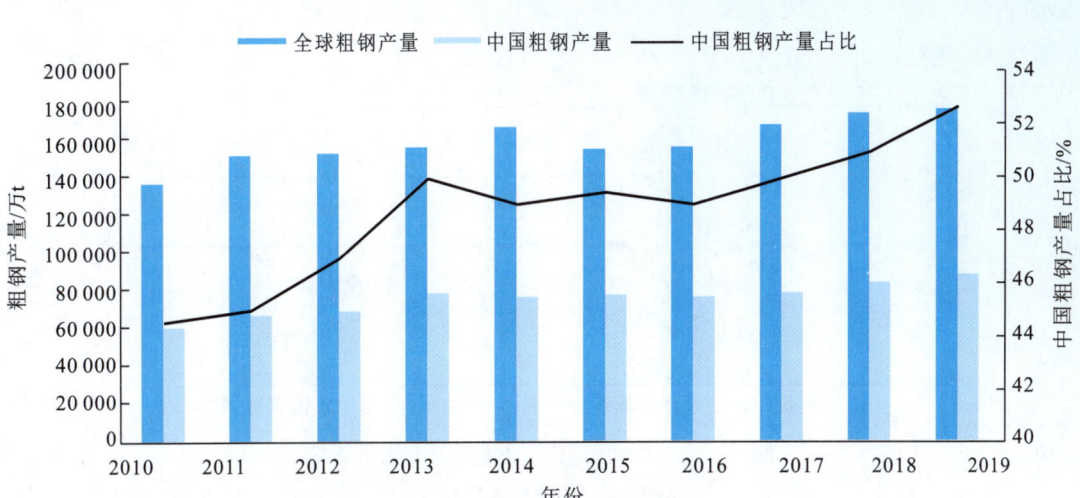

图 3-16　全球和中国粗钢产量及中国粗钢产量占比
（数据来源：Wind、格林大华期货）

中国粗钢产量位居世界第一,实际产量除了满足国内内需外,还大量出口。自 2006 年开始,中国钢材出口实现净出口海关数据显示,2015 年全年出口钢材甚至超过 1.1 亿 t,2020 年中国钢材出口超过 5300 万 t,意味着我们承接了其他国家高碳排的产业转移。

（三）长、短流程生产工艺下碳排放差异

根据钢铁生产过程中碳排放特点,其碳排放可以分成直接碳排放、间接碳排放和碳排放抵扣。直接碳排放是指企业自身燃料和熔剂等消耗所产生的二氧化碳排放,如洗精煤、焦炭、石灰石等。间接碳排放是企业外购产品所产生的二氧化碳排放,如外购电力、外购氧气等。碳排放抵扣是以固定形式存在于产品和副产品的等价二氧化碳的量。

现代钢铁企业主要有以铁矿石、焦炭为主要原料的高炉-转炉长流程炼钢和以废钢为主要原料的电炉短流程炼钢两种典型的生产工艺。当前中国粗钢产量中,电炉炼钢贡献比约占 10%,而高炉-转炉炼钢贡献比占 90% 左右。

从钢铁不同生产工艺的碳排放来看,长流程钢厂吨钢二氧化碳排放量约为 2.2t,短流程吨钢二氧化碳排放量仅为 0.8t(图 3-17)。从结构上来看,短流程炼钢将成为生产工艺调整的主要方向,未来中国电炉占比将会有确定性的提升。工信部在 2020 年 12 月 31 发布的《关于推动钢铁工业高质量发展的指导意见(征求意见稿)》对"十四五"时期的产业结构予以规划,提出电炉钢产量占粗钢总产量比例提升至 15% 以上,力争达到 20%,废钢比达到 30%。

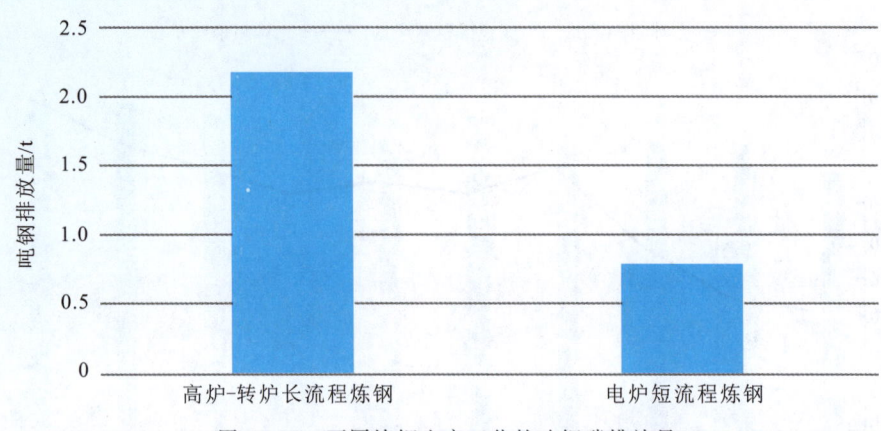

图 3-17 不同炼钢生产工艺的吨钢碳排放量

（数据来源：格林大华期货）

二、中国钢铁行业格局的演变

（一）粗钢产量低增长或负增长

从总量上来看，碳中和的首要目标大概率是控制总碳排放量，所以势必会对中国钢铁产量的增长形成较为明显的制约，中国的粗钢产量增速大概率会落入低速增长区间。2020年12月，中央经济工作会议将碳达峰和碳中和作为2021年主要工作任务。2020年12月16日，工信部发布《钢铁行业产能置换实施办法（征求意见稿）》，严格控制钢铁行业新增产能，以减量置换为主，主要内容如下（韩静，2021）。

大气污染防治重点区域严禁增加钢铁产能总量，未完成钢铁产能总量控制目标的省区市，不得接受其他地区出让的钢铁产能。

长江经济带地区禁止在合规园区外新建、扩建钢铁冶炼项目。

大气污染防治重点区域置换比例不低于1.5∶1（原来是1.25∶1），其他地区置换比例不低于1.25∶1（原来是1∶1）。

为鼓励兼并重组，在对完成实质性兼并重组后取得的合规产能用于项目建设时，大气污染防治重点区域置换比例可以不低于1.25∶1，其他地区置换比例可以不低于1.1∶1。

等量置换：

• 企业内部退出转炉建设电炉，且一并退出配套烧结、焦炉、高炉等炼钢项目。

• 退出和建设冶炼设备均为电炉的项目。此外，2020年以来工信部多次表示2021年粗钢产量同比下降。2021年1月26日，在国务院新闻办召开的新闻发布会上，工信部新闻发言人表示下一步主要从推进钢铁行业的兼并重组等4个方面促进钢铁产量的压减。

严禁新增钢铁产能：对确有必要建设的钢铁冶炼项目需要严格执行产能置换的政策，对违法违规新增的冶炼产能行为将加大查处力度,强化负面预警。同时不断地强化环保、能耗、安全、质量等要素约束,规范企业生产行为。

完善相关的政策措施:根据产业发展的新情况,工信部和发展改革委等相关部门正在研究制定新的产能置换办法和项目备案的指导意见,将进一步指导巩固钢铁去产能的工作成效。

推进钢铁行业兼并重组:推动提高行业集中度,推动解决行业长期存在的同质化竞争严重,资源配置不合理,研发创新协同能力不强等方面的问题,提高行业的创新能力和规模效益。

坚决压缩钢铁产量:结合当前行业发展的总体态势,着眼于实现碳达峰、碳中和阶段性目标,逐步建立以碳排放、污染物排放、能耗总量为依据的存量约束机制,研究制定相关工作方案,确保2021年全面实现钢铁产量同比下降。目前,压减产量具体措施尚未出台。2021年3月,唐山进行限产减排,对全市100家重点企业进行污染物排放总量监控;4月,唐山市对钢铁企业环境问题整改时间表出炉(4月底前,各钢铁企业烧结机、球团、高炉、转炉的主要生产参数和排污系数全部接入生态环境部门监控平台;6月15日前,18家企业59座高炉煤气精脱硫治理或高炉煤气用户的脱硫治理,15家企业70座轧钢加热炉的低氮燃烧改造或脱硝治理,17家企业46座转炉一次烟气除尘提标改造工程必须完成,逾期未完成治理的生产装备实施停产整治;6月底前,所有钢铁企业要完成无组织排放管控工程,有效减少无组织排放污染)。目前来看,唐山限产减排政策的执行较为严格。

(二)短流程工艺或得到发展

中国短流程炼钢比例和世界平均水平差距较大,尽管在2017年淘汰地条钢、取缔中频炉之后,电炉钢经历了一波新建、投产高峰。据不完全统计,2017年新增电炉产能2500万t,2018年新增2000万t,2019年新增1500万t,累计新增产能超过6000万t,但是2019年国内电炉粗钢产量仅占全国粗钢产量的10%,远低于28%的全球平均水平。

电炉炼钢大量消化废钢,是一种环保、可无限循环利用资源、降低能源消耗的炼钢方式。电炉炼钢发展受到制约主要是因为中国废钢原料不足,部分地区电力价格偏高,导致短流程成本相对高于长流程,平均成本大概高出10%~30%,从成本利润角度来说,企业更愿意采用长流程工艺。

中国长流程生产占粗钢比例过重,短流程产量占比偏低。然而,在长流程生产工艺中,烧结和焦化过程造成大量的二氧化碳排放。从吨钢排放来对比,长流程企业吨钢二氧化碳排放大约为2.2t,而短流程吨钢二氧化碳排放不足1t。从生产工序来看,长流程二氧化碳排放主要集中在炼铁及烧结阶段,如果采取短流程炼钢,则可以尽最大可能省去烧结和炼铁工序。

钢铁行业"十四五"规划中明确提出,"十四五"期间电炉钢占粗钢产量的比重要达到15%,力争20%。此外,工信部《钢铁行业产能置换实施办法(征求意见稿)》中明确表示,企业内部退出转炉建设电炉,以及退出和建设冶炼设备均为电炉的项目两种情况,均可以进行等量置换。从政策来看,国家决心大力发展短流程,所以,在碳中和背景下,短流程工业将得到快速发展。

然而,短流程大力发展,并不代表着长流程就将被迅速取代。未来长流程企业或将通过提高废钢比,利用球团矿代替烧结矿等方式改变生产工艺来降低二氧化碳排放。

第六节 中国铁矿石行业发展政策建议

根据以上分析,我们就促进中国铁矿石行业高质量发展提出如下政策建议。

一、促进中国铁矿石行业对外合作

要支持钢铁企业与主流矿商进行战略合作。通过政策、金融等手段与海外铁矿石供应商签订长期采购协议,保障中国铁矿石海外资源供应量。

应成立专门的海外铁矿石采购调研部门对海外铁矿石供应商进行全面评估,合理论证拟合作投资的项目,与运行状况良好、有望形成稳定供应能力的铁矿石供应商签订长期采购协议,获得稳定、优质的铁矿石资源,建立铁矿石多元化供给模式,稳定中国铁矿石国际贸易格局。

应严格控制签订铁矿石国际长期采购协议存在的各种风险,包括资源性风险、市场风险及政策与法规风险,并针对不可抗力因素所带来的风险制定详细、合理的处理机制。铁矿石企业应建立海外信息交流平台,及时掌握海外政策法规变化,及时采取措施控制由于政策法规变动造成的风险,合理把握采购节奏。

二、促进中国铁矿石行业结构调整和优化

钢铁企业应按照"去产能、控产量、降成本、防风险、增效益"的要求,合理安排生产,调整生产节奏,适度释放产能,合理控制库存。综合运用市场化、法治化手段,统筹处理好去产能与稳定供应、优化结构、转型升级的关系,科学精准、有序有效地去产能。组织开展铁矿石行业落后产能的专项督查和清理,并对任务完成情况严格验收,加强事中事后监管,保证铁矿石企业改革政策顺利贯彻落实。

在金融政策上,要加大对兼并重组铁矿石企业的金融支持力度,严控违规新增铁矿石产能的信贷投放,支持金融资产管理公司、地方资产管理公司等多类型实施机构对铁矿石企业开展市场化债转股。

三、加大中国铁矿石行业研发投入

要加大技术研发投资,紧密结合中国钢铁企业实际情况,开发一批具有自主知识产权的

核心技术和关键技术,降低国内开采成本,获得成本比较优势,稳定国内铁矿石资源供应能力。降低对外依存度,提高企业的核心竞争力,促进国内钢铁企业实现可持续发展,减少中国应对世界铁矿石价格波动风险。

要把科技投入作为铁矿石战略性投资,为关键技术和重点领域的突破创新提供资金保障。设立专项科技发展资金、技术创新基金,确保科技开发投入达到一定比例。建立和完善"产学研用"相结合的技术创新体系,实施创新驱动发展战略,打造高效运行的技术创新体系。

要引进消化吸收先进技术与装备,并进行再创新,开发高效绿色、低成本、短流程生产工艺技术。进一步开展地质勘查、采矿、选矿创新技术研究,争取在扩大资源掌控、充填采矿、采空区治理、地下矿柱安全预测预报、选矿攻关等技术方面有所突破和创新,着力推广资源综合利用和先进技术的应用,解决矿山实际问题,达到安全高效、降本增效的目的。

四、加大中国铁矿石行业政府支持和引导

按照绿色可循环的理念,鼓励推广以废钢为原料的短流程炼钢工艺及装备应用。充分利用全国各地碳排放交易市场建立的时机,规范废钢行业发展、提高废钢比,增强废钢对铁矿石的替代作用。

要建设再生资源保障体系,按照废钢铁加工行业准入条件及管理办法要求,规范行业管理,构建产业化的废钢回收加工配送体系,鼓励废钢资源回收利用。加快落实相关优惠政策,解决废钢加工环节税负过重的问题,降低钢铁企业使用废钢铁的成本,提高利用废钢的积极性。

要推进废钢资源回收利用产业化示范基地建设,研究制定支持废钢回收利用的税收政策。在产量不变的情况下,随着国家钢铁产业政策的落地,短流程炼钢的推广力度或将逐渐加强,短流程炼钢产量占比有望逐渐增加,废钢对铁矿石的替代效应或将增强。

第四章 中国有色金属矿业

有色金属有狭义和广义之分,狭义的是指非铁金属,是除铁、锰、铬以外的所有金属,广义的是指除铁、锰、铬以外的所有金属和有色合金。随着人类历史发展和科学技术的进步,有色金属逐步为人们所认识。人类明确认识和应用的有色金属有 64 种[①],分为五大类,即轻金属、重金属、贵金属、半金属和稀有金属(表 4-1)。

表 4-1 有色金属分类

(资料来源:中国有色金属工业协会网站)

种类	定义
轻金属	密度小于 $4500 kg/m^3$,如钠、镁、铝、钾、钡、锶、钙等
重金属	密度大于 $4500 kg/m^3$,如铜、镍、钴、铅、锌、锡、锑、铋等
贵金属	价格比一般金属昂贵,提纯困难,化学性质稳定,如金、银等金属
半金属	性质介于金属和非金属之间,如硅、硒、碲、砷、硼等
稀有金属	包括稀有轻金属,如锂、铷、铯等;稀有难熔金属,如钛、锆、钼、钨等;稀有分散金属,如镓、铟、锗等;稀土金属,如钪、钇、镧系金属;放射性金属,如镭、钫、钋及锕系金属中的铀、钍等

中国十大有色金属是指铜、铝、铅、锌、镍、锡、锑、汞、镁、钛 10 种常用有色金属。同时,钨、钼、锂、金、锆、铟、锗、镓、钴等主要稀有金属和贵金属也被划分为有色金属。在国民经济行业分类中,有色金属行业包括有色金属矿采选业及制造业中的有色金属冶炼、压延和加工等工业。

第一节 中国有色金属矿业发展现状

2020 年,面对新冠肺炎疫情,中国有色金属矿业尽早复工复产,深化供给侧结构性改革,强化行业高质量发展,行业运行整体平稳。

[①] 64 种有色金属包括铝、镁、钾、钠、钙、锶、钡、铜、铅、锌、锡、钴、镍、锑、汞、镉、铋、金、银、铂、钌、铑、钯、锇、铱、铍、锂、铷、铯、钛、锆、铪、钒、铌、钽、钨、钼、镓、铟、铊、锗、碲、铼、镧、铈、镨、钕、钷、钐、铕、钆、铽、镝、钬、铒、铥、镱、镥、钪、钇、钋、钫、铀、钍等。

1. 行业的产量平稳增长

据国家统计局统计,2020年十大有色金属产量6168万t,同比增长5.5%。中国有色金属工业协会发布的企业信心指数为50.1,保持在临界点以上。

2. 矿产品价格回升

据2020年中国有色金属工业协会数据,大宗有色金属价格经历"V"形变化:2020年4月以前,价格下跌;4月以后出现持续回暖,铜、铝、铅、锌的价格均出现不同程度的上涨。

3. 矿业产品进出口总额同比增加

2020年,有色金属进出口贸易总额1427亿美元,同比增长7.7%,行业分析认为这主要是进口额的贡献。有色金属2020年全年的进口额为1167亿美元,同比增长12.1%;出口额仅有260亿美元,同比下降8.3%。

一、中国有色金属矿业发展总体情况

2020年,中国十大有色金属产量平稳增长,达到6168万t,同比增长5.58%,突破6000万t大关。2016—2020年间,中国十大有色金属产量变化情况如图4-1所示。

图4-1 2016—2020年中国十大有色金属产量变化

(数据来源:中国有色金属工业协会)

中国有色金属行业稳步发展必须与经济发展保持同步。有色金属为国民经济发展提供基础材料,其产业链上游是通过金属矿石的开采和金属废料再利用,而产业链下游涉及的领域非常广泛,譬如航空、航天、汽车、电力、通信、建筑、家电等,同时包括机械制造等领域。中国经济和社会的快速发展推动了有色金属行业的发展。

从图4-2可以看出,2020年,精炼铜产量1 002.5万t、原铝产量3 708.0万t,同比增长分别为7.4%、4.9%;铜材产量2 045.5万t、铝材产量5 779.3万t,同比增长分别为2.7%、8.6%;6种精矿金属量603.2万t,同比增长1.6%。

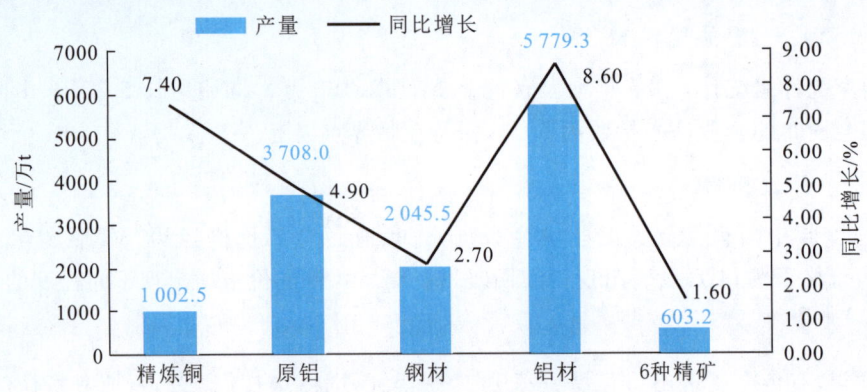

图 4-2　2020 年中国十大有色金属产量与增速

（数据来源：中国有色金属工业协会）

如图 4-3 所示，2020 年，受新冠肺炎疫情影响，有色金属行业在进出口贸易方面的进出口额出现下滑，但依然在高位状态，进出口总额为 1427 亿美元，同比下降了 17.94%。

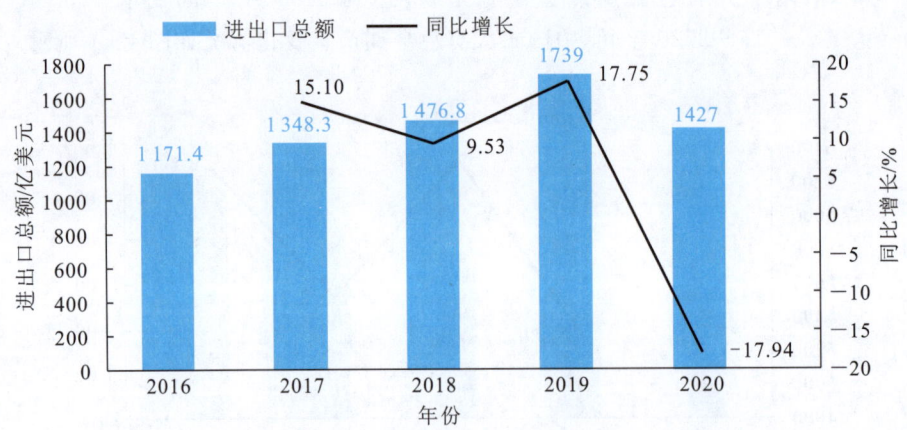

图 4-3　2016—2020 年中国有色金属行业进出口总额变化

（数据来源：中国海关统计数据）

从进口、出口的相对数额看，2020 年，中国有色金属行业以进口为主，实现进口额 1167 亿美元，占比达到 81.78%，而出口额仅占 18.22%。

（一）有色金属资源分布与开发利用状况

1. 有色金属资源分布特征

1）铜

在全球范围内，中国是铜矿较多的国家之一，铜矿产量位居世界第七。已探明储量的矿区有 910 处。除天津、香港外，上海、重庆、台湾等各省区市均有产出。

2) 铅、锌

中国铅锌矿资源比较丰富,产地有 700 多处。从省际比较来看,除上海、天津、香港外,各省区市均有铅锌矿产出,云南省铅储量居全国榜首,占全国铅总储量的 17%。

3) 铝

中国铝土矿资源丰度居中等水平。中国已探明铝土矿矿产地 310 处,分布在 19 个省。中国已探明铝土矿总保有储量 22.7 亿 t,位居世界第七。

4) 钨

中国是世界上钨矿资源最丰富的国家。中国已探明储量的钨矿产地有 252 处,分布在 23 个省区。已探明钨矿总保有储量为 2529 万 t,位居世界第一。钨矿是中国的主要出口矿产品。从矿产分布来看,以湖南(白钨矿)、江西(黑钨矿)的钨矿资源较为丰富,储量占比分别为 33.8% 和 20.7%;在河南、广西、福建、广东等省区也分布较多。

5) 镁

中国菱镁矿资源是世界最丰富的。中国已探明储量的菱镁矿产地达 27 处,分布在 9 个省区,而且储量相对集中,大型矿床多。中国已探明菱镁矿总保有储量矿石为 30 亿 t,位居世界第一。辽宁菱镁矿储量占全国的 85.6%,为菱镁矿储量最丰富的集中区。

6) 钴

中国钴矿资源不多。中国已探明储量的钴矿产地有 150 处,分布于 24 个省区。中国钴矿资源多为伴生矿产,少见独立钴矿床。甘肃钴矿储量最大,占全国总储量的 30%。

7) 锡

中国是世界锡矿资源丰富国度之一。中国已探明锡矿产地有 293 处,主要分布于 15 个省区。中国已探明锡矿总保有储量 407 万 t,位居世界第二。广西、云南两省区储量分别占全国锡矿总保有储量的 32.9% 和 31.4%。湖南、广东、内蒙古和江西也较为丰富。这 6 个省区的锡矿储量占全国锡矿总保有储量的 93%。

8) 钼

中国钼矿资源是非常丰富的。已探明储量的钼矿产地有 222 处,分布在 28 个省区市。中国钼矿总保有储量 840 万 t,位居世界第二。以河南省的钼矿最为丰富,其钼矿储量占全国钼矿总储量的 30.1%。

9) 锑

中国锑矿资源水平位居世界第一。已探明储量的锑矿产地有 111 处,分布于中国 18 个省区。锑矿总保有储量 278 万 t,其中广西锑矿储量占全国锑矿总储量的 41.3%,湖南、云南、贵州、甘肃、广东等省也有分布。

2. 有色金属资源开发利用现状

图 4-4 描述了有色金属矿产资源的开发利用过程。

2020 年,中国十大有色金属产量为 6168 万 t。其中,氧化铝产量为 7313 万 t,电解铝产量为 3708 万 t,铜产量为 1003 万 t,同比增长分别为 0.3%、7.4%、4.9%;铅产量为 644 万 t,锌产量为 643 万 t,同比增长分别为 9.4%、2.7%,增速同比回落 5.5 个百分点和 6.5 个百分点。

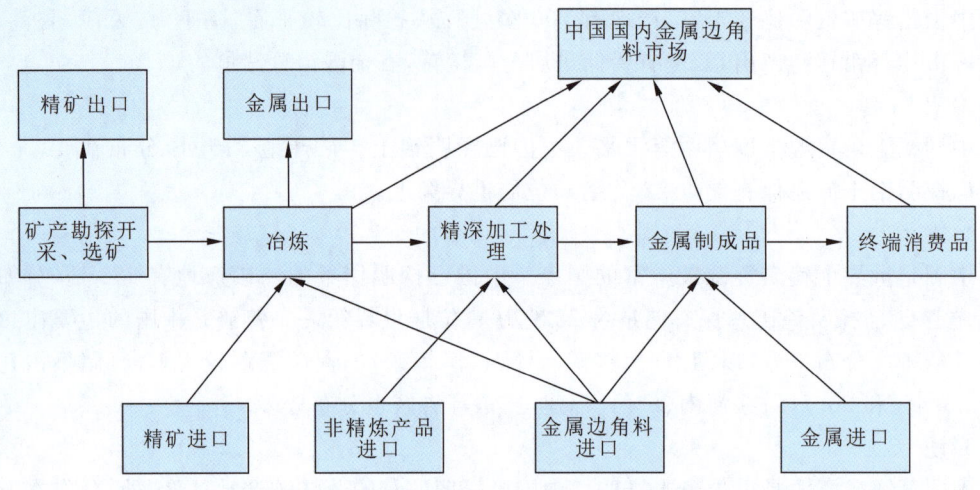

图 4-4 有色金属矿产资源开发利用过程图

中国不仅在有色金属矿产资源开发利用方面做出成绩,还在新材料研究、加工技术、高性能材料方面有重大的进展。譬如,高强度的铝锂合金、耐热性能的铝合金等已经达到国际先进水平;高韧、高强、高抗力的腐蚀铝合金的性能与美国标准一致,并实现规模化生产;研发的高压阳极的电容器铝箔优于日本的同类产品,并实现大规模生产。

3. 矿产品市场现状

2020年十大有色金属产量首次突破6000万t。有色金属工业2020年的生产效益比2019年好,尤其是铜、铝的价格好于2019年的。

2020年,中国有色金属工业生产状况在第一季度探底,在第二季度呈恢复性向好态势。2020年国内现货铜、铝市场年均价格回升,有色金属工业规模以上企业主要财务指标较好。全年实现营业收入58 266.5亿元,实现利润总额1 833.2亿元,同比增长3.8%、19.2%。其中,铜企业实现利润408.4亿元,铝企业实现利润628.9亿元,黄金企业实现利润221.6亿元,同比增长分别为7.7%、53.0%、62.5%。

(二)中国有色金属矿业发展总体现状

近年来,中国有色金属矿业在城市化和工业化快速发展的过程中得到了较快的发展。

1. 规模企业数量

截至2020年12月底,中国拥有7391家有色金属行业规模以上企业,相比2019年增加了224家。从表4-2可以看出,2014—2020年中国有色金属行业规模以上企业的数量及资产总额有较大变化。

表4-2 2014—2020年中国有色金属矿业规模以上企业数量及资产总额

（资料来源：国家统计局、中商产业研究院）

年份	类型	有色金属矿采选业	有色金属冶炼及压延加工业
2014	企业数量/家	2002	7385
	资产总计/亿元	5 313.01	36 187.30
2015	企业单位数/个	1889	7257
	资产总计/亿元	5 829.68	37 996.29
2016	企业单位数/个	1655	7021
	资产总计/亿元	5 884.61	40 157.03
2017	企业单位数/个	1457	6928
	资产总计/亿元	6 110.93	40 798.54
2018	企业单位数/个	1456	6942
	资产总计/亿元	5 785.4	40 306.4
2019	企业单位数/个	1230	7251
	资产总计/亿元	5 694.6	42 263.3
2020	企业单位数/个	1208	7646
	资产总计/亿元	6 271.1	42 707.8

表4-2显示，2014—2020年中国有色金属矿业（采选业、冶炼及压延加工业）规模以上企业单位数下降，资产总计增加。这反映有色金属矿产资源矿业的发展质量在提升，经济效益在提高。

另外，国家统计局数据显示，截至2020年12月底，有色金属行业规模以上企业亏损数量达1541家，同比减少了27家，亏损企业累计亏损总额337亿元（表4-3）。

表4-3 2016—2020年中国有色金属行业企业数量

（资料来源：国家统计局、中商产业研究院）

年份	企业数量/家	亏损企业数量/家	亏损总额/亿元
2016	7176	1132	243.2
2017	7215	1143	230.8
2018	6942	1418	400.7
2019	7167	1568	392.2
2020	7391	1541	337.0

2. 有色金属矿业经营情况

2017—2019年,有色金属行业营业收入较为稳定,总体呈小幅度增长趋势。2020年,有色金属行业规模以上企业实现营业收入达55 606.4亿元,受新冠肺炎疫情影响出现回落(图4-5)。

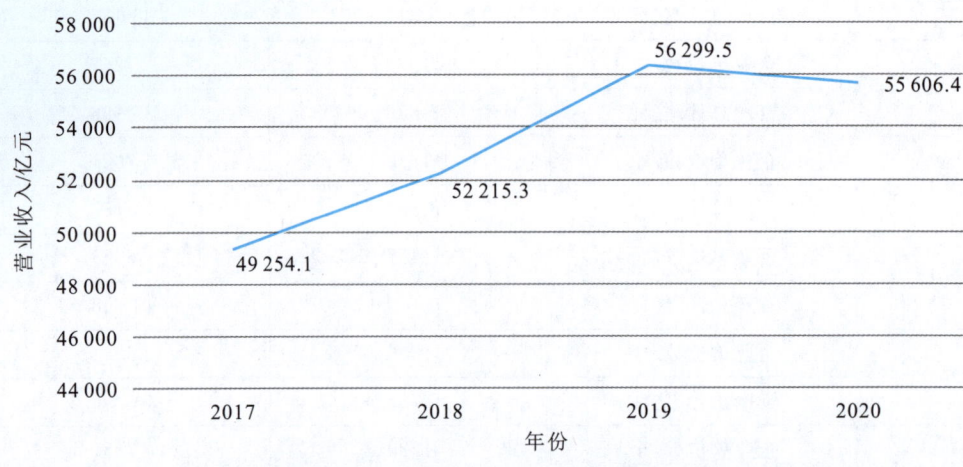

图4-5 2017—2020年中国有色金属行业营业收入变化

(数据来源:国家统计局、中商产业研究院)

从图4-6中可以看出,有色金属行业利润总额呈现下降态势,特别是2018年以来,有色金属行业利润总额下降比较明显。2020年全年实现利润总额1 479.5亿元,同比增长20.3%。

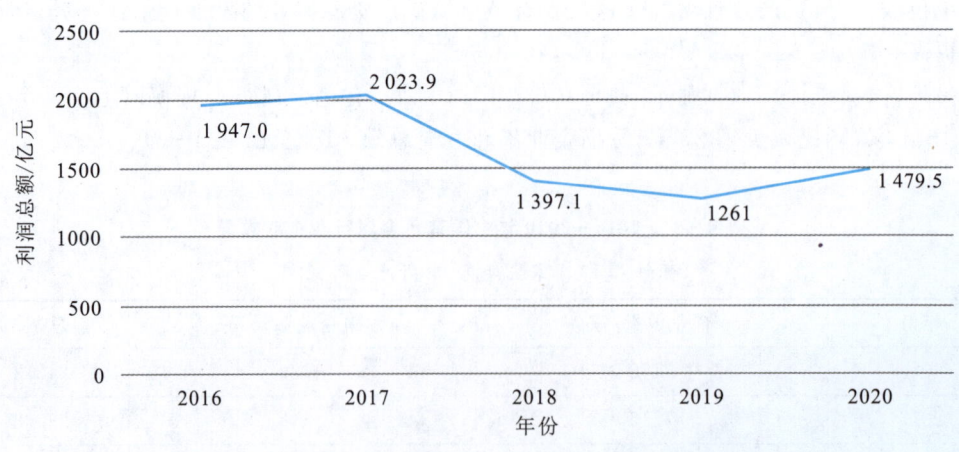

图4-6 2016—2020年中国有色金属行业利润总额变化

近年来,中国有色金属行业的盈利能力较为稳定,呈增长趋势。2020年,有色金属行业毛利率达到6.9%,较2019年增长0.6%;销售利润率达到2.7%,同比增长0.5%(图4-7)。

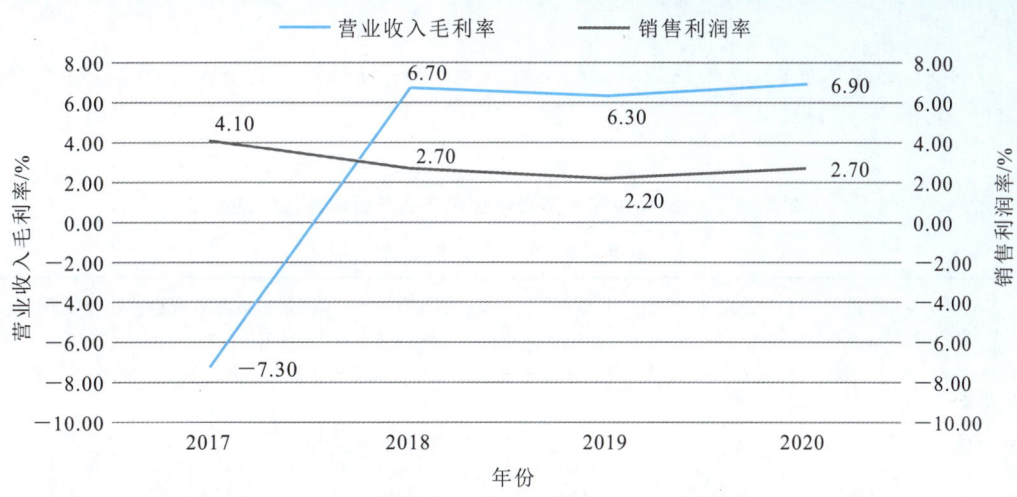

图 4-7 2017—2020 年中国有色金属行业盈利能力变化

如表 4-4 所示,2020 年 12 月,中国有色金属产业景气指数为 27.1,先行合成指数为 98.9,一致合成指数为 76.9,有色金属产业景气指数在不断上升。

表 4-4 2019 年 12 月—2020 年 12 月中国有色金属产业景气指数

(数据来源:中国有色金属报)

时间	先行合成指数 (2005 年=100)	一致合成指数 (2005 年=100)	滞后合成指数 (2005 年=100)	景气指数
2019.12	71.4	69.4	59.4	17.4
2020.01	69.1	66.3	60.1	14.2
2020.02	66.8	63.5	60.6	11.0
2020.03	65.2	61.7	60.9	11.3
2020.04	65.1	61.2	61.2	15.0
2020.05	66.8	61.8	61.2	17.9
2020.06	70.2	63.0	60.9	22.0
2020.07	74.5	64.7	60.7	22.4
2020.08	78.7	66.6	60.5	23.6
2020.09	82.7	68.5	60.2	24.2
2020.10	87.1	70.7	59.8	25.3
2020.11	92.5	73.4	59.3	25.3
2020.12	98.9	76.9	58.6	27.1

3. 有色金属矿业进出口情况

中国有色金属矿产品供需存在较大的缺口,表现为供给不足,依靠进口,对外依存度较高,特别是精炼铜国内供给严重不足,而电解铝和氧化铝产品基本满足市场需求,依然有少量进口。

表4-5显示精炼铜、电解铝和氧化铝均存在对外依存的情况,尤其是精炼铜,对外依存度高达27.24%。

表4-5 2020年中国主要有色金属产品产量和进、出口量

(数据来源:中国产业信息网)

产品名称	产量/万t	进口量/万t	出口量/万t	表观消费量/①万t	产量/表观消费量/%	对外依存度/②%
精炼铜	1 002.5	396.49	21.13	1 377.86	72.76	27.24
电解铝	3 731.7	106.25	0.77	3 837.18	97.25	2.75
氧化铝	7 313.2	380.72	15	7 678.92	95.24	4.76

2020年,中国有色金属资源进出口变化较大。进口的未锻轧铜及铜材668.0万t,同比增长34.1%;出口的未锻轧铝及铝材485.7万t,稀土3.5万t,同比下降15.2%和23.5%。

(三)中国有色金属矿业总体发展情况

1. 有色金属进出口贸易

近年来,中国有色金属进出口规模不断扩大。以电解铝为例,2017—2020年间,电解铝进出口规模不断扩大(图4-8)。

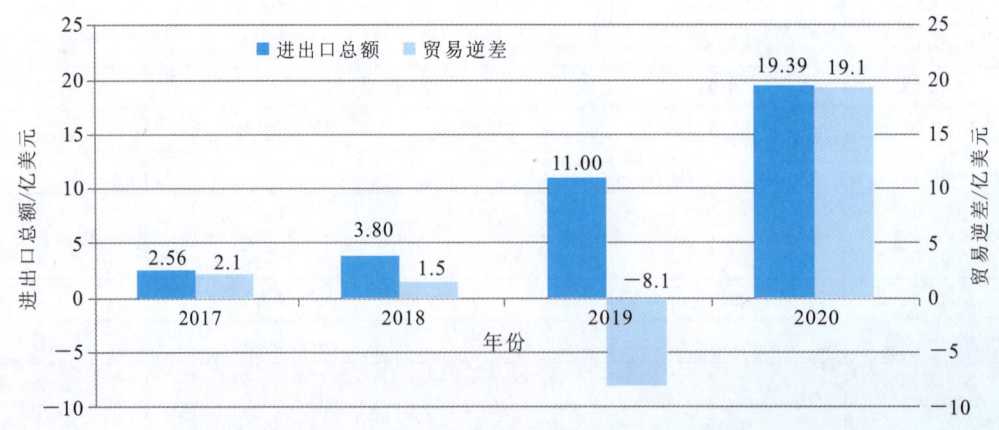

图4-8 2017—2020年中国电解铝进出口总额与贸易逆差

(数据来源:中国海关总署官网)

---

① 表观消费量=产量+进口量-出口量。
② 对外依存度=(产量/表观消费量)×100%。

中国是世界电解铝最大的生产国。受疫情影响,2020年电解铝产品贸易逆差不断扩大。2020年电解铝产量占全球电解铝产量的57.18%,但电解铝出口大幅下降。中国要从国外进口一定数量的电解铝补工业生产链短板。2020年,中国进口电解铝106.25万t,同比增长1323%。因此,需要升级电解铝产业,加强高端电解铝产品发展。

2020年的全球疫情使得海外工业类生产停工停产,甚至知名工厂倒闭。这影响了中国电解铝的出口(图4-9)。

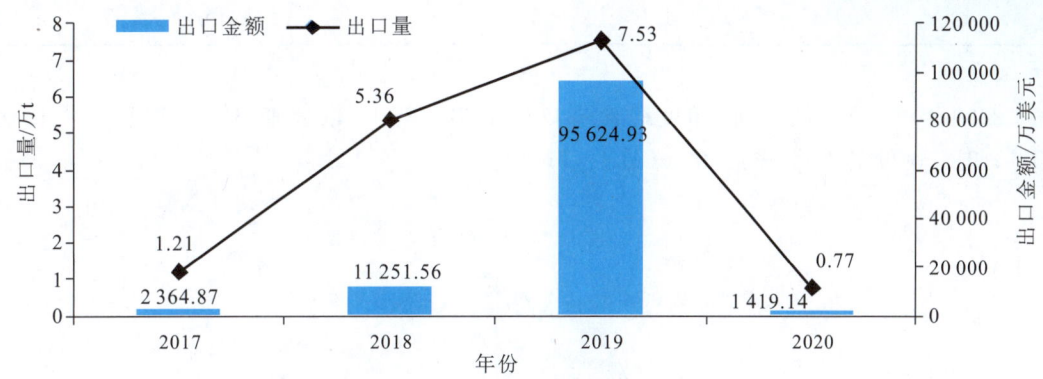

图4-9 2017—2020年中国电解铝出口量、出口金额
(数据来源:中国海关总署官网)

中国电解铝出口主要面对的是日本、韩国等国家。2020年,中国向日本、韩国出口的电解铝金额分别为777.20万美元、394.60万美元,分别占中国电解铝出口总金额的54.74%、27.77%(图4-10)。

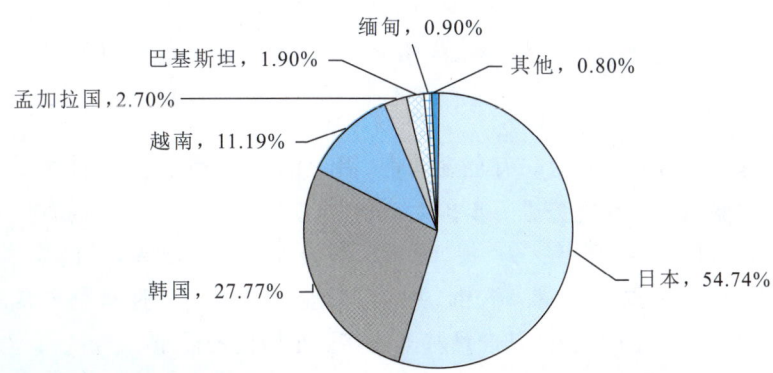

图4-10 2020年中国电解铝出口国家出口额占比
(数据来源:中国海关总署官网)

2020年,中国共进口电解铝106.25万t,同比增长1323%,进口金额达19.24亿美元,同比增长1235%(表4-6)。

表 4-6　2017—2020 年中国电解铝进口量、进口金额

（数据来源：中国海关总署官网）

年份	进口量/万 t	进口金额/亿美元
2017	11.55	2.33
2018	12.4	2.67
2019	7.46	1.44
2020	106.25	19.24

2020年，中国从俄罗斯、印度等地进口电解铝。其中，俄罗斯6.65亿美元，占比达35%；印度5.39亿美元，占比28%（图4-11）。

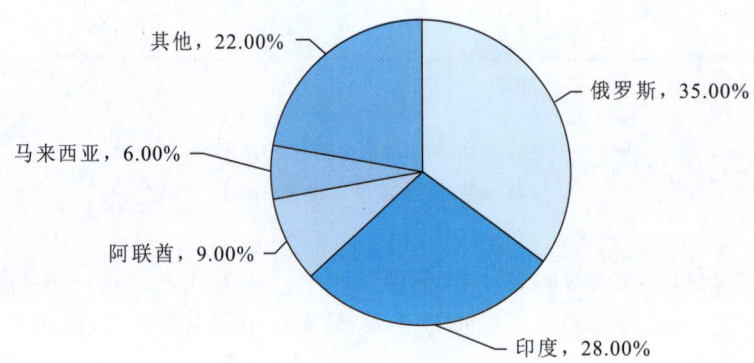

图 4-11　2020 年中国电解铝进口国家进口额占比

（数据来源：中国海关总署官网）

2. 储量丰富但供给能力不足

中国资源保障态势差异较大。有色金属铜、铝、铅、锌、镍等矿产探明资源量上升，但资源保障呈下降趋势；钨、钼等优势进一步扩大，原料供应以及资源保障度高；锡、锑、锂资源不具备开发优势，缺口逐年提高；钴、钽、铌、锶、铍、铂族等资源禀赋差，国内需求远不能被满足，资源保障态势差；铟、锗、铋、镓、碲、铷、铯等稀散金属伴生于其他有色金属矿，随着中国冶炼产能和综合利用水平的提升，其产量基本能够满足国内的需求。

从资源储量看，中国有色金属矿产资源储量丰富。钨、钼、锡、锑、碲等的资源储量位居世界第一，钨、锑在全球供给中占有80%以上市场份额，锡、钼在全球供给中占有约40%的市场份额；铅、锌位居第二，资源储量占全球的21%和19%；铜、铝、镍等资源相对匮乏，资源储量仅占全球的3.1%、3.3%和3.1%；铟、锗、镓等稀散金属位居世界前列，伴生于锌、褐煤、铝等。

从资源可持续供给看，有色金属可持续供给能力总体不强。一是有色金属矿产资源开

发强度高、消耗高。快速的工业化和城镇化使资源高强度、快速消耗,资源的储量增长低于产量的消耗,储量下降较快。二是新增资源开采条件差。有色金属新增资源多位于高寒高海拔以及环境脆弱地区或在生态保护区的范围内,实际开采难度较大。

3. 国际经济与资源保障格局变化

新世纪,随着矿业与资本、金融市场有机结合,全球矿产资源的供应格局、市场格局、消费格局发生了深刻变化。

1)供应格局变化

全球有色金属矿业供应呈现多元化发展。发达国家的有色金属矿的产量及占比逐渐降低,发达国家对资源的控制力强化。在"一带一路"倡议的发展环境下,非洲、东南亚等成为新的重要矿产资源供应地区。

2)市场格局变化

有色金属市场格局变化,战略性调整通过联合、兼并、重组方式进行。如美国自由港公司通过参股嘉能可、必和必拓等国际矿业巨头获得南美和澳大利亚等优质矿产资源和份额矿产量,并获取全球矿业话语权。英美资源集团、力拓集团等矿业巨头,也在智利、秘鲁、蒙古国等国家获取优质矿产资源和份额矿产量。智利的埃斯康迪达铜矿拥有铜资源储量超1亿t,股份结构为必和必拓占57.5%、力拓集团占30%、日本三菱占10%;蒙古国奥尤陶勒盖铜矿的铜资源储量2509万t,力拓集团通过持有股份控制铜资源保障能力和话语权。

全球矿业公司通过并购、重组形成垄断。2019年,全球十大矿业公司在煤炭、铁矿、铜、铅、锌、镍、钼、金、银、钴等矿产品生产情况:铁矿产量占全球的比重接近50%;铜、钴产量超过全球的1/3;镍、钼产量占比近30%;金、银产量占全球的15%,铅、锌产量占全球的10%左右。

3)有色金属消费格局变化

随着经济的发展,亚洲成为全球有色金属矿产品消费中心。1945年("二战"结束)至20世纪90年代,全球大宗矿产资源的消费集中在欧洲、美洲和日本。进入21世纪,全球大宗矿产消费转移到亚洲,尤其是中国矿产资源消费增加。《全球矿业发展报告(2019)》显示,2018年中国、印度、东盟等铁、铜、铝消费占全球的59%、59%和61%,美欧、日、韩等发达地区仅占28%、35%和29%。

战略新兴矿产是矿产资源需求热点。新型工业化、高技术产业、战略性新兴产业的迅猛发展,将带动新兴材料矿产消费。欧盟和美国等大多数发达国家制定战略性矿产目录,如2010欧盟委员会将14种矿产确定为关键性矿产原材料,美国兰德公司的《关键和战略性矿产威胁美国制造业的报告》确定14种最需要的关键战略性矿产原材料,中国2016年的《全国矿产资源规划(2016—2020年)》将24种矿产列入战略性矿产目录。

对战略性矿产原材料的需求增加。新能源汽车对锂、钴、镍等矿产的需求增加。5G通信、人工智能、智慧城市等的发展离不开钽、铌、锂、稀土、锗、镓、铟、铼、碲等有色金属。

二、中国有色金属矿业发展的问题

中国有色金属矿业虽然经过改革开放的洗礼得到了快速的发展,但在国内外形势复杂多变的背景下仍然存在着许多不可忽视的问题。

(一)资源与环境问题

1. 资源保障形势严峻

一是中国有色金属生产原料供应不足,对外依存度较高。有色金属原生矿产资源历年开采,资源日趋枯竭,可采矿石品位下降,显示有色金属资源开采保证年限有限。有色金属生产产能对资源供应不足,多数有色金属原料依赖进口,急需解决资源供给不足和缓解资源枯竭问题等(郭学益等,2019)。

二是不同品种有色金属资源保障不同。虽然铜、铝、铅、锌、镍等探明资源量上升,但是需求量大,总体资源保障下降;锡、锑、锂等具有资源储备优势,但产量增长缓慢且不能满足需求增长,缺口逐年扩大;钴、钽、铌、锶、铍、铂族等资源储量和资源保障差;锗、镓、碲等稀散金属为共伴生矿,随着冶炼产能和综合利用水平的提高,其产量基本可满足需要;钨、钼等优势矿产资源储量提高,资源保障和原料供应度高。

2. 能源消耗高

有色金属工业是高能耗行业。中国单位产品能耗高于国外先进水平。提高有色金属冶金过程的能源利用率难度大,虽然部分产品单位能耗在降低,但是总能耗增长势头不减。有效降低有色金属工业单位产品生产能耗是未来努力的方向。

3. 环境污染严重

有色金属工业也属于重污染行业,在有色金属冶金生产过程中产生的大量废渣、废水和废气会对环境造成严重危害。目前,中国有色金属工业的采矿、选矿、冶炼及加工过程会产生大量的工业固体废弃物,特别是有毒、有害物质,需要对它们进行有效回收和再利用,或者对它们进行无害化处理。有色金属生产与加工过程的用水量也大,特别是有色金属的冶炼及压延加工业,因此,用水量也需要进行控制。生产排放的废气治理很难,污染物中的硫、氟、氯、汞、镉、砷等的危害很大。

(二)行业政策和法规有待完善

1. 行政许可约束

国家发布的《产业结构调整指导目录》对有色金属行业发展起着宏观指导作用,但是,鼓励有色金属行业健康发展的举措力度欠佳。我们可以看见,相关管理环节制定的《矿产资源勘查许可证》《采矿许可证》《安全生产许可证》和《爆破作业单位许可证》等资源勘查一系列相关法规限制和约束着有色金属行业的规模、生产、技术等。

2. 行业配套举措与发展规范

(1)有色金属的资源禀赋是矿业发展的首要条件。矿业的前期地质勘查程度以及矿山的矿体品位与赋存条件、矿体品种、地质采矿环境等矿产要素直接影响着矿业生产成本。有色金属矿业投入与产出之间的生产函数不确定,加之于其他生产要素,投入基础的复杂性,增加了矿业发展难度。譬如,采选所需技术设备的固定资产投入、矿区的配套工程建设(交通、水、电等)、生产的安全设施等需要大量的资金。

(2)国家对矿业生产的行业技术水平提出了众多的相关要求。包括矿业的成矿理论、成矿预测、找矿方法与找矿手段等,矿山采矿方法手段中的露采与坑采方式要求、整装勘查与配套采掘、矿山采掘的回填与矿山环境的修复治理等。

(3)选矿和冶炼的技术与方法等的要求也是矿业发展的桎梏。譬如,选矿技术所要求的磁选法、浮选法与重选法等技术;物理选矿还是化学选矿,对环境组成的影响不同;采矿、选矿和冶炼所形成"三废"(固体废弃物、污水和废气)处置也对行业的发展产生重要的不利影响。

(4)矿业矿产品利用环境和应用水平也影响有色金属矿业发展。譬如,与冶炼技术密切关联的产业发展水平,下游矿产品开发利用创新能力等。

3. 行业管理体制与政策水平

中国有色金属行业的管理经历了行业管理的调整过程。首先是管理体制的变革影响矿业发展。其次是有色金属行业供求不平衡。有色金属行业无序扩张以后,导致产能过剩、能耗过高、产品结构不合理等现象的出现,去产能、降排放、降库存等一系列的政策出台,实施金属矿业行业供给侧结构性改革举措,也在很大程度上影响着有色金属行业的正常发展。

当前,中国有色金属矿业行业处于进行传统原材料领域新旧动能转换,供给侧结构性改革深入的阶段,面临着产能过剩的威胁等方面的发展问题。这要求行业管理机构能够在宏观环境、产业政策、税收标准、市场准入条件、投资者退出机制等方面有所作为。譬如,传统金属生产领域极高的产能过剩、矿业对新能源领域投资热情的高涨、新型金属材料领域的投资过热等都是由市场投资盲目和无序造成的,需要政府主管部门进行协调治理。

参照发达国家的产业结构与行业管理,有色金属矿业的上游、中游、下游行业的产业结构必须大力调整,行业龙头与产业链构建非常脆弱,没有形成行业发展优势,不利于行业健康发展。

(三)矿业资本市场与企业竞争环境问题

1. 国际矿业资本市场波动性大

有色金属矿业资金需求量大,是资本密集型产业。矿业投资周期长,产业转型慢,技术要求高,科学技术发展和新的工业革命对有色金属矿业的发展带来历史性发展机遇。金融资本围绕金属矿业发展和变革发挥着重要的作用,推动着中国有色金属矿业的进步。资本市场具有国际化的特征,在金融资本的角逐下,各国需要增强矿业投资融市场竞争力,扩大矿业企业的资产经营规模,延伸产业链。特别是国际矿业巨头的收购兼并,通过金融手段掌握全球有色金属矿产的定价权和话语权。譬如,力拓、嘉能可等掌握有色金属国际发展风向。

中国有色金属矿业在新兴金融市场环境中得到快速发展。然而,在世界经济一体化、矿产资源国际化、资源环境生态约束高标准的发展环境中,有色金属矿产品的金融属性日益增加。中国有色金属行业发展受到前所未有的冲击,譬如有色金属现货和期货市场发展,有色金属的金融衍生品市场等发展,投资者群体投资水平和资本驾驭能力不足,就成为国际有色金属行业投资的短板。中国有色金属行业如何综合利用世界经济和全球资源的发展环境,实现"弯道超车",争取矿业资本市场发展的话语权,就成为新的国际有色金属行业发展的关键问题。

2019年,国际有色金属矿业的矿产品价格的单边异常波动,加上有色金属期货市场过度起伏,就让中国有色金属行业的金融衍生品市场动荡不安。中国的经济社会快速发展,需要有色金属行业发展做保障,合理和有效利用有色金属行业金融衍生品市场的资本力量,抑制和有效调控有色金属矿产品原料价格将成为中国政府有色金属行业主管部门必须正视和面对的新问题和新课题。

2. 中国矿业企业竞争无力

有色金属矿业发展受资源禀赋和矿业资本市场的影响。目前,全球矿产资源受矿业巨头控制,处于高度垄断状态,金属商品的定价权被控制在少数国家和矿业财团手里。中国有色金属行业受自然禀赋限制,有色金属矿山供给保障能力差,有色金属矿产资源对外依存度高,无法保证满足经济社会发展需求。

中国有色金属矿业的企业国际化程度低,资本实力和经营管理水平弱。这些企业在国际矿业获取有色金属矿产资源的能力不足,得到有色金属矿产资源的成本高。中国有色金属矿企海外投资所形成的金属量产出低,吨矿投资成本高,企业竞争力差,抗风险能力低,资源接续能力差,无法形成自身发展优势,也不能对国内矿业形成有效供给,自己在矿业资本市场缺乏竞争力。

3. 国际经济格局变化

在国际经济一体化、矿产资源全球化的发展环境下,中国有色金属行业企业选择在中东、非洲、南美等经济欠发达地区国家进行投资,存在着区域地缘政治风险、矿业国家的相关矿业政策风险。另外,部分国家反感并仇视中资企业的投资行为,最终造成了中国有色金属矿业国际化项目投资项目失败多、回报率低。

特别是2019年以来,中美贸易摩擦,国际经济政治格局的动荡,全球地缘政治不稳、政权更迭,国际贸易保护,资源掠夺与环境约束等因素均存在。新冠肺炎疫情影响着全球经济,经济发展增速放缓,中国经济转型面临压力,外部发展环境和资源供给体系变化,影响着中国有色金属矿业的发展。

第二节 中国有色金属矿业空间布局现状

中国是有色金属种类丰富、分布广泛的国家。有色金属的开发利用不仅有力地支撑了中国有色金属矿业的发展,也对中国经济社会的快速发展产生了重要的影响。

一、中国有色金属矿业空间布局情况

有色金属行业的发展离不开基本经营管理实体的发展。研究有色金属行业的发展问题,必须研究有色金属行业企业空间分布。特别是有色金属矿业的企业布局状态一定程度地反映了中国有色金属行业的发展态势。

(一)中国有色金属行业企业的空间分布情况

中国在国内设有有色金属开发区92个。有色金属开发区主要分布在中国沿海地区、中部地区和西北地区(表4-7)。

表4-7　2020年中国有色金属开发区分布

(数据来源:中商产业研究院)

省区市	开发区数量/个	省区市	开发区数量/个
吉林	2	云南	4
辽宁	4	贵州	2
山东	4	重庆	1
安徽	2	四川	5
浙江	5	青海	1
河南	6	甘肃	5
江西	14	新疆	3
湖南	16	内蒙古	11
广东	2	宁夏	1
广西	4		

中国有12个省区的有色金属开发区总面积在1000 hm² 以上。其中,内蒙古自治区总面积达1.90万 hm²,江西省总面积也达7 719.5 hm²,湖南省总面积为7 626.26 hm²(图4-12)。此外,河南、甘肃、浙江、广西、山东、宁夏、四川、新疆、安徽的有色金属开发区总面积均在1000 hm² 以上。

2020年全国有色金属开发区情况

中国矿业发展报告（2021）

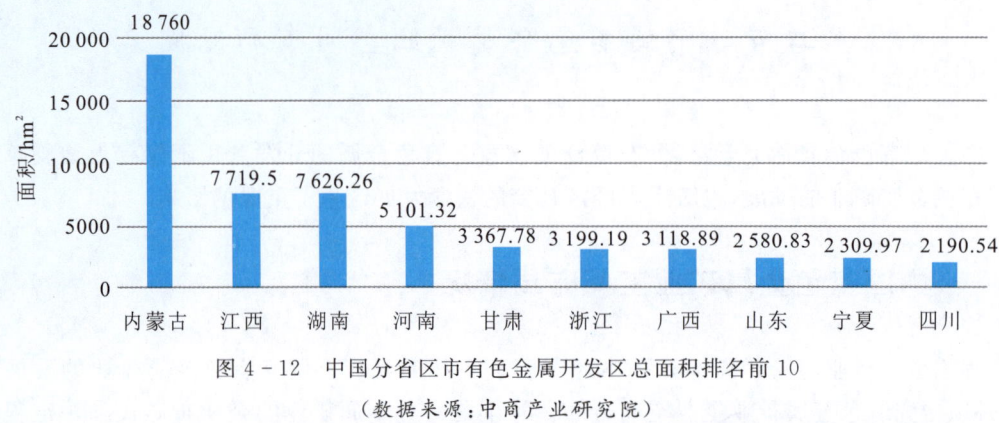

图4-12 中国分省区市有色金属开发区总面积排名前10

（数据来源：中商产业研究院）

（二）中国有色金属矿业上市公司的空间布局

相关研究认为，行业内企业的分布格局在一定程度上反映了行业空间布局和行业发展生态。为了有效地研究有色金属矿业的行业发展问题，我们对有色金属行业的上市公司空间分布和发展格局情况进行了系统研究。上市公司分布状况体现了一个行业的区域分布情况，代表着行业投资的方向，决定着矿业投资主体对矿业企业的资源环境和区域政策的地区偏好，左右着有色金属行业企业的经营生态和管理格局。

1. 基本状况

截至2020年底，中国有色金属行业企业现有上市公司113家。根据上市公司注册地和主要业务经营管理情况，结合有色金属矿业的企业生存与发展条件，不难发现有色金属行业上市公司的行政区域分布具有一定的规律。沿海地区经济发达，有利于矿产资源矿业企业的生存与发展。虽然沿海地区的有色金属矿产资源储备不是最好的，但有色金属行业的上市公司较多。西南地区具有丰富的有色金属矿产资源，投资者也是利用有色金属矿产资源禀赋和可开采条件，吸引大量资金和企业到西南地区投资有色金属矿业。中国证券市场所载的有色金属的上市公司，其规模是比较大的。

2. 企业经营管理情况

2020年中国有色金属行业上市公司市值排行榜

截至2020年12月31日，在中国深圳、上海两个证券市场，有色金属行业上市公司共有129家。这些上市公司是有色金属行业龙头企业，8家企业市值超500亿元，其中，3家企业市值在1000亿元以上。排综合行业第一位的是紫金矿业，其市值达到22 153.99亿元；排第二位的是北方稀土，其市值为1 843.05亿元；排第三位的是赣锋锂业，其市值为1 506.62亿元。市值排名前10的企业还有洛阳钼业、山东黄金、华友钴业、天齐锂业、中国铝业、江西铜业和中金黄金。

2020年，中国有色金属行业上市公司均有较好的业绩，排名前10的净利润共计219亿元。它们分别是紫金矿业、洛阳钼业、江西铜业、山东黄金、南山铝业、中金黄金、合盛硅业、银泰黄金、华友钴业、明泰铝业。紫金矿业公司净利润位居第一，净利润达65.09亿元；位居第二的为洛阳钼业，净利润为23.29亿元；位居第三的为江西铜业，净利润为23.20亿元。

2020年度有色金属行业上市公司净利润前百名

2020年，受新冠肺炎疫情影响，中国有色金属工业生产经营状况在第二季度恢复，有色金属工业生产、效益及铜、铝年均价格高于2019年水平。中国有色金属行业在采、选、冶等方面技术的创新，以及科技的创新和应用技术的进步，保障了国民经济、国防军工的发展。

2020年，有色金属工业（包括独立黄金企业）在固定投资方面同比下降1.0%。有色金属进口态势不减，如未锻轧铜及铜材进口量668.0万t，同比增长34.1%。但是，有色金属出口有所减少，未锻轧铝及铝材出口量485.7万t，稀土出口量3.5万t，同比分别下降15.2%、23.5%。应该说，现货市场铜、铝年均价格有所回升。规模以上有色金属工业企业（包括独立黄金企业）营业收入实现58 266.5亿元，同比增长3.8%；利润总额达1 833.2亿元，同比增长19.2%。

（三）有色金属主要矿产资源的空间布局

1. 有色金属总体分布

中国是在世界范围内有色金属矿产资源储藏比较丰富的，已经发现的有色金属矿产中国均有探明储量。在已探明储量中，位居世界第一的矿产有钨、锡、锑、稀土、钽、钛，位居世界第二的矿产有钒、钼、铌、铍、锂，位居世界第四的有锌，位居世界第五的有铅、金、银等。

中国有色金属矿产资源分布地区相对集中。现有的矿产资源公报显示，有些矿产的储量大，品位和质量高。譬如铝土矿富集在山西、河南、贵州、广西等地；钨矿分布江西、湖南、广东等地；锡矿主要在云南、广西、广东和湖南等地。

在中国，已发现并在开采中的有色金属矿区分布不均衡，南方多、北方少，主要集中在长江流域。目前，开采的十大有色金属矿产地是：内蒙古白云鄂博（稀土），甘肃金昌（镍），山东招远（黄金），江西德兴（铜），江西大余（钨），湖南锡矿山（锑）、水口山（铅锌矿），云南个旧（锡），广西平果（铝）等。

中国有色金属的铜矿、铅矿和锌矿主要分布在中国的华北地区和西南地区。如内蒙古和云南、西藏、四川等地有色金属矿产资源都较为丰富；江西的铜矿储量最为丰富，占比高达18%，内蒙古铜矿储量占比约为16.7%；内蒙古的铅锌矿储量最为高，占比分别为35.8%和32.5%。

2. 有色金属矿产资源储量状况

截至2020年，中国探明金属矿产有59种。其中，铜矿储量为2 701.30万t，铝土矿储量为57 650.24万t（表4-8）。

表 4-8　2020 年中国部分有色金属矿产储量

(资料来源:自然资源部,2021)

序号	矿产	单位	储量
1	钒矿(V_2O_5)	万 t	961.20
2	钛矿(TiO_2)	万 t	20 116.22
3	铜矿(金属)	万 t	2 701.30
4	铅矿(金属)	万 t	1 233.10
5	锌矿(金属)	万 t	3 094.83
6	铝土矿(矿石)	万 t	57 650.24
7	镍矿(金属)	万 t	399.64
8	钴矿(金属)	万 t	13.74
9	钨矿(WO_3)	万 t	222.49
10	锡矿(金属)	万 t	72.25
11	钼矿(金属)	万 t	373.61
12	锑矿(金属)	万 t	35.17
13	金矿(金属)	t	1 927.37
14	银矿(金属)	t	50 672.26
15	铂族金属(金属)	t	126.73
16	锶矿(天青石)	万 t	1 580.43
17	锂矿(氧化物)	万 t	234.47

相关资料显示,内蒙古铅储量最大,其次是云南和甘肃,3 个地区铅总储量占储量的一半;西藏、江西和云南的铜储量较大,西藏的铜储量占全国的 1/4;铝土矿集中在广西;钨储量集中在江西;甘肃的镍储量占比超过了 60%。

3. 矿产资源勘查

2020 年,中国地质勘查投资 871.85 亿元,较 2019 年下降了 12.2%。非油气矿产勘查中以金矿、铅锌矿、铜矿为主。从表 4-9 可以看出,与 2019 年相比,银矿、铅锌矿、镍矿、钨矿等矿种投入降幅较大。

表 4-9　2020 年主要矿种勘查资金投入和钻探工作量完成情况表

(资料来源:自然资源部,2021)

矿种	资金投入/亿元	同比增长/%	钻探工作量/万 m	同比增长/%
铜矿	6.13	-2.7	34	-30.6
铅锌矿	6.41	-40.3	46	-46.5

续表 4-9

矿种	资金投入/亿元	同比增长/%	钻探工作量/万 m	同比增长/%
铝土矿	2.88	89.5	32	113.3
镍矿	0.43	−35.8	2	−33.3
钨矿	1.59	−21.3	12	−36.8
锡矿	0.77	120.0	4	33.3
钼矿	0.59	−15.7	4	−33.3
金矿	10.45	−10.8	70	−9.1
银矿	1.37	−52.3	9	−65.4

2020年新发现矿产地96处,包括29处大型,36处中型,31处小型。其中,金有7处,铜有6处。2020年新增资源量为:铜85.82万t,铅锌138.87万t,铝土矿3.74亿t,钨143.05万t,金442.46t,银532.13t。2020年中国取得一批重大固体矿产找矿成果:形成32处矿产资源新基地,新发现多处砂岩型铀矿,西藏多龙发现首个中国千万吨级铜矿,钨矿床储量在江西朱溪和大湖塘新发现,金矿富集区在胶东,大宗紧缺矿产如铜、铝、钾盐、铬等增储显著,战略新兴矿产资源如镍、锂等的勘查取得显著成果。

二、中国有色金属矿业发展空间差异分析

中国有色金属矿产资源的空间分布不均衡,存在着巨大的差异。形成矿产资源禀赋差异的主要原因是不同区域内的地质结构和成矿构造不同,导致区域有色金属矿山分布不同,也直接影响着有色金属矿业企业的发展。矿山所在地的矿业企业的采矿和选矿投资以及矿山开采所需基础建设和交通等服务设施,与地方的经济建设和社会发展密不可分。矿业企业的发展与投资能带动地方经济发展,促进基础建设投资增加。矿山辖区的经济社会发展环境、人文环境、专业技术人员筹备等也会影响矿业企业的发展。

分析中国有色金属矿产资源领域的发展问题需要关注国家的宏观政策和产业政策的走向。同时,研究有色金属行业的行业发展问题需要关注国家或地区内的政策性变化,结合全球矿产资源供给体系,运用相关的分析方法和手段,分析中国的财政政策和矿业投资环境,综合考量全社会的资本投入,分析借助资本市场公开发行股票或行业发展基金、国家的专项建设国债。

根据相关资料,我们了解了中国有色金属矿的分布情况。中国有色金属矿的分布情况反映了以内生性矿产资源为基础,利用资源禀赋和矿山开发来发展有色金属行业,会面临资源消耗出现短缺的情况。

中国有色金属矿业主要金属品种的重点矿区在国内的矿产禀赋情况如下。

(1)铜矿资源的已探明矿区总共有910处,包括30多处的大中型铜矿。它们主要分布在长江中下游、赣东北地区和西南滇藏地区。当然,山西、甘肃、黑龙江等地也有分布。江西

德兴铜矿是世界级规模的铜矿,西藏玉龙铜矿和黑龙江多宝山铜矿也属于特大型铜矿。

(2)铝土矿资源产地有300多处,分布在19个省区。山西、河南、贵州、广西等地的铝土矿资源较为集中,占比超过全国储量的80%。

(3)铅锌矿资源的已探明矿区有700多处,分布在岭南地区、西秦岭地区华北北部和云南、青海等地,有40多处大型矿产。其中,云南和甘肃西成地区的铅锌矿是世界级规模,粤北凡口铅锌矿、内蒙古白音诺尔铅锌矿、青海锡铁山铅锌矿优势明显。

(4)钨、锡、锑等有色金属矿的已探明矿区数量超1000个。其中,钨矿探明储量是世界钨矿储量的3/4,集中分布于江西和湖南,总储量达到了全国的56%;锡矿主要分布在云南和广西,占全国总储量的61%;锑矿资源储量较为丰富,湖南、广西的储量占全国储量的一半,如湖南锡矿山是中国最大的锑矿床。

(5)中国镍矿探明储量达到了世界第二,主要分布在甘肃金川。

三、中国有色金属矿业配置状况

从国土空间的地理空间规划与产业布局来看,中国有色金属矿业发展与有色金属矿产资源存储明确相关。从有色金属行业的企业布局来看,合理的空间配置和矿业产业的优化是一个必须直面的课题。以下从区域空间布局、产业部署、资源配置、市场配置等方面分析中国有色金属行业矿业配置问题。

(一)区域空间布局

中国政府实行国土空间开发利用格局规划,按照区域国土空间与资源环境综合承载能力,结合区域经济社会发展与城乡发展规划,实行生态环境保护下的自然资源开发利用,并制定国土和基础设施建设等的政策,从而实现人口、资源与环境的协调发展,提高经济社会发展与生态效益。

根据国家制定的"两个一百年"奋斗目标,我们需要部署国土空间发展规划,以绿色安全、健康宜居、开放协调、富有活力的原则去解决资源和能源、生态环境问题,并增加修建公共服务设施和基础设施,布局产业空间和邻避设施。

在发展有色金属矿业的过程中,有色金属矿业需要规划好矿产资源勘查开采的制度并守住生态保护红线。在生产制造的过程中,企业需要处理好交通、能源、水系统、信息、物流、固体废弃物处理等方面的问题,并在矿山复垦和开发利用过程中,对于矿山要进行整治、修复与更新。

(二)产业配置

区域资源优势能够优化产业布局,促进基础产业的发展。中国有色金属矿业需要以维护长远的国家利为基础,着力推动采矿、选矿和冶炼的整体协调发展,并提高相关的生产技术。

其一是有色金属矿业需要增加矿业地质勘查的投入来加强找矿精准度,使得有色金属矿业拥有投资的技术保障。另外也需要注重有色金属矿业的研发工作,这其中涉及地球科学、矿产勘探、环境管理、创新技术等矿产开发利用领域的研发工作。国家要制定相关的政策规章,确保矿业的可持续性发展,让有色金属矿业能够持续为经济建设和社会发展提供原材料。

其二是需要开展多渠道融资活动,吸引投资,提高有色金属矿业矿产品出口能力。有色金属矿业需要发现和开发新的矿产资源,提高覆盖层下的勘探成功率,为有色金属矿业未来而勘探,探明拥有有色金属矿产资源潜力的地区。政府、工业界和地勘采掘业应保持合作,增加有色金属矿业经济和社会效益。

其三是需要改善环境绩效,强化环境管理,延长矿山的生命周期;这要求企业做好劳动力和技能的培训,支持矿业员工更新和提高技能,提高公众对采矿的资源设备、技术和服务部门认识。政府应当推进规制改革,改进环境审批流程,增加资源开发土地准入标准、提高矿产资源储量报告和产量报告的准确性等。

(三)资源配置

从矿产资源优化配置的角度来看,一个国家或地区的有色金属矿业政策就是要保护传统的资源供应国。譬如,加拿大充分发挥矿产资源优势,打造具有全球竞争力的投资目的地,因为有色金属矿业需要低成本的矿产品供应国。这要求企业能够在资源禀赋地获得资源,或把企业建在地理上更接近市场的地方,这样才能具有成本竞争力。科技进步和产品创新,特别是新技术、新工艺才能使有色金属矿业成为高技术附加值的矿产品出口主体。

有色金属矿产资源是埋藏在地下的隐性矿产资源,需要前期的投入和寻找、探明。探明增加了矿产资源投入,消耗了大量的技术、劳务、物资等。在探明矿产资源的过程中要注意两个方面,一方面是关注天然存在的矿产资源所有者的权益;另一方面是需要增加投入创造的资本所有者的权益。具体而言,一是矿产资源资产的物质实体;二是矿业权。

有色金属矿业的发展需要发挥市场作用,完善地质找矿的市场补偿机制。政府要引导地勘投资,特别是那些让矿产资源资产增加的具有优势的关键资金。我们应该让有色金属矿业企业出资找矿,自主经营、自负盈亏,才能发挥市场在资源配置中的决定性作用。有色金属矿业企业自助找矿,能够确保资源和投入使用的有效性。

有色金属矿业生产周期长,前期投入大、回报慢,这就要求政府在税费方面给予优惠。另外矿产品价格波动大,有色金属矿业企业的收入和利润会变幻无常。因此,有色金属矿业投资人和资本所有者利益均需要相对值(占比)分配或留存,这样才能实现收益共享、风险共担。

(四)市场配置

国际范围内矿业风险勘查的资本市场为矿产勘查投融资提供了有效的资本支持,同时转移着矿产资源勘探的风险。目前,中国没有形成成熟的矿业资本市场,只能通过矿业公司借助资本市场,实现找矿投资风险的转移和价值实现。而且绝大部分的矿产勘查无法完成前期的找矿投资和资本的价格实现。国内的资本市场也不能很好地促进有色金属矿业的盈利,这些不足之处影响了矿业发展,也导致矿业企业很难实现资本化。

中国政府出台的《关于构建更加完善的要素市场化配置体制机制的意见》,引入了市场化配置矿产资源的相关要素,消除了矿业资本市场的自由流动的体制机制障碍。探矿权是勘查技术或者地质劳动,这属于生产要素。要建立完善的要素市场化配置体制机制,需要尽快建立风险勘查资本市场,完成探矿权证券化。有色金属矿业企业通过在资本市场发行股票或债券融资,形成了有色金属行业的投融资市场,让探矿权的资本化和证券化成为现实。

中国需要学习澳大利亚和加拿大在矿产资源领域的有效政策,保护有色金属矿业的投融资活动,满足经济社会发展的要求。中国的证券交易所要完善有色金属矿业企业的投融资渠道,借助专业的中介服务机构为有色金属矿业企业的发展提供金融支撑和服务。同时应该发挥矿业行业与采矿自律性组织的监督作用,政府应出台配套政策和税收优惠,鼓励有色金属行业的勘查公司融资和上市,增加有色金属行业的投资收益。

第三节 中国有色金属矿业绩效分析

在通常情况下,绩效用于衡量团队、组织或个人完成一件事情所能取得的成效。在现代企业经营管理中,研究者常采用绩效评价方法来衡量企业的经营管理效果。通常采用的评价方法有经济增加值法(economic value added, EVA)、平衡计分卡法(balanced score card, BSC)和数据包络分析法(DEA)。

通过比较常见绩效评价方法的优劣,我们认为数据包络分析法可以很好地分析有色金属矿业企业绩效。因此,我们以有色金属矿业上市公司为基础,利用数据包络分析法对企业的各项有效数据进行绩效分析。

一、中国有色金属矿业绩效评价模型

(一)不同绩效评价方法的比较

1. 经济增加值法(EVA)

经济增加值法衡量的是企业价值最大化问题。经济增加值是企业经营所得在扣除股东投入成本和负债后剩下的收入。该方法注重企业利润,必须考虑资金成本,包括权益资金成本和债务资金成本。其基本分析模型如下。

$$EVA = NOPAT - IC\left(\frac{D}{D+E}K_D + \frac{E}{D+E}R_F\right)$$

式中,NOPAT 代表税后营业净利润;IC 代表投资成本;D 代表长期负债;E 代表所有者权

益；K_D 代表长期负债成本；R_F 代表无风险投资报酬率。

经济增加值法站在企业投资者角度，认为投资收益超过资本成本，投资活动才是有价值的。其优点突出，表现为：更加注重内部公司治理，考虑如何调动管理者的积极性。它同样也存在缺点：过分注重企业的会计利润。我们都知道，一旦会计利润被人为操纵，其结果容易失真。经济增加值是绝对值数值，而不是比率关系，很难衡量投入与产出之间的比值，更难衡量效率的高低。

2. 平衡记分卡法

平衡记分卡法被用来衡量行业和企业的效率问题。平衡记分卡法的优点是直观和明确。其缺点是指标选取难度大；运用多维度的相互集成，不能很好地与企业战略目标结合；很难显示合适的衡量指标。

3. 数据包络分析法

数据包络分析法是以相对效率为基本原理，评价多投入、多产出的决策单元是否技术有效的一种非参数分析方法。其优点是不需要对数据进行无量纲化处理，也不用进行权重假设，消除主观影响因素，借用差异分析、效率分析和敏感度分析，解决企业效率问题。其局限性是只能处理正数，遇到负数和零值需要进行预处理。

（二）数据包络分析模型的构建

为了研究有色金属矿业上市公司绩效，我们需要选择有色金属矿业上市公司的相关数据，对每个上市公司的投入和产出指标，运用 DEA 方法分析多投入、多产出的决策。

DEA 方法的基本模型包括 CCR 模型和 BCC 模型。CCR 模型假定规模报酬不变，基于多组投入、产出数据来衡量总效率。由于企业绩效评价具有边际收益不确定特征，我们选取 Banker 等（1984）的改进模型（BCC 模型；Banker et al.，1984）。对于任意决策单元，投入导向下对偶形式的 BCC 模型如下（Fried et al.，2002）。

$$\min[\theta - \varepsilon(e^T S^- + e^T S^+)]$$

$$\text{s.t.} \begin{cases} \sum_{i=1}^{n} X_i \lambda_i + S^- = \theta X_0 \\ \sum_{i=1}^{n} Y_i \lambda_i - S^- = Y_0 \\ \lambda_i \geqslant 0 \\ S^-, S^+ \geqslant 0 \end{cases} \quad \text{其中 } n = 1 \cdots N, i = 1 \cdots I$$

式中，i 代表第 i 个上市公司样本。

若 $\theta = 1$ 且 $S^- = 0$，$S^+ = 0$，则决策单元 DEA 有效；若 $\theta > 1$ 且 S^-、S^+ 不全为 0，则决策单元弱 DEA 有效；若 $\theta < 1$，则决策单元非 DEA 有效。

BCC 模型计算出来的效率值为综合技术效率（TE），可分解为规模效率（SE）和纯技术效率（PTE），它们的关系如下。

$$TE = SE \times PTE$$

二、中国有色金属矿业绩效评价

(一)绩效评价过程

1. 评价指标体系的构建

绩效评价指标体系的构建遵循以下原则:
(1)综合性原则。整个评价指标体系能够反映企业的盈利能力和可持续发展能力。
(2)真实性原则。指标的选取应遵循客观公正。
(3)简洁性原则。选取的指标少且能充分反映公司实际情况。
(4)可获得性原则。选取的指标容易获得。
本书构建的绩效评价指标体系包括投入指标和产出指标,如表4-10所示。

表4-10 构建的有色金属矿业绩效评价指标体系

指标类型	指标	变量	单位	含义
投入指标	固定资产净额	x_1	万元	考虑稳定生产的物质基础
	主营业务成本	x_2	万元	企业主要成本投入,匹配主营业务收入,衡量企业经营生产的成本与效率
	应付职工薪酬	x_3	万元	反映企业劳动投入
产出指标	主营业务收入	y_1	万元	综合指标,是企业主营业务成果,反映企业的价值创造和战略安排
	净利润	y_2	万元	反映企业的盈利能力

2. 样本选择、数据收集、数据处理

1)样本选择

中国有色金属行业上市公司的绩效水平可以反映整个行业的经营水平和盈利能力。通过中国证券市场的上海、深圳两个交易所收集的有色金属矿业上市公司共113家,剔除ST股、*ST股和2020年数据缺失的上市公司,我们保留了102家公司作为DEA的决策单元。

DEA决策单元

2)数据收集

决策单元以2020年上市公司披露年报的投入产出指标数据作为基础资料。

3)数据处理

数据处理要求所有数据不能出现负值和零值。对DEA模型中的投入数值和产出数值做相同的四则运算并不影响其DEA有效性,因此进行正则化处理(邓雪等,2020)。

3. 绩效评价分析过程

运用 DEAP 2.1 软件,本书对中国有色金属矿业上市公司 2020 年 BCC 模型投入的绩效进行了评价分析(表 4-11)。

表 4-11　2020 年中国有色金属矿业上市公司 DEA 有效性评价结果

序号	证券简称	综合技术效率	纯技术效率	规模效率	规模报酬
1	铜陵有色	0.894	0.968	0.924	drs
2	楚江新材	0.940	0.983	0.956	drs
3	鑫科材料	0.819	0.819	0.999	—
4	众源新材	0.920	0.928	0.991	drs
5	中金黄金	0.971	1.000	0.971	drs
6	中色股份	0.796	0.904	0.881	drs
7	盛达资源	1.000	1.000	1.000	—
8	中国铝业	0.884	1.000	0.884	drs
9	钢研高纳	0.924	0.926	0.997	drs
10	中矿资源	1.000	1.000	1.000	—
11	有研粉材	0.914	0.926	0.987	drs
12	中国黄金	1.000	1.000	1.000	—
13	紫金矿业	0.837	1.000	0.837	drs
14	盛屯矿业	0.974	0.975	0.999	drs
15	厦门钨业	0.742	0.969	0.766	drs
16	闽发铝业	0.712	0.724	0.984	drs
17	白银有色	0.888	0.962	0.922	drs
18	东方锆业	0.531	0.531	1.000	—
19	精艺股份	0.945	0.948	0.997	drs
20	宜安科技	0.602	0.602	1.000	—
21	和胜股份	0.769	0.771	0.997	drs
22	融捷股份	0.944	0.960	0.984	irs
23	翔鹭钨业	1.000	1.000	1.000	—
24	格林美	0.924	0.951	0.972	drs

续表 4-11

序号	证券简称	综合技术效率	纯技术效率	规模效率	规模报酬
25	中金岭南	0.768	0.935	0.822	drs
26	盛新锂能	0.826	0.827	0.999	irs
27	嘉元科技	0.760	0.761	0.999	drs
28	深圳新星	0.801	0.802	0.999	irs
29	豪美新材	0.816	0.835	0.978	drs
30	广晟有色	0.951	0.955	0.996	drs
31	中钨高新	0.818	0.948	0.863	drs
32	四通新材	0.849	0.955	0.889	drs
33	洛阳钼业	0.840	0.981	0.856	drs
34	神火股份	0.496	0.861	0.575	drs
35	焦作万方	0.809	0.824	0.982	drs
36	豫光金铅	0.902	0.932	0.968	drs
37	明泰铝业	0.905	0.971	0.932	drs
38	中飞股份	0.855	0.864	0.989	irs
39	湖南黄金	0.782	0.921	0.849	drs
40	株冶集团	0.943	0.946	0.998	drs
41	怡球资源	0.857	0.92	0.932	drs
42	亚太科技	0.752	0.803	0.937	drs
43	银邦股份	0.831	0.833	0.998	irs
44	常铝股份	0.907	0.909	0.998	drs
45	云海金属	0.838	0.877	0.956	drs
46	寒锐钴业	0.904	0.905	0.998	drs
47	丽岛新材	0.856	0.875	0.978	drs
48	电工合金	0.935	0.953	0.981	drs
49	博迁新材	1.000	1.000	1.000	—
50	鼎胜新材	0.873	0.887	0.984	drs
51	赣锋锂业	0.773	0.881	0.878	drs
52	江西铜业	0.904	1.000	0.904	drs
53	章源钨业	0.539	0.540	0.999	drs
54	吉翔股份	0.944	0.946	0.998	irs

续表 4-11

序号	证券简称	综合技术效率	纯技术效率	规模效率	规模报酬
55	赤峰黄金	0.773	0.926	0.834	drs
56	银泰黄金	0.986	1.000	0.986	drs
57	北方稀土	0.904	0.996	0.908	drs
58	兴业矿业	0.745	0.822	0.906	irs
59	鄂尔多斯	0.773	1.000	0.773	drs
60	东方钽业	0.708	0.708	1.000	—
61	西部矿业	0.961	0.989	0.973	drs
62	山东黄金	0.855	0.981	0.872	drs
63	中润资源	0.791	0.937	0.844	irs
64	南山铝业	0.562	0.895	0.628	drs
65	恒邦股份	0.961	0.972	0.989	drs
66	宏创控股	0.719	0.720	0.999	drs
67	五矿稀土	1.000	1.000	1.000	—
68	金钼股份	0.781	0.841	0.929	drs
69	西部材料	0.636	0.639	0.995	drs
70	宝钛股份	0.754	0.845	0.893	drs
71	西部超导	0.833	0.855	0.975	drs
72	鹏欣资源	0.855	0.864	0.990	drs
73	中洲特材	0.891	0.904	0.985	drs
74	华峰铝业	0.744	0.800	0.930	drs
75	天齐锂业	0.601	0.906	0.664	drs
76	盛和资源	0.998	1.000	0.998	drs
77	攀钢钒钛	0.950	0.956	0.993	drs
78	宏达股份	0.655	0.668	0.980	drs
79	安宁股份	1.000	1.000	1.000	—
80	锐新科技	1.000	1.000	1.000	—
81	西藏矿业	0.672	0.696	0.966	irs
82	西藏珠峰	1.000	1.000	1.000	—
83	西部黄金	0.816	0.852	0.957	drs
84	新疆众和	0.765	0.805	0.950	drs
85	驰宏锌锗	0.866	0.924	0.938	drs
86	云铝股份	0.737	0.886	0.832	drs

续表 4-11

序号	证券简称	综合技术效率	纯技术效率	规模效率	规模报酬
87	云南铜业	1.000	1.000	1.000	—
88	锡业股份	0.846	0.928	0.911	drs
89	贵研铂业	1.000	1.000	1.000	—
90	云南锗业	0.867	0.869	0.998	irs
91	罗平锌电	0.679	0.688	0.987	drs
92	华友钴业	0.757	0.947	0.800	drs
93	海亮股份	0.866	0.979	0.885	drs
94	天山铝业	1.000	1.000	1.000	—
95	万邦德	0.980	1.000	0.980	drs
96	宁波富邦	1.000	1.000	1.000	—
97	博威合金	0.776	0.889	0.873	drs
98	华光新材	0.843	0.859	0.982	drs
99	金田铜业	0.893	0.982	0.910	drs
100	屹通新材	1.000	1.000	1.000	—
101	国城矿业	0.678	0.701	0.968	irs
102	顺博合金	0.968	0.968	1.000	—
	平均值	0.847	0.899	0.944	
	标准差	0.120	0.107	0.081	

注：drs 为规模报酬递减，irs 为规模报酬递增，— 为规模报酬不变。

(二) 评价结果分析

1. 决策单元效率分析

从表 4-11 可以看出，2020 年中国有色金属矿业上市公司的综合技术效率、纯技术效率和规模效率均值分别为 0.847、0.899 和 0.944。这显示综合技术效率水平较高，纯技术效率小于规模效率，说明纯技术效率是制约有色金属矿业上市公司综合技术效率进一步提高的主要因素。

2. 生产前沿面分析

从表 4-11 可以看出，在 102 家有色金属矿业上市公司中，综合技术效率、纯技术效率和规模效率均有效的有 14 家。

表 4-12 处于生产前沿面的中国有色金属矿业上市公司

证券简称	证券代码	证监会行业	区域
盛达资源	600459	贵金属冶炼业	云南板块
中矿资源	002738	其他专业、科研服务业	北京板块
中国黄金	600916	贵金属矿采选业	北京板块
翔鹭钨业	002842	重有色金属冶炼业	广东板块
博迁新材	605376	有色金属合金业	江苏板块
五矿稀土	000831	稀有稀土金属冶炼业	山西板块
安宁股份	002978	有色金属压延加工业	四川板块
锐新科技	300828	金属结构制造业	天津板块
西藏珠峰	600338	重有色金属冶炼业	西藏板块
云南铜业	000878	重有色金属冶炼业	云南板块
贵研铂业	600459	贵金属冶炼业	云南板块
天山铝业	002532	轻有色金属冶炼业	浙江板块
宁波富邦	600768	轻有色金属冶炼业	浙江板块
屹通新材	300930	有色金属压延加工业	浙江板块

处于生产前沿面的上市公司分布在东部沿海地区和西南地区。东部沿海地区的经济较为发达,具有相关企业发展的充足资金和良好的市场环境。处于生产前沿面的上市公司的产业链集中在有色金属冶炼及压延加工企业。有色金属矿采选企业的发展依赖矿产资源,而有色金属冶炼及压延加工企业规模较大,其发展主要依赖市场。位于经济发达和市场发展水平高地区的有色金属冶炼及压延加工业,其发展程度也高。

3. 决策单元规模报酬分析

表 4-11 显示,规模报酬递增的上市公司有 11 家,处于规模报酬不变的有 19 家,处于规模报酬递减的有 72 家。

从图 4-13 可以看出,2020 年处于规模报酬递减阶段的有色金属矿业上市公司占比超过 70%。这说明有色金属矿业上市公司发展处于规模报酬递减疲势。

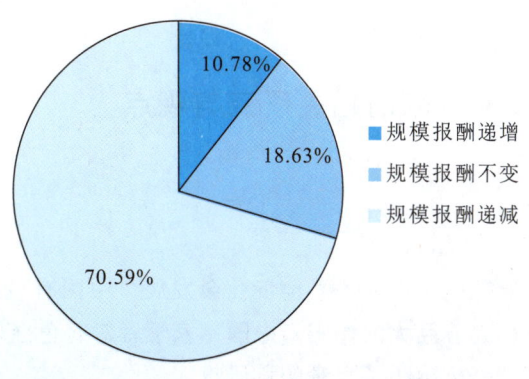

图 4-13 有色金属矿业上市公司规模报酬状况

三、结论

(一)行业间企业效率差异较大且发展不平衡

表4-11数据显示,2020年中国有色金属矿业上市公司综合技术效率、纯技术效率和规模效率数值差异较大,标准差分别为0.120、0.107和0.081。东部沿海地区和西南地区的部分企业效率值均在生产前沿面上,但河南板块的神火股份综合技术效率和规模效率却仅为0.496、0.575。这说明不同地区的有色金属矿业上市公司发展差距较大,而且存在着发展不平衡的问题。

(二)技术水平和管理水平制约有色金属矿业发展

从表4-11可以看出,中国有色金属行业上市公司的纯技术效率均值小于规模效率均值,纯技术效率是制约综合技术效率水平提高的主要因素。这说明有色金属矿业上市公司的技术水平和管理水平较低,制约了相关企业的发展。因此,只有提高有色金属矿业企业的技术创新能力和管理水平,才能提高绩效水平。

(三)多数上市公司处在规模报酬递减阶段

由图4-13不难发现,超过70%的上市公司处于规模报酬递减阶段。这说明相关企业发展过程中,不断扩大经营管理规模,不仅不会提高企业效益,反而会降低收益。有色金属行业应调整现有的产业结构,并提高企业管理水平,避免因管理不经济而造成的规模不经济。

第四节 中国有色金属矿业的发展潜力探究

一、专家的相关研究与观点

(一)基本结论与论点

有色金属矿业关乎经济社会发展。中国有色金属矿业在经济、军事、高技术、新兴产业等方面起着巨大的作用。中国专家学者对有色金属矿业发展问题以及如何改变有色金属矿业现状分析给予了大量的科研投入。

譬如有些专业机构和学者定期或不定期开展有色金属产业发展的总体情况研究,也有很多学者研究有色金属矿业产业空间布局方面的问题,或者是研究有色金属矿业企业发展绩效等方面的问题。许礼刚(2017)研究认为,中国有色金属产量难以满足需求量,每年需要进口大量有色金属矿产品。李春雪等(2017)利用熵评价的方法,研究了有色金属产业的有序度问题。研究结果发现:中国有色金属产业总体运行质量正在下滑,产业稳定性减弱,混乱无序状态加剧。其原因主要是产业处于竞争劣势地位且盈利能力较弱。通过分析年度有色金属工业的数据,潘剑波等(2013)认为中国有色金属产量稳步增长,中西部有色金属工业发展面临两大困境,即资源自给率总体下降、营收利润率总体下降。刘光辉(2017)认为中国有色金属产业呈现"两头小、中间大"的格局,行业发展模式为上游原料和下游原料及高附加产品供给过低,中间阶段的冶炼规模占比过大。他们认为,中国有色金属矿业发展处于积极有效的态势,同时面临着许多困难和挑战。

当然,也有许多学者是从省域出发,分析区域内有色金属矿产资源禀赋,从不同角度研究了区域内行业与企业的发展问题。施启机(2011)针对广西壮族自治区有色金属的行业发展统计数据进行分析,研究了广西壮族自治区丰富有色金属矿产资源的拥有情况,并研究了具有中国资源优势的锑在发展中出现的深加工技术欠缺、出口许可证配额不足等问题。朱政江等(2016)以山西省有色金属产业为研究对象,发现山西省这个有色金属出口的重要省份对中国有色金属产业发展的贡献很大,但行业内存在企业整体规模偏小、产量低、市场竞争力不足的问题。以新疆有色金属产业为研究对象,阿米娜·艾力更(2019)研究发现,新疆有色金属矿业实力不断增强,资源储量上升,其中,锡的储量增加得最多,深加工项目规模扩展速度最快。以内蒙古有色金属产业为研究对象,宫明娥(2016)研究认为,内蒙古的有色金属矿业具有生产能力不断扩大、核心企业迅速成长、资源保障能力大幅度提升的优势,同时存在产业结构不合理、环境承载力有限等问题。王欣(2019)以云南省有色金属矿业为研究对象指出,云南有色金属产业的发展缺乏技术创新和管理创新,存在低端产品多、初级产品多、深加工产品少、高附加值产品少等问题。

另外,还有专家学者关注了有色金属发展过程中其他方面的问题,如再生有色金属产业发展,有色金属绿色低碳循环发展经济体系,有色金属工业资源安全保障,有色金属行业可持续发展与节能环保、碳达峰、碳中和等方面的问题,揭示了再生有色金属产业发展的困境与新发展路径。王吉位(2019)研究认为,中国再生有色金属产业形成了相对完整的产业体系,国内回收原料稳步增加、国外进口量持续减少。杨子(2020)研究认为,中国原料保障率低、资源配置效率低是制约中国再生有色金属发展的重要因素,未来对于再生有色金属原料的标准化分类将有利于其发展。我们也应该注意到,受2020年世界范围的新冠肺炎疫情影响,再生有色金属产业的发展遇到了许多困难,其中短期的困难主要表现为原料的短缺以及资金的紧张。中国再生有色金属产业发展过程中所遇到的问题非常多,譬如原料保障程度低,抗风险能力差,产品结构单一,处于产业链上游,议价能力弱,产品利润率低等。

(二)问题与缺陷

中国国内的基础建设、房地产、家电、汽车等行业发展良好,加上中国政府推行的"一带一路"倡议带动了中国有色金属产业很好的发展,产业企业处在不断发展和完善过程中。虽然十大有色金属产量在不断增长,中国已经成为世界范围内的有色金属矿业生产制造基地,但是有色金属产业在不断发展的情况下也暴露出许多问题,譬如产能过剩、行业资产负债率较高等已经成为当前中国急需解决的问题。

中国有色金属矿业在中国改革开放不断深入的进程中经历了快速扩张时期,相关的企业在利润追逐过程中,在投资的驱动下出现了盲目投资,形成了当前行业内局部产能过剩或供求不均衡的局面,增加行业竞争压力,扩大企业债务,不利于行业的健康持续发展。这突出表现为以下几个方面:①有色金属矿采选业或有色金属冶炼和压延加工业企业的资产负债率过高;②部分有色金属矿产资源供需失衡、对外依存度较大等;③有色金属矿产资源储备量不足,矿产资源勘探和采掘矿业发展迟缓;④有色金属产业技术创新产品工艺技术落后;⑤有色金属矿产新产品数量不足,高附加产品数量少等;⑥国家宏观调控与矿业产业政策变化,环保政策的要求不断提高,有色金属产业如何进行产业转型等方面的问题越来越成为有色金属矿业发展的桎梏。

有色金属产业发展指数的研究相对薄弱,主要集中在有色金属产业企业层面的绩效问题。考虑产业共性指标和产业发展特有的指标,结合有色金属产业特点,我们构建了有色金属产业发展指数指标,包括反映有色金属产业企业经营状况、产业创新以及技术进步的科技创新指标,反映环保责任和公司社会效益的社会责任指标,以及宏观环境和政策指标等。数据处理方法采用主成分分析法,消除主观因素或者客观因素所带来的分析误差。

二、研究方法及模型

(一)行业发展指数设定

1. 指标体系构建的基本原理

有色金属矿业发展指数指标体系构建的基本原理,我们参照了徐国祥(2004)给出的指数定义,结合了张雪花等(2018)对环保产业发展指数的研究,对照了 Sven Marcelić(2015)对克罗地亚发展指数的研究。

我们研究的有色金属矿业发展指数应该具备3个方面的性质:①相对性,反映不同时间和空间的相对变化;②综合性,反映经济现象的综合变化情况;③平均性。

2. 发展指数指标体系构建的原则

发展指数指标的构建应遵循科学性、独立性、代表性、可操作性的原则。科学性是指选取的指标不仅能够反映产业发展的共性,也能体现有色金属产业发展的独特性。指标不仅要反映有色金属产业主要特征,还要反映出客观经济事实。独立性是指指标需要相对独立,所代表的信息需要清晰,所包含的信息应尽量不重复,以免影响指标体系的准确性。代表性是指指标必须代表有色金属产业的发展情况。可操作性是指指标要考虑数据的可获得性和可行度,而且要能够量化。

参照相关研究结果(Zhu et al.,2014;徐靖雯等,2017;田泽等,2018;张雪花等,2018;黄洁等,2020;Zemlyanskii et al.,2021),结合中国有色金属矿业的发展特征,我们构建的中国有色金属矿业发展指数指标体系分为两级指标:一级指标包括经济创造、科技创新、社会责任和环保责任;二级指标包括营业利润率、流动比率、研发人员数量、研发经费支出、授权专利数量、在职员工数量、环保投资额等(表4-13)。

表4-13 中国有色金属矿业发展指数指标体系

一级指标	二级指标
经济创造	营业利润率
	流动比率
	总资产周转率
	总资产增长率
科技创新	研发人员数量
	研发经费支出
	授权专利数量
社会责任	在职员工数量
	扶贫资金投入
	环保投资额
环保责任	工业用水重复利用率
	工业固定废物重复利用率
	二氧化硫排放量
	工业化学需氧量排放量
	当年现价产值能耗
	累计矿区复垦面积

(二)发展指数指标处理

研究有色金属矿业发展指数,我们按照以下3个步骤进行测算:①对指标进行标准化处理;②确定每个二级指标的权重;③合成综合发展指数。

本书主要采用$Z-score$标准化(对具体指标进行无量纲处理)及主成分分析法(消除原有二级指标之间的相关性)。

三、模型分析与数据处理过程

(一) 数据采集

研究中国有色金属矿业的发展指数,我们主要借助中国证券系统收集了有色金属矿业116家上市公司年度报告和社会责任报告(企业的社会责任报告公开数据不全)。例如,云南铜业(集团)的主业是铜的地质勘探、采矿选矿、冶炼加工、科技研发、进出口贸易,有全资、控股企业34个和参股企业19个,从业人员约2万人,总资产465.33亿元,流动资产267.16亿元,有19个系列180余种产品,白银产量全国第一,黄金产量全国第九,高纯阴极铜国内市场占有率为12%。综合来看,该公司的发展水平能够在一定水平上反映中国有色金属矿业的总体发展情况。

(二) 实证过程

1. 标准化处理

构建的16项指标有正向指标也有逆向指标。正向指标的数值越大,说明有色矿业发展情况越好;而逆向指标则相反,数值越大说明发展情况越差。为了保证研究工作的一致性,对逆向指标采用取倒数的方法进行标准化处理,对正向指标正常处理。逆向指标包括二氧化硫排放量、工业化学需氧量排放量和当年现价产值能耗。

2. 权重计算

在16项指标中,按每项指标所起的作用和反映的信息,确定该指标的影响权重。运用主成分分析方法确定各个因子的影响程度。

1) 主成分提取

对16项指标所携带的信息进行提取并简化以衡量有色矿业的发展情况,消除经济指标含有的重叠信息,避免干扰矿业绩效评价的准确性。

主成分的提取分2步。首先,分析每个经济指标提取的公因子方差。通过分析提取的各经济指标的共同方差为1,而且指标的信息提取度都接近1。这在一定程度上反映指标丢失的信息量不多,保证提取的效果。其次,计算指标解释的总方差。其关键是提取出特征根大于1的变量,实现了较少的指标携带较多的信息,保证在损失较少信息量的情况下用更少的维度说明问题。

由表4-14可以看出,有色金属矿业发展指数指标体系提取了4个主成分(F_1、F_2、F_3、F_4)。4个主成分的累计方差贡献率达到了100%,也就是基本涵盖了所有的信息,说明主成分提取非常有效。

表 4-14 指标解释的总方差

主成分	初始特征值			提取平方和载入			旋转平方和载入		
	合计	方差贡献率%	累计方差贡献率/%	合计	方差贡献率%	累计方差贡献率/%	合计	方差贡献率%	累计方差贡献率/%
F_1	9.159	57.242	57.242	9.159	57.242	57.242	6.633	41.459	41.459
F_2	4.094	25.585	82.827	4.094	25.585	82.827	5.358	33.486	74.945
F_3	1.731	10.822	93.649	1.731	10.822	93.649	2.195	13.721	88.666
F_4	1.016	6.351	100.00	1.016	6.351	100.000	1.813	11.334	100.000

运用最大方差法对样本数据的初始载荷矩阵进行正交旋转,得到正交旋转后的成分矩阵。处理后的结果见表 4-15。

表 4-15 正交旋转后的主成分矩阵表

二级指标	各主成分得分			
	F_1	F_2	F_3	F_4
营业利润率(X_1)	0.336	0.770	0.354	0.410
流动比率(X_2)	0.812	0.579	0.033	-0.061
总资产周转率(X_3)	-0.001	-0.916	0.101	-0.388
总资产增长率(X_4)	-0.357	-0.025	-0.325	0.875
研发人员数量(Y_1)	0.470	0.845	0.252	-0.049
研发经费支出(Y_2)	-0.059	0.986	-0.036	-0.152
授权专利数量(Y_3)	0.970	-0.012	0.077	-0.232
在职员工数量(H_1)	-0.075	0.708	-0.025	0.702
扶贫资金投入(H_2)	0.953	-0.143	0.015	-0.267
环保投资额(H_3)	0.719	0.350	0.598	0.063
工业用水重复利用率(M_1)	0.985	0.165	0.051	-0.001
工业固体废物重复利用率(M_2)	0.010	0.039	-0.969	0.243
二氧化硫排放量(M_3)	0.765	0.639	0.078	0.027
工业化学需氧量排放量(M_4)	0.798	0.074	0.597	-0.036
当年现价产值能耗(M_5)	0.685	0.659	-0.303	0.069
累计矿区复垦面积(M_6)	0.691	0.619	0.358	-0.105

注:旋转法为具有 Kaiser 标准化的正交旋转法,矩阵旋转在 6 次迭代后收敛;数据经过 Z-score 标准化处理。

表4-15确定了各个主成分代表的实际意义如下。

在第一主成分(F_1)中,工业用水重复利用率、二氧化硫排放量、工业化学需氧量排放量等指标的值基本上高于其他指标,因此,F_1被用来衡量有色金属矿业的环保责任。

在第二主成分(F_2)中,研发人员数量、研发经费支出等指标的值明显高于其他指标,因此,F_2被用来衡量有色金属矿业的科技创新水平。

在第三主成分(F_3)中,经济创造指标下的4个二级指标的正负性相对较为明显,因此,F_3被用来衡量有色金属矿业的经济创造水平。

第四主成分(F_4)则被用来衡量有色金属矿业的社会责任水平。

2)主成分得分

按照各主成分得分系数矩阵(表4-16)可以进一步计算得出各主成分得分(S),即系数与各项指标标准化数据乘积的总和。

表4-16 各主成分得分系数矩阵

二级指标	主成分得分系数			
	F_1	F_2	F_3	F_4
营业利润率	0.004	0.074	0.191	0.241
流动比率	0.106	0.076	−0.095	−0.057
总资产周转率	0.061	−0.195	0.046	−0.070
总资产增长率	0.082	−0.153	−0.023	0.593
研发人员数量	−0.035	0.194	0.050	−0.134
研发经费支出	−0.176	0.353	−0.086	−0.373
授权专利数量	0.199	−0.090	−0.080	−0.018
在职员工数量	−0.008	0.061	0.060	0.367
扶贫资金投入	0.215	−0.117	−0.112	−0.025
环保投资额	0.083	−0.039	0.265	0.164
工业用水重复利用率	0.216	−0.092	−0.071	0.120
工业固体废物重复利用率	0.125	0.000	−0.518	0.043
二氧化硫排放量	0.095	0.078	−0.055	−0.003
工业化学需氧量排放量	0.127	−0.112	0.256	0.165
当年现价产值能耗	0.115	0.104	−0.259	−0.042
累计矿区复垦面积	0.033	0.101	0.093	−0.073

$$S_{F_1} = 0.004 \times Z_{X_1} + 0.106 \times Z_{X_2} + 0.061 \times Z_{X_3} + 0.082 \times Z_{X_4} - 0.035 \times Z_{Y_1} - 0.176 \times Z_{Y_2} + 0.199 \times Z_{Y_3} - 0.008 \times Z_{H_1} + 0.215 \times Z_{H_2} + 0.083 \times Z_{H_3} + 0.216 \times Z_{M_1} + 0.125 \times Z_{M_2} + 0.095 \times Z_{M_3} + 0.127 \times Z_{M_4} + 0.115 \times Z_{M_5} + 0.033 \times Z_{M_6}$$

$$S_{F_2} = 0.074 \times Z_{X_1} + 0.076 \times Z_{X_2} - 0.195 \times Z_{X_3} - 0.153 \times Z_{X_4} + 0.194 \times Z_{Y_1} + 0.353 \times Z_{Y_2} - 0.090 \times Z_{Y_3} + 0.061 \times Z_{H_1} - 0.117 \times Z_{H_2} - 0.039 \times Z_{H_3} - 0.092 \times Z_{M_1} + 0.000 \times Z_{M_2} + 0.078 \times Z_{M_3} - 0.112 \times Z_{M_4} + 0.104 \times Z_{M_5} + 0.101 \times Z_{M_6}$$

$$S_{F_3} = 0.191 \times Z_{X_1} - 0.095 \times Z_{X_2} + 0.046 \times Z_{X_3} - 0.023 \times Z_{X_4} + 0.050 \times Z_{Y_1} - 0.086 \times Z_{Y_2} - 0.080 \times Z_{Y_3} + 0.060 \times Z_{H_1} - 0.112 \times Z_{H_2} + 0.265 \times Z_{H_3} - 0.071 \times Z_{M_1} - 0.518 \times Z_{M_2} - 0.055 \times Z_{M_3} + 0.256 \times Z_{M_4} - 0.259 \times Z_{M_5} + 0.093 \times Z_{M_6}$$

$$S_{F_4} = 0.241 \times Z_{X_1} - 0.057 \times Z_{X_2} - 0.070 \times Z_{X_3} + 0.593 \times Z_{X_4} - 0.134 \times Z_{Y_1} - 0.373 \times Z_{Y_2} - 0.018 \times Z_{Y_3} + 0.367 \times Z_{H_1} - 0.025 \times Z_{H_2} + 0.164 \times Z_{H_3} + 0.120 \times Z_{M_1} + 0.043 \times Z_{M_2} - 0.003 \times Z_{M_3} + 0.165 \times Z_{M_4} - 0.042 \times Z_{M_5} + 0.073 \times Z_{M_6}$$

综上所述,综合发展指数是由各主成分得分与对应的方差贡献率及累计方差贡献率计算得出的,计算方程如下:

综合发展指数 $= (S_{F_1} \times 41.459\% + S_{F_2} \times 33.486\% + S_{F_3} \times 13.721\% + S_{F_4} \times 11.334\%) \div 100\%$

(三)研究结果解释

主成分分析方法得到有色金属矿业发展指数的各主成分得分及综合发展指数,结果如表4-17所示。

表4-17 有色金属矿业综合发展指数结果

年份	S_{F1}	S_{F2}	S_{F3}	S_{F4}	综合发展指数
2016	-0.956 878	-0.859 456	0.224 444	-1.224 414	-0.792 488
2017	-0.225 611	-0.944 587	-0.580 376	1.385 697	-0.332 419
2018	-0.326 472	1.310 588	-1.153 038	-0.220 280	0.120 336
2019	-0.190 544	0.761 956	1.511 760	0.544 190	0.445 258
2020	1.699 503	-0.268 500	-0.002 787	-0.485 198	0.559 312

从表4-17及图4-14可以看出,2016—2020年间,有色金属矿业的发展指数逐年增加,说明有色矿业整体的发展情况在不断改善。反映环保责任水平的 F_1 呈不断上涨趋势,说明有色金属矿业企业不断重视着环境责任。企业在管理的过程中,也越来越着力于降低对环境的影响,打造绿色企业。反映科技创新水平的 F_2 及社会责任水平的 F_4 呈明显的波动趋势,并在2020年表现为一定程度的下降,说明有色金属矿业企业经历了经济迅速发展的过程,以及经济经营能力下降的情况。

四、研究结论

我们从经济创造、科技创新、社会责任及环保责任4个角度出发,共选取了16个二级指

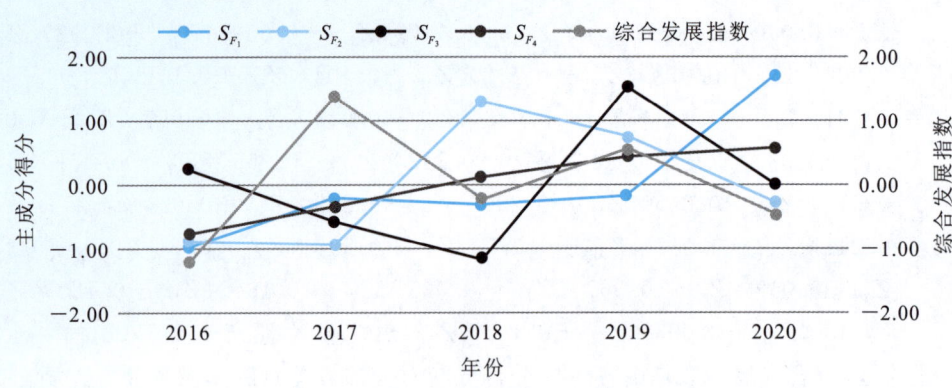

图 4-14 有色金属矿业发展指数变化图

标来构建有色金属矿业发展评价体系,以上市公司云南铜业为代表,运用主成分分析法对 2016—2020 年的有色金属矿业发展指数进行测算,以此来间接地衡量有色金属矿业发展情况及趋势。

1. 有色金属矿业发展速度放缓

2020 年,在新冠肺炎疫情的影响下,中国有色金属行业推进复工复产工作,采取措施控产能、促转型,通过高端产业发展带动行业向高质量发展。有色金属工业在 2020 年第一季度探底后,从第二季度起表现出恢复性向好的态势。2020 年有色金属工业生产效益及铜、铝年均价格高于 2019 年水平,但固定资产投资及出口额低于 2019 年水平。"十三五"期间,有色金属生产、消费稳中有升,投资稳中趋降,规模以上有色金属工业企业效益明显回升。

有色金属矿业处于持续发展阶段,发展速度有所放缓。一方面,中国政府对环境保护和资源利用越来越重视,有色金属工业开采和冶炼所形成的废水、废气、废渣排放量都较大,对生态环境影响突出;另一方面,重金属污染的历史欠账多,社会关注度逐步提高。国家已将有色金属矿业列为重金属污染防控重点行业。

另外,中国有色金属矿业企业的内部创新能力有限,应用技术有短板,投入资金不足,行业内的关键机器依赖进口,企业生产的产品缺乏高端产品,在市场环境中没有竞争力,因此,有色金属矿业的发展处于困境,面临的困难不少。

2. 有色金属矿业加大创新的力度

根据有色金属矿业企业披露的相关数据,我们可以发现有色金属矿业企业对研发的资金投入逐年增加,而且研发人员所占比重也越来越大,促进了有色金属矿业不断进行技术创新。

3. 社会责任和环保责任意识逐步提高

从媒体和政府披露的信息可以看出,近年来,有色金属矿业的企业社会和环保责任指数处于上升阶段,有色金属矿业社会和环保责任意识逐步得到提高。譬如,有色金属矿业企业向社会和投资者、相关人员及时且准确地披露社会责任和环保责任报告详情,这反映了其社会责任和环保责任意识在不断地提高,且企业自觉或不自觉地在生产过程中减少污染物的排放。国家和地方经济社会的发展遇到了资源的瓶颈,需要政府、行业共同在提高资源利用技术水平和服务社会方面不断加大投入。

第五节 中国有色金属矿业发展政策建议

中国有色金属的需求量不断上升,促进了有色金属矿业发展。面对合理利用两种资源(国内资源、国际资源)、两种市场(现货市场、期货市场),有色金属矿业的发展需要转变观念、调整产业发展结构。

一、变革中国有色金属矿业发展模式

(一)发挥主营业务的势能

中国有色金属矿业发展形成了整个有色金属矿业独特的资源和文化。在整个有色金属矿业产业链条上的企业必须学会利用其独特的产业优势。

1. 发展主营业务

有色金属矿业企业需要大力发展主营业务。把握好主营业务,将主营业务挖精挖深,通过技术创新,置换或淘汰掉落后产能,以有竞争力的产能进行生产和发展,将企业的生产基地转移到低成本、高生产率的地区。

2. 提高全行业技术创新水平

有色金属矿业的发展离不开创新。上游企业技术创新,实现有色矿产高效率的开采;中游企业技术创新,提高有色矿产的冶炼和提炼效率;下游企业技术创新,提高产品吸引力。

3. 提升精深加工工艺和技术

企业必须通过发展精深加工技术,逐步将产品朝合金化方向发展,最终以增加产品附加值的方式来增加销售毛利率和企业产值,从而提高行业发展效率。

(二)变革产业发展模式,适应宏观环境变化

1. 适应经济环境变化

有色金属行业具有典型的周期性,易受到宏观经济发展环境变化的影响。有色金属矿业企业的生产易受到政府宏观调控的影响。政府对矿产资源的勘查与综合评价的投入,对有色金属矿采选业企业降低成本、规避国家有色金属价格波动影响具有重要的意义。由于有色金属矿采选业企业的经营与有色金属价格挂钩,企业必须借助"两个资源"和"两种市

场",增加对经济波动带来的经营风险的抵御能力。有色金属的冶炼及压延加工业企业需要提高科技创新与产品服务能力,保持产品有效供应与用户产品需求,避免供求失衡和企业间恶性竞争。

2. 适应国际环境变化

中国经济发展由快速发展转向高质量发展阶段,对矿产资源的需求也从全面、持续、快速增长转入差异化增长。有色金属矿产资源供给安全正逐步突破以数量、规模、成本、利润为目标的市场供给范围,新一轮科技革命驱动有色金属矿产资源供应安全必将渗透到经济和大国博弈的地缘政治领域。因此,有色金属矿业要深刻认识错综复杂的国际环境带来的新矛盾新挑战,并紧扣新发展阶段、新发展理念、新发展格局,以推进矿业高质量发展为主题,以短缺矿产资源找矿突破为重点,以树立绿色环保矿业新形象为标志,加快构筑互利共赢的全球产业链供应链利益共同体,形成以国内大循环为主体、国内国际双循环相互促进的矿业发展新发展格局。

二、调整和优化中国有色金属矿业产业结构

(一)推进产业转型升级

1. 产业组织政策必须有效

创造有色金属矿业产业组织业内的有效竞争市场环境,需要整合有色金属矿业的产业组织,遵循有效竞争和适度集中的原则。

根据国际矿产资源供给体系的重建机遇,借助新兴市场发展,中国政府需要建立"寡头主导型市场结构",即保持产业内适度集中,让有色金属行业相同企业完善并充分竞争,以大企业为主导的各种类型企业同步发展。中国有色金属矿业的产品和服务市场在集中度适中的水平下会有利于主导企业实现规模经济,从而提高资源配置效率。我们所说的保持相当数量的企业竞争是指需要保障充分竞争才能激发有色金属矿业企业的潜在实力和活力,并最终实现消费者福利改善。

2. 提高产业集中度

中国有色金属矿业的产业集中度与世界矿业大国相比存在一定的差距,处于较低产业集中度水平,可以鼓励竞争,但会造成高的交易成本和监管成本。参照新型工业化发展态势,现代工业的发展模式是骨干龙头企业引领,企业群体横向和纵向协作,提供生产型公共物品。对照发达国家的钢铁大王、石油大王等产业的发展来看,巨型企业的发展均是产业高度集聚演化的结果。中国有色金属矿业行业需要加强创新,完善基础性理论,提高共性技术,在国际范围内增强资源控制力和抗风险能力。继续打造一批能够应对全球竞争的特大型企业集团,提高原材料和矿产品的话语权、定价权和标准制定权。

3. 创造绿色发展的政策环境

随着全球范围内生态环境保护意识的增强,对节能减排技术的需求不断提高,中国有色

金属矿业的行业污染物排放标准与欧美等发达国家存在差距,尤其是企业污染物排放有超出标准,如脱硫、脱硝、除尘等环节差距较大。有色金属矿业行业的企业采用余热锅炉、动力波洗涤、电收尘、布袋收尘等工艺除尘,治理效果在 $15\sim20\text{mg/m}^3$ 之间,难以达到 10mg/m^3 以下。需要有针对性地出台相关政策措施来提高技术水平,创造产业绿色发展的政策环境(江宇,2020)。

(二)做大做强龙头企业

产业组织结构是基础,政府产业组织政策必须有利于有色金属矿业的发展。在行业内,政府要扶持主导龙头企业做大做强,提高行业集中度来参与产业的国际竞争。虽然国际主导反垄断,防止经济力量过分集中,但是中国有色金属矿业的要素市场和组织活力无法独当一面。中国政府应有效地利用反垄断政策,适度引导有色金属矿业的产业集中和垄断。只有中国有色金属矿业具有适度集中的寡头,才能形成有色金属矿业行业主导型的龙头企业,进而构建产业集群。有色金属矿业主导龙头企业在行业内具有核心地位和优势,占有市场份额大,能左右市场走势或支配市场。政府在有色金属矿业主导龙头企业的打造方面要做好以下几个方面的工作。

(1)政府利用政策扶持。国家利用产业资金和产业政策,借助财政、税收的优惠力度和资助力度,建设有色金属矿业主导龙头企业,让国内规模企业参与全球的企业并购。通过创造投入环境、合理使用资金、利用信息的共享和传导消除行政性的制度壁垒,合理运用法律法规为龙头企业发展保驾护航。

(2)合理配置资源和控制企业发展规模。矿业企业的企业经济性,有色金属资源禀赋的非均衡性,需要政府主导整合企业。通过制定产业整合的规章制度建立公平竞争的市场环境,利用资金、人才和技术优势跨地区跨国境地发展大型主导龙头企业。利用现有人力、物力、财力适度控制有色金属矿业企业的规模和数量,形成大型主导龙头企业。

三、转变中国有色金属矿业的发展方式

(一)创新工业基础领域的投资方式

中国现阶段投资率不高,其原因是一般竞争性领域的利润率出现下行,有色金属矿业产能过剩。引导有色金属矿业的经济投资可以提高行业利润率,吸引投资。降低有色金属矿业的进入门槛或放松管制刺激投资不利于过剩产能和泡沫的消除。我们需要在现有投资利润率较低的情况下,保持投资力度,生产出公共性、战略性领域产品,发挥社会主义制度集中力量办大事的优势,集中全社会的资源,投资基础性、战略性领域。利用国家发展战略性投资基金,加大生态资产与战略性资源投资,提高市场运行能力。

(二)增加研发投入

增加研发投入可以促进有色金属矿业企业发展。利用资源和资本要素,优化资产结构,

让有色金属矿业合理配置企业的资产和资源,提高经营效率,借助项目或生产线的建设,形成超大固定资产,抑制产品或技术的市场波动。通过产业链和生产环节的研发,利用科技创新带动冶炼及压延加工业企业,为整个产业链创造产品高附加值。

我们只有增加有色金属矿业企业或行业的研发投入,借助科技创新和产品的技术创新,才能通过精深加工技艺挖掘潜在客户需求,用提高产品质量、提高技术含量的方法换取终端产品的高附加值。

有色金属矿业的发展离不开技术创新。提升政府服务有色金属矿业发展创新体系的能力可以通过科技进步引领产业发展方向。产、学、研、用的有机结合可以提高有色金属矿业企业的经营管理水平。建设有色金属的行业科技基础设施,引进世界先进的适用技术和装备,夯实矿业发展基础,建设科技人才系统,利用世界范围内的有色金属行业科技创新团队,争取从财政、税收、补贴等方面提高有色金属矿业企业的技术创新水平,借助国家政策确保有色金属矿业的科技创新投入,发动有色金属科技进步的引擎。

四、优化中国有色金属矿业产业布局,深化国际合作

(一)优化产业布局

1. 优化区域布局

利用中国政府区域发展战略布局主体功能区,统筹考虑境内外资源、能源、环境、运输等生产要素,优化有色金属矿业的产业布局。通过退出低效产能,让有色金属矿业的产能向具有资源能源优势及环境承载力的地区有序转移,转型转产或退出不符合所在城市发展需求、改造难度大、竞争力弱的冶炼企业。依托资源优势开展资源整合,减少中小企业数量;资源分布散、难选冶的有色金属矿业的资源型企业,应发挥现有冶炼企业的技术、规模优势,采取"分散开采、集中冶炼"的产业布局,提高开发利用水平。

在需要发展的地区,发展冶炼企业,开展有色金属的粗加工,以冶炼产品和不断提高的附加值服务经济欠发达地区。在发达地区,利用有色金属精深加工企业,通过扩张规模、提高装备效能、提升产品质量等方式,向零部件制造、半成品、制成品及生产服务业延伸,逐步形成高端精深加工产业集聚区。在珠三角、长三角、环渤海等区域,开发利用城市矿山,建设绿色化、规模化、高值化的再生有色金属矿业示范园区。

2. 充分利用两个市场

利用金融业和有色金属矿产品大宗商品交易市场,运用现货市场和期货市场的价格机制,整合矿业产业,提高企业资本运作和经营管理水平。运用货币功能和产业政策,扶持有色金属矿业抵御市场波动和变化所带来的风险。

(二)深化国际合作

1. 实施国际产能合作

利用"一带一路"倡议部署,利用中国现有的铜、铝、铅、锌等有色金属冶炼技术和条件及铜、铝深加工技术与相关生产能力,发挥装备和人才优势。准确分析资源能源、政治、法律、市场等影响因素,让具有实力和竞争力的企业集团在资源丰富的地区建设冶炼项目。譬如在非洲中南部、中亚、东南亚、西亚、中东、南美等地方建设冶炼型企业是非常有利的。另外,在有色金属消费潜力较大的国家和地区可以建设有色金属矿产品深加工项目。同时,在发达国家和地区,建设再生有色金属冶炼加工项目,形成再生金属回收体系。建立国际产能合作项目体系,引导企业将重大项目借助境外经贸合作区完成建设,进而带动产业链上下游全产业链输出,服务企业经营管理,运用先进装备、技术进行项目的设计、工程建设,按照国际标准与服务模式提高国际化经营能力。

2. 提升开放合作水平

中国有色金属矿业企业只有真正参与国际新材料、智能制造等大型科技合作,通过到海外合作投资,在境外开展研发活动,建立专业技术的职业教育环节,构建国际创新合作平台,借用国际创新资源和市场,提高技术创造水平,才能建立起全球生产服务体系。因此,中国政府必须扶持中国企业和科研机构,通过有色金属新材料、智能制造等领域的研发和生产制造,实现对外开放和国际合作,提高抵御国际贸易摩擦、境外投资风险的能力。

第五章　中国稀土矿业

中国是全球稀土资源第一储量大国和生产大国。由于用途广泛，稀土等关键矿产资源一直是美国关注的焦点，中国稀土行业的国际影响力使中国在中美贸易争端和世界贸易中具有话语权。为抵消中国的稀土优势及影响力，2020年9月30日，美国总统特朗普签署《解决依赖外国关键矿物对国内供应链构成威胁的行政命令》，指示美国内政部调查美国对中国稀土的依赖，授权使用《国防生产法》(Defense Production Act)加快矿山开发，"结束中国在稀土行业的主导地位"。美国国防部2020年公开文件显示，美国国防部已经与多家稀土元素生产商签订合同以拓展美国本土及非中国的稀土开采生产能力。美国白宫于2021年6月8日发布关键领域供应链百日评估报告，再次提到美国对钕磁铁和锂进口的严重依赖。钕磁铁是一种用于制造计算机硬盘和马达的关键稀土元素，美国钕磁铁主要进口自中国。该评估报告建议美国政府在相关领域必须与其盟友和伙伴合作以使供应链多样化，同时还必须在国内投资具可持续生产、精炼和回收能力的企业（施诗等，2021）。

作为世界两大经济体，在过去两年，中美关系经历飞流直下的至暗时刻，中美为敌的大趋势与大战略已逐步呈现，美国对华政策正经历新一轮重构，面临在对话合作和对抗冲突之间做出选择（中新社，2021）。在如此纷繁复杂的国际形势下，有着"21世纪战略元素""工业的维生素""工业黄金"美誉的稀土，因具有无法取代的优异磁、光、电性能和不可再生性，其极其重要的战略意义更加凸显。认真研究分析中国稀土矿业绩效，发现稀土矿业实际发展中存在的问题，提出科学合理的政策建议，让市场在资源配置中起决定性作用，进一步发挥中国稀土矿业的优势和影响力，使中国稀土矿业走上健康、可持续、高质量发展道路，其现实意义非同寻常。

第一节　中国稀土矿业发展现状

中国是稀土资源最为丰富和加工能力最强的国家之一。这不仅有力地支撑了中国稀土矿业的较快发展，还对中国高新技术、国防等产业的发展产生了重要的影响。

一、稀土资源禀赋与产能分布

中国能够成为稀土资源大国,与其稀土资源禀赋与产能分布有密切的关系。

(一)世界稀土资源禀赋概况

与 2019 年相比对,世界稀土储量没有太大变化。美国地质调查局公开数据显示,2020 年全球稀土资源储量约为 1.2 亿 t,其中中国稀土储量为 4400 万 t,约占全球稀土储量的 38%,位居世界第一,其次是越南、巴西、俄罗斯等国家,前 4 个国家的稀土资源储量总计约占全球总储量的 76%(郑国栋等,2021)(表 5-1 和图 5-1)。

表 5-1 2020 年全球稀土储量统计

(数据来源:USGS)

国家	储量/万 t	占比/%	国家	储量/万 t	占比/%
中国	4400	37.12	印度	713	6.01
越南	2273	19.18	其他	954	8.05
巴西	2273	19.18	总计	11 853	100
俄罗斯	1240	10.46			

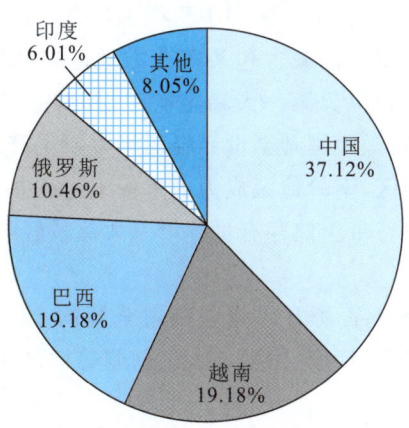

图 5-1 2020 年各国稀土储量占比

(数据来源:USGS)

(二)中国稀土资源空间分布

中国稀土资源丰富且高度集中,主要稀土资源集中在内蒙古包头白云鄂博的混合型稀土矿、四川和山东的氟碳铈矿及南方离子吸附型稀土矿中。内蒙古包头白云鄂博稀土矿区主要矿物有独居石和氟碳铈矿，其中资源储量从大到小依次为铈、镧和钕，储量分别约占总储量的50%、30%和15%；四川稀土矿主要为氟碳铈矿、镧、铈、镨和钕，主要集中在冕宁矿区，占总储量的98%以上；江西是重稀土最集中的地区，离子型稀土资源储量约占全国的50%。2020年中国稀土资源分布如图5-2所示。

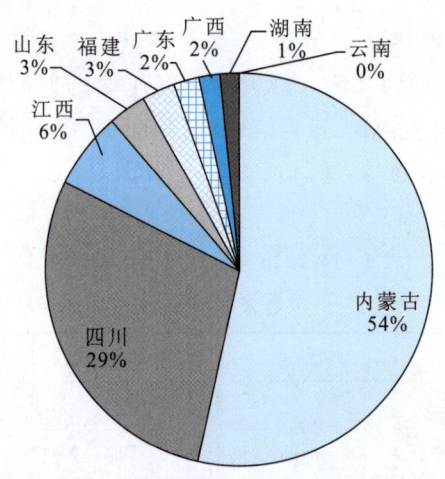

图5-2　2020年中国稀土资源地区分布状况

（数据来源：华经情报网）

同时，中国稀土矿品种齐全，轻稀土矿和中重稀土矿在中国均有分布，主要呈现"南重北轻"的特点。轻稀土矿主要分布于内蒙古包头等北方地区以及四川凉山地区。内蒙古包头白云鄂博稀土储量大，是中国和世界第一大稀土矿区，拥有完善的稀土工业链，在利用成本上有价格优势，因此产量也高，是中国乃至世界轻稀土主要生产基地。中重稀土主要分布于江西赣州、福建龙岩等南方地区，南岭地区成为中重稀土生产基地。四川攀枝花发现储量相当多的轻稀土资源，在攀西裂谷带上储存有世界第三大储量轻稀土矿，预计开发后总价值约为4000亿元。

2020年，内蒙古与四川稀土资源开采量分别占全国的53.6%、28.8%。湖南、广西、福建、云南、贵州、浙江、湖北、辽宁、河南、山西、陕西、新疆等地区也有稀土矿床分布，但资源量较小。

（三）稀土矿业产能分布

近年来，全球稀土行业产能出现明显变化。中国、美国、澳大利亚等国稀土开采量不断提升，进而推动全球稀土开采总量、消费量不断创新高。2020年世界各国稀土总产量240 000t，较2019年新增20 000t，增速9.09%。其中，位居产量前3位的为中国（140 000t）、美国（38 000t）、澳大利亚（17 000t），其稀土产量约占全球稀土开采总量的81.25%（表5-2）。

表 5-2 2020 年全球稀土产量统计

(资料来源：USGS，华经产业研究院)

国家	产量/t	全球占比/%	国家	产量/t	全球占比/%
中国	140 000	58.33	泰国	2000	0.83
美国	38 000	15.83	巴西	1000	0.42
澳大利亚	17 000	7.08	越南	1000	0.42
印度	3000	1.25	其他	35 300	14.71
俄罗斯	2700	1.13	总计	240 000	100

2014 年以来，中国稀土产量的全球占比不断下滑，2020 年首次出现不足 60% 的情况(占比约为 58.33%，仍稳居世界首位)。美国稀土产量虽仍远低于中国，但其全球占比提升至 15.83%，稳居全球第二；澳大利亚稀土产量的全球占比为 7.08%，位列第三；其他国家如印度稀土产量的全球占比为 1.25%、俄罗斯 1.13%、泰国 0.83%、越南 0.42%。

二、中国稀土国际贸易概况

(一)稀土出口情况

2020 年，中国稀土产品出口 35 447t，同比减少 23.49%；出口额 3.44 亿美元，同比减少 23.49%。其中，稀土化合物出口约 29 300 万 t，同比减少 25.90%，出口额约 2.63 亿美元，同比减少 18.84%。稀土金属出口约 6193t，同比减少 9.60%；出口额约 8080 万美元，同比减少 30.37%(陈占恒，2021)。

2020 年，中国的稀土产品共出口 58 个国家和地区，出口数量排名前 20 的占总出口数量的 98.99%，出口额占 96.96%。出口数量占比超过 10% 的国家有日本、美国、荷兰，分别为 32.82%、24.60% 和 15.75%；日本、美国的出口额占比超过 10%，分别为 49.17% 和 14.84%(表 5-3)。

表 5-3 2020 年中国稀土产品出口贸易国家统计

(数据来源：海关总署)

序号	出口贸易国家	出口数量/kg	出口数量占比/%	出口额/美元	出口额占比/%
1	日本	11 633 073	32.82	169 090 083	49.17
2	美国	8 719 244	24.60	51 028 512	14.84
3	荷兰	5 581 283	15.74	18 255 305	5.31
4	韩国	2 011 101	5.67	21 187 388	6.16

续表 5-3

序号	出口贸易国家	出口数量/kg	出口数量占比/%	出口额/美元	出口额占比/%
5	印度	920 997	2.60	3 903 291	1.13
6	意大利	898 827	2.53	3 993 616	1.16
7	巴西	847 480	2.39	1 736 492	0.50
8	越南	842 706	2.38	19 288 120	5.61
9	法国	697 242	1.97	6 595 183	1.92
10	俄罗斯	545 590	1.54	4 836 779	1.41
11	其他	2 749 423	7.76	43 993 299	12.79
	总计	35 446 966	100	343 908 068	100

(二)中国稀土进口情况

2020 年,中国进口稀土产品 47 641t,进口额约 5.03 亿美元。其中,进口稀土化合物约 47 593.9t,其进口额约 4.98 亿美元;进口稀土金属约 47.47t,其进口额 487.61 万美元。进口贸易国家主要有缅甸、马来西亚、越南、印度等。从各国进口数量占比来看,缅甸为 74.55%,马来西亚为 17.1%,越南为 4.47%,印度为 1.8%,其他国家则不到 1%(表 5-4)。

表 5-4 2020 年中国稀土产品进口贸易国家统计

(数据来源:海关总署)

序号	进口贸易国家	进口数量/kg	进口数量占比/%	进口额/美元	进口额占比/%
1	缅甸	35 514 654	74.55	388 198 836	77.25
2	马来西亚	8 146 160	17.10	55 853 173	11.11
3	越南	2 128 359	4.47	16 381 735	3.26
4	印度	856 705	1.80	1 883 384	0.38
5	日本	256 832	0.54	13 468 557	2.68
6	哈萨克斯坦	160 637	0.34	1 077 033	0.21
7	澳大利亚	157 431	0.33	2 128 412	0.42
8	俄罗斯	135 725	0.28	695 472	0.14
9	爱沙尼亚	102 000	0.21	2 698 342	0.54
10	法国	96 924	0.20	1 250 836	0.25
11	其他	85 912	0.18	18 892 079	3.76
	总计	47 641 339	100	502 527 859	100

(三)稀土国际贸易价格

稀土产品主要包括稀土化合物和稀土金属。公开数据统计得出的2016—2020年间稀土产品平均出口价格如图5-3所示。从图5-3中不难看出,稀土价格在2017—2018年之间涨幅不小,至2020年出口均价仍然保持高点,没有出现下降趋势。其原因在于,2018年中国稀土出口总额保持持续增长并达到历史新高点,同时中国政府开始管控稀土贸易,控制国内稀土出口配额。

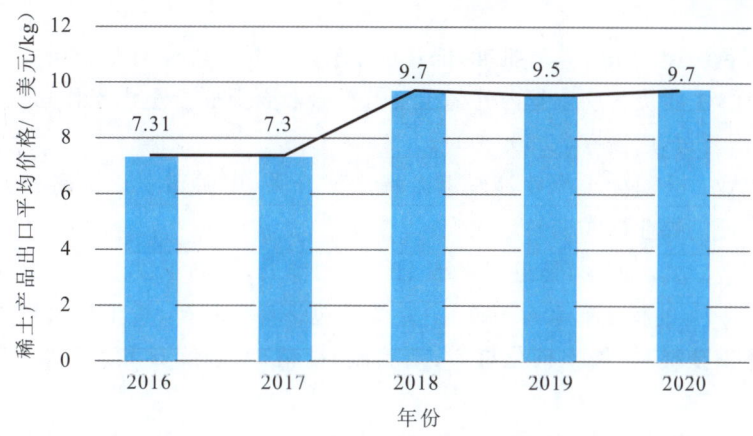

图5-3 2016—2020年稀土产品出口平均价格

(数据来源:海关总署)

三、中国主要稀土上市公司概况

经过整顿,近年来,中国稀土企业得到了较快的发展。以下就中国主要稀土上市公司的发展情况进行介绍。

(一)中国主要稀土上市公司

稀土从资源开发到应用主要分为开采、冶炼、分离、加工等环节,稀土产业链被划分成上、中、下游(上游负责稀土矿开采,中游负责稀土矿冶炼,下游将冶炼后的稀土产品进行精密加工得到稀土功能材料,主要包括稀土磁性材料等)。中国稀土产业上、中游企业主要有中色股份、包钢稀土、中国铝业、五矿稀土、广晟有色、厦门钨业和盛和资源等。

(1)中色股份。又名南方稀土,位于广东,中国南方主要稀土分离企业之一。子公司珠江稀土、江苏卓群、常熟盛昌现有南方离子矿稀土分离能力分别为3000t/a、2000t/a和1500t/a,中色股份未来控制的稀土分离能力将达到7000t/a。上市公司:中色股份(000758)。

(2) 包钢稀土。又称北方稀土,位于内蒙古自治区,依托白云鄂博稀土矿,主要生产轻稀土,是世界上最大的稀土产业基地,生产、科研基地和重要稀土信息中心,拥有从稀土选矿、冶炼、分离、科研、深加工到应用的完整产业链条。上市公司:北方稀土(600111)。

(3) 中国铝业。主要从事稀有稀土金属矿产资源开发、冶炼分离、深加工和贸易业务。主要产品有稀土矿产品、分离产品、稀土金属、催化产品、磁材产品和金属镓六大类131个品种,其中高纯及超高纯稀土材料、高纯半导体材料、稀土新型合金材料处于国际或行业领先水平。上市公司:中国铝业(601600)。

(4) 五矿稀土。以赣州稀土分离业务为主,主要产品为稀土氧化物。上市公司:五矿发展(600058)。

(5) 广晟有色。经广东省政府批准,依托广东省广晟资产经营有限公司挂牌成立的国家级大型稀土集团,主要负责广东省内外稀土资源整合和企业联合重组工作,是国内中重稀土龙头企业。上市公司:广晟有色(600259)。

(6) 厦门钨业。公司稀土产业涉及上游稀土矿开采、中游稀土矿分离和下游稀土深加工。上市公司:厦门钨业(600549)。

(7) 盛和资源。位于四川,是近年来稀土行业的黑马,不同于以上六大国内传统稀土集团,盛和资源有80%的稀土矿来自海外,主要产品包括稀土精矿、稀土氧化物、稀土化合物、稀土金属、稀土冶金材料、稀土催化材料、锆英砂、钛精矿、金红石等。上市公司:盛和资源(600392)。

稀土行业下游公司主要从事稀土永磁材料研发、制造和销售。钕铁硼磁铁是永磁材料的最新发展结果。主要公司:中科三环(000970)、宁波韵升(600366)、银河磁体(300127)、正海磁材(300224)、英洛华(000795)、金力永磁(300748)等。

(二)主要稀土行业上市公司经营概况

受新冠肺炎疫情持续负面影响,2020年稀土行业整体营业收入和利润均表现平淡,经营绩效乏善可陈。表5-5为稀土行业主要上市公司2020年年报数据统计的各公司营业收入、归属于上市公司股东净利润等指标及与2019年相比较的变化情况。

表5-5 2020年中国主要稀土公司经营收益概况

(数据来源:各稀土上市公司年报)

公司名称	2019年营业收入/万元	2020年营业收入/万元	较2019年变化幅度/%	2019年净利润/万元	2020年净利润/万元	较2019年变化幅度/%
南方稀土	1 107 798.87	678 579.22	−38.75	−105 994.99	2 154.89	102.03
北方稀土	1 809 179.93	2 124 592.54	17.43	61 629.45	83 262.35	35.10
中国铝业	19 021.54	18 599.43	−2.22	85.31	74.10	−13.14
五矿稀土	164 728.52	165 643.46	0.56	8 589.44	27 898.42	224.80

续表 5-5

公司名称	2019年营业收入/万元	2020年营业收入/万元	较2019年变化幅度/%	2019年净利润/万元	2020年净利润/万元	较2019年变化幅度/%
广晟有色	450 918.09	1 018 578.14	125.89	4 410.52	5 079.05	15.16
厦门钨业	1 739 551.58	1 896 374.81	9.02	26 068.28	61 410.63	135.58
盛和资源	695 951.85	815 725.16	17.21	10 153.17	32 331.28	218.44
中科三环	403 451.16	465 210.82	15.31	20 100.58	12 932.21	−35.66
宁波韵升	194 839.11	239 910.76	23.13	2 630.22	17 775.56	575.82
银河磁体	60 276.98	60 425.46	0.25	14 747.29	14 776.82	0.20
正海磁材	179 855.84	195 394.03	8.64	9 312.37	13 303.98	42.86
英洛华	250 282.99	260 122.92	3.93	14 253.88	10 211.82	−28.36
金力永磁	169 683.85	241 930.67	42.58	15 688.02	24 448.37	55.84

表 5-5 显示，与 2019 年相比，2020 年主要稀土行业上市公司营业收入总的结果不太理想：近 50% 公司的营业收入增长率未超 10%；南方稀土和中国铝业营业收入同比负增长；部分公司表现亮眼，如北方稀土的营业收入增长率为 17.43%，广晟有色为 125.89%，盛和资源为 17.21%，中科三环为 15.31%，宁波韵升为 23.13%，金力永磁为 42.58%。其中，中科三环和宁波韵升是中国稀土永磁产业代表企业，公司研发产品广泛应用于各个领域；金力永磁是围绕高性能钕铁硼永磁材料进行研发生产销售的高新技术企业。

2021 年在落实"双碳"目标过程中，新能源投资增加，带来新能源汽车市场火爆，给稀土需求带来巨大的增量；加之供给侧结构性改革，供给减少且库存较低，短期内限电、限产政策等对稀土供给也产生一定影响。在供需共同作用下，稀土价格不断上涨，稀土矿业主要上市公司经营绩效明显回升。2021 年第一季度到第三季度，中国稀土矿业主要上市公司总体生产经营形势呈现向好局面，与此相对应，证券市场稀土板块相关上市公司股价表现靓丽。2021 年以来，北方稀土累计上涨 291%，五矿稀土上涨 231%，盛和资源、中国铝业、广晟有色等的涨幅均超过 100%（表 5-6）。

表 5-6 2021 年中国主要稀土上市公司经营指标（截至 2021 年 9 月 30 日）

（数据来源：稀土行业各上市公司 2021 财年第三季报）

公司名称	股票代码	每股收益/元	每股净资产/元	营业收入/亿元	营业利润/亿元	净利润/亿元
江西铜业	600362	1.30	18.59	3 372.56	57.70	45.06
北方稀土	600111	0.87	3.69	240.91	41.47	31.49
中国铝业	601600	0.30	3.23	1 949.29	108.90	53.07

续表 5-6

公司名称	股票代码	每股收益/元	每股净资产/元	营业收入/亿元	营业利润/亿元	净利润/亿元
五矿稀土	000831	0.20	2.66	20.02	2.43	1.98
广晟有色	600259	0.42	6.01	67.94	1.94	1.40
厦门钨业	600549	0.71	6.19	221.72	16.51	14.32
盛和资源	600392	0.47	4.65	77.91	9.97	8.31
中科三环	000970	0.19	4.50	49.11	3.21	2.05
宁波韵升	600366	0.38	4.75	25.98	4.35	3.69
银河磁体	300127	0.46	4.12	6.25	1.73	1.51
正海磁材	300224	0.22	3.26	24.01	2.04	1.85
英洛华	000795	0.12	2.19	25.99	14.53	13.27
金力永磁	300748	0.51	3.89	29.18	3.99	3.52

(三)主要稀土上市公司未来经营绩效研判

2020年5月起,稀土价格开启新一轮上涨行情。2021年稀土主流产品镨、钕、铽、镝等价格创近10年新高。中国稀土行业协会监测数据显示,2021年9月23日,重稀土氧化镝最低价265万元/t(2020年5月初176万元/t);轻稀土氧化镨钕最低交易价格58.8万元/t(2020年5月初25.2万元/t);氧化镨最低交易价格63万元/t(2020年5月初29.3万元/t);氧化钕最低交易价格61.4万元/t(2020年5月初26.9万元/t)。北方稀土官网发布的稀土挂牌价格显示,2021年10月份与2021年1月份相比,氧化镨钕、氧化钕、金属镨钕、金属钕挂牌价格分别增长41.32%、17.80%、40.00%、17.11%。中国稀土价格指数也显示了这一趋势。公开数据显示,2021年9月23日稀土价格指数252.1点,较2020年5月初的129.5点上涨94.67%。2021年10月份以来,特别是10月8日—22日,该指数累计又上涨了5.94%。

价格上涨源于需求拉动。稀土消费随着新能源领域磁材需求爆发而快速增长,稀土成为新能源金属,带来稀土价值重估,稀土需求有望步入中长期景气周期。业内专家预计,2022年稀土主流产品价格将受到有力的支撑,氧化镨钕、氧化铽、氧化镝等主流稀土氧化物的价格稳步上行;到2025年,新能源车领域氧化镨钕需求量达2.4万t,较2020年增长438%;叠加风电、变频空调等领域的需求增长,氧化镨钕供需缺口或不断扩大,价格有望进一步向上突破。

稀土价格不断上涨,供需呈现"需求增+供给缩+低库存"供不应求局面。这将对可预见的未来稀土矿业主要上市公司经营绩效产业明显的正面刺激作用。稀土原料板块、稀土功能材料板块将会大幅超产,产业结构优化调整也会得到进一步优化,从而更好地推动稀土产业向高端产业链延伸,进而大大提高稀土行业主要上市公司经营管理水平和绩效。

第二节 中国稀土产业上游公司生产绩效分析
——非期望产出的 DEA 评价

一、模型构建与方法选择

(一) 评价模型

专家、学者大多采用因子分析法、主成分分析法和 DEA 分析法对稀土矿业生产绩效进行分析研究。

因子分析法的研究原理是在最小信息损失的前提下,将现有众多变量用几个变量来表示。这几个变量就是因子,它们具有较强的解释意义。此方法的好处在于纳入了尽可能多的相关指标进行评价分析,可用来分析存在大量指标的评价模型,分析过程全面,结果也具有可信度。其不足之处在于变量的分组需要人为设置,在降维过程中不可避免造成信息损失,从而导致分析结果可能会不够客观(邓旻等,2015)。

与因子分析法类似,主成分分析法将大量数据简化为少量变量以达到降维目的。与因子分析法不同的是,这里的少量变量是主成分,变换之后的主成分是原始数据的线性组合。主成分分析法可以更客观地确定各项指标的权重,但要求原始变量具有较强的相关性。主成分分析法适用范围同样广泛,但和因子分析法一样无法避免在数据转换过程中的少量信息损失(陈俊杰等,2021)。

数据包络分析法,即 DEA 分析法,在近几年绩效分析研究中的应用越来越频繁。其优势在于作为一个非参数方法,可以避免统计分析中由函数形式带来的误差,且适用于多投入和多产出的案例,可用来测算投入产出效率相关的评价研究。目前,DEA 分析法在原有基础上衍生出 SBM-DEA 方法(张雪君等,2017)。

(二) SBM-DEA 模型评价方法

SBM-DEA 模型是 DEA 模型中非径向、非角度的模型。此方法可将由环境污染引起的非期望产出纳入模型评价分析之中,从而解决传统 DEA 方法适用范围有限的问题。它把投入和产出的松弛量放入目标函数中评价决策单元的效率,能够评价投入角度和产出共参数的生产效率。假设有 m 种投入变量 x 和 n 种产出变量 y,那么可以将模型表示为:

$$\theta = \min \frac{1 - \frac{1}{m}\sum_{i=1}^{m} \frac{s_i^-}{x_{i_0}}}{1 - \frac{1}{n}\sum_{j=1}^{n} \frac{s_j^-}{y_{j_0}}}$$

$$\text{s. t.} \begin{cases} \sum_{r}^{n} \gamma_r x_r + s^- = x_0 \\ \sum_{r}^{n} \gamma_r y_r + s^+ = y_0 \\ \gamma_r \geqslant 0 \\ s^+, s^- \geqslant 0 \end{cases} \quad (5-1)$$

在考虑环境污染对模型的影响后,即含有非期望产出的 SBM-DEA 模型,把式(5-1)中的 y 分解成 (y^g, y^b),y^g 表示期望产出,y^b 表示非期望产出。考虑有 m 种投入 x,n_1 表示意愿产出 y^g,n_2 表示非意愿产出 y^b,该模型可以表示为(苑清敏等,2015):

$$\theta = \min \frac{1 - \frac{1}{m}\sum_{i=1}^{m} \frac{s_{i_0}^-}{x_{i_0}}}{1 - \frac{1}{n_1 + n_2}\left(\sum_{j=1}^{n_1} \frac{s_j^g}{y_{j_0}^g} + \sum_{j=1}^{n_2} \frac{s_j^b}{y_{j_0}^b}\right)}$$

$$\text{s. t.} \begin{cases} X_\gamma + s^- = x_0 \\ X_\gamma^g - s^g = y_0^g \\ X_\gamma^b + s^b = y_0^b \\ \gamma \geqslant 0 \\ s^-, s^g, s^b \geqslant 0 \end{cases} \quad (5-2)$$

(三)方法选择

SBM-DEA 模型是 DEA 模型的延伸,是一个含有多投入和多产出的模型。运用 SBM-DEA 模型对中国稀土矿业绩效进行评价分析有以下优势:①选取上市公司年报数据作为研究变量,可提高模型结果真实性;②不需要人为设置指标权重,使模型结果更加客观;③引入非期望产出,能将环境污染造成的影响作为变量纳入指标体系之中,增加模型结果可信度。

基于此,本节采用数据包络分析法,选取投入指标作为公司总资产和主营业务成本,期望产出指标为主营业务收入和净利润,非期望产出指标为固体排放物和气体排放物,评价中国稀土矿业主要上市公司经营状况,对含有非期望产出的绩效进行评价分析。

二、中国稀土产业上游公司生产绩效评价

(一)指标和数据选择

投入指标和期望产出指标数据均源自各公司年报,固体排放物和气体排放物数据无法直接在公司年报中查到,因此将上市公司的废物排放数据进行近似处理——用上市公司所在省的废物排放数据乘以当年该上市公司工业增加值与该省工业增加值的比值作为该上市公司废物排放数据。上市公司工业增加值数据来自互联网公开数据,各省区市工业增加值数据来源于《中国工业统计年鉴》,废物排放数据来自《中国环境统计年鉴》。样本选取7家具有代表性的稀土矿开采上游上市公司:北方稀土(600111)、广晟有色(600259)、中色股份(000758)、五矿发展(600058)、中国铝业(601600)、江西铜业(600362)和厦门钨业(600549)。

(二)评价过程

相关年鉴的污染排放数据目前只更新到2018年。考虑数据的可得性,本小节实证分析运用MATLAB软件,对2015—2018年间7家稀土上市公司每年的综合技术效率水平进行测算,并绘制折线图(表5-7,图5-4)。

表5-7 稀土上市公司2015—2018年综合技术效率

稀土上市公司	综合技术效率			
	2015年	2016年	2017年	2018年
北方稀土	1	0.552 5	0.588 2	1
广晟有色	1	1	0.643 3	0.285 5
五矿发展	0.410 1	0.526 5	0.444 2	0.444 9
中色股份	1	0.783 2	1	0.730 4
厦门钨业	0.736 5	0.798 0	1	0.879 0
江西铜业	0.393 4	0.453 7	0.507 4	1
中国铝业	0.478 0	0.499 8	0.608 5	0.624 3

(三)评价结果分析

本评价结果显示,2015年,北方稀土、广晟有色和中色股份3家上市公司的综合技术效率值达到1,厦门钨业综合技术效率值为0.736 5,其余3家上市公司综合技术效率值不超过0.5。2016年,广晟有色综合技术效率值达到1,厦门钨业、中色股份综合技术效率值分别为

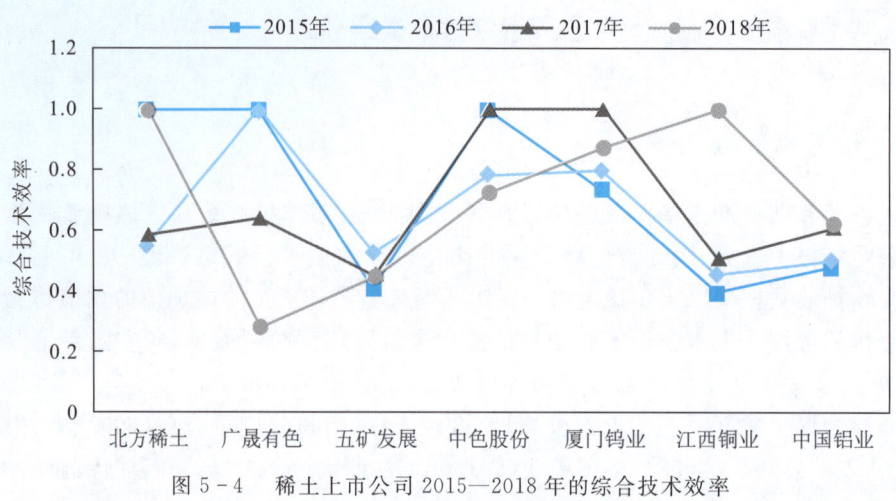

图 5-4　稀土上市公司 2015—2018 年的综合技术效率

0.798 0 和 0.783 2，北方稀土、五矿发展综合技术效率值为 0.552 5 和 0.526 5，江西铜业和中国铝业综合技术效率值最低，分别为 0.453 7 和 0.499 8。2017 年，中色股份和厦门钨业综合技术效率值达到 1，广晟有色、中国铝业综合技术效率值分别为 0.643 3 和 0.608 5，北方稀土、江西铜业综合技术效率值分别为 0.588 2 和 0.507 4，五矿发展综合技术效率值为 0.444 2。2018 年北方稀土和江西铜业综合技术效率值达到 1，厦门钨业、中色股份综合技术效率值分别为 0.879 0 和 0.730 4，中国铝业综合技术效率值为 0.624 3，广晟有色、五矿发展综合技术效率值最低，分别为 0.285 5 和 0.444 9。

从成长属性评价分析来看，在 7 家公司中，江西铜业的发展潜力最大。该公司 2015 年综合技术效率值为 0.393 4，在 7 家上市公司里的效率值最低，但之后综合技术效率值排名都有所上升，并在 2018 年综合技术效率值达到 1。广晟有色发展情况则不容乐观。它在 2015 年和 2016 年综合技术效率值都是 1，但 2018 年的综合技术效率值却排在末尾，远不如其他 6 家上市公司。五矿发展和中国铝业平稳发展，这 4 年间的综合技术效率值排名始终在中间徘徊。北方稀土、中色股份和厦门钨业 3 家公司在这 4 年间高水平稳步发展，每一年的综合技术效率值排名都稳定地排在前列。

三、主要结论

1. 经营绩效水平稳步提升

稀土上游行业主要上市公司除个别公司绩效水平有一点回落，大部分上市公司发展形势较好，绩效水平稳步提升或者保持高水平发展。根据 7 家公司绩效水平发展情况，可将它们分成高水平发展中企业、平稳型发展中企业和波动型企业。

2. 北方稀土、中色股份和厦门钨业属于高水平发展中企业

作为行业佼佼者，北方稀土一直以来都是行业龙头企业。其主要原因在于企业位于资

源丰富的内蒙古,地理位置的优越性为北方稀土积淀了不少优势。中色股份稀土矿来自江西,旗下稀土集团也被称为南方稀土,中色股份资产雄厚,有充足的条件去开发稀土矿。厦门钨业有2个矿山,该公司有强大的科研实力,多个科研项目被国家认定为国际领先水平。

3. 五矿发展和中国铝业属于平稳型发展中企业

这两家企业的绩效水平一直处于行业内平均绩效水平位置,其稳步发展的原因在于能快速找到自己的竞争优势,同时也有一定的管理水平和研发能力,具有一定的上升空间。调整公司内部人员和资产投入,增加产出效率是提升绩效水平的途径之一。

4. 广晟有色属于波动型企业

广晟有色公司经营绩效波动较大,作为一家行业龙头公司,企业绩效水平忽高忽低、波动明显,需要及时调整其经营策略。同时,加强人员流动管理,进一步加大资金投入比例,特别是加大科研投入,从创新科技出发发现新的利润增加点。

第三节　中国主要稀土上市公司经营绩效分析
——基于全局主成分分析法

一、主要稀土上市公司绩效测度指标体系构建

绩效测度指标体系包括企业的偿债能力、盈利能力、营运能力和发展能力4个方面(表5-8)。

表5-8　稀土企业经营绩效测度指标体系

系统层	子系统层	指标层	属性	代码	指标计算方法
稀土企业经营绩效测度指标体系	偿债能力	流动比率	正	A_1	流动资产/流动负债
		速动比率	正	A_2	(流动资产-存货)/流动负债
		资产负债率	负	A_3	负债合计/资产总计
	盈利能力	每股收益	正	A_4	归属于母公司所有者的净利润/对应期末普通股股数
		净利润率	正	A_5	净利润/营业收入
		总资产报酬率	正	A_6	(利润总额+财务费用)/总资产年末余额

续表 5-8

系统层	子系统层	指标层	属性	代码	指标计算方法
稀土企业经营绩效测度指标体系	营运能力	存货周转率	正	A_7	营业成本/存货净额平均余额
		固定资产周转率	正	A_8	营业收入/固定资产平均净额 [固定资产平均净额=(固定资产净额期末余额+固定资产净额上年同期期末余额)/2]
		总资产周转率	正	A_9	营业收入/平均资产总额 [平均资产总额=(资产合计期末余额+资产合计上年同期期末余额)/2]
	发展能力	主营业务收入增长率	正	A_{10}	离本期最近4个会计年度的主营业务收入增长率的平均值
		边际利润率	正	A_{11}	(利润+销售成本)/销售收入
		资本保值增值率	正	A_{12}	所有者权益合计本期期末值/所有者权益合计本期期初值
		总资产增长率	正	A_{13}	(资产总计本期期末值—资产总计本期期初值)/资产总计本期期初值

1. 偿债能力

企业是否具备偿还债务能力是一个很重要的经营指标。它不仅影响企业的声誉,同时也是企业持续经营的根本保证。其中,流动比率主要说明企业在短期内资金的变现能力,具体值以 2∶1 及以上为佳,为正向指标;速动比率是适度指标,保持在 1 左右,属正向指标;资产负债率也是适度指标,以保持在 50% 左右为最佳,以偿债能力衡量,属逆向指标。

2. 盈利能力

每股收益代表股东获得利益的变化,是公司每股创造的税后利润。净利润变化无法完全衡量企业的盈利能力,如果企业净利润增长幅度不及营业收入增幅,实际净利润率则有所下降,净利润率却能代表企业将营业收入转化为利润的能力。总资产报酬率考量企业整体资产增值水平,不仅可以衡量企业的盈利能力,也可以衡量企业在资产上的运营能力。

3. 营运能力

营运能力即企业资金经营效率,是衡量企业经营绩效的重要指标,主要是指企业资金周转率与周转速度。为保持数据简约性、完整性,选取存货周转率代表企业流动资产的营运能力,其他指标包括固定资产周转率和总资产周转率。存货周转率越高,表示企业存货资产变现能力越强,越能实现企业收支平衡;固定资产周转率反映企业资产利用程度,周转率越高,表示企业对固定资产的利用率越高;总资产周转率越高,说明企业产品销售越快,资金周转能力越强。

4. 发展能力

发展能力即企业成长能力,核心要素就是企业自身价值增长率。主营业务收入增长率能够对企业经营状况和企业产品市场拓展趋势进行衡量;边际利润率体现企业产品结构是否合理,边际利润大于零,说明企业产品具有发展潜力;资本保值增值率代表企业抗风险能力;总资产增长率衡量企业资金规模情况,指标上升说明企业规模变大。

二、主要稀土上市公司经营绩效测度

根据以上分析所确立的研究方法,我们就中国主要稀土上市公司的经营绩效进行具体的测度。

(一)全局特征值和主成分方差贡献率

利用统计软件将标准化后的数据进行降维运算。当特征值大于1时,可以提取5个主成分(表5-9)。5个主成分的累计方差贡献率达到82%以上,说明它们可以很好地解释原指标体系的主要内容。

表5-9 全局特征值与各主成分方差贡献率

主成分	初始特征值			提取载荷平方和		
	总计	方差贡献率/%	累计方差贡献率/%	总计	方差贡献率/%	累计方差贡献率/%
F_1	3.557	25.404	25.404	3.557	25.404	25.404
F_2	2.759	19.704	45.108	2.759	19.704	45.108
F_3	2.288	16.340	61.448	2.288	16.340	61.448
F_4	1.803	12.879	74.327	1.803	12.879	74.327
F_5	1.145	8.180	82.507	1.145	8.180	82.507
F_6	0.771	5.509	88.017			
F_7	0.589	4.208	92.225			
F_8	0.394	2.813	95.037			
F_9	0.261	1.868	96.905			
F_{10}	0.220	1.571	98.476			
F_{11}	0.103	0.737	99.212			
F_{12}	0.084	0.597	99.810			
F_{13}	1.736×10^{-17}	1.240×10^{-16}	100.000			

(二)成分矩阵与企业能力得分

利用主成分矩阵计算得出主要稀土公司绩效测度情况(表 5-10)。

表 5-10 正交旋转后的主成分矩阵表

经济指标	各主成分得分				
	F_1	F_2	F_3	F_4	F_5
流动比率	-0.057	0.854	0.030	0.433	0.023
速动比率	0.012	0.885	0.045	0.372	0.112
资产负债率	-0.077	-0.817	0.160	-0.178	0.089
每股收益	0.753	0.248	-0.063	-0.461	0.022
净利润率	0.737	0.283	-0.123	-0.481	0.130
总资产报酬率	0.733	0.151	-0.013	-0.352	0.365
存货周转率	0.059	0.112	0.729	-0.154	-0.151
固定资产周转率	0.210	0.101	0.823	0.155	-0.105
总资产周转率	0.146	-0.054	0.920	-0.113	-0.207
主营业务收入增长率	0.085	0.004	0.371	0.098	0.720
边际利润率	0.353	0.348	-0.177	-0.345	-0.566
资本保值增值率	0.755	-0.298	-0.082	0.521	-0.159
总资产增长率	0.749	-0.299	-0.045	0.383	0.089

注:提取方法为主成分分析法;旋转法为具有 Kaiser 标准化的正交旋转法,矩阵旋转在 5 次迭代后收敛。

从表 5-10 可以看出,衡量企业盈利能力的 3 项指标在 F_1 上的载荷较大;企业偿债能力子系统中原始指标流动比率、速动比率和资产负债率在 F_2 上的载荷较大;反映企业营运能力的 3 项指标在 F_3 上的载荷最大;发展能力的原始指标比较分散,主营业务收入增长率和边际利润率在 F_5 上的载荷最大;资本保值增值率和总资产增长率在 F_1 上的载荷最大,在 F_4 上的载荷较大;F_4、F_5 的解释内容不太集中。依托以上主成分矩阵数据分析,我们通过计算得出了主要稀土公司盈利能力、偿债能力和营运能力的得分与排名情况(表 5-11~表 5-13)。

表 5-11 2015—2019 年各公司的盈利能力得分与排名

公司简称	盈利能力得分						排名
	2015 年	2016 年	2017 年	2018 年	2019 年	均值	
赣锋锂业	1.06	5.73	2.26	4.04	-0.37	2.544	1
中矿资源	-0.37	0.02	0.53	7.32	0.75	1.650	2

续表 5-11

公司简称	盈利能力得分						排名
	2015 年	2016 年	2017 年	2018 年	2019 年	均值	
盛和资源	−0.19	8.72	−0.77	0.00	−0.28	1.496	3
华友钴业	−1.16	4.00	1.12	2.24	−0.01	1.238	4
贵研铂业	0.39	1.30	0.48	0.92	2.12	1.042	5
银河磁体	0.36	1.89	0.67	0.78	0.64	0.868	6
宁波韵升	1.24	0.96	3.88	−0.95	−0.84	0.858	7
天齐锂业	0.58	5.16	3.90	4.06	−9.69	0.802	8
洛阳钼业	0.01	0.47	3.60	0.16	−0.34	0.780	9
横店东磁	0.48	0.74	0.66	0.34	0.76	0.596	10
中钢天源	−0.44	2.11	0.22	0.39	0.48	0.552	11
天通股份	2.73	−0.22	−0.44	−0.01	−0.25	0.362	12
云南铜业	−0.56	1.04	−0.15	0.01	0.08	0.084	13
北矿科技	0.29	0.09	−0.05	−0.23	0.23	0.066	14
正海磁材	1.19	0.54	0.33	−1.53	−0.69	−0.032	15
中科三环	−0.01	0.15	0.14	−0.19	−0.28	−0.038	16
有研新材	−0.62	−0.17	−0.24	0.08	0.52	−0.086	17
包钢股份	1.65	−0.71	−1.12	−0.50	−0.55	−0.246	18
英洛华	−1.19	−0.27	0.47	−0.15	−0.21	−0.270	19
广晟有色	−2.88	−0.24	4.10	−2.50	−0.18	−0.340	20
西部材料	−2.38	−0.35	1.60	−0.35	−0.37	−0.370	21
锡业股份	−2.47	0.66	−0.46	0.42	−0.11	−0.392	22
北方稀土	−1.03	0.12	−0.83	0.09	−0.35	−0.400	23
厦门钨业	−2.01	0.47	−0.74	0.12	−0.29	−0.490	24
吉翔股份	−1.46	0.94	−0.64	0.34	−2.03	−0.570	25
金钼股份	−0.91	−0.77	−0.88	−0.49	−0.36	−0.682	26
安泰科技	−0.56	−0.88	0.14	−1.69	−0.68	−0.734	27
中钨高新	−2.26	−0.03	−0.50	−0.49	−0.49	−0.754	28
宝钛股份	−1.73	−0.86	−0.88	−0.36	0.03	−0.760	29
焦作万方	−0.95	−0.33	−1.00	−1.86	−0.64	−0.956	30
云南锗业	0.01	−0.85	−2.49	−0.96	−1.62	−1.182	31
章源钨业	−1.80	−0.65	−0.53	−0.55	−2.50	−1.206	32
五矿稀土	−4.90	−0.80	−1.27	−0.07	0.09	−1.390	33
东方锆业	−4.10	−1.00	−0.64	−0.76	−3.68	−2.036	34

表 5-12 2015—2019 年各公司的偿债能力得分与排名

公司简称	偿债能力得分						排名
	2015 年	2016 年	2017 年	2018 年	2019 年	均值	
银河磁体	3.77	5.28	4.09	4.82	4.42	4.476	1
有研新材	6.01	4.14	5.19	2.79	1.96	4.018	2
五矿稀土	5.47	5.13	4.05	2.39	0.93	3.594	3
中科三环	1.56	1.05	1.58	1.06	1.06	1.262	4
金钼股份	0.69	1.35	1.08	1.56	1.62	1.260	5
宁波韵升	0.94	1.07	2.29	0.90	0.49	1.138	6
中钢天源	1.30	0.88	1.18	1.03	0.26	0.930	7
正海磁材	−0.03	0.81	0.55	0.37	0.51	0.442	8
北矿科技	0.03	0.57	0.17	0.61	0.51	0.378	9
横店东磁	0.69	0.30	0.27	0.52	−0.02	0.352	10
英洛华	−0.47	0.87	0.23	0.67	0.26	0.312	11
云南锗业	0.33	0.12	−0.10	0.16	−0.38	0.026	12
天通股份	−0.68	0.00	0.28	−0.03	−0.41	−0.168	13
北方稀土	0.00	−0.53	−0.33	−0.51	−0.17	−0.308	14
焦作万方	−0.28	−0.29	−0.23	−0.67	−0.29	−0.352	15
赣锋锂业	−0.08	−0.44	−0.35	−0.86	−0.40	−0.426	16
中矿资源	0.64	0.36	0.00	−3.03	−0.22	−0.450	17
宝钛股份	−0.71	−0.40	−0.45	−0.54	−0.37	−0.494	18
贵研铂业	−0.09	−0.82	−0.05	−0.78	−0.77	−0.502	19
安泰科技	−0.54	−0.40	−0.68	−0.71	−0.38	−0.542	20
吉翔股份	−1.69	−0.79	−0.07	−0.06	−0.19	−0.560	21
中钨高新	−0.89	−0.68	−0.67	−0.60	−0.57	−0.682	22
章源钨业	−0.48	−0.68	−0.40	−0.75	−1.11	−0.684	23
盛和资源	0.20	−3.60	−0.04	−0.18	−0.39	−0.802	24
厦门钨业	−0.87	−0.77	−0.55	−0.97	−0.95	−0.822	25
洛阳钼业	−0.26	−0.62	−2.56	−0.27	−0.74	−0.890	26
西部材料	−1.52	−0.40	−1.30	−0.51	−0.75	−0.896	27
锡业股份	−1.53	−1.23	−1.26	−0.91	−0.80	−1.146	28
广晟有色	−1.57	−0.40	−2.47	−0.83	−0.58	−1.170	29
华友钴业	−1.86	−0.70	−1.80	−0.69	−1.26	−1.262	30
东方锆业	−1.84	−1.27	−1.05	−0.76	−2.16	−1.416	31
云南铜业	−1.22	−1.83	−1.28	−1.49	−1.38	−1.440	32
天齐锂业	−0.15	0.03	−0.29	−1.25	−6.18	−1.568	33
包钢股份	−2.84	−1.37	−1.34	−1.25	−1.23	−1.606	34

表 5–13　2015—2019 年各公司的营运能力得分与排名

公司简称	营运能力得分						排名
	2015 年	2016 年	2017 年	2018 年	2019 年	均值	
贵研铂业	4.57	6.19	5.63	5.31	5.72	5.484	1
有研新材	1.66	3.14	2.84	3.52	6.55	3.542	2
云南铜业	3.01	2.46	3.47	0.99	1.16	2.218	3
锡业股份	1.39	1.06	1.45	1.34	1.55	1.358	4
广晟有色	1.02	2.25	0.63	0.41	1.70	1.202	5
中钨高新	1.09	0.96	0.72	0.22	0.30	0.658	6
金钼股份	0.62	0.72	0.84	0.28	0.58	0.608	7
盛和资源	0.10	0.19	0.10	0.92	1.22	0.506	8
横店东磁	0.17	0.70	0.48	0.55	0.46	0.472	9
焦作万方	0.74	0.05	0.10	0.43	0.68	0.400	10
中钢天源	−0.67	0.66	−0.72	0.68	0.67	0.124	11
天齐锂业	−0.63	−0.22	−0.56	−0.03	1.68	0.048	12
吉翔股份	−0.38	−0.71	−0.85	0.56	0.80	−0.116	13
英洛华	−0.34	−0.12	−0.34	0.01	0.18	−0.122	14
赣锋锂业	−0.53	0.03	0.28	−0.57	−0.36	−0.230	15
厦门钨业	−0.65	−0.37	−0.91	0.08	−0.17	−0.404	16
北矿科技	0.07	−0.58	−0.51	−0.52	−0.55	−0.418	17
中科三环	−0.23	−0.53	−0.55	−0.46	−0.56	−0.466	18
华友钴业	−0.79	−0.79	−1.08	−0.22	0.39	−0.498	19
正海磁材	−0.73	−1.10	−0.55	−0.43	−0.46	−0.654	20
北方稀土	−0.88	−0.81	−1.29	−0.42	0.02	−0.676	21
五矿稀土	−0.89	−1.10	−1.84	−0.61	0.69	−0.750	22
安泰科技	−0.78	−0.77	−1.03	−0.57	−0.81	−0.792	23
中矿资源	−0.73	−0.54	−0.96	−1.32	−0.71	−0.852	24
洛阳钼业	−1.12	−1.11	−2.11	−0.50	0.48	−0.872	25
银河磁体	−1.00	−1.06	−1.13	−0.60	−0.61	−0.880	26
章源钨业	−0.79	−0.88	−1.17	−0.93	−0.65	−0.884	27
东方锆业	−0.58	−0.67	−0.95	−1.38	−0.86	−0.888	28
天通股份	−1.61	−0.81	−1.08	−0.77	−0.74	−1.002	29
包钢股份	−1.74	−0.88	−1.30	−0.65	−0.64	−1.042	30
宝钛股份	−1.23	−1.10	−1.31	−0.98	−0.79	−1.082	31
西部材料	−0.95	−1.09	−1.57	−0.97	−0.90	−1.096	32
云南锗业	−1.49	−1.39	−1.36	−1.55	−1.43	−1.444	33
宁波韵升	−1.41	−1.50	−2.25	−1.08	−1.01	−1.45	34

(三)主要稀土公司的绩效得分与排名

根据上述指标数据,利用成分矩阵和方差贡献率计算得出 2015—2019 年 34 家稀土上市公司的绩效得分与排名(表 5-14)。

表 5-14 2015—2019 年各公司的绩效得分与排名

公司简称	绩效得分						排名
	2015 年	2016 年	2017 年	2018 年	2019 年	均值	
有研新材	2.220	2.045	2.275	1.714	1.779	2.007	1
银河磁体	0.992	1.750	1.109	1.499	1.372	1.345	2
贵研铂业	0.843	1.235	0.990	0.955	1.533	1.111	3
赣锋锂业	0.263	1.720	0.689	1.203	−0.170	0.741	4
盛和资源	0.187	2.846	−0.194	0.243	0.204	0.657	5
五矿稀土	0.281	1.072	0.118	0.572	0.447	0.498	6
中钢天源	−0.068	0.949	0.035	0.547	0.386	0.370	7
中矿资源	−0.245	−0.090	−0.007	2.044	0.126	0.366	8
天齐锂业	0.004	1.878	1.098	1.110	−2.480	0.322	9
横店东磁	0.204	0.318	0.201	0.174	0.219	0.223	10
中科三环	0.402	0.152	0.306	0.100	0.044	0.201	11
金钼股份	−0.109	0.159	0.057	0.240	0.311	0.132	12
宁波韵升	0.143	−0.029	0.644	−0.435	−0.409	−0.017	13
英洛华	−0.578	0.086	0.201	0.123	0.013	−0.031	14
洛阳钼业	−0.310	−0.113	0.404	0.017	−0.164	−0.033	15
北矿科技	−0.026	−0.009	−0.134	−0.062	0.056	−0.035	16
正海磁材	0.234	0.129	0.075	−0.466	−0.192	−0.044	17
华友钴业	−0.978	0.693	−0.200	0.397	−0.186	−0.055	18
云南铜业	−0.142	0.270	0.054	−0.291	−0.301	−0.082	19
广晟有色	−1.113	0.202	1.191	−0.853	0.031	−0.108	20
天通股份	0.675	−0.299	−0.381	−0.260	−0.341	−0.121	21
中钨高新	−0.393	0.235	0.057	−0.427	−0.364	−0.178	22
锡业股份	−0.912	0.014	−0.323	−0.018	−0.178	−0.283	23
北方稀土	−0.523	−0.309	−0.656	−0.162	−0.155	−0.361	24
吉翔股份	−0.737	−0.181	−0.548	0.063	−0.480	−0.377	25
厦门钨业	−0.948	−0.253	−0.685	−0.293	−0.442	−0.524	26

续表 5-14

公司简称	绩效得分						排名
	2015年	2016年	2017年	2018年	2019年	均值	
焦作万方	-0.440	-0.420	-0.562	-0.834	-0.374	-0.526	27
西部材料	-1.362	-0.525	-0.056	-0.504	-0.547	-0.599	28
安泰科技	-0.561	-0.639	-0.359	-0.859	-0.590	-0.602	29
宝钛股份	-0.963	-0.646	-0.737	-0.531	-0.304	-0.636	30
云南锗业	-0.299	-0.578	-1.041	-0.670	-0.871	-0.692	31
包钢股份	-0.317	-0.836	-1.089	-0.672	-0.609	-0.704	32
章源钨业	-0.873	-0.651	-0.656	-0.618	-1.188	-0.797	33
东方锆业	-1.708	-0.807	-0.745	-0.886	-1.660	-1.161	34

三、主要结论

（1）稀土行业中、下游材料制造和应用企业绩效更优。有研新材、银河磁体、贵研铂业、赣锋锂业、中钢天源、横店东磁等企业的排名靠前，东方锆业等企业的排名靠后。排名靠前的企业都为稀土行业中、下游材料制造和应用企业，绩效更优，经营多元化，产品和技术服务面向国内外市场。有研新材经营范围广，结构完整且布局合理，发展潜力较大。盛和资源营业范围贴近前段资源，主要是稀土、锆、钛等金属系列产品的销售、稀土新材料加工及销售，综合应用及深加工、技术服务等。东方锆业排名最后，其主要业务范围为稀土材料民用轻工。赣锋锂业主营业务为锂产品的研发、生产和销售，是国内综合实力最强的深加工锂产品企业，盈利能力排名第一，但营运和偿债能力较弱，这与其自身资金情况有关。

（2）中型规模企业绩效更为突出。除安泰科技、云南锗业、锡业股份3家公司的综合排名比较靠后外，其他中等规模公司绩效排名前10，说明中型规模企业绩效更为突出，且营运能力和盈利发展能力比较强，尤其是营运能力。其偿债能力排名比较靠后，说明这些公司财务风险较大。一般而言，相较于大规模的成熟企业，中等规模的企业更愿意为提升经营绩效而承担偿债风险，最大限度地利用各种资金渠道创造经济效益。

（3）企业规模扩大为企业资源扩充积累提供机会。银河磁体、有研新材、五矿稀土等公司的偿债能力较强，说明大型规模企业比中小型规模企业有更强的偿债能力。在公司绩效排名前10的企业中，大型规模企业占6个。大型规模企业资本数量大，比中小型企业债务风险要小，偿债能力排名大多在中间靠前位置，很多大型规模企业的营运能力都排在20名之后，显示规模较大公司的管理成本和决策成本更高。

（4）小规模公司抵抗风险能力不强，容易造成绩效波动。中矿资源、华友钴业、天齐锂业、广晟有色、盛和资源、西部材料、赣锋锂业等公司的绩效变化较大；宁波韵升、安泰科技、章源钨业等公司的绩效则有所降低,主要原因在于公司规模较小,抵抗风险能力不强,容易造成绩效波动。

(5)盈利能力强的企业,运营能力也不错。赣锋锂业、中矿资源、盛和资源、华友钴业等企业的盈利能力较好,总体绩效比较靠前;贵研铂业、有研新材、云南铜业、锡业股份公司在营运能力方面的排名靠前;中钢天源、五矿稀土、北方稀土、厦门钨业、宝钛股份、贵研铂业、金钼股份等公司的绩效呈现上升趋势,其运营能力也不错。

第四节 创新能力对稀土上市公司绩效的影响
——基于规模门槛分析

在创新发展成为时代主流的当下,研究企业创新能力对经营绩效的影响十分重要。Romer(2006)研究美国大型制造业企业的创新能力和企业绩效发现,研发支出的增加有利于提高企业生产力。Ehie 等(2010)认为企业增加研发投入会提高企业的创新能力,进而提高企业绩效。与之相反,少数研究认为,研发投入的增加不利于企业绩效的提高,而且这个结果与创新阶段无关(张俭等,2014)。关于创新影响企业绩效的门槛效应研究也有不同的关注点。Yang 等(2010)的研究表明,一味提高研发投入到一定程度之后,会对企业绩效产生负向影响,即创新对绩效的影响具有阶段性特征。此外,也有学者从规模视角切入,分析不同规模公司的创新能力与经营绩效之间的关系。刘诚达(2019)以规模作为门槛变量检验企业研发投入与企业绩效的非线性关系。王旭等(2019)研究发现中国高新制造业的融资活动与绿色创新具有显著的规模门槛效应。陈宇科等(2019)对工业企业省级数据的研究结果表明,中国各地区环境规制强度和创新质量存在显著的企业规模门槛效应,但东部、中部、西部效应有所差异。

当前,稀土国际贸易环境不佳,向创新要效益是中国稀土行业可持续发展的必经之路。企业创新能力分为创新投入和创新产出两个方面。创新投入在短期内会导致经营成本增加而不利于经营绩效的提高,长期则能够转化为创新产出;创新产出通常表现为企业专利和商标等知识产权,为优化企业产品和生产方式提供支撑并通过营销获得经济利润,提高企业生产效率,对企业绩效有正向影响。本节在现有文献研究的基础上,根据稀土行业 34 家公司 2015—2019 年的创新投入与创新产出能力,引入规模门槛变量,分析创新能力对公司经营绩效的影响。

一、创新投入、创新产出与资产收益率及相关变量指标之间的关系

企业总资产收益率(ROA)从整体上衡量企业盈利能力,研究中型企业长期价值和绩效一般用托宾 Q 表示,短期大多采用资产收益率和净利润率指标。

参考相关研究,本节采用企业总资产收益率代表企业绩效,研发投入与营业收入之比衡量创新投入,无形资产增长率作为创新产出代理变量;控制变量主要从企业内部债务风险、资金结构、营销管理、股权结构和外部社会责任等方面选取相应指标(表5-15)。

表5-15 模型变量

变量类型	变量名称	符号	含义及计算公式
因变量	企业绩效	ROA	总资产收益率=(利润总额+财务费用)/总资产
自变量	创新投入	INP	研发投入/营业收入
	创新产出	OUP	无形资产增长率=(当年无形资产-上一年无形资产)/上一年无形资产
门槛变量	企业规模	SIZE	企业总资产对数
控制变量	债务风险	CR	流动比率
	资金结构	CASH	现金资产比例
	营销管理	MARKET	营销管理费/营业收入
	社会责任	TAX	纳税强度=应交税费/营业收入
	股权结构	SS	前十大股东持股比率

变量的统计性描述见表5-16。从标准差来看,债务风险和企业规模的差异较大,股权结构也相对分散。因变量和自变量的标准差都比较小,说明数据分散程度较小。企业绩效的均值和中位数十分接近,但是中位数略小于均值,说明低于平均值的样本更多。同样,创新投入的中位数也略小于均值,而创新产出的中位数比均值小很多,说明在创新产出这一指标上,稀土上市公司之间存在差距,且产出不高的样本居多。企业规模的中位数同样略小于均值。由此可见,自变量、因变量和门槛变量都属左偏分布。

表5-16 变量统计性描述

属性	变量	代码	样本量	均值	中位数	标准差
因变量	企业绩效	ROA	170	0.043	0.041	0.06
自变量	创新投入	INP	170	0.03	0.029	0.023
	创新产出	OUP	170	0.065	0.045	0.062
门槛变量	企业规模	SIZE	170	22.45	22.33	1.157
控制变量	债务风险	CR	170	3.141	1.849	4.348
	资金结构	CASH	170	0.122	0.1	0.082
	股权结构	SS	170	0.3533	0.3252	0.1515
	营销管理	MARKET	170	0.072	0.063	0.054
	社会责任	TAX	170	0.067	0.037	0.087

由表 5-17 可见,大部分变量之间都有显著相关性。与预期严重不符的是公司绩效与创新产出以及企业规模与创新投入之间的关系,但是这里得到的只是两两变量之间的相关性,后文将通过回归分析来进一步验证与预期有出入的这两对变量间的关系。

表 5-17 各变量间的相关系数

变量	公司绩效	创新投入	创新产出	公司规模	债务风险	资金结构	股权结构	营销管理	社会责任
公司绩效	1								
创新投入	0.018	1							
创新产出	−0.161**	−0.06	1						
公司规模	−0.015**	−0.203***	−0.02	1					
债务风险	0.05	−0.016	−0.275***	0.016	1				
资金结构	0.230***	0.000	−0.177**	−0.063	0.379***	1			
股权结构	−0.089**	−0.005	−0.171**	0.282***	−0.063	0.026	1		
营销管理	−0.011	0.518***	−0.103	0.037	−0.049	0.139*	0.187**	1	
社会责任	0.311***	0.011	0.266***	−0.128**	0.035	0.036	−0.242***	−0.032	1

注:***表示在1%置信水平下显著,**表示在5%置信水平下显著,*表示在10%置信水平下显著;后同。

表 5-18 是各变量回归的结果。为了分析创新能力对企业经营绩效影响的滞后性,本研究分别对创新投入和创新产出这两项指标的前一期与前两期进行了回归分析。从表 5-18 可以看出,F 值均大于 4,且都在 1%置信水平下显著,说明模型拟合度较优。企业规模、营销管理和股权结构都有较高显著性,与经营绩效呈显著正相关关系;营销管理与经营绩效呈显著的负相关关系,营销对公司发展促进作用不明显;股权集中程度与稀土公司经营绩效有显著正相关关系。模型的 R^2 较小,说明模型对企业经营绩效的解释力度较小。因变量选取的是财务数据资产收益率(ROA),该指标受到企业经营的多方因素影响,所选取的解释变量并不能够充分说明被解释变量。

表 5-18 创新能力对经营绩效回归分析表

模型	(1)	(2)	(3-1)	(4-1)	(3-2)	(4-2)
创新投入	−0.218					
创新产出		−0.011 4**				
前一期创新投入			0.431			
前一期创新产出				0.007 2**		
前两期创新投入					1.228*	
前两期创新产出						0.009 1
公司规模	0.048 6***	0.045 9***	0.063 9***	0.066 5***	0.082 0***	0.076 0**

续表 5-18

模型	(1)	(2)	(3-1)	(4-1)	(3-2)	(4-2)
债务风险	0.000 9	0.000 5	0.004 3	0.005	0.011 2**	0.012 5**
资金结构	0.110	0.130 4*	0.098 1	0.125	0.134	0.143
营销管理	−0.675 3***	−0.639 4***	−0.699 5***	−0.731 1***	−0.647 8***	−0.661 4***
社会责任	0.075 5	0.049 4	−0.024 4	−0.012 5	0.003 70	0.037 5
股权结构	0.474 9**	0.432 8**	0.469 7**	0.567 3**	0.553 1*	0.599 6**
常数项	−1.182 1***	−1.113 8***	−1.543 4***	−1.630 1***	−2.039 3***	−1.893 7**
N	170	170	136	136	102	102
R^2	0.206	0.231	0.265	0.268	0.366	0.332
F	4.77***	5.54***	4.9***	4.97***	5.4***	4.33***

二、创新能力对企业绩效的影响具有明显规模效应

企业规模对企业创新资源积累和运用的影响不可忽视。中、小型规模企业总体在减少，大型规模公司不断增加，说明这些年中国稀土上市公司规模扩张趋势明显，企业资产不断增加(图 5-5)。创新投入与创新产出对不同规模企业的绩效影响各不相同(表 5-19)：创新能力对规模较小企业效果并不显著(图 5-6)，对中型规模公司有提升作用(图 5-7)，对大型规模公司则有一定抑制作用。当企业超过适度规模时，创新活动越频繁，对企业绩效的损害就越大(图 5-8)。

图 5-5　2015—2019 年不同规模企业的数量统计

表 5-19　不同规模稀土上市公司经营绩效

公司简称	规模	综合排名	营运能力排名	偿债能力排名	盈利能力排名
银河磁体	大型	2	26	1	6
五矿稀土	大型	6	22	3	33

续表 5-19

公司简称	规模	综合排名	营运能力排名	偿债能力排名	盈利能力排名
横店东磁	大型	10	9	10	10
金钼股份	大型	12	7	5	26
宁波韵升	大型	13	34	6	7
洛阳钼业	大型	15	25	26	9
北矿科技	大型	16	17	9	14
正海磁材	大型	17	20	8	15
华友钴业	大型	18	19	30	4
广晟有色	大型	20	5	29	20
天通股份	大型	21	29	13	12
中钨高新	大型	22	6	22	28
北方稀土	大型	24	21	14	23
吉翔股份	大型	25	13	21	25
焦作万方	大型	27	10	15	30
宝钛股份	大型	30	31	18	29
包钢股份	大型	32	30	34	18
章源钨业	大型	33	27	23	32
赣锋锂业	小型	4	15	16	1
中科三环	小型	11	18	4	16
英洛华	小型	14	14	11	19
云南铜业	小型	19	3	32	13
厦门钨业	小型	26	16	25	24
西部材料	小型	28	32	27	21
东方锆业	小型	34	28	31	34
有研新材	中型	1	2	2	17
贵研铂业	中型	3	1	19	5
盛和资源	中型	5	8	24	3
中钢天源	中型	7	11	7	11
中矿资源	中型	8	24	17	2
天齐锂业	中型	9	12	33	8
锡业股份	中型	23	4	28	22
安泰科技	中型	29	23	20	27
云南锗业	中型	31	33	12	31

第五章　中国稀土矿业

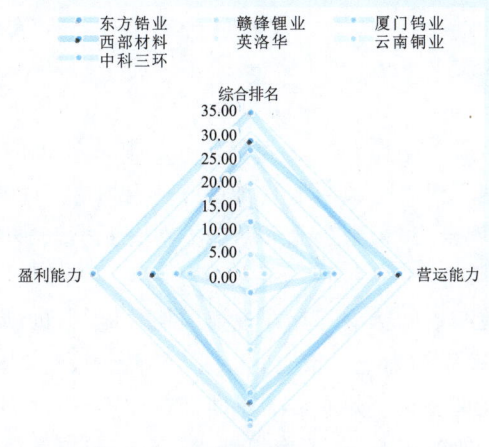

图 5-6　小型规模企业绩效排名分布

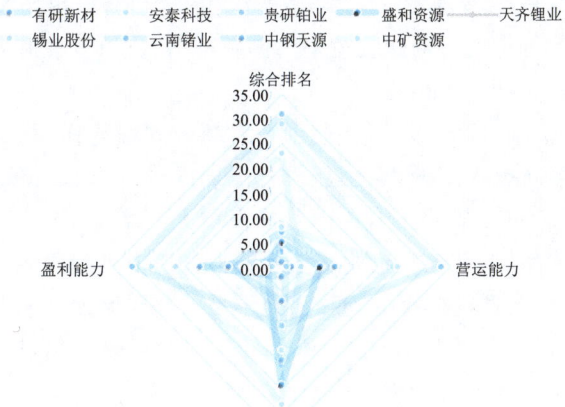

图 5-7　中型规模企业绩效排名分布

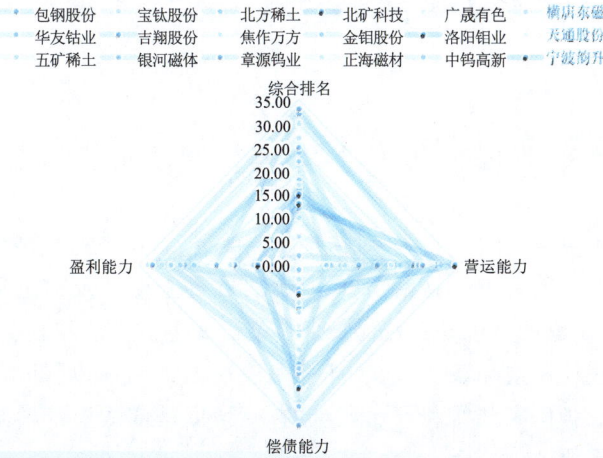

图 5-8　大型规模企业绩效排名分布

三、主要结论

（1）创新产出对经营绩效的回归结果表现出先抑制后促进的显著影响。在中国稀土上市公司中，创新投入和创新产出从长期来看对企业绩效均有一定促进作用，但创新投入的时滞性比创新产出更强。换言之，稀土企业创新能力对企业绩效影响短期具有滞后性，但从长期来看能够提高企业绩效。

（2）创新投入对企业绩效的影响不存在规模门槛效应，但创新产出对企业绩效影响存在显著的双门槛效应。小型规模稀土上市公司企业创新能力、营运能力较差，对企业绩效无明显的影响作用；对中型规模公司绩效有显著正向促进作用，使中型规模企业的创新活动更有效率；对大型规模企业绩效作用为负，大型规模企业创新产出转化为经济利润所耗费的成本过高，甚至超过创新带来的收益。

（3）创新投入与公司规模和营销管理呈显著正相关，创新产出与公司债务风险、现金比率和股权集中度呈显著负相关。资产收益率与创新产出、公司规模和股权集中度呈负相关，与公司现金比率和税收贡献呈正相关。

（4）公司规模不断扩张不利于发挥企业创新对绩效的提升作用。大型规模企业虽然有能力为企业提供更多创新投入资源，但创新投入短期内难以形成有效创新产出。大型规模企业内部运作复杂，破坏和改革的成本会随着规模增大而增加。为了一件新产品的诞生而调整生产线和淘汰旧产品，大型规模企业所承担的损失比中型规模企业的更大，甚至其损失会超过收益（这也是造成大型规模企业创新活力不足的重要原因之一）。中型规模企业的营运能力更强，资金可以得到充分利用，更有利于企业创新高效转化，提升企业绩效。小型规模企业比例下降不利于企业创新和绩效提升。

第五节　中国稀土矿业健康发展与绩效提升的对策建议

一、加快稀土矿业相关立法进程，强化完善实施机制

稀土是重要的不可再生战略资源，对传统产业改造、新兴产业发展和国防科技工业进步具有不可替代的重要作用。中国是稀土资源大国，在稀土生产及稀土利用领域具有举足轻重的地位，必须予以足够的重视和特殊保护。这就需要进一步加快相关立法进程，尽快制定出台与稀土相关的法律法规和条例，从法律上明确稀土管理各项制度，做到有法可依、依法治理。这既是切实维护国家利益和产业安全的需要，也是依法规范稀土生产经营秩序和完善稀土管理体制的需要。

(一)立法总体思路

坚持保护为先、源头治理、全产业链管理和注重制度衔接的总体思路。对稀土开采和冶炼分离实施行政许可和项目核准;对稀土开采和冶炼分离分别建立总量指标管理制度;实行全产业链管理,对开采、冶炼分离、金属冶炼、综合利用以及销售流通等各环节进行规范,确保稀土行业实现安全发展、绿色发展、可持续发展;注重制度衔接,做好与矿产资源管理、环境保护、企业投资项目核准备案、进出口管理等法律法规的衔接。

(二)尽快出台稀土管理条例及与之相关的法律法规条例和制度

2021年1月工业和信息化部公开征求对《稀土管理条例(征求意见稿)》的意见,提出国家对稀土开采、稀土冶炼分离实行总量指标管理的力度,实行稀土资源地和稀土产品战略储备,进一步明确地方政府和各级管理部门的权力和责任,并首次明确对违反规定企业的处罚条款等。

《稀土管理条例(征求意见稿)》对依法规范稀土开采、冶炼分离等生产经营秩序,有序开发利用稀土资源,推动稀土行业高质量发展,维护国家利益和战略资源产业安全,具有十分重要的现实意义。在征求意见稿结束后,应尽快制定出台稀土管理条例。同时还要尽快制定和完善稀土管理细则及其配套规章制度,建立覆盖生产、流通、出口各环节的稀土产品追溯系统,严肃查处各类违法违规行为;进一步改进和规范稀土开采、生产总量控制管理办法、稀土行业规范条件等行业相关规定;建立健全稀土出口企业社会责任报告制度和信用黑名单制度、政府储备与企业储备互为补充稀土产品储备体系等,最终形成科学的稀土矿业管理法律、法规与制度体系。

(三)强化和完善实施机制

只有拥有完善的和强有力的实施机制,才能保证稀土矿业各种法律法规及规章制度不打折扣地落到实处,从而真正做到令行禁止,具体从以下几个方面实施。一是要强化监督管理,实施资源和环境保护第一责任人长期追责制度,稀土管理部门及人员在监督管理工作中滥用职权、玩忽职守、徇私舞弊的应依法给予处分。二是要采取"双随机、一公开"监管模式,建立以随机抽查为主的日常监督管理制度,抽查情况和查处结果及时向社会公布。三是要明确主体责任和处罚措施。对涉嫌违法行为的责令停止违法行为,没收违法所得并处违法所得1倍以上5倍以下罚款;情节严重的责令停产,并可采取扣押有关稀土产品及设备、查封生产或销售稀土产品场所等强制措施,直至依法吊销营业执照;构成违反治安管理行为的由公安机关依法予以处罚,构成犯罪的依法追究刑事责任;同时将处罚信息纳入全国信用信息共享平台。

二、坚持新发展理念,构建稀土矿业绿色循环发展新业态

习近平同志指出:"各级领导干部对保护生态环境务必坚定信念,坚决摒弃损害甚至破

坏生态环境的发展模式和做法,决不能再以牺牲生态环境为代价换取一时一地的经济增长。"要认真学习、深刻领会总书记的讲话精神,坚决贯彻落实新发展理念,构建稀土矿业绿色循环新业态,促进中国稀土矿业健康、高质量、可持续发展。

(一)在开发中保护,在保护中开发

要依据矿产资源开发利用效率和环境保护要求制定相应技术规范,资源产地政府要按照环境工程模式来实施管理开发。稀土开采企业、稀土冶炼分离企业、稀土金属冶炼企业、稀土综合利用企业应当遵守环境保护、清洁生产等法律法规,按照国家规定,坚持绿色发展理念,履行生态环境恢复治理义务。严格执行国家和地方污染物排放标准,对建设项目和企业环评严格审查,坚决淘汰落后产能,落实行业规范条件,全面推行稀土行业强制性清洁生产审核;投资建设稀土开采项目或稀土冶炼分离项目,应按照《企业投资项目核准和备案管理条例》办理核准手续,未经核准,任何单位或个人不得投资建设稀土开采、稀土冶炼分离项目。

进一步强化对中重稀土元素在流通、产品追溯、进出口等方面的全面管理。在流通方面,任何单位或个人不得收购、销售非法开采、冶炼分离稀土产品;在综合利用方面,鼓励和支持利用环境友好的技术、工艺,对含有稀土的二次资源进行回收利用,禁止综合利用企业利用含有稀土的二次资源以外的稀土产品作为原料从事冶炼分离生产活动;在产品追溯管理方面,建立稀土产品追溯系统,稀土开采企业、稀土冶炼分离企业、稀土金属冶炼企业应当将生产、销售数据及其包装、发票信息录入追溯信息系统;在进出口方面,稀土产品进出口企业应遵守对外贸易、出口管制等法律法规。

与此同时,要进一步严格执行已有的市场准入制度,做到坚持不松懈。除6家大型稀土企业集团外,不应再新增采矿权;重点完善内蒙古包头、四川凉山、江西赣州、福建龙岩等矿区资源保护和监控设施;加强稀土矿采选项目技术改造,加强对探明的大中型矿产地资源储备和保护,实行统一规划、规模开发、重点监督,推动优质资源合理利用。

(二)以资源和环境保护为抓手,严厉打击稀土生产违法违规行为

重点打击环境与经济对立、环境与发展对立的违规企业,采取必要措施限制或停止稀土开采、稀土冶炼分离。稀土"打黑"已成为稀土行业供给侧结构性改革的核心,稀土"打黑"任重道远,确保"打黑去黑"任务目标完成。要从重、从严打击稀土非法生产、出口走私、逃避缴纳税款等违法违规的行为;解决稀土资源无序开采、交易和贱价外流的局面,尽可能禁绝私挖滥采和非法加工稀土行为,任何单位或者个人不得收购、销售非法开采、冶炼分离的稀土产品;高频率、高强度、持续化开展稀土"打黑"行动,解决稀土行业资源非法外流、生态环境破坏等问题,促使稀土行业平稳发展。

(三)综合回收利用,构建绿色循环发展新业态

建立健全综合回收利用制度,提升稀土资源综合利用水平。要对废料综合回收利用领

域进行重点监管,鼓励和支持利用环境友好的技术、工艺,对含有稀土的二次资源进行回收利用;综合利用企业不得利用含有稀土的二次资源以外的稀土产品作为原料从事冶炼分离生产活动。发展绿色循环经济,推进上游产业绿色转型,从研发的角度推进上游绿色转型,投入资金研发资源高效性设备,在行业内大力推广采选和冶炼稀土的绿色新工艺的产品;优化升级工厂设备,对生产技术进行改革和绿色创新,争取达到零排放废水,降低资源消耗,最大限度地减少环境污染。

三、优化产业结构,推动稀土矿业朝集约化、高端化、智能化的方向发展

(一)优化产业结构,完善稀土矿业创新体系

要优化产业结构,加大稀土功能材料开发和高值应用。大力支持和鼓励相关集团公司、科研院所和大学引进稀土新型功能材料和应用技术,"十四五"期间要在高性能稀土磁性材料、LED荧光材料、石油裂化催化材料等领域研发、创新具有自主知识产权的新型稀土功能材料,并实现技术产业化。进一步加大稀土相关设备研发、生产力度,尽快突破稀土功能材料生产中关键技术装备瓶颈,增加高端产品比例;要花大力气研究、开发稀土富裕元素镧、铈、钇新应用,加强其在金属冶炼、农业、环保等领域的应用,尽最大努力解决应用不均衡问题。加速推进稀土材料高值应用,"十四五"期间应加大投资扶持力度,在高性能稀土磁性、储氢、晶体、发光、高频等新材料领域创新发展,在航空航天、轨道交通、海洋工程、工业机器人、高档数控机床、医疗器械等领域拥有话语权。同时,进一步提高关键材料和零部件保障能力,发挥稀土材料在数字化、智能化、网络化建设中的支撑作用。

要通过创新引领未来。要完善稀土矿业创新体系,发挥科技创新核心引领作用,中国稀土创新体系的主体是企业,导向为市场,用"政产学研用"思想完善该体系,并在此基础上推进国家与行业创新中心与服务平台建设。稀土产业产品可适用于很多重大领域,《中国制造2025》提出与稀土产业相关程度高的十大重点领域,这十大领域包括信息、科技及医药等行业。应重视稀土行业在上述领域的发展前景,积极创新,促进稀土功能材料在上述领域的突破,优化产业结构,在完善创新体系的基础上培养有较强创新能力的企业。

(二)实现上、下游产业协同,推动稀土矿业集约化发展

要支持与激励下游企业积极参与稀土新材料的研发和稀土深加工及应用产业一体化发展,形成与终端应用需求相适应的原料供给体系,实现产业链上、下游利益共享、协同发展。积极推进稀土矿山开采和冶炼分离、资源综合利用集约化生产,将矿山开采、冶炼分离及资源综合利用全部纳入六大稀土集团的管理之中,进一步强化和实施大集团战略,实现稀土集中生产、管理、工艺流程再造。除六大稀土集团外,要鼓励非资源地央企向稀土产业链后端发展,支持鼓励稀土产业链企业兼并重组,在此过程中,国有资本可以实行绝对控股或相对控股,也可参股并推进整体上市,同时应积极引入其他国有资本和非国有资本,实现股权多

元化。

(三)培育整合中高端产业链及市场,推动稀土矿业智能化发展

支持稀土新产品、新材料、新工艺研发和产业化,培育整合中高端产业链及市场。重点以工业机器人、节能环保、新能源汽车等终端应用需求为导向,研发具有自主知识产权的稀土功能材料、功能元器件和零部件等并提高生产水平,做到提质增效;进一步推进稀土磁性材料(永磁电机)、稀土发光材料(LED显示器件)、稀土催化材料(工业窑炉脱硝功能器件)、稀土合金材料(汽车及航天航空零部件)等稀土深加工及应用产业一体化发展。

加快智能化转型。根据《中国制造2025》、战略性新兴产业等国家战略和未来产业发展规划,"十四五"及更长时间中国稀土矿业的发展应具备前瞻性和战略眼光。鼓励建设稀土资源基础数据库,集中管理稀土资源、材料、生产工艺数据,健全企业ERP体系;建设健全生产过程中的各个管理控制系统,以促进稀土材料数字化和智能化的生产和经营;鼓励冶炼分离企业建设数据采集和管理控制系统并将其运用于生产过程中,实现自动采集和智能化控制。同时以资本和技术为纽带,通过上市、增资、并购等手段整合中高端应用产业链,培育新的应用市场,加快智能化转型发展。

四、健全投融资保障机制,加大财政税收金融支持力度

(一)健全投融资保障机制,加大信贷支持力度

加强政府、金融机构、高校、科研院所、企业合作,形成"政金学研企"支撑推动体系;支持和鼓励地方政府、国有资本、民间资本发行各种稀土产业发展基金,积极引导社会资本对稀土新材料应用领域,支持创新和成长型稀土企业进行投资;采取相关措施,激励各类金融机构创新稀土行业信贷产品和服务,加大信贷支持力度;支持符合条件的稀土企业上市融资、发行债券等。

(二)加大中央财政税收对稀土产业的扶持力度

认真贯彻落实企业研发费用税前扣除政策;充分利用工业转型升级专项等现有资金渠道,对符合条件的稀土高端应用、智能制造等项目给予支持,建立储备项目库、行业数据库和稀土专家库;研究新材料应用保险补偿机制,支持稀土新材料推广应用;在重点资源地稀土产业转型升级试点、建设特色产业基地、培育区域优势产业等方面,中央财政也要继续加大支持力度。

(三)建立稀土期货交易市场

目前,中国有包头稀土产品交易所、赣州稀有金属交易所、上海期货交易所3家交易所提供稀土和稀有金属现货交易,尚未建立全国统一的稀土产品交易期货市场。行政性手段

对行业调控有一定作用,但还需依靠市场手段来真正解决痛点。这一点已从稀土矿业存在的一些问题和乱象中得到明证。设立全国统一的稀土期货交易平台,既可以通过价格形成来理顺行业,使之成为实施国家战略和产业政策的抓手,又能在此基础上形成权威基准价格并成为全球稀土的定价基础,进而掌握稀土产品市场定价权。这对提升中国稀土行业在国际上的话语权和影响力具有十分重要的意义。

五、强化标准体系建设和知识产权保护,加强国际合作

(一)强化标准体系建设

发挥科研机构、高校和稀土行业在标准制定中的重要作用,构建标准化平台,进一步完善中国稀土产业标准体系。与此同时,推进稀土标准国际化,加强制定重点稀土标准,发挥科研机构和高校以及学术团体的中介作用,提升中国的稀土标准影响力。

(二)重视和加强知识产权保护

中国稀土分离技术处于世界领先地位,但稀土领域几大功能材料最基本的初创技术和基本专利都在国外,比如钕铁硼永磁体,中国企业生产永磁体必须向国外相关公司和企业支付专利费。因此,要开展稀土专利战略、知识产权保护机制、基于材料基因工程的稀土磁性、催化、光功能等新材料研究,激励企业申请国外专利,大力支持具有自主知识产权项目开发,创新国家急需和引领未来发展的稀土新材料及绿色制备关键技术,构建稀土技术核心专利和专利池。

(三)加强国际合作,实现互利共赢

鼓励中国稀土企业走出去,利用自身技术、人才、资金和管理优势及专利标准等技术手段,与境外新材料企业和技术研发机构合作,推进国际产能合作,共同开发境外资源及产品深加工,提升国际化运营能力;引进国外专业人才、先进技术和管理经验,支持外资企业重点投向稀土环境治理、废旧产品回收再利用、高端应用及器件制造产业等领域;增进政府、国际金融机构、企业沟通交流与协调,加大稀土企业国际合作融资支持力度,提高中外合作项目质量,实现互利共赢。通过政策联动、行业自律等措施增强中国稀土企业市场话语权。

第六章 中国建材产业

结合中国建材产业转型的发展态势,本章从中国建材产业的发展现状、空间布局现状、绩效水平和发展潜力等方面对中国建材产业的发展问题进行深入分析,并提出相应的政策建议。这对中国建材产业的可持续发展和高质量发展有一定的借鉴意义。

第一节 中国建材产业发展现状

在改革开放不断深入的过程中,中国的建材产业得到了较快的发展,并成为支撑中国经济社会健康发展的重要力量。

一、中国建材产业总体情况

(一)建材资源分布及开发利用进展情况

中国建材产品生产所用的主要是水泥石灰岩、玻璃用硅质原料、建筑卫生陶瓷用黏土矿原料(高岭土)、高纯石英和石墨5种非金属矿产资源。下面对这5种建材资源的总体分布情况和开发利用情况进行介绍,并对矿产品市场现状进行分析。

1. 建材资源总体分布情况

1)水泥石灰岩

中国是世界上石灰岩矿资源丰富的国家之一。全国已发现水泥石灰岩矿点共七八千处,广泛分布于除上海市以外的30个省区市。已探明储量的有1286处,共计保有矿石储量542亿t,其中石灰岩储量504亿t,占93%。

2)玻璃用硅质原料

中国是世界上玻璃用硅质原料矿产资源丰富的国家之一。玻璃用硅质原料保有储量广泛分布于27个省区市,各地保有矿石储量及其占比依次如下:青海省16.5亿t,占42%;海南、辽宁、山东、陕西、广东、江西6省为1.1亿~4.2亿t,共占38%;四川、内蒙古、江苏、浙江、湖南、河南6省区为0.6亿~0.9亿t,共占10%;河北、贵州、甘肃、山西、吉林、湖北、黑龙江、新疆、宁夏、云南、北京、广西、安徽 13 省区市为 0.1 亿~0.5 亿 t,共占 10%。

3) 建筑卫生陶瓷用黏土矿原料(高岭土)

中国是世界上高岭土资源最丰富的国家之一。截至 2019 年底,累计探明资源储量为 34.96 亿 t,有 525 个矿区,矿石储量大于 100 万 t 的大中型矿区有 188 处。中国高岭土资源分布广泛,遍布全国六大区 21 个省区市,但又相对集中。目前,江西省是中国探明高岭土储量最多的地区,其次为吉林、新疆、福建、广西、湖南等地,其他省区有河北、山西、内蒙古、辽宁、浙江、安徽、山东、河南、湖北、海南、四川、贵州和云南。

4) 高纯石英

高纯石英是指 SiO_2 含量大于 99.9% 的石英产品或原料。高纯石英矿产资源是指经过选矿、提纯、加工处理可用于生产高纯石英的天然硅矿资源。国内主要利用一级、二级水晶资源和脉石英资源制备高纯石英砂。截至 2018 年,中国水晶类探明资源储量仅为 0.7 万 t,玻璃用脉石英探明资源储量(矿石量)为 1.0 亿 t。脉石英的矿床规模小、矿床数量多、产地分散。它主要分布在江西、四川、安徽、新疆、黑龙江、陕西、湖南、浙江、广西 9 个省区,约占总资源储量的 86.8%,其他地区仅占 13.2%。水晶探明资源储量自 2008 年至 2018 年变化较小,基本在 0.7 万 t 左右。脉石英探明资源储量自 2008 年的 5 733.2 万 t 增至 2018 年的 1.0 亿 t,年均增长 18.0%。

5) 石墨

石墨是重要的非金属矿产资源,广泛应用于新能源、航空航天、钢铁、耐火材料等各个领域。中国的石墨矿有晶质石墨和隐晶质石墨两种类型,探明石墨矿产地 172 处,探明资源储量为 3×10^8 t。其中,晶质石墨矿 140 处,探明资源储量为 2.65×10^8 t,占 88.33%;隐晶质石墨矿 32 处,探明资源储量为 3.5×10^7 t,占 11.67%。晶质石墨矿主要分布在黑龙江、山西、四川等 20 个地区,隐晶质石墨主要分布在内蒙古、湖南、广东等 10 个地区。

2. 建材资源开发利用情况

1) 水泥石灰岩

1985 年以来,中国成为世界上最大的水泥生产和消费国。2015 年,水泥产量首次出现下降,幅度为 5%,水泥消费进入平台期,消费量为 1.7t/(人·a),远超过国际 0.3t/(人·a) 的平均水平。前十大水泥企业的产能市场占有率为 62%,前三大水泥企业市场占有率为 34%。东部水泥产量为 8.464×10^8 t,占全国总产量的 36.79%;中部水泥产量为 7.239×10^8 t,占 31.46%;西部为 7.306×10^8 t,占 31.75%,西部产量比重逐年提高。自 21 世纪以来,中国新型干法水泥产量占水泥总产量的比例迅速增加,水泥企业已迈出了"走出去"的步伐,主要水泥企业纷纷在国外投资建厂。

2) 玻璃用硅质原料

玻璃用硅质原料保有矿产地已利用的共 64 处,共计保有矿石储量 70 320 万 t,占总保有矿石储量的 18%;由于矿石质量、加工选矿、交通运输及位于当前禁采区等原因,近期暂难利用的矿产地有 25 处,共计保有矿石储量 44 460 万 t,占总保有矿石储量的 11%;可供近期利用或进一步工作的矿产地 100 处,共计保有矿石储量 276 130 万 t,占总保有矿石储量的 71%。总的来说,中国玻璃用硅质原料矿保有储量充足,但是保有储量及其利用率存在分布不均衡的状况。近半数的保有储量集中于青海省,其利用率仅为2%。由于保有储量中58%以上为破碎加工困难的石英岩和脉石英矿,且易产生过多的超细粉,石英砂岩和石英砂矿石中铁含量一般较高,因而质优量大、可供建设生产优质平板玻璃原料基地的矿山还是较少的。

3）建筑卫生陶瓷用黏土矿原料（高岭土）

1981年,洛阳浮法玻璃工艺在中国诞生,技术达到国际先进水平,成为世界三大浮法工艺之一,但特种玻璃技术水平与国际先进水平仍有差距。自1989年以来,中国平板玻璃产量一直位居世界第一。2013年,第二代中国浮法玻璃技术集成工作全面开展,平板玻璃加工率由25%增至45%以上,已形成品种繁多、功能齐全的玻璃深加工体系。2015年,前10家平板玻璃企业产能约占全国产能的48.92%,平板玻璃综合能耗为13.20kg标准煤/重量箱,浮法玻璃综合能耗为12.11kg标准煤/重量箱。随后,中国相继开发出超薄玻璃（0.15～1.1mm）、超厚玻璃（15～25mm）、Low-E玻璃、TCO玻璃、超白压延玻璃、超白浮法玻璃、节能玻璃、TFT-LCD玻璃基板等特种玻璃新品种,并实现了余热发电、烟气治理及全氧燃烧等技术的广泛应用,"走出去"的企业越来越多。

4）高纯石英

高纯石英在半导体、光伏、光纤、电光源等领域应用广泛,是战略性新兴产业和支柱性产业发展过程中不可替代的基础性材料。目前,中国没有高纯石英产品的国家标准。通常把SiO_2质量分数为99.9%～99.999%、Fe_2O_3的含量小于10mg/g的石英称为高纯石英,SiO_2质量分数为99.9991%以上的石英产品称为超高纯石英。每个等级的高纯石英可按粒度分为40～70目、70～140目、<140目等几个等级,其中40～70目、70～140目产品的用途最广泛（表6-1）。

表6-1 高纯石英的产品分类及技术状况

项目	低端产品	终端产品	高端产品
按SiO_2纯度分类	$\omega(SiO_2) \geqslant 99.9\%$(3N)	$\omega(SiO_2) \geqslant 99.9\%$(4N)	$\omega(SiO_2) \geqslant 99.998\%$(4N8)
按杂质含量分类	$\leqslant 1000 \times 10^{-6}$	$\leqslant 100 \times 10^{-6}$	$\leqslant 20 \times 10^{-6}$
技术现状	国产	国产化	目前,江苏太平洋石英股份有限公司可量产,多数从美国、挪威、日本等国进口

注：杂质含量是指Al、B、Li、K、Na、Ca、Mg、Ti、Fe、Mn、Cu、Cr、Ni十三种元素的总量。

石英产业链以SiO_2为主要原料。普通石英砂主要用于生产玻璃制品、陶瓷制品、机械制品等。高纯石英砂主要用于生产天然石英玻璃,广泛应用于半导体、航空航天等高端制造产业,具有较高的附加值。

5）石墨

多年来,中国石墨产量一直稳居世界第一,产量远远高于其他国家。中国天然石墨的产品用途广泛,且随着市场的发展,用于锂电池等新能源材料领域的占比逐渐增大,传统耐火材料等产业占比逐渐减小,在军工、航空航天、核工业等领域的应用日趋成熟。当前中国石墨产能在 180 万～200 万 t/a 之间,消耗量为 100 万 t/a。从产能与消费量来看,国内石墨资源处于产能过剩状态,且随着近年从莫桑比克、马达加斯加等非洲国家石墨资源进口量的增加,产能严重过剩。受国家绿色矿山建设的需要、内蒙古地区生态保护区的结构调整、山东地区石墨矿的停工停产、黑龙江地区的开工率低等因素的影响,国内石墨精矿供需市场趋于平稳。

3. 矿产品市场现状分析

在中国,建材产业是非常重要的材料工业。建材工业囊括了 3 个门类,即非金属矿及制品、无机非金属新材料和建筑材料及制品。水泥、平板玻璃、玻璃纤维为主要的建材矿产品。下面对这 3 种矿产品进行市场现状分析。

1）水泥

2020 年全国水泥产量累计为 23.77 亿 t,同比增长 1.6%。2020 年水泥生产保持平稳,除第一季度受疫情影响水泥产量同比大幅下降外,其余季度均呈现不同程度的较快增长。第一季度水泥产量同比下降 23.9%,第二季度同比下降 4.8%,第三季度同比下降 1.1%,第四季度同比增长 1.6%。自 2020 年第二季度以来,水泥生产持续恢复增长,10 月份起水泥累计产量由负转正,超过 2019 年同期水平(图 6-1)。

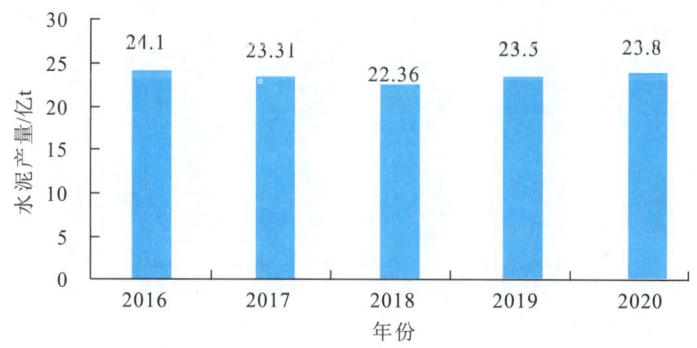

图 6-1　2016—2020 年中国水泥产量变化趋势图

受疫情影响,2020 年第一季度重点产品累计产量出现大幅萎缩;自 4 月份开始,重点细分行业生产实现快速恢复,重点产品如商品混凝土、预制混凝土桩当月产量实现同比增长;自 8 月份开始,个别产品累计产量实现同比增长(图 6-2)。

2）平板玻璃

2020 年全国平板玻璃产量累计为 94 572 万重量箱,同比增长 1.3%。平板玻璃为连续生产工艺,但 2020 年春节前后突然暴发的新冠肺炎疫情对平板玻璃企业的影响并未立即显现,第一季度全国规模以上企业平板玻璃产量同比增长 1.9%。随着疫情对市场、生产、物流等影响的进一步加剧,库存高企,平板玻璃企业生产受到明显影响。2020 年上半年规模以上企业平板玻璃产量同比下降 0.4%;2020 年下半年,随着中国疫情防控取得积极成效,市

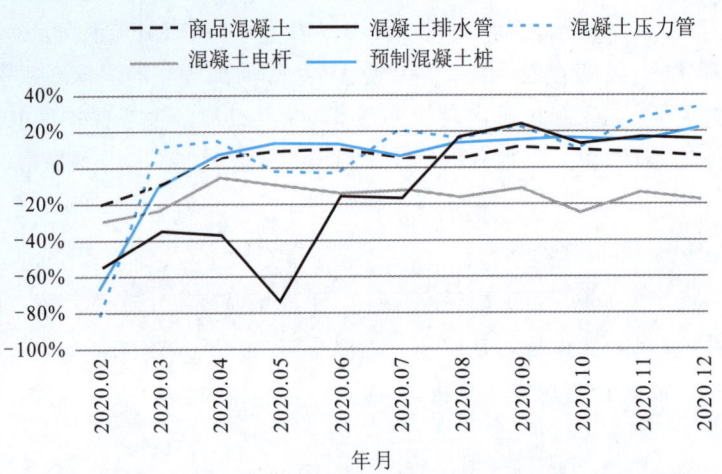

图 6-2 重点产品 2020 年单月产量同比增长情况

场、物流有序恢复,特别是在下游光伏、电子、建筑等多领域市场的共同作用下,平板玻璃产量恢复增长且生产速度有所加快(图 6-3)。

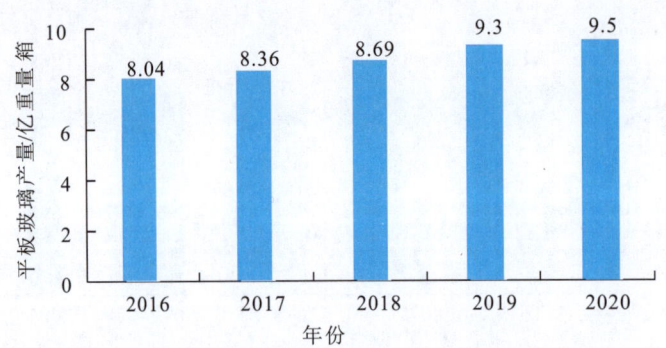

图 6-3 2016—2020 年中国平板玻璃产量变化趋势图

2020 年平板玻璃平均出厂价格同比增长 10.0%。受疫情影响,2020 年前 5 个月平板玻璃出厂价格连续下降,平板玻璃出厂价格指数一度低至 75.9(以 2019 年 12 月为基期,其价格指数为 100),6 月份止跌回升,上半年累计跌幅达到 16.1%。2020 年下半年,在市场需求等多种因素共同作用下,平板玻璃出厂价格持续上涨,9 月份出厂价格指数突破 100,超过新冠肺炎疫情前水平。第四季度价格上涨速度明显加快,年末出厂价格指数达到 123.7,达到历史最高水平(图 6-4)。

2020 年 1—12 月,规模以上平板玻璃行业营业收入同比增长 10.8%,环比增加 1.5 个百分点,增幅扩大;利润总额同比增长 45.6%,环比增加 9.5 个百分点。在疫情影响下,2020 年规模以上平板玻璃行业主要经济效益指标呈现"前低后高"的运行趋势,全年主要经济指标较 2019 年同期增长较为明显。第一季度规模以上平板玻璃行业营业收入、利润总额

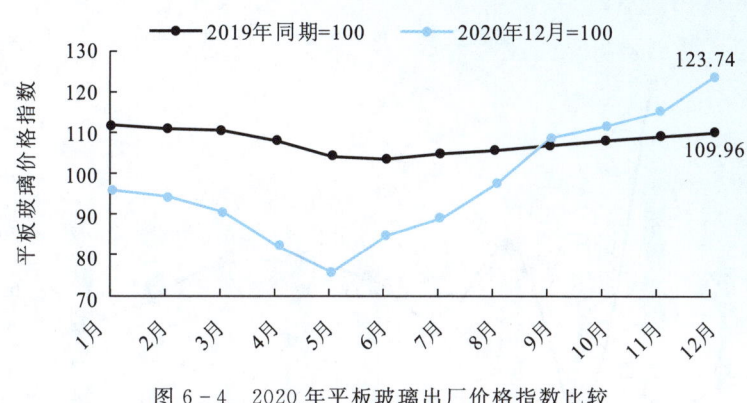

图 6-4　2020 年平板玻璃出厂价格指数比较

同比分别下降 18.6%、69.8%,第二季度有所恢复,上半年同比分别增长 0.8%、2.8%,下半年恢复加快,全年规模以上平板玻璃行业营业收入、利润总额分别增长 10.0%、39.1%,销售利润率比 2019 年同期增加 2.9 个百分点。

建筑市场是平板玻璃行业的传统市场,受疫情及相关政策影响,2020 年全国房地产竣工面积 9.1 亿 m², 比 2019 年下降 4.9%,相关玻璃产品需求同步出现下降。在工业消费领域:2020 年中国汽车产量下降 1.4%,动车组产量下降 2.9%,汽车玻璃需求量有所下降;2020 年中国手机产量下降 9.5%,彩色电视机产量增长 4.7%,电子计算机产量增长 16.0%,各产业显示器用玻璃需求量有增有降。太阳能电池从 2015 年到 2020 年产量翻了一番,仅 2020 年太阳能电池产量就同比增长了 30.3%,而光伏玻璃需求量大幅增长也成为近年来平板玻璃产量增长的重要原因之一。

近年来,随着中国需求市场转变、相关产业升级,玻璃行业加快产业结构调整,逐渐转向多元化发展。特别是随着房地产投资趋于稳定,建筑市场对平板玻璃需求也逐渐平稳,而汽车、电子、光伏等消费市场的不断发展为平板玻璃创造了新的消费需求。玻璃主要需求市场已经由主要依靠传统的建筑市场转向服务于建筑业、汽车、电子、光伏等多领域市场。2020 年车辆、显示器、光伏电池等工业领域的平板玻璃消费量比 2019 年增长了 19.5%,占平板玻璃消费量比重达到 38.6%,成为保障平板玻璃行业运行的重要支撑。

3)玻璃纤维

2020 年中国实现玻璃纤维及制品出口 133 万 t,同比下降 13.58%;出口金额 20.5 亿美元,同比下降 10.14%。其中,玻璃纤维原料球、玻璃纤维粗纱、其他玻璃纤维、短切玻璃纤维、粗纱机织物、玻璃纤维席等产品的出口量降幅在 15% 以上,其他部分深加工制品则相对稳定或有小幅上涨。新冠肺炎疫情在全球持续蔓延,同时欧美对华贸易政策形势仍未出现明显好转,美国对中国出口产品采取的贸易战、欧盟对中国实施的贸易救济政策仍在持续,加之内需市场的异军突起,是导致 2020 年中国玻璃纤维及制品出口量出现明显下滑的根本原因(图 6-5)。

2020 年中国玻璃纤维及制品累计进口 18.8 万 t,同比增长 18.23%;进口金额 9.4 亿美元,同比增长 2.19%。其中,玻璃纤维粗纱、其他玻璃纤维、窄幅机织物、玻璃纤维薄片(巴厘纱)

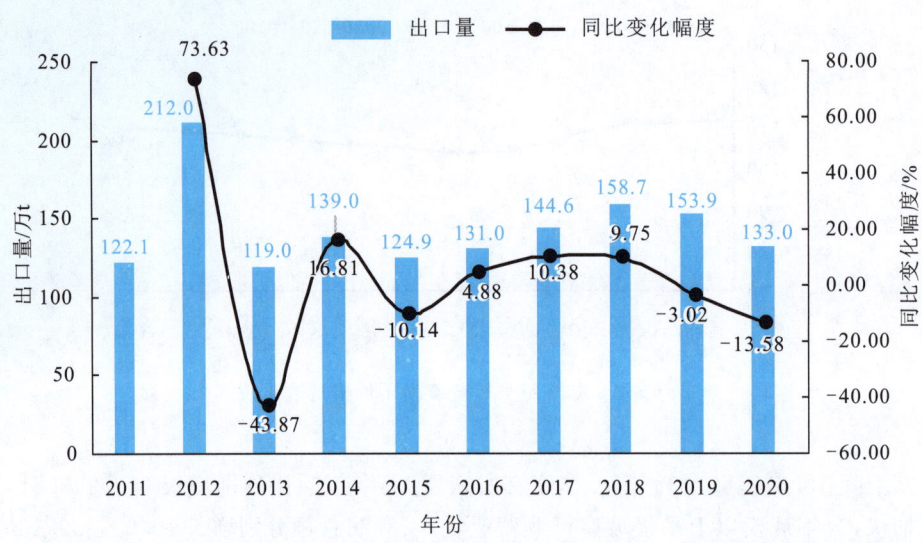

图 6-5 2011—2020 年中国玻璃纤维及制品出口变化情况

等产品进口增速超过 50%。随着中国对疫情的有效控制和国内实体经济的复工复产,内需市场成为支撑玻璃纤维行业复苏发展的强劲引擎(图 6-6)。

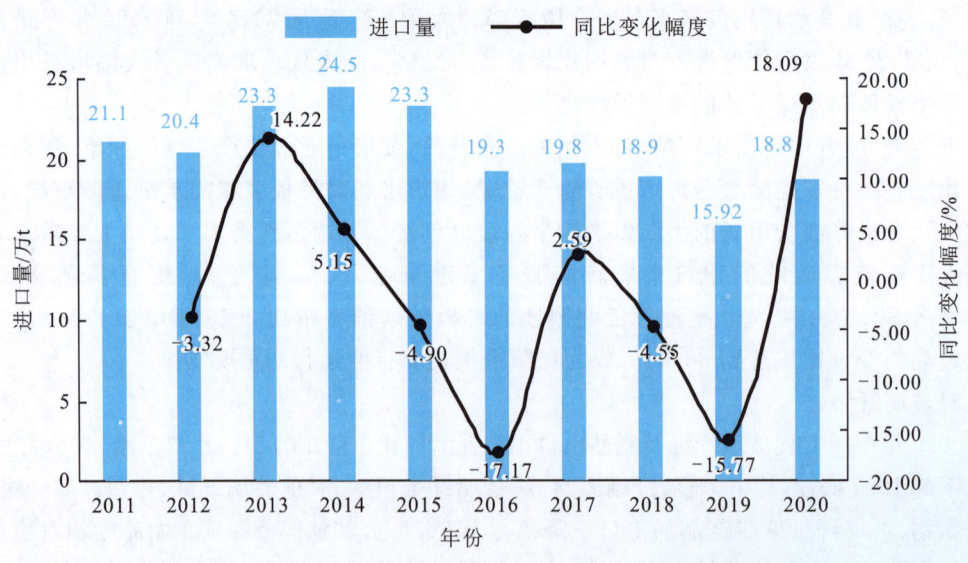

图 6-6 2011—2020 年中国玻璃纤维及制品进口变化情况

据国家统计局数据,2020 年中国玻璃纤维及制品工业主营业务收入(不含玻璃纤维增强复合材料制品部分)同比增长 9.9%,利润总额同比增长 56%,全年利润累计超过 117 亿元。在新冠肺炎疫情持续蔓延和国际贸易形势持续恶化的基础上,玻璃纤维及制品行业能取得如此佳绩一方面要得益于中国在新冠肺炎疫情防控方面取得的巨大成功以及内需市场的及时启动,另一方面更要得益于行业自身自 2019 年以来持续实施了玻璃纤维纱产能调控,新建项目较少并纷纷延期,现有生产线及时启动冷修并延时投产,随着下游行业复产复工和风电等细分市场需求快速增长,各类玻璃纤维纱及制品产品自第三季度起实现了多轮价格上调,部分玻璃纤维纱产品价格达到或接近历史最高水平,行业整体利润水平提升明显(图 6-7)。

图 6-7 2015—2020 年玻璃纤维及制品行业主营业务收入及利润总体走势情况

(二)2020 年中国建材产业总体发展的基本特征

2020 年,面对极其复杂的国际形势和艰巨繁重的国内改革发展稳定任务,特别是突如其来的新冠肺炎疫情的严重冲击,建材行业运行在短期内受到了较大影响。在党中央、国务院的英明决策部署和坚强领导下,建材行业统筹推进疫情防控和复工复产取得积极成效,全年行业运行总体平稳,质量效益全面提升。

1. 生产保持增长

2020 年,建材工业增加值同比增长 2.8%,与整个工业增速持平,自 9 月份由负转正后持续提高,其中 12 月份增速 7.4%。主要建材产品生产保持增长,其中水泥产量 23.8 亿 t,同比增长 1.6%,平板玻璃产量 9.5 亿重量箱,同比增长 1.3%(图 6-8)。

2. 价格总体稳定

2020 年 12 月,建材及非金属矿工业出厂价格指数为 114.19,环比上涨 0.6%,同比下降 1.8%,全年平均价格水平同比下降 0.3%。其中,12 月份,水泥出厂价格指数为 112.51,同比下降 8.7%,全年平均出厂价格同比下降 4.4%;平板玻璃出厂价格指数为 123.74,同比增长 22.9%,全年平均出厂价格增长 10.0%。

3. 效益稳中有升

2020 年规模以上建材企业完成营业收入 5.6 万亿元,同比增长 0.1%,利润总额 4871 亿元,

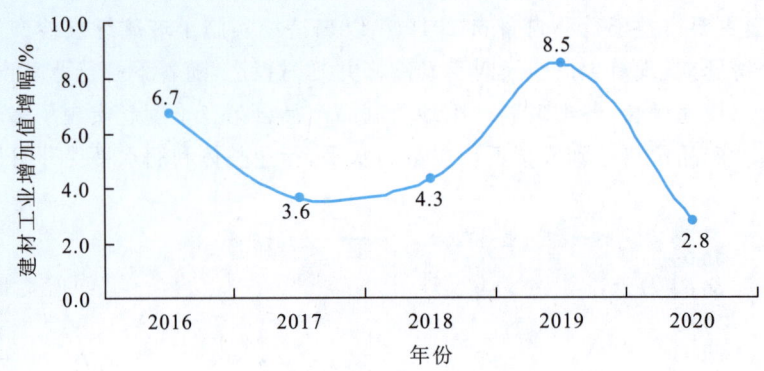

图 6-8 2016—2020 年中国建材工业增加值增速

同比增长 3.2%。其中，水泥行业营业收入 9960 亿元，同比下降 2.2%，利润总额 1833 亿元，同比下降 2.1%；平板玻璃行业营业收入 926 亿元，同比增长 9.9%，利润总额 130 亿元，同比增长 39%（图 6-9）。

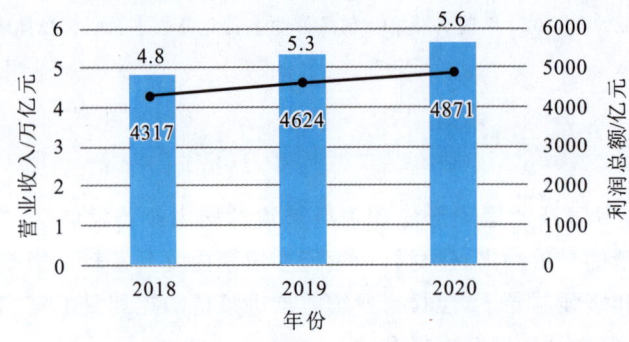

图 6-9 2018—2020 年中国规模以上建材企业经营情况

4. 投资恢复明显

2020 年非金属矿采选业固定资产投资同比增长 6.2%，非金属矿制品业固定资产投资同比下降 3.0%，降幅比第一季度收窄 30.6 个百分点，恢复明显。分行业看，混凝土与水泥制品、墙体材料、建筑用石等行业的产业结构调整和规模化发展仍然是建材行业投资的主要驱动力。

5. 出口实现增长

2020 年，中国建材产品出口金额 387.5 亿美元，同比增长 4.1%。水泥制品、建筑技术玻璃、卫生陶瓷、黏土和砂石、建筑用石制品、防水建材、轻质建材等多类商品出口金额实现增长。

二、中国建材产业发展存在的主要问题

中国的建材产业虽然呈现出了快速发展的态势,但在发展过程中也存在着许多不可忽视的问题,需要引起高度重视。

(一)制约建材产业发展的外部因素

1. 新冠肺炎疫情是主要因素

2020年春节前后暴发的新冠肺炎疫情对中国社会经济各个领域造成严重影响,物资、人员流动严重受阻,投资、消费、外贸等领域受到全面影响,市场需求急剧下降,企业复工复产大幅延迟,对建材企业的生产经营、建材行业的经济运行造成巨大冲击。2020年3月,新冠肺炎疫情在全球蔓延并呈现加速传播趋势。这加剧了建材国际贸易形势的不确定性,建材对外贸易形势更加严峻。由于新冠肺炎疫情在全球蔓延,企业在海外投资的项目陷入停工停产,企业海外投资建厂从而扩大对外贸易、扩大市场份额受阻,对企业后续扩大海外市场的意愿将产生较大影响。因此,新冠肺炎疫情暴发是影响2020年建材行业经济运行的重要突发因素和主要因素。

2. 市场启动缓慢,需求偏弱

随着疫情防控进入常态化,2020年第二季度,中国固定资产投资速度显著提升,但基建及消费市场到了5月份才开始恢复增长,充分转化为实际需求并传导到建材行业需要一定时日,同时海外疫情蔓延导致出口受挫,建材市场需求总体仍然较弱,而建材行业复工复产较早且快,产品供给能力充足,导致建材市场总体上持续呈现供大于求的供需关系。尤其是受6月份出现的南方大范围持续性强降雨天气的影响,相关区域供大于求关系进一步放大,供需关系更加脆弱。

3. 经济逆全球化持续影响中国建材国外市场

经济逆全球化走势尚未得到扭转,尤其是随着中国综合实力的不断提升,中美之间在工业、科技、金融、军事外交等领域的竞争和摩擦在所难免,并因此影响中国与西方各主要经济体之间的政治与经贸往来。在2020年美国大选之后,美国及欧洲对华贸易政策并未发生实质改变。

(二)制约建材产业发展的内部因素

1. 产业分化加大,新兴产业发展动力不足

近年来,建材加工制品业及新兴产业发展成为建材行业稳定运行的重要因素。然而2020年规模以上新型墙体材料、技术玻璃、复合材料、非金属矿制品等产品的营业收入和利润总额均大幅下降。同时,建材下游相关产业增长不足,2020年全国房地产竣工面积9.1亿 m^2,比2019年下降4.9%,相关玻璃产品需求同步出现下降;而在工业消费领域,2020年,中国

汽车、动车组、手机等产品产量均下降明显。总体上,除重点领域外,建材新兴产业市场明显弱化,发展动力显现不足。

2. 建材企业生产经营压力较大

受2020年初新冠肺炎疫情影响,建材企业复工复产延迟,同时市场需求启动偏弱,进一步导致企业销售不畅,库存高企,产品价格下滑,资金占压严重,生产经营压力加大等一系列问题。尤其是中小企业因资金规模较小,抗压能力较弱,受到的影响和冲击更大,不同程度地面临着资金流中断的风险和压力。

3. 环保、燃料等多因素导致企业生产成本不断上升

上涨的煤炭价格、不断提高的环保标准、碳达峰、矿山治理等多种因素促使建材行业企业生产成本不断上升,影响了行业效益的持续上升。企业需要通过数字化、智能化改造不断提高生产和经营管理的效率,实现降本增效,尤其要关注水泥产业链的延伸投资,通过强链补链增加销售产值和提升企业利润。

第二节 中国建材产业空间布局现状

随着城市化和工业化的快速推进,中国建材产业空间布局也得以全面展开。

一、中国建材产业空间布局情况

由于建材产业的空间布局较大程度上依赖于所在地的资源禀赋,因此,新冠肺炎疫情对中国建材产业空间布局的影响不大。

总体来看,建材产业在中国分布较为广泛,主要分布在东部沿海地区及中部地区。改革开放给东部沿海地区(例如山东和江苏等地)带来了资源和政策倾斜,同时受当地传统工商业的影响,这些地区形成了具有专业化分工、劳动密集的专业化乡镇,促进了其建材产业的快速产生和发展。建材产业在中部地区(例如河南、安徽和湖北等地)分布的主要原因有两个:一是地区建材相关资源丰富,二是当地对建材的消费需求高。

具体来看,中国主要建材产品(如水泥和平板玻璃)的空间布局又有所不同。水泥相关产业主要分布在东部沿海地区以及中部地区,较为分散,且沿海地区企业数量较高于中部地区。平板玻璃相关产业主要分布则较为集中,主要在河北、湖北和广东境内。

此外,由于建材产业对资源即生产所用原材料的依赖性较强,因此呈现出产业由东部向中西部转移的趋势。这就要求中西部地区要不断完善相关的配套设施建设,建立起活跃有序的市场环境,从而吸引资金和相关产业。表6-2反映的是2020年全国各省区市主要建材工业产品的产量。

表 6-2　2020 年全国各省区市主要建材工业产品产量

（数据来源：国家统计局）

省区市	水泥产量/万 t	平板玻璃产量/万重量箱	钢材产量/万 t
北京	286.90	51.73	184.42
天津	551.50	3 152.11	5 724.05
河北	11 860.00	13 728.37	31 320.12
山西	5 616.70	2 252.16	6 181.45
内蒙古	3 610.90	1 041.24	2 883.92
辽宁	5 447.00	4 682.69	7 578.40
吉林	2 232.80	1 199.02	1 661.22
黑龙江	2 409.90	399.14	878.96
上海	398.90	—	1 879.61
江苏	15 275.10	1 757.21	15 004.86
浙江	13 272.90	4 270.37	3 806.68
安徽	14 189.30	4 466.23	3 607.46
福建	9 718.40	5 362.13	3 861.65
江西	10 030.70	488.37	3 093.92
山东	15 970.40	7 792.64	11 269.32
河南	11 767.90	1 907.57	4 233.36
湖北	9 826.60	9 566.46	3 649.11
湖南	11 043.20	4 318.31	2 729.73
广东	17 165.50	10 027.52	4 866.19
广西	12 129.10	2 650.24	4 731.16
海南	1 838.80	424.67	—
重庆	6 524.40	1 596.50	1 309.95
四川	14 517.50	5 902.06	3 437.18
贵州	10 820.90	1 648.07	741.09
云南	13 130.30	2 459.27	2 640.72
西藏	1 085.00	—	—
陕西	6 809.80	2 222.51	2 019.98
甘肃	4 716.70	534.26	1 102.65
青海	1 225.80	74.34	189.11
宁夏	1 979.90	422.68	481.99
新疆	4 030.90	829.90	1420.52

二、中国建材产业发展空间差异分析

中国建材产业始终呈现出区域发展不平衡的特征,结合对中国建材产业的空间布局及其差异和变化的动态考察,本书从区位理论、比较优势理论、产业增长理论和产业转移理论等相关理论出发,重点从区域的自然因素、政策和管理因素、社会经济因素、科技因素和路径依赖5个方面对其发展空间差异进行分析。

(一)自然因素

根据区位理论和比较优势理论可以得出,影响中国建材产业空间布局的自然因素主要包括自然条件、自然资源禀赋等先天因素。自然条件如地理位置,自然资源禀赋如某个地区有利于发展建材产业的自然资源储量优势,二者都是建材产业产生和发展的前提条件,也是影响其空间布局的重要因素。中国东部地区大多临海,地理位置适宜,有利于建材产品的贸易往来,而中部地区大多蕴藏有丰富的建材产业原材料资源——这些都有利于建材产业的发展和集聚。

(二)政策和管理因素

自然因素是区域产业布局形成的基本条件,而资源配置效率的高低以及对各种资源及要素进行组合使之转化为现实的经济增长取决于区域的资源配置能力。一个地区的资源配置能力主要通过政府的相关政策和企业的组织管理能力等来体现。中国西部一些地区虽然有丰富的建材生产资源,但缺乏政府配套的政策扶持,相关市场发展落后,企业的发展缺乏相关经验,建材产业发展较缓慢。

(三)社会经济因素

根据区位理论、比较优势理论和产业增长理论可以得出,影响中国建材产业空间布局的社会经济因素主要包括地区的经济发展水平、人力资源禀赋、基础设施条件等。产业的发展会促进地方经济的发展,而地方经济的发展也会对其产业的发展产生影响。经济发展水平较高的地区,要素禀赋相对集中,基础设施更加完善,大大降低了建材产业产生和发展过程中的外部成本。中国东部沿海地区经济发展水平高,吸引人才流入,基础设施条件完善,因此建材产业集中度高且发展经营状况良好。

(四)科技因素

科技是第一生产力,是产业布局形成与变动的推动力。一方面,科技水平影响资源利用的深度和广度,从而影响地区的产业结构,推动产业布局的调整;另一方面,科技进步改变生产工具、交通工具和交通方式,使得产业的人力资源指向和运输指向发生改变。

（五）路径依赖

产业布局具有历史继承性，即过去形成的产业基础会成为新的产业布局的出发点，产生路径依赖。这种路径依赖既有利于地区产业的发展，但从某些方面来看又不利于其产业的发展。这是因为一个地区因路径依赖选择了某个产业，无论以后它所具有的区位因素是否更具有比较优势，发展该种产业是否更有效率，都很难脱离这种最初的选择。

三、中国建材产业配置分析

产业配置是指资源在产业部门间的流动。产业配置问题包括区域配置、市场配置以及自然环境资源配置等层面。

（一）区域配置

中国建材产业的产品主要包括水泥、平板玻璃和钢材等。其中，水泥产业多分布于东部沿海地区，2020年仅河北、山东、江苏、浙江等7个地区的水泥产量共计95 391.4万t，占全国的39.83%；平板玻璃产业则呈现出东多西少的特点，东部沿海地区的平板玻璃产量占全国平板玻璃总产量的56.60%，分别是中部地区产量总和与西部地区产量总和的2.1倍和3.4倍，钢材产量由于历史原因，集中于河北和江苏两省，如邯郸钢铁集团有限责任公司和江苏沙钢集团有限公司等，仅两省的钢材产量为31 320.12万t，占到了全国钢材产量的23.64%。建材产业在京津沪地区分布较少，传统建材产业存在着地域广且分布不均的特点。

（二）市场配置

受新冠肺炎疫情影响，2020年规模以上建材行业主要经济效益指标总体呈现"前低后高"的运行特征。在建材产业的各个行业中，营业收入增长前5的行业分别是平板玻璃工业、矿物纤维及制品工业、黏土和砂石开采工业、隔热保温材料工业和防水建筑材料工业，下降幅度较大的行业是纤维增强塑料工业、砖瓦和建筑砌块工业。利润总额增长前5的行业分别为轻质建筑材料工业、矿物纤维及制品工业、平板玻璃工业、技术玻璃工业、黏土和砂石开采工业，下降幅度较大的是砖瓦和建筑砌块工业。

（三）自然环境资源配置

中国主要建材产品生产所用的原材料主要是水泥石灰岩、硅质岩、高岭土、高纯石英和石墨。中国石灰岩储量约为504亿t，其中陕西省保有储量最多，为49亿t。青海省保有硅质岩储量为16.5亿t，占全国保有储量的42%；海南、辽宁、山东、陕西、广东、江西6省均为1.1亿~4.2亿t，共占38%。中国高岭土资源分布相对集中，江西是探明高岭土储量最高的地区，其次为吉林、新疆、福建、广西、湖南等地区，脉石英主要分布在江西、四川、安徽、新疆、黑龙江、陕西、湖南、浙江、广西9个地区,约占总储量的86.8%。晶质石墨矿主要分布在黑龙江、山西、四川等20个地区,隐晶质石墨主要分布在内蒙古、湖南、广东等10个地区。

第三节 中国建材产业绩效分析

一、中国建材产业绩效评价指标体系

为了进一步说明中国建材产业的发展情况,本书将通过建立建材产业绩效评价指标体系对中国建材产业的55家上市公司进行绩效分析,再根据上市公司所在地对相应地区的建材产业绩效进行分析。

(一)研究对象选取和数据来源

在研究对象的选取方面,本书选取A股市场的48家建材产业的上市公司作为样本,数据取自东方财富网各上市公司年报的相关财务数据(表6-3)。

表6-3 研究对象汇总表

序号	上市公司	序号	上市公司	序号	上市公司	序号	上市公司
1	三圣股份(002742)	13	四川双马(000935)	25	鸿路钢构(002541)	37	博闻科技(600883)
2	尖峰集团(600668)	14	冀东水泥(000401)	26	金圆股份(000546)	38	天山股份(000877)
3	西藏天路(600326)	15	杭萧钢构(600477)	27	精工钢构(600496)	39	四方新材(605122)
4	塔牌集团(002233)	16	西部建设(002302)	28	海螺水泥(600585)	40	祁连山(600720)
5	深天地A(000023)	17	四川金顶(600678)	29	万年青(000789)	41	金隅集团(601992)
6	韩建河山(603616)	18	福建水泥(600802)	30	宁夏建材(600449)	42	华新水泥(600801)
7	三和管桩(003037)	19	亚泰集团(600881)	31	宁波富达(600724)	43	青松建化(600425)
8	上峰水泥(000672)	20	富煌钢构(002743)	32	海南瑞泽(002596)	44	国统股份(002205)
9	龙泉股份(002671)	21	南玻A(000012)	33	中国巨石(600176)	45	福耀玻璃(600660)
10	山东玻璃纤维(605006)	22	海南发展(002163)	34	金晶科技(600586)	46	洛阳玻璃(600876)
11	中材科技(002080)	23	再升科技(603601)	35	耀皮玻璃(600819)	47	山东华鹏(603021)
12	宏和科技(603256)	24	北玻股份(002613)	36	正威新材(002201)	49	旗滨集团(601636)

(二)评价指标选取原则

本书建立发展水平评价指标体系遵循科学性、完备性和可操作性等基本原则。

1. 科学性原则

为使最终结果具有客观性和公正性,需要参考科学的依据对各指标进行选择。本书首先需要分析评价对象的内涵和特征,据此选取相应指标,力求能正确反映出其发展现状。

2. 完备性原则

为了使评价结果准确可靠,评价指标体系必须涵盖研究对象的方方面面。本书选取的评价指标应当能够全面反映相关产业的创新能力、竞争能力、成长潜力等。

3. 可操作性原则

指标的选取要注意数据资料提供的可能性、数据资料的收集难度及其可靠性等多个方面,从而保证指标能够有效地进行统计和比较。

(三)评价指标体系的构建

根据中国建材产业的特点,结合以上分析,我们构建了中国建材产业绩效评价指标体系,如表6-4所示。

表6-4 2020年中国建材产业绩效评价指标体系

一级指标	二级指标及计量单位	指标属性	指标编号
成长能力	营业总收入/元	正向	X_1
	归属净利润/元	正向	X_2
	营业总收入同比增长率/%	正向	X_3
	归属净利润同比增长率/%	正向	X_4
盈利能力	净资产收益率/%	正向	X_5
	总资产收益率/%	正向	X_6
	毛利率/%	正向	X_7
	净利率/%	正向	X_8
营运能力	总资产周转天数/d	正向	X_9
	存货周转天数/d	正向	X_{10}
	应收账款周转天数/d	正向	X_{11}
	总资产周转率/次	正向	X_{12}
	存货周转率/次	正向	X_{13}
	应收账款周转率/次	正向	X_{14}
财务风险	流动比率	适度	X_{15}
	速动比率	适度	X_{16}
	现金流量比率	正向	X_{17}
	资产负债率/%	逆向	X_{18}

二、中国建材产业绩效评价

（一）指标一致化

不同指标根据自身的性质可以分为正向指标、适度指标和逆向指标。正向指标值越大表明研究对象在这一方面的表现越好，逆向指标值越大表明研究对象在这一方面的表现越差，适度指标值居中则表示结果较好。本书将选取的指标经过处理使其属性统一转换为正向指标，以便更准确地进行分析和判断。

（二）指标无量纲化

在本书的评价指标体系中，指标众多且单位不同，为保证评价结果具有准确性，在评价之前需要对本书的指标进行无量纲化，使指标及其数据具有可比性。本书采用极值化方法对指标进行无量纲化处理。

（三）确定指标权重

一项指标在评价指标体系中的权重大小，体现着它在这个评价指标体系中的重要性，也影响着最终结果的可靠性与正确性。本书采用熵值法作为指标的赋权方法。

假设有 m 项指标，有 n 个产业（评价对象），X_{ij} 表示第 i 个产业的第 j 项指标，其中 $i=1,2,3,\cdots,n, j=1,2,3,\cdots,m$。

首先，对原始数据进行无量纲化处理，使它具有可比性，计算在第 j 项指标下第 i 个产业的贡献度（p_{ij}）：

$$p_{ij} = \frac{X_{ij}}{\sum_{i=1}^{n} X_{ij}}$$

其次，计算第 j 项指标的熵值（e_j）：

$$e_j = -\frac{1}{\ln n} \sum_{i=1}^{n} p_{ij} \ln p_{ij} \quad \text{其中} \ 0 \leqslant e_j \leqslant 1$$

再次，计算差异性系数（g_j）：

$$g_j = 1 - e_j$$

最后，计算第 j 项指标的权重（w_j），并计算产业综合得分：

$$w_j = \frac{g_j}{\sum_{j=1}^{m} g_j}$$

（四）实证结果

1. 指标权重的确定

利用 2020 年中国 A 股市场 48 家建材产业上市公司各项指标的数据，运用熵权法计算得出的各指标权重如表6-5所示。

表6-5 2020年中国建材产业绩效评价指标权重体系

一级指标	一级指标权重/%	二级指标及计量单位	指标编号	级指标权重/%
成长能力	17.1	营业总收入/元	X_1	14.4
		归属净利润/元	X_2	0.3
		营业总收入同比增长率/%	X_3	2.1
		归属净利润同比增长率/%	X_4	0.3
盈利能力	7.0	净资产收益率/%	X_5	2.0
		总资产收益率/%	X_6	2.1
		毛利率/%	X_7	0.6
		净利率/%	X_8	2.3
营运能力	46.7	总资产周转天数/d	X_9	11.1
		存货周转天数/d	X_{10}	5.8
		应收账款周转天数/d	X_{11}	7.7
		总资产周转率/次	X_{12}	1.8
		存货周转率/次	X_{13}	7.4
		应收账款周转率/次	X_{14}	12.9
财务风险	29.2	流动比率	X_{15}	12.5
		速动比率	X_{16}	13.9
		现金流量比率	X_{17}	0.6
		资产负债率/%	X_{18}	2.1

从表6-5可以看出，在2020年中国建材产业绩效评价指标权重体系中，企业的营运能力所占权重最高，其次是财务风险以及成长能力，最后是企业的盈利能力。首先，建材产业作为劳动与资本密集型产业，企业的盈利能力与轻资产企业相比不占优势。其次，2020年是较为特殊的一年，疫情的传播对中国建材产业市场的冲击较大，在考察企业绩效的同时更应当考虑其在危机中使企业稳中求胜的应对能力，这也是造成盈利能力权重较低的原因之一。

2. 实证结果及分析

根据上述指标权重体系计算得出2020年中国建材产业48家上市公司绩效的综合得分，如表6-6所示。

表6-6 2020年中国建材产业48家上市公司绩效的综合得分

排名	公司名称	所属地区	综合得分	排名	公司名称	所属地区	综合得分
1	博闻科技	云南	516.892	25	龙泉股份	山东	109.841
2	海螺水泥	安徽	315.615	26	杭萧钢构	浙江	109.829
3	四川金顶	四川	229.585	27	中国巨石	浙江	108.878
4	天山股份	新疆	217.507	28	亚泰集团	吉林	108.322
5	金隅集团	北京	212.078	29	海南瑞泽	海南	107.913
6	四川双马	四川	207.914	30	鸿路钢构	安徽	107.826
7	四方新材	重庆	201.286	31	洛阳玻璃	河南	106.789
8	西部建设	新疆	182.091	32	尖峰集团	浙江	105.813
9	塔牌集团	广东	170.359	33	富煌钢构	安徽	105.161
10	华新水泥	湖北	153.170	34	山东华鹏	山东	104.235
11	万年青	江西	141.408	35	韩建河山	北京	102.078
12	上峰水泥	甘肃	135.852	36	精工钢构	安徽	101.736
13	旗滨集团	湖南	134.071	37	海南发展	广东	101.023
14	再升科技	重庆	131.606	38	北玻股份	河南	100.240
15	宁波富达	浙江	131.186	39	南玻A	广东	99.465
16	祁连山	甘肃	130.943	40	金圆股份	吉林	94.679
17	宁夏建材	宁夏	128.689	41	三圣股份	重庆	93.766
18	冀东水泥	河北	127.037	42	山东玻璃纤维	山东	91.367
19	宏和科技	上海	126.795	43	正威新材	江苏	88.163
20	三和管桩	广东	123.847	44	耀皮玻璃	上海	87.632
21	福耀玻璃	福建	113.716	45	青松建化	新疆	86.676
22	福建水泥	福建	111.898	46	深天地A	广东	84.751
23	中材科技	江苏	111.382	47	国统股份	新疆	83.605
24	西藏天路	西藏	111.046	48	金晶科技	山东	81.634

在中国建材产业A股市场现有的48家上市公司中,东部沿海地区有23家,西部地区有17家,中部地区有8家。在绩效综合得分方面,排名前10的企业有6家在西部地区,分别为博闻科技、四川金顶、天山股份、四川双马、四方新材和西部建设,东部沿海地区和中部地区各2家,其中东部沿海地区包括金隅集团和塔牌集团,中部地区包括海螺水泥和华新水泥。

三、结论

通过对以上48家建材产业上市公司进行研究,主要可以得出以下结论。

(1)从整体来看,中国建材产业的发展绩效水平按地区从高到低依次为西部地区、东部沿海地区、中部地区。虽然从上市公司数量的角度来看,西部地区低于东部沿海地区,但西部地区上市公司的绩效水平在48家企业中大多位于中等偏上的水平。东部沿海地区所拥有的建材产业上市公司是中国A股市场建材产业上市公司总数量的一半,但大多处在中等偏下的水平。中部地区建材产业绩效水平与其他两个地区相比略为逊色。

(2)中国建材产业呈现出由东部向中西部转移的趋势。改革开放给东部沿海地区(例如山东和江苏等地)带来了资源和政策倾斜,同时受当地工商业传统的影响。这些地区形成了具有专业化分工、劳动密集的专业化乡镇,从而促进其建材产业的快速产生和发展。建材产业对资源即生产所用原材料的依赖性较强,为了降低各种运输费用等成本,以及调节中国建材产业不平衡不充分发展的现状,建材产业的重心由东部向中西部的转移是很有必要的。这就要求中西部地区要不断完善相关的配套设施建设,建立起活跃有序的市场环境,从而吸引资金和相关产业。

第四节 中国建材产业发展潜力分析

一、文献综述

由于国内外对建材产业发展潜力的相关研究较少,因此本书基于其他产业发展潜力的相关研究,总结出共通点,对中国建材产业的发展潜力进行分析。

(一)产业发展潜力影响因素研究

国外针对产业发展潜力影响因素的相关研究主要是从资源、市场和产品等方面展开的。Kelly(1998)以约旦为例,通过研究得出影响产业发展潜力的影响因素主要包括政治环境、产业政策、税率和微观管理等。McKercher(1993)认为,社会和环境能有效影响产业发展潜力。Hunter(1997)指出消费者的收入水平是影响一个产业发展的重要支撑条件。

国内学者李刚等(2020)认为国民经济核算数据是衡量一省经济发展潜力的重要手段。王兆峰(2008)指出,产业发展潜力受到产业资源、社会经济和环境容量等因素的影响。段威等(2021)从需求和供给的角度对产业的发展潜力进行研究。尹伟华等(2021)认为,随着中国居民收入水平的进一步提高,中国市场的发展潜力巨大。

(二)产业发展潜力评价研究

潜力评价模型研究至今仍是一个比较薄弱的环节,国外相关研究较少,Wade 等(2001)从区域发展历史与区域市场现状两个方面对坦桑尼亚的旅游产业潜力作了定性评价研究。马勇等(1997)从资源、社会经济和环境 3 个方面出发,建立了区域旅游发展潜力体系,并在此基础上构建了区域旅游发展潜力评价模型。杨敏(2006)认为,产业发展潜力评价指标体系的构建应综合考虑经济发展水平、市场需求能力、基础设施状况、产业发展现状和环境保护能力等因素。卢婷(2018)从市场需求、人力供给、政策支撑、基础设施、腹地经济水平等角度构建评价指标体系来研究邮轮相关产业的发展潜力。

(三)小结

综上所述,本书将产业发展潜力的影响因素概括为产业的科技创新水平、需求与供给状况、当地经济发展水平、政府扶持力度和自然资源状况,并从这些方面建立中国建材产业发展潜力评价指标体系。

二、方法选择

本书对中国建材产业的发展潜力分析分为两个部分,第一部分是对中国建材产业的发展潜力水平做出了评价,第二部分是对其未来五年的发展潜力水平进行预测。

(一)中国建材产业发展潜力水平评价

此部分对中国建材产业发展潜力水平选择的评价方法与本章第三节中对新冠肺炎疫情下中国建材产业绩效水平评价选取的方式一致。首先建立中国建材产业发展潜力水平评价指标体系(表 6-7)。

表 6-7 中国建材产业发展潜力水平评价指标体系

一级指标	二级指标及计量单位	指标属性	指标编号
科技创新水平	R&D 人员/万人	正向	X_1
	R&D 经费支出/亿元	正向	X_2
	科研机构数量/个	正向	X_3
	专利申请授权数/件	正向	X_4
需求与供给	居民消费支出/万亿元	正向	X_5
	政府消费支出/万亿元	正向	X_6
	建材市场成交额/亿元	正向	X_7
	建材市场数量/个	正向	X_8

续表 6-7

一级指标	二级指标及计量单位	指标属性	指标编号
经济发展水平	国内生产总值/万亿元	正向	X_9
	GDP 年增长率/%	正向	X_{10}
	人均 GDP/万元	正向	X_{11}
	人均 GDP 增长率/%	正向	X_{12}
政府扶持力度	国家财政科技支出/亿元	正向	X_{13}
	国家财政科技支出占国家财政支出比重/%	正向	X_{14}
产业发展现状	水泥产量/万 t	正向	X_{15}
	平板玻璃产量/万重量箱	正向	X_{16}
	钢材产量/万 t	正向	X_{17}

本节的数据来源于国家统计局，利用收集到的相关数据对以上指标进行一致化和无量纲化后，采用熵权法对指标进行赋权，再根据相应的公式计算出中国建材产业发展潜力水平每年的综合得分。

(二) 中国建材产业发展潜力水平预测

基于本章第三节中国建材产业发展潜力水平的评价结果，本节利用 ARIMA(p,d,q①) 模型对中国建材产业未来两年的发展潜力进行预测。ARIMA 模型全称为差分自回归移动平均模型 (autoregressive integrated moving average model)，是时间序列预测分析方法之一。该模型的基本思想是将预测对象随时间推移而形成的数据序列视为一个随机序列，用一定的数学模型来近似描述这个序列。这个模型一旦被识别后就可以从时间序列的过去值及现在值来预测未来值。ARIMA(p,d,q) 模型用公式可以表示为：

$$\left(1 - \sum_{i=1}^{p} \phi_i L^i\right)(1-L)^d X_t = \left(1 + \sum_{i=1}^{q} \theta_i L^i\right)\varepsilon_t$$

式中，L 为滞后因子。

本书采用 SPSS 软件对中国建材产业发展潜力水平的评价结果进行预测。

三、具体分析过程

(一) 中国建材产业发展潜力水平评价结果

1. 指标权重的确定

利用 2011—2020 年中国建材产业发展潜力水平评价体系中的各项指标值，运用熵权法

---

① p 为自回归项数，q 为滑动平均项数，d 为使之成为平稳序列所做的差分次数（阶数）。

的计算步骤得出各指标的权重(表6-8)。

表6-8 中国建材产业发展潜力水平评价指标权重体系

一级指标	权重/%	二级指标及计量单位	指标编号	权重/%
科技创新水平	24.77	R&D人员/万人	X_1	4.79
		R&D经费支出/亿元	X_2	6.01
		科研机构数量/个	X_3	8.63
		专利申请授权数/件	X_4	5.34
需求与供给	25.56	居民消费支出/万亿元	X_5	6.62
		政府消费支出/万亿元	X_6	6.45
		建材市场成交额/亿元	X_7	4.89
		建材市场数量/个	X_8	7.60
经济发展水平	22.06	国内生产总值/万亿元	X_9	6.61
		GDP年增长率/%	X_{10}	4.46
		人均GDP/万元	X_{11}	6.59
		人均GDP增长率/%	X_{12}	4.40
政府扶持力度	11.56	国家财政科支支出/亿元	X_{13}	6.48
		国家财政科技支出占国家财政支出比重/%	X_{14}	5.08
产业发展现状	16.05	水泥产量/万t	X_{15}	3.82
		平板玻璃产量/万重量箱	X_{16}	7.32
		钢材产量/万t	X_{17}	4.91

2. 实证结果及分析

根据上述指标的权重计算出2011—2020年中国建材产业发展潜力的综合得分,具体结果如表6-9所示。

表6-9 2011—2020年中国建材产业发展潜力得分情况

年份	科技创新水平得分	需求与供给得分	经济发展水平得分	政府扶持力度得分	产业发展现状得分	发展潜力总得分
2011	39.95	41.23	35.58	18.65	25.89	161.30
2012	36.73	37.91	32.71	17.14	23.80	148.29
2013	67.60	69.76	60.21	31.55	43.81	272.93

续表 6-9

年份	科技创新水平得分	需求与供给得分	经济发展水平得分	政府扶持力度得分	产业发展现状得分	发展潜力总得分
2014	95.89	98.95	85.40	44.75	62.13	387.12
2015	103.63	106.93	92.29	48.36	67.15	418.36
2016	122.18	126.07	108.81	57.02	79.16	493.24
2017	145.60	150.24	129.67	67.95	94.34	587.80
2018	172.56	178.06	153.68	80.53	111.81	696.64
2019	190.09	196.16	169.30	88.72	123.17	767.44
2020	197.38	203.68	175.79	92.12	127.90	796.87

通过图 6-10 和图 6-11 可以看出，2011—2020 年中国建材产业的发展潜力总体呈不断上升的趋势。从发展潜力的各个方面来看，每个单项的潜力也呈上升的趋势，其中需求与供给潜力的贡献最大，政府扶持潜力贡献最小。发展潜力与发展水平在一定程度上是相对应的，某一年建材产业的发展潜力越大，则这一年产业的发展水平越高的可能性也就越大。

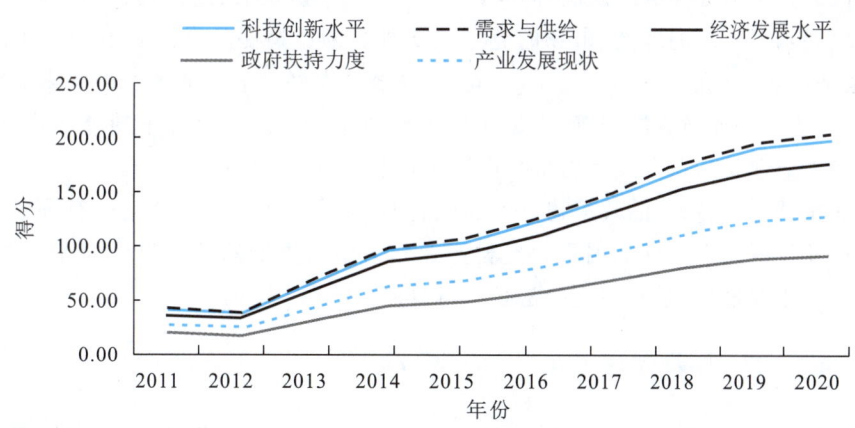

图 6-10　2011—2020 年中国建材产业发展潜力单项得分情况

近年来，随着中国经济社会的不断发展，作为中国重要的基础原材料产业之一，建材产业不仅与建筑业的发展密切相关，也被广泛应用于国民经济的各个部门，同时它也是改善人民居住条件和提高居住环境质量的重要消费品。随着中国经济的快速增长和大规模基本建设的展开，建筑材料作为生产资料和生活资料的属性都在日益强化，因此，中国社会经济的发展对建筑材料的需求也在不断扩大，这也就刺激着与此有关的市场供给的增加，即建材产业的需求与供给潜力在不断地增长。

建材产业在传统的发展过程中所涉及的大部分企业是劳动密集型、资本密集型企业，在其发展建设过程中高污染、高能耗、高物耗的弊端逐渐显现。现如今，国家大力推进生态文

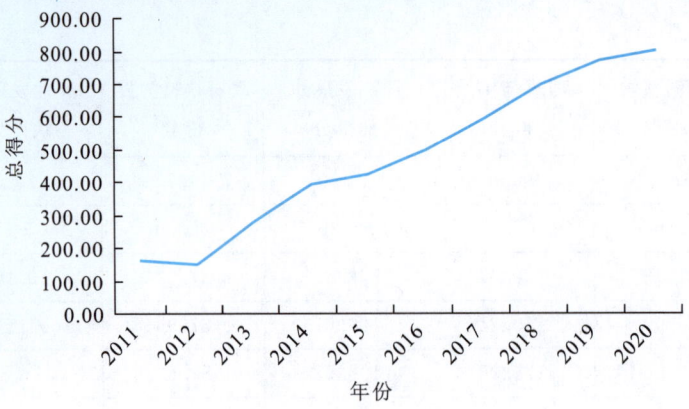

图 6-11 2011—2020 年中国建材产业发展潜力总得分情况

明建设,建材产业的绿色转型也是其发展的关键方面。在建材产业的某些生产环节注入新的技术,改造其薄弱环节,从而推动产业的升级,不仅有助于提高产品质量,同时也会产生相应的环境效益。如今社会各界都深刻意识到科技创新对产业发展的推动作用,并不断对此进行相应投入。因此,建材产业的科技创新潜力也是影响该产业发展的重要因素。

一个地区的经济发展水平对该区域内各种产业的发展具有重要影响。通常来讲,产业的发展会促进整个地方经济的发展,同时,一个地区的经济发展也会对其产业的发展产生影响。经济发展水平较高的地区,市场的竞争也更加激烈。这必然会激励各产业不断进行技术创新,也是产业发展的内在动力。与此同时,高经济发展水平的地区各种要素禀赋相对集中,基础设施等经济环境更加完善,有助于降低产业生产和发展过程中的外部成本。因此,经济发展潜力对建材产业发展潜力也会产生不可替代的作用。

政府的扶持,如一系列的政策建议和发展规划,都能为产业的发展创造有利条件,因此,它是影响产业发展的重要外部因素。建材产业作为中国重要的基础原材料产业之一,在国民经济中占有重要地位,政府的支持是必不可少的。

(二)中国建材产业发展潜力水平预测结果

利用 SPSS 软件,我们对 2021—2022 年中国建材产业发展潜力进行预测,结果如表 6-10 所示。

表 6-10 2021—2022 年中国建材产业发展潜力预测结果

年份	政府扶持力度潜力		产业发展状况潜力		建材产业发展潜力	
	预测值	置信区间	预测值	置信区间	预测值	置信区间
2021	202.907	186.207 6~219.606 4	209.373	192.142 4~226.603 6	180.700	165.827 8~195.572 2
2022	210.694	197.184 7~224.203 3	217.408	203.469 4~231.346 6	187.634	175.601 7~199.666 3

续表 6-10

年份	政府扶持力度潜力		产业发展状况潜力		建材产业发展潜力	
	预测值	置信区间	预测值	置信区间	预测值	置信区间
2021	94.689	94.689~102.483 1	131.472	120.655 2~142.288 8	819.141	751.727 9~886.554 1
2022	98.322	98.322~104.628 8	136.516	127.765 7~145.263 3	850.574	796.036 8~905.111 4

整体来看,未来两年中国建材产业的发展潜力相比之前有所增长,但增长幅度不大。这意味着中国建材产业的发展正处于较为稳定的阶段。这也显示出中国建材产业的发展顺应中国经济发展的方向,由高速发展向高质量发展转型。建材产业所涉及的水泥、平板玻璃等产业在传统的发展过程中经济增长方式较为粗放,经济结构不合理,能源、资源、环境等约束日益凸显。新时代的发展不能只重视经济效益,而是要兼顾经济效益、社会效益与环境效益,让建材产业稳中求进,在"质"的提升中实现"量"的稳定增长。

在全球经济充满不确定因素的条件下,宏观稳定成为稀缺的资源。因此,中国建材产业较为稳定的发展潜力也是中国经济稳定发展的重要支撑。

第五节　中国建材产业发展政策的调整方向

根据经济社会发展的趋势和要求,我们对中国建材产业发展政策的调整方向提出如下建议。

一、促进中国建材产业经营模式变革的政策建议

目前,中国建材产业的经营模式主要有 3 种,分别是摊位式的批发零售模式、连锁专营店模式和卖场模式。其中,摊位式的批发零售模式在经营过程中以量取胜,但批量经营不会关注到每一件建材产品的质量,往往会导致商品质量信誉度的降低。连锁专营店模式交易行为规范,经营环境有较大优势,但资金回笼较慢,风险较大。卖场模式产品丰富,品种齐全,但投资大,不易于管理。

随着大数据、云计算、物联网等新技术的发展与应用,中国建材产业经营模式的变革不仅要尽力打破其局限,更要利用信息化发展推动经营模式的升级。除了要具备新时代的经营理念、高效的客户服务、专业的产品落地和稳定的技术支持,建材产业还应抓住智慧商店、智慧商圈、智慧物流等新业态不断出现的机遇,通过供应链平台,使流通企业与生产企业能及时传导需求,实现需求、库存和物流信息的实时共享,不断提高供给质量。

二、促进中国建材产业结构调整和优化的政策建议

建材产业是中国重要的原材料产业。近年来,中国建材产业规模不断扩大,结构逐步优化,创新、绿色和可持续发展能力明显增强,但受经济增速回落、市场需求不足以及疫情等因素的影响,建材产业发展增速放缓、效益下降、分化加剧,水泥、平板玻璃等行业产能严重过剩。在碳达峰、碳中和的背景下,部分适应生产消费升级需要的产品缺乏,一些长期积累的结构性矛盾日益凸显。对此,本书就促进中国建材产业结构调整和优化提出如下政策建议。

(一)加大力度去产能、控产量

1. 推进联合重组

支持优势企业搭建产能整合平台,利用市场化手段推进联合重组,整合产权或经营权,优化产能布局,提高生产集中度,并结合联合重组、技术改造,优化生产要素配置,主动压减竞争乏力的过剩产能。

2. 推行错峰生产

在采暖地区推行水泥熟料错峰生产,缩短水泥熟料装置运转时间,压减采暖地区熟料产能,同时有效避免水泥熟料生产排放与取暖锅炉排放叠加,减少采暖期的大气污染。其他地区水泥熟料装置在春节期间和酷暑伏天也应错峰生产。对不宜临时停产的平板玻璃生产线,倡导通过行业自律按一定比例降低负荷、合理限产。

3. 加快产品的转型升级

1)鼓励企业创新,改善技术装备

支持企业开展清洁能源开发替代、清洁生产和资源综合利用、智能制造、新材料开发、产品深加工等转型升级改造,对产生相关社会效益的企业和项目实施差别化信贷政策等。

2)提升传统建材产品品质,开发和推广新兴建材

在鼓励企业提升水泥、玻璃、陶瓷等传统建材产品品质的同时,还应推动和帮助企业发展本质安全、节能环保、轻质高强的墙体与屋面材料和外墙保温材料等,引导利用可再生资源制备新型墙体材料。加快推进先进无机非金属产品的首批次示范应用,加大推广应用力度,扩大新材料产业规模。

(二)加快培育建材产业消费领域增长动力

1. 进一步推动建材产业供给侧结构性改革

建材产业的供给侧结构性改革首先要适应常态化疫情防控新形势,顺应时势,抓住机遇,在供给侧结构性改革上取得新成效。积极推动水泥、钢材等传统产业通过产业链延伸形成上下联动发展模式,通过各种方式加大力度鼓励它向绿色产业发展的转型升级。与此同时,引导玻璃、玻璃纤维、新型墙体材料等产业向节能化、智能化和高端化的方向发展。建材

产业需要努力推进供给创新,使产业和产品的发展适应经济社会的发展以及消费者的多元化需求。

2. 加快引导和培育消费市场

通过制定相应的规范和标准及鼓励各级政府、企业、个人购买相关建材产品等措施,引导和培育符合产业发展方向且符合社会发展需要的市场。在推进建材产业自身的绿色转型升级和高质量发展的同时,也要提高消费者的环保意识及培养消费者的高质量发展观念,推动消费市场的转型升级,从消费者的角度激发建材产业生产和发展新的市场潜力,促进其产业结构调整和优化。

3. 加强对建材产品价格的检测与引导

加强对建材产品尤其是水泥等大宗产品价格的检测与监督,通过适当引导有关的过剩产能行业有序、合规发挥生产能力,有序调整后续错峰生产政策等,推动建材产业建立与供需关系相适应的价格调节机制,防止由供过于求引起的市场竞争加剧,保障有序竞争,保障建材产品价格稳定,保障消费市场稳定。

三、促进中国建材产业发展方式变革的政策建议

基于当前信息技术的高速发展,在"双碳"背景下,本书围绕品质变革、效率变革和动力变革3个方面对中国建材产业发展方式的变革提出建议。

(一)系统化促进品质变革

中国的经济发展已从高速发展阶段转向高质量发展阶段。在高速发展阶段,建材产业做出了巨大贡献,但在高质量发展阶段,建材产业仍需不断改进,这就要求中国的建材产业在国家政策和市场需求的引领下,以质量为中心,打造更加完备的产业链条,突破核心技术,争取建成适应全球标准的品质保障体系。

(二)政府市场协同促进效率变革

政府要为建材产业的发展建立长期的公平竞争环境,严格执法监督,进一步发挥市场机制对建材产业要素价格的调控作用,提高要素分配的效率。同时,政府应深入推进水泥等行业的去产能工作,注重将改造提升传统产品和培育新型产品相结合,提高资源的利用效率。此外,由于产业的发展、技术的升级需要大量资金的投入,政府还应增强财政金融相关政策对建材产业的支持力度。

(三)创新引导动力变革

在新的经济社会背景下,建材产业实现从传统要素驱动向创新驱动发展的转变迫在眉睫。要大力提高建材产业的智能化和绿色化发展水平,优化生产结构,利用碳捕集和碳交易

等手段,降低建材产品生产过程中的碳排放量。

四、促进中国建材产业区域布局优化的政策建议

从中国建材产业区域布局现状可以看出,东部沿海地区仍是建材产业布局的核心地区,经济带成为产业发展的主要依托,总体布局呈现出区域间不平衡的特点。改善这种局面,优化中国建材产业区域布局,主要可以通过产业转移来实现,不仅有利于东部地区的产业结构升级,还有利于推动中西部的工业化和城市化进程。针对此问题,本书提出如下建议。

(一)建立促进建材产业转移的差异化产业政策

为引导东部沿海地区的建材产业向中西部转移,应制定差异化的区域产业发展导向目录和产业准入政策,鼓励建材产业在中西部作为重点产业发展,将中西部作为国家资源加工业和基础制造业的主要接替区进行扶持,促进西部地区由资源输出型经济向资源加工型经济转变。

(二)建立促进建材产业转移的要素激励机制和利益协调机制

针对建材产业,中西部地区虽然资源、土地等要素相对东部地区来说较为充足,但区位条件较差,而东部地区可利用的土地资源极度稀缺。因此,可以调整土地政策,增加中西部地区建材产业供地指标,提供产业转移用地保障,同时在税收等方面予以优惠,将中西部地区的资源优势转化为产业优势。

(三)促进建材产业布局的区域集聚和园区化

为促进中西部地区在全国建材产业的区域发展中形成合理分工,应通过工业布局集聚化和园区化发展,大力培育转移过来的建材产业,优化改造传统部分,使之成为这些地区经济发展新的增长点。

(四)推进国际区域经济合作

增进中国建材工业企业和"一带一路"沿线周边国家与地区的贸易合作、技术互助,促进国际区域经济合作,实现中国建材产业在更大空间范围内的优化布局。

第七章　中国化工矿业

化工矿业,或称化学矿山工业,隶属于化工原料非金属矿业,是基础矿山采掘工业。它包含化学矿山地质勘探和化学矿山建设生产等方面,是化学工业的重要组成部分。中国化工矿业从1949年至今经历了边勘探边生产,由手工操作到机械化,生产规模由小到大的发展历程,已经成为了矿产储量丰富、生产能力卓越、技术装备和产品品种较为完善、独具特色的工业生产体系(刘又三,1990)。

第一节　中国化工矿业发展现状

2020年初受新冠肺炎疫情影响,化工矿业在资源勘查和开发利用上存在一定断点,但第二季度以来矿业公司相继复工复产,矿业市场开始回暖,中国化工矿业经济形势大幅改善。作为农业及经济发展的原料产业,化工矿业在"十四五"时期产业转型发展过程中必将面临诸多挑战,资源家底薄弱、产业结构优化、供应链及运输安全存在风险以及生态环境威胁突出仍然是产业高质量发展亟待解决的难题。

一、中国化工矿业发展总体情况

(一)化工资源分布及开发利用进展情况

1. 化工资源总体分布进展情况

自1949年以来,化工矿业发展突飞猛进,已经有了70多年的历史。地勘队伍的艰辛付出探明了包括磷硫钾等多达27种化学矿产资源的储量情况,化学矿产的资源储量大幅增长,多数资源储量位居世界前列,为农用化工和工业发展做出了巨大贡献。其中,磷是中国重要的战略性矿产资源,对保障国家粮食安全具有重要意义,约66%的磷矿用于制取磷肥。如表7-1所示,截至2020年中国磷矿资源储量[①]为19.13亿t,新增资源储量9 667.50万t,2019年资源探明储量已达259.10亿t,资源潜量为560.00亿t,资源探明率为46.27%;

[①] 矿产储量参照国家标准《固体矿产资源储量分类》(GB/T 17766—2020),为证实储量与可信储量之和,与资源探明储量在地质勘探程度和统计口径上有所不同。

2020年磷矿勘查资金投入为1.23亿元,同比增长105%;钻探工作量达9.00万m,同比增长80.00%。中国磷矿资源储量虽位居世界第二,但总量不足全球的5%,并且大部分磷矿为沉积型磷块岩,约85%的储量为中低品位胶磷矿,品质较差,资源丰而不富。中国磷矿资源主要分布于云南、贵州、湖北和四川等地,形成了云南滇中、贵州开阳和湖北宜兴三大磷矿资源基地(周文雅等,2021)。

表7-1 主要化工矿产资源储量及探明情况

(数据来源:自然资源部《中国矿产资源报告2021》)

矿种	单位	2020年资源储量	2019年资源探明储量	资源潜量	资源探明率/%
磷矿	亿t(矿石)	19.13	259.10	560.00	46.27
硫铁矿	亿t(矿石)	6.95	62.80	184.00	34.13
钾盐	亿t(KCl)	2.81	10.10	20.00	50.50
硼矿	亿t(B_2O_3)	0.21	0.75	1.89	39.68
重晶石	亿t(矿石)	0.37	3.80	14.00	27.14
萤石	亿t(矿物)	0.49	2.40	9.53	25.18
钠盐	亿t(NaCl)	207.11	14 701.30	—	—
芒硝	亿t(Na_2SO_4)	17.73	1 190.60	—	—

硫是农用化工和工业发展不可或缺的资源,其主要产成品硫酸的利用程度及消费量反映了国家的工业化程度。近年来随着油气回收技术的逐渐成熟,石油天然气回收硫磺的产量逐步增加,但硫铁矿仍然是中国硫资源开发利用的主要来源之一,其余硫资源主要来自有色金属矿伴生硫等。中国硫铁矿资源储量丰富。2020年中国硫铁矿石储量为6.95亿t;2019年,资源探明储量已达62.80亿t,资源潜量为184.00亿t,资源探明率为34.13%。中国硫铁矿以单一硫铁矿矿床为主,大部分硫铁矿类型是煤系沉积型,分布在安徽、云南和广东等28个地区(王庚亮,2018)。

钾是植物生长发育必需的营养元素。钾资源主要以固体钾矿石和含钾卤水两种形式存在,世界约95%的钾盐用于钾肥生产。中国钾矿资源较为稀缺,主要以含钾卤水为主,集中分布于青海柴达木和新疆罗布泊等地。目前中国钾盐(折KCl)资源储量为2.81亿t,2019年已探明储量为10.10亿t,资源潜量为20.00亿t,资源探明率为50.50%(熊增华等,2020);2020年钾盐勘查资金投入为0.84亿元,同比减少6.70%;2020年钻探工作量达2.00万m,同比增长0.00%。此外,中国重晶石、芒硝等优势矿产资源丰富,2020年资源储量分别为0.37亿t和17.73亿t,资源储量均位居世界首位。

2. 化工资源开发利用进展情况

中国化学矿石主要以常规开采方式为主,且大部分矿石资源须通过浮选法等方式进行选矿后才能进一步加工利用。加工后的矿石资源主要用于化肥和化工产品生产,在工农业发展中发挥着重要的作用。据统计,中国约90%的硫资源用于生产硫酸,世界约90%以上的磷矿和钾盐资源用于生产磷肥和钾肥(张汉泉等,2020)。改革开放以来,工农业发展对化学矿的需求大幅增加,中国各种化学矿产品产量也随之得到提高。目前,中国已是磷矿和重晶石等化学矿资源的第一大产量国,但2020年受新冠肺炎疫情等多方因素的冲击,化学矿产品产量出现明显的变化趋势。如图7-1所示,中国多数主要矿产品产量在2020年2月份出现了明显断点,且大部分产量在1—3月份急剧下降,但4月份后化工矿业产业开始回暖,化学矿产品产量在波动中增长。从产量来看,2020年除磷矿石(折含P_2O_5 30%)产量为8 893.31万t,同比增长1.31%外,其他产量均明显低于2019年。据化学矿业协会统计,2020年中国硫铁矿石(折含S 35%)、磷肥(折含P_2O_5 100%)、钾肥(折含K_2O 100%)和硫酸(折100%)总产量分别为1 235.02万t、1 004.60万t、710.85万t和8 332.25万t,与2019年相比分别下降了6.32%、6.91%、6.95%和1.17%。

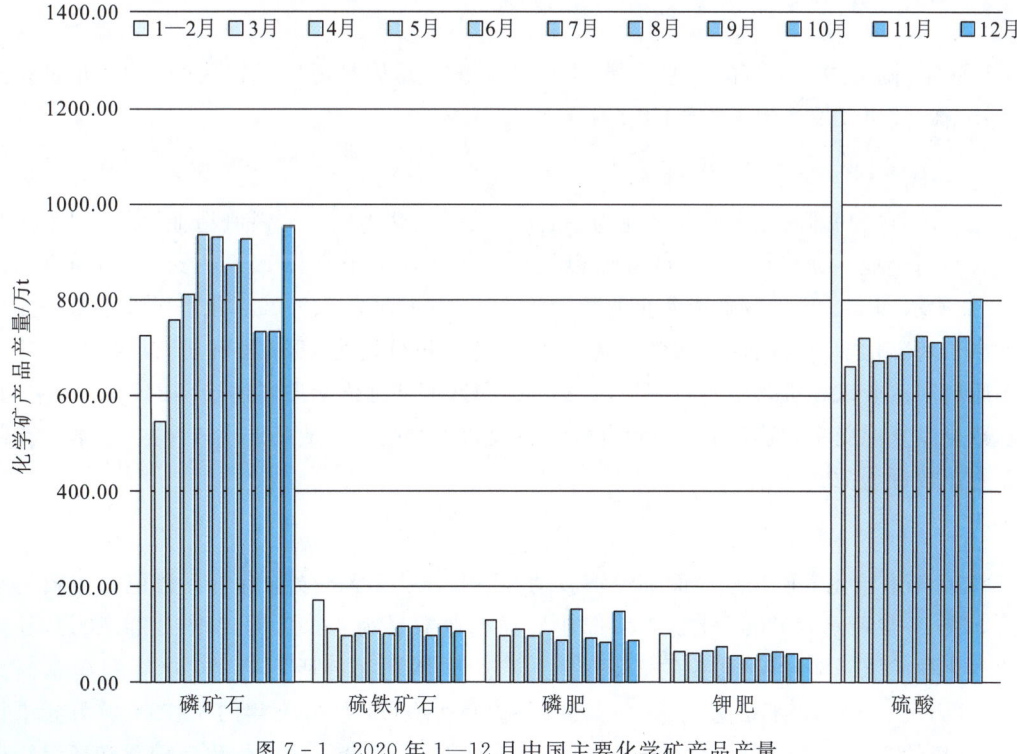

图7-1 2020年1—12月中国主要化学矿产品产量

(数据来源:中国化学矿业网)

3. 化学矿产品市场现状分析

2020年中国化学矿产品市场出现了明显波动,大部分表现出先抑后扬趋势。磷矿表现为需求量有所下降,且从消费结构看,磷矿下游产品需求以磷肥为主(占比76%)。2020年中国磷肥在第一季度价格持续下跌,但在第二季度以后市场整体氛围较好,出口市场和国内市场需求较为稳定,价格保持坚挺走势。硫资源主要用于制取硫酸,2020年中国硫酸出口量和价格都有所下降,前10个月累计出口154.8万t,同比下降10.40%。在国内市场,由于受2020年上半年产能过剩、疫情等因素的影响,硫酸供需波动较大,价格持续下跌;下半年由于疫情恢复,下游产业复苏但供应紧张,硫酸价格持续高涨。中国钾资源较为稀缺,钾盐主要用于制造钾肥,2020年中国钾肥市场需求一般,氯化钾价格持续走低,但总体供应较为稳定。在对外贸易方面,2020年1—11月中国共进口钾肥20.42亿美元,出口2.2亿美元,对外依赖度较高。除上述资源外,2020年石墨消费量总体呈增长趋势。从消费结构看,随着中国经济结构调整,石墨消费市场逐渐由耐火材料、钢铁等传统工业领域转向新材料等新兴产业领域,新兴产业石墨消费量占比不断上升。同时,萤石的消费市场以氢氟酸和炼铝工业为主,随着近些年中国水泥玻璃、炼钢、炼铝及氟化学等工业领域的不断发展,萤石的需求量仍保持增长态势。

(二)中国化工矿业发展总体进展现状

近年来,随着中国经济的快速发展,中国化工矿业总体呈现出了较快的发展,并对中国经济社会的健康发展产生了重要的影响。

1. 化工矿业产业整体布局情况

化工矿业以基础的化学矿采选业为主,向下关联到基础化学原料制造业、肥料制造业和化学农药制造业。据统计,2020年规模以上化工矿业相关企业共10 667家,其布局情况如图7-2所示,其中,化学矿采选业企业数量为211家,占比为1.98%。化工矿业下游企业主要集中于基础化学原料制造业和肥料制造业,企业数量分别为4826家和1790家,其中基础化学原料制造业以有机化学原料制造(2284家)和其他基础化学原料制造(1247家)为主,肥料制造业以复混肥料制造(785家)和有机肥料及微生物肥料制造(590家)为主;化学农药制造业企业数量为729家。

2. 化学矿采选业主要经济指标情况

2020年中国化学矿采选业面临经济波动和下行压力,经济效益有所下滑但总体较为平稳。如表7-2所示,2020年化学矿采选业亏损企业数量为41家,同比增长24.20%,亏损企业占化学矿采选业企业总数的18.90%。产业整体利润有所下降,2020年利润总额为203 103万元,与2019年相比,下降9.80%;负债有所增长,从2019年的3 379 606万元增长至2020年的3 418 836万元,增长1.20%。总体来看,虽然全行业面临税负较重和环保约束等多重压力,需求增长乏力,矿产品价格有所下降,成本增加,亏损企业数量增多,利润下滑,但企业亏损额大幅减少,各项费用和营业成本明显下降,产成品和存货进一步减少,总体资产额有微幅增长。

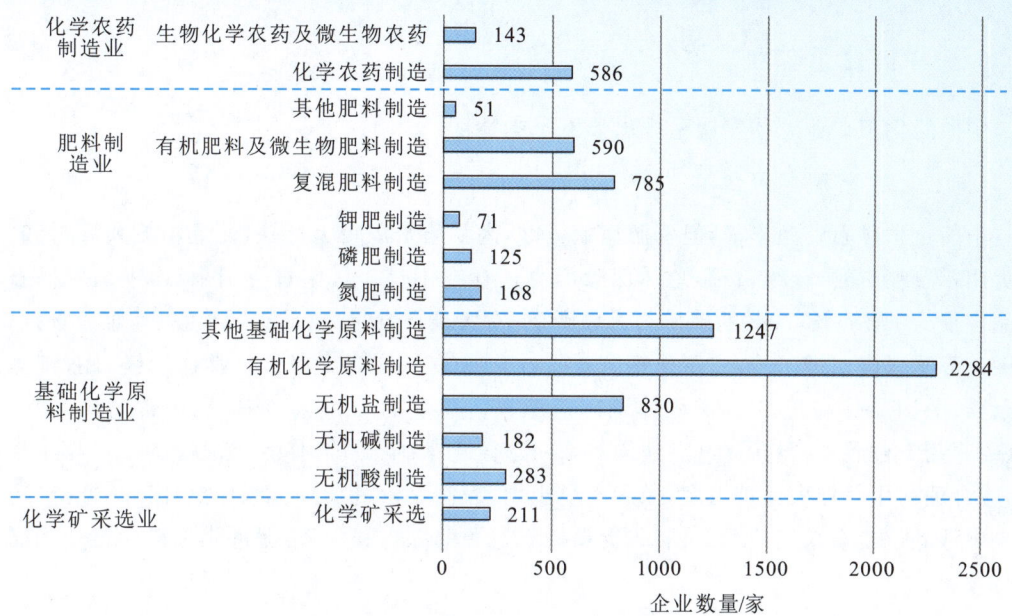

图 7-2 2020 年化工矿业相关企业布局情况

（数据来源：中国化学矿业网、《中国工业统计年鉴 2021》）

表 7-2 2020 年化学矿采选业主要经济指标情况

（数据来源：中国化学矿业网）

经济指标	2019 年	2020 年	同比变化幅度/%
亏损企业数/家	33	41	24.20
亏损企业亏损额/万元	59 849	28 602	-52.21
应收票据及应收账款/万元	434 058	575 903	32.68
产成品/万元	216 024	196 767	-8.91
流动资产平均余额/万元	2 663 584	2 730 651	2.52
存货/万元	472 381	453 311	-4.04
资产总计/万元	5 736 788	5 773 792	0.64
负债合计/万元	3 379 606	3 418 836	1.16
营业收入/万元	3 671 563	3 149 470	-14.22
营业成本/万元	2 784 119	2 395 811	-13.95
产品销售费用/万元	173 645	138 888	-20.02
管理费用/万元	234 321	207 358	-11.51
财务费用/万元	97 307	88 620	-8.93
利润总额/万元	225 236	203 103	-9.83

(三)中国化工矿业总体发展基本特征

中国的化工矿业总体发展呈现出如下基本特征。

1. 化学矿资源丰富但品质较差

中国化学矿石资源丰富,但资源禀赋较差,高品质资源较为稀缺,而且粗放式开采和"优矿劣用"等现象尚未杜绝,资源总体保障能力还存在不足。从矿石类别来看,中国磷矿石平均品位仅为16.85%,70%的磷矿石为胶磷矿,有害杂质含量高,矿石颗粒细小,难以选别;中国钾矿资源以卤水钾矿为主,氯化钾含量为10~20g/L,品位较低,且常伴生镁、硼、锂等多种杂质;中国品位高于11%的固体硼矿资源只占总量的16.8%,液体硼矿常与钠、锂、钾、氯、硫等几十种元素密切共生(袁建国等,2017)。化学矿石资源作为稀缺性和不可再生性资源,应合理利用并加大保护力度,做到及早规划、控制总量、提升质量、保护环境。此外,还需加快中低品位矿石采选技术的创新,提高矿石资源的综合利用率,促进化工矿业行业的循环经济发展。

2. 化工矿业产业结构发展不均衡

中国化工矿业产业结构不合理,市场综合竞争能力不足,产业链较短,产品相对单一且附加值含量整体不高。就化工矿业而言,有实力的大中型化学矿山数量不多,初具规模的矿山很难达到预期设计产能;而小型矿山企业数量多且分布较散,缺乏统一的生产和经营管理,大部分规模效益较差。就化学矿产品生产企业而言,大多数经营范围较广,分属化工、有色和冶金等部门,缺乏大规模、精细化生产的化工企业,现阶段诸如有机磷等高附加值产品的生产比例仍然较低。"十四五"时期,化工矿业行业应将提升产品质量和国际竞争力作为高质量发展的战略重点。

二、中国化工矿业发展存在的主要问题

受资源禀赋和技术水平限制以及疫情冲击等诸多因素影响,中国化工矿业发展在首端资源开发到末端产品供给过程中存在资源家底较为薄弱、产业结构有待优化、供应链及运输安全风险以及生态环境威胁突出等问题。

(一)资源家底仍旧薄弱

随着中国经济总量和综合国力的大幅提升,工业化进程对化学矿资源的消费需求将持续增加。这意味着中国化学矿资源的家底依旧薄弱,即便是传统的优势矿产也面临着资源保障能力退化、供应过剩和出口过量等问题。

1. 化学矿勘查找矿投入不足

大部分化学矿勘查资金投入和钻探工作量都呈下降趋势。据《中国矿产资源报告(2021)》,2020年石墨勘查资金投入和钻探工作量分别为1.58亿元和11.00万m,同比减少

24.00%和38.90%；钾盐勘查资金投入为0.84亿元，同比减少6.70%，钻探工作量保持不变，为2.00万m。此外，目前化学矿勘查新增资源质量也在不断下降，大多是低品位、难选冶和深埋藏的资源，在生态上或技术经济上难以实现开采，并且500m以浅的固体钾盐等矿产很难再有重大找矿突破和发现。

2. 化学矿资源综合利用率亟待提升

由于技术限制，中国目前对中低品位化学矿石资源的利用水平较低，并且化学矿常常存在诸多伴生资源，导致很多企业直接放弃加工回收处理，造成了资源浪费。据统计，2018年中国磷矿山排放尾矿10 063.49万t，但年利用尾矿为849.35万t，尾矿利用率仅为8.44%（周文雅等，2021）。

3. 钾矿等化学矿资源依旧紧缺

世界约70%的钾矿资源集中在加拿大、白俄罗斯和俄罗斯三国。中国是农业大国，土壤中钾含量较为稀缺，对钾资源的需求量极大，并且中国现有钾资源主要为盐湖可溶性钾矿，含有较多杂质，提纯成本和难度都较高。因此，目前中国钾盐长期依赖进口，对外依赖度高达50%左右，易受国际市场价格垄断影响（王鑫等，2018）。

（二）产业结构有待优化

提高行业准入门槛，持续优化产业结构，是推动化工矿业高质量发展的关键。中国化工矿业产业结构目前存在一定的不合理现象，主要体现在以下几个方面。

1. 中小矿山多经营粗放

与发达国家相比，中国有实力的大型化学矿山仍较为稀缺，企业规模、技术和产量都还存在一定差距，由于小型矿山数量较多，缺乏科学管理，存在经营粗放、开采率低和资源浪费等现象，总体效益较差且尚未形成规模。如美国的一些产磷企业资源回采率可达95%以上，而中国大型磷矿山的平均回采率仅为86.45%，小型矿山的开采水平参差不齐，大多在30%~50%之间（温婧，2011）。

2. 产业技术水平有待提升

近年来，虽然大型矿山的技术有了新的突破，但尚未在行业中完全普及，中小型化学矿山技术资金投入不足，智能采矿技术和大型设备装备水平参差不齐，在机械化生产、资源利用等多个方面存在较大差距。

3. 企业抗风险能力不强

大多数矿山企业都存在社会责任重、债务多及税负压力大等问题，随着环境约束的不断增大，企业自身技术和创新水平却没有得到明显提升，导致大多数企业经营状况欠佳，总体抗风险能力不强。

（三）供应链及运输安全存在风险

维持化学矿产品的稳定供应对化工矿业经济发展起到至关重要的作用，但中国在化学矿产品贸易中仍存在以下两方面的问题。

1. 化学矿产品供应链风险仍然存在

化学矿产资源供应链是一种涵盖化学矿山生产及运输至下游企业的产运供应链条，供应链中任一关键节点出现问题都会对整个供应链造成影响（陈其慎等，2021）。国内化学矿产品供应主要依赖铁路运输，资源进出口主要依赖水路或铁路运输，汽运主要体现在化学矿产品的短途倒运上。2020年年初，全国各地因疫情影响实施交通管制，加之供应链上游矿产品制造企业停产，化学矿产品供应出现短暂断点，但随着后期疫情缓和，工人上岗及物流运输问题得到了一定的缓解。

2. 国内外市场疲软和贸易摩擦问题凸显

化学矿产品供应是一种市场驱动型的供应链，因此，矿产品价格是矿业市场的风向标。2020年年初，大部分化学矿产品现货及期货价格均出现不同程度下跌，国内外市场需求有所下降。此外，不少国家对中国市场进行管制，引发了化学矿产品的涉外企业面临接单难、履约难、国际物流不畅以及贸易壁垒增多等诸多问题，化学矿产品贸易摩擦的增大对中国海外矿业项目建设造成了很大影响。

（四）生态环境威胁突出

由于化学矿产品的特殊属性，其开采利用会对生态环境造成一定威胁。

1. 早期环境破坏难以修复

化学矿采选以及矿产品生产过程均会产生大量的废石、废水、废气、尾矿和粉尘，污染周围的水体、大气和土壤，破坏生态平衡。由于早期只重视经济发展，缺乏环保意识，对矿产企业的综合管理较为松散，粗放式开采及滥采滥挖的现象十分普遍，先开采后治理的方式大大增加了生态负担，使得很多矿区污染严重，生态环境一时难以修复。

2. 绿色矿业资本投入不足

绿色化学矿山建设主要依靠财政投入和矿山企业的被动投入，投资渠道相对单一，多元化的投入机制尚不完善，资金较为缺乏。同时，化学矿山的保护以及老旧矿山的生态修复是一个工程量大、周期性长和资金投入高的过程，小型矿山企业常常无力承担高额的修复支出，存在一定的抵触情绪。此外，矿山生态修复的不确定性风险较高，很难吸引较多的社会资本投入。

3. 政策监管体系有待完善

化学矿山的生态监测是一个工作量大且技术性难的项目工程，目前政府还未建立起完善的政策监管体系，尚未实现"源头预防、过程控制、损害赔偿、责任追究"的制度机制，缺乏矿山生态修复的调查、评价、监测、监管能力，对化学矿山生态破坏的事中事后监管不足，常常导致化学矿山企业生态修复主体责任落实不到位。

第二节 中国化工矿业空间布局现状

"十四五"时期是化工矿业发展的机遇期,在国民经济高速发展和工业化进程突飞猛进的驱动下,作为工农业建设的最基础原料,化学矿产资源的需求将日益增长。合理的空间布局成为化工矿业抓住发展机遇和迎接高质量发展的关键。

一、中国化工矿业空间布局情况

以下从资源、产量和企业分布3个视角对中国磷矿、硫矿、钾矿采选业和其下游相关矿肥矿化行业空间布局情况做简要介绍。

(一)磷矿

1. 磷矿采选业

磷是中国重要的战略性矿产资源,被广泛应用于磷肥、饲料、食品加工及化工等多个领域,对促进农业发展和保障国家粮食安全具有重大贡献。如表7-3所示,从资源分布来看,中国磷矿石资源分布较为集中,主要分布在云、黔、川、鄂等地区,约占全国保有储量的85%。从产量分布来看,2020年全国磷矿采选业总体发展较为平稳,全国磷矿石(折含 P_2O_5 30%,下同)产量为8 893.32万t,同比增长1.31%,产量分布于11个省份。除云南和辽宁两省的磷矿石产量相比去年减少外,其余省份均呈现增长趋势。从企业分布来看,全国磷矿采选及加工企业主要分布在产磷地区和长江中下游地区(马丽娜,2020),湖北、云南、贵州和四川4省的企业数量约占全国总数量的93.28%,磷矿采选整体上形成了大中小矿山并举,国有、集体和个人矿山共同发展的格局(李英华,2018)。

表7-3 2019—2020年全国磷矿石(折含 P_2O_5 30%)分省产量表

(数据来源:中国化学矿业网)

地区	2019年产量/万t	2020年产量/万t	同比变化幅度/%	地区	2019年产量/万t	2020年产量/万t	同比变化幅度/%
全国	8 778.00	8 893.32	1.31	河北	57.93	61.24	5.71
湖北	3 743.67	3 828.14	2.26	湖南	25.31	30.42	20.19
贵州	2 082.44	2 132.89	2.42	辽宁	20.11	15.52	−22.82
云南	2 011.81	1 807.52	−10.15	陕西	1.00	1.46	46.00
四川	727.04	841.70	15.77	黑龙江	0.02	0.05	150.00
河南	105.10	174.38	65.92	安徽	3.57	0.00	—

从总体来看,磷矿采选业空间布局很大程度上由磷矿资源的分布特征决定。如图7-3所示,湖北省是中国磷矿储量最大,开采企业最多,年开采量最大的省份,2020年湖北省磷矿产量占全国总产量的43%,磷矿采选主要集中在宜昌、胡集、保康、荆襄和兴山—神农架等地区;贵州省磷矿产量位居第二,占全国总产量的24%,磷矿采选集中在开阳、瓮福等地区;云南省是中国第三大磷矿大省,产量占全国磷矿石总产量的20%,磷矿采选集中在滇池等地区;四川省磷矿产量占全国总产量的10%,磷矿采选集中在金河—清平、马边—雷波等地区。鄂、黔、云、川4省磷矿石产量共占全国磷矿石总产量的97%,产业布局过于集中(魏鹏,2011)。

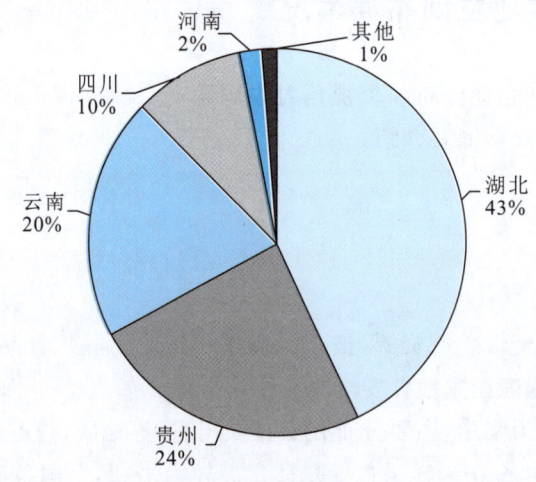

图7-3 2020年全国磷矿石(折含P_2O_5 30%)产量空间布局情况

(数据来源:中国化学矿业网)

2. 磷肥及磷化工行业

磷肥行业是磷矿采选的主要下游产业。中国约66%的磷矿用于制取磷肥,2020年全国磷肥(折含P_2O_5 100%,下同)产量为1 004.60万t,同比下降6.91%,产量分布于24个省份。如图7-4所示,湖北、贵州、云南、四川和安徽是磷肥的主要产地,5省磷肥产量共占全国磷肥总产量的78.56%。磷化工行业是指除磷肥以外的磷化工产业,如黄磷生产及后加工产业等,中国磷化工产业以生产磷酸盐为主体,品种较为齐全且各具规模。目前,中国磷化工企业已有400多家,逐渐形成母体产品靠近原料产地,沿海地区重点发展磷系衍生品和精细化学产品的格局,产业集中分布在云、黔、川、鄂等省份,以湖北兴发、云南磷化等企业为代表(问立宁,2019)。

(二)硫矿

1. 硫铁矿采选业

硫是重要的化工资源,为化工发展提供了基础原料。长时间以来,中国主要以硫铁矿制酸,但其制酸成本和对环境的破坏较高,因此每年还需大量进口硫磺用以弥补制酸缺口。如

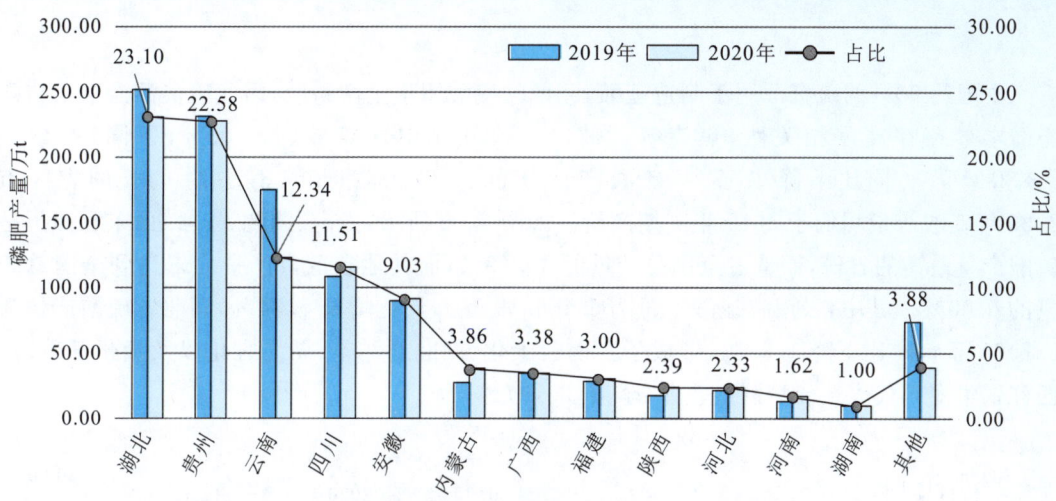

图 7-4 2019—2020 年全国磷肥(折含 P_2O_5 100%)产量布局情况

(数据来源：中国化学矿业网)

表 7-4 所示，中国约 70% 的硫铁矿资源集中分布于川、黔、云、皖、粤及内蒙古地区。从产量分布来看，2020 年中国硫铁矿(折含 S 35%，下同)产量为 1 235.00 万 t，同比下降 6.32%，产量分布于 16 个省区。除广东、福建、广西和甘肃 4 个省区硫铁矿产量有所增长外，其他省区表现为不同程度的减少。从企业分布来看，约 50% 的硫铁矿采选企业集中分布于四川、辽宁、安徽、江西及广东等地。

表 7-4 2020 年全国硫铁矿石(折含 S 35%)产量布局情况

(数据来源：中国化学矿业网)

地区	产量/万 t	同比变化幅度/%	占比/%	地区	产量/万 t	同比变化幅度/%	占比/%
全国	1 235.00	−6.32	100.00	广西	38.82	261.07	3.14
广东	352.66	1.79	28.56	湖南	34.65	−7.44	2.80
江西	277.71	−3.73	22.49	新疆	22.17	−19.31	1.80
安徽	217.88	−17.10	17.64	江苏	18.36	−13.97	1.49
陕西	60.52	−8.81	4.90	浙江	5.40	−32.77	0.44
云南	58.65	−16.06	4.75	四川	4.04	−30.75	0.33
内蒙古	52.92	−22.28	4.28	甘肃	1.81	22.77	0.15
辽宁	49.09	−22.30	3.97	山东	0.38	−82.63	0.03
福建	39.94	3.77	3.23			—	

2. 硫酸行业

中国约90%的硫资源用于制造硫酸,58%的硫酸用于生产磷肥,因此硫资源需求量与磷肥需求量存在高度相关性(焦森等,2021)。2020年中国硫酸(折100%,下同)产量为8 332.25万t,同比下降1.17%,硫酸产量分布于28个省区市,其中约64%的省区市2020年硫酸产量均低于2019年同期产量。如图7-5所示,云南、湖北、安徽、山东和四川是硫酸产量最高的省份,产量占全国总产量的49.59%,而其他省区市产量均未达到全国总产量的6.00%。其中,云南省硫酸产量为1 566.39万t,同比增长5.34%,湖北省硫酸产量为837.63万t,同比下降1.33%,形成了云南云天化、湖北新洋丰、湖北宜化以及贵州开磷、江西江铜集团等代表性硫酸制造企业(李崇,2019)。

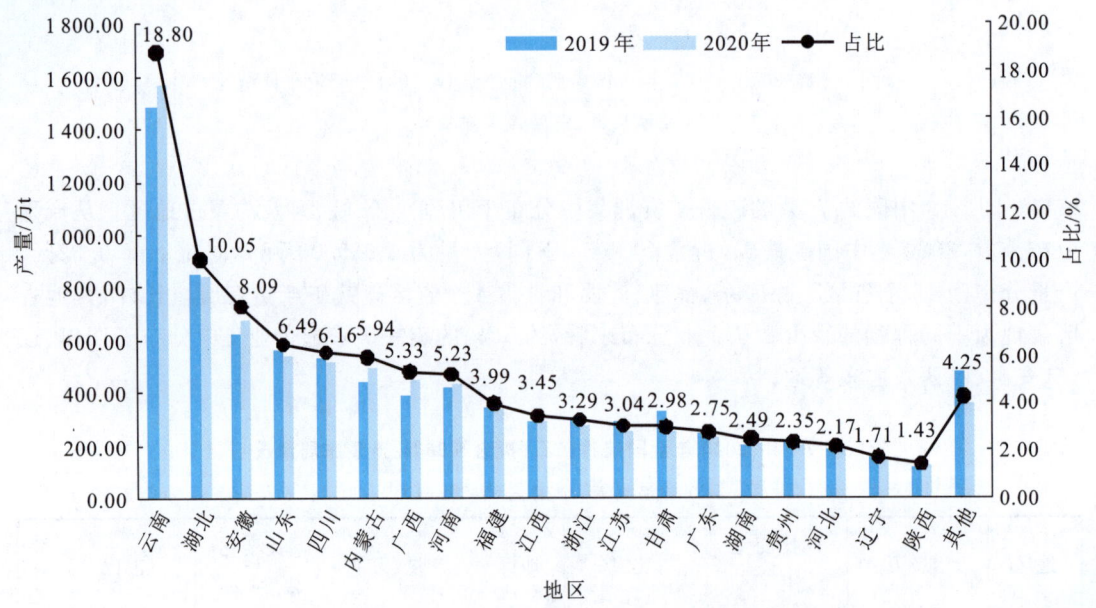

图7-5 2019—2020年全国硫酸(折100%)产量布局情况

(数据来源:中国化学矿业网)

(三)钾盐与钾肥

钾是植物生长以及人类生活必需的营养元素,被誉为"粮食"矿产,95%的钾都用于生产化肥和农药。中国钾资源比较匮乏,自给率仅60%左右,且现有钾资源多数为难溶性钾,主要分布在青海柴达木盆地和新疆罗布泊地区。钾肥是钾资源的主要制取物,2020年全国钾肥(折含K_2O 100%,下同)产量为710.85万t,同比下降6.95%,分布于22个地区。由表7-5可知,中国钾肥产量主要集中于青海和新疆两区。相关资料显示,从企业分布看,青海盐湖、国投罗钾、藏格控股以及青海中信国安等是代表性钾盐钾肥生产企业(吴江等,2019)。

表 7-5　2019—2020 年全国钾肥(折含 K_2O 100%)产量布局情况

(数据来源:中国化学矿业网)

地区	2019年产量/万 t	2020年产量/万 t	占比/%	地区	2019年产量/万 t	2020年产量/万 t	占比/%
青海	529.30	486.32	68.40	重庆	9.77	11.16	1.57
新疆	90.07	74.41	10.47	湖北	15.90	11.06	1.55
河南	45.30	50.49	7.10	内蒙古	6.53	8.65	1.22
山东	18.90	17.57	2.47	吉林	7.33	7.16	1.01
河北	9.30	12.85	1.81	其他	31.55	31.18	4.39

二、中国化工矿业发展空间差异分析

由于资源禀赋和交通等基础设施条件限制,中国化工矿业产业发展与资源分布呈现高度的关联性,产业整体生产空间聚集度较高,不同矿种和不同地区之间的产业发展存在较大的差异。

(一)空间差异呈现的主要特征

中国化工矿业产业布局总体表现为生产空间高度集聚的特征。以磷硫钾等化学矿及产品为例,如表 7-6 所示,磷矿采选主要集中在磷矿资源储量丰富的华中地区和西南地区,2020 年两地区磷矿石产量共占全国总产量的 99.12%。相较而言,东部地区和北部地区磷矿石资源较为稀缺,由此形成了"南磷北运"和"西磷东调"的格局。磷肥产量主要集中在西南地区、华中地区和华东地区,2020 年的磷肥产量分别为 466.42 万 t、258.39 万 t 和 140.50 万 t,与 2019 年相比均有所下降,共占全国磷肥产量的 86.14%。磷肥产量布局与磷矿石产量布局存在高度的重叠性,表现为具备优越的地理条件和出口贸易优势的华东沿海地区是许多磷肥出口企业和磷酸盐等精细磷化工产业的集聚地。

2020 年,中国 77.02% 的硫铁矿产量集中在资源储量丰富的华东地区和华南地区,74.21% 的硫酸产量分布在西南和华中等产磷地区和资源丰富且工业较发达的华东地区,这很大程度上是由硫酸作为工业原料的基础属性决定的。

此外,中国钾盐钾肥产量高度集中在资源储量丰富的西北地区。2020 年,中国西北地区的钾肥产量为 566.86 万 t,占全国总产量的 79.74%,与 2019 年的 625.07 万 t 相比下降了 9.31%。

表 7-6 2019—2020 年部分化工矿产品区域产量布局情况

矿种	区域	2019年产量/万 t	占比/%	2020年产量/万 t	占比/%
磷矿石	华北	57.93	0.66	61.24	0.69
	华中	3 874.07	44.13	4 032.93	45.35
	华东	3.57	0.04	0.00	0.00
	华南	0.00	0.00	0.00	0.00
	东北	20.13	0.23	15.57	0.17
	西南	4 821.30	54.92	4 782.11	53.77
	西北	1.00	0.01	1.46	0.02
磷肥	华北	56.10	5.20	69.35	6.90
	华中	274.18	25.41	258.39	25.72
	华东	141.66	13.13	140.50	13.99
	华南	43.11	3.99	39.62	3.94
	东北	0.00	0.00	2.28	0.23
	西南	540.41	50.07	466.42	46.43
	西北	23.73	2.20	28.04	2.79
硫铁矿	华北	68.09	5.17	52.92	4.29
	华中	37.43	2.84	34.65	2.81
	华东	621.32	47.13	559.67	45.32
	华南	357.22	27.10	391.48	31.68
	东北	63.17	4.79	49.09	3.97
	西南	75.72	5.74	62.69	5.08
	西北	95.33	7.23	84.50	6.85
硫酸	华北	692.68	8.22	741.96	8.91
	华中	1 467.79	17.41	1 480.77	17.77
	华东	2 412.16	28.61	2 368.01	28.42
	华南	629.76	7.47	673.53	8.08
	东北	242.31	2.87	227.82	2.73
	西南	2 394.43	28.40	2 334.50	28.02
	西北	591.64	7.02	505.66	6.07
钾肥	华北	15.93	2.09	21.60	3.04
	华中	61.20	8.01	61.55	8.66

续表 7-6

矿种	区域	2019年产量/万t	占比/%	2020年产量/万t	占比/%
钾肥	华东	27.80	3.64	27.77	3.91
	华南	4.19	0.55	4.80	0.68
	东北	10.01	1.31	10.55	1.48
	西南	19.75	2.59	17.72	2.49
	西北	625.07	81.82	566.86	79.74

(二)造成空间差异的主要因素

1. 化学矿石资源分布与区域定位

资源分布和区域定位是中国化工矿业发展存在空间差异的主要因素。工业化发展大多以自然资源的开发利用为前提，自然资源富裕的地区往往也是工业化发展较早的地区。因此，资源禀赋不均很大程度上导致了矿业产业分布不均。加之1949年后国家重点发展中西部的矿产资源勘查及开发工作，在此区域形成了许多资源型矿业城市群和矿业大省，区域矿业发展逐步趋向了专门化。近年来，随着工业化和城镇化的推进，中国对矿产资源的需求持续上升，化工矿业等许多矿业产业布局仍延续"资源驱动"的特征，化学矿产资源富集的地区仍是化工矿业产业布局的核心地区，如中国磷矿石主要分布在中西部内陆高原，硫铁矿分布在东南丘陵等地区，钾盐矿分布在西北盆地，而相应的磷硫钾化工企业也多集中在这些地区（李格锐，2014）。

2. 化工矿业产业布局

产业布局是中国化工矿业发展存在空间差异的重要因素。中国化工矿业产业布局长久以来采用的是地域生产综合体开发模式，以化学矿资源开发为主导，在周边布局、发展前后关联产业，但随着经济发展方式的转变，这种产业布局的弊端开始显现。比如，它只重视了矿业发展的经济效益，对区域环境和社会效益认识不足，忽视了产业内部关联性和区域协调发展的重要性，对区域总体经济的推动作用不强，拉大了整体产业布局空间差异等。特别值得一提的是，在沿江地区布局的精细化工产业大多依赖于中部内陆地区的矿产资源，并且存在整体产业布局分散，企业规模水平参差不齐和配套衔接不强的问题，产业内标杆的龙头企业较少，与"十九大"提出的"促进产业中高端"发展和培育"世界级先进制造业集群"的目标还存在较大的差距（王波，2020）。

3. 化工矿业开发技术

开发技术是中国化工矿业发展存在空间差异的次要因素。中国化学矿产资源开发潜力巨大，很多区域蕴含着丰富的化学矿产资源，但由于目前开发技术的限制，部分地区化学矿资源无法实现开采或者开采利用的成本太高，总体经济效益不高，不具有市场优势。这导致该区域矿业产业发展水平较为落后。

4. 化工矿业运输的交通条件

交通运输也是中国化工矿业发展存在空间差异的因素之一。西部内陆地区的基础设施水平较差，与目标市场距离较远，大规模、高强度和长距离的化学矿产品运输给交通造成压力的同时，过高的成本也影响了矿产品市场竞争，抑制了资源出口。以磷矿为例，中国磷矿石主要分布在中西部内陆高原，远离东南沿海市场，交通区位劣势明显，物流成本居高不下；美国磷矿资源和磷化工产业布局都靠近海港，交通便利，物流成本低，易于流向国际市场（高丽等，2012）。

三、中国化工矿业配置分析

（一）区域配置

受资源禀赋和交通条件等因素限制，目前，中国化学矿石资源分布与产业空间分布存在高度关联性，生产空间较为聚集。中国磷矿资源和采选主要集中在湖北、贵州、云南及四川等地区，存在"南多北少"的特征，导致了磷矿"南磷北运"和"西磷东调"，未来磷产业发展将会扩大南方磷矿出口，增加北方磷矿进口，形成"南出北进"的配置格局；中国硫铁矿资源及采选集中分布于广东、江西及安徽等地区，硫酸产业分布与磷肥产业分布存在关联性；而钾资源主要分布于青海地区和新疆盆地地区，目前钾资源开发利用已形成内外兼顾的配置格局，在勘探国内钾资源的同时积极开展境外找矿工作。从总体区域配置来看，目前化学矿采选和粗加工主要集中于中西部地区，是中国化学矿资源的供给及储备区域；而东部地区则利用区位优势摆脱资源依赖，正在走精细化工的道路（朱永坤，2002）。

（二）产业配置

当前化工矿业产业链逐步完善，行业规模化和园区化水平大幅提升，基本上形成了基础产品靠近原料产地、下游衍生产品和精细化学品靠近市场的产业布局，但产业总体集中率仍然偏低、精细化率不高，仍然存在产品结构不合理、产能过剩以及资源环境约束压力大等问题（王孝峰，2016）。以硫磷产业为例，目前，中国硫磷产业发展虽初具规模，但尚处于全球硫磷产业中低端，仍然以粗放式资源利用（如硫矿、磷矿开采）和基础化学品生产（如硫酸、磷肥和基础硫磷化学品）为主，中高端的精细硫化工和磷酸盐产品尚未形成产业链和规模效应（佚名，2018），未来化工矿业企业发展布局是形成集生产、销售、服务于一体的现代矿业生产企业，产业配置布局是形成成熟的矿石—矿肥—矿化及精细化工的循环产业链。

（三）资源配置

化学矿产资源是工农业发展的基础原料，普遍适用于国家经济建设和粮食安全的方方面面。中国化工矿业实力不容小觑，目前已探明的化学矿石资源多达27种，储量及产量十分丰富,除钾盐外其他化学矿石资源均能满足国民经济增长需求,但在资源配置上仍存在问题。一方面,资源品质较为低下。中国化学矿资源普遍存在大矿少小矿多、富矿少贫矿多、单一矿少共伴生矿多、易选矿少难选矿多等特点。以磷矿为例,俄罗斯及美国等富矿汇集国家磷矿品位一般在30%以上,而中国磷矿平均品位仅为16.85%,以中低品位矿石为主,且大部分矿石需要经过选矿才能利用,成本较高。另一方面,资源综合利用水平不高。国际产磷大国的回采率能达到95%～98%,中国露天大矿如云南晋宁磷矿的回采率能达到95%左右,洞采矿如贵州开阳磷矿的回采率能达到71.1%,但小型矿山企业的回采率仅为30%,甚至更低,且由于缺乏管理,乱采滥挖、采富弃贫等问题仍无法杜绝。

(四)市场配置

化工矿业市场配置依靠国内外两市场共同调节。一方面,国内产能过剩的化学矿石资源会选择出口到国外市场;另一方面,国内产能相对不足的化学矿石资源依赖于进口。2020年国内化工矿业市场整体有轻微浮动,矿产品的短期需求受到影响,但总体在可控范围之内。2020年第一季度,随着春节临近,疫情突发,各地矿山逐渐停采,主要影响了化学矿产品下游需求和物流运输环节,导致市场需求疲软,运费提升;第二季度后疫情得到控制,下游需求持续回暖,上游化学矿及产品生产供应市场基本恢复正常,产业内部循环逐步畅通,化学矿石原料价格持续走高,采矿业盈利规模逐步扩大。国际市场中,得益于国内疫情防控迅速反应,中国化学矿产品的出口需求和价格持续利好,但受相关政策导向约束,化学矿产品出口逐步放缓,供应依旧紧张。以磷矿为例,2020年下半年国内外市场中磷矿价格均达到了历史最高,国内价格达到620元/t,国外价格超过180美元/t,国内外价格存在超过400元/t的价差,磷矿石价格有望大周期上行。

第三节 中国化工矿业绩效分析

化工矿业为工农业提供了基础原料,是国民经济发展的支柱产业。化工矿业的良好运行为加快经济发展方式转型提供重要保障。本节基于投入产出视角,选取2019—2020年25家代表性的化学矿采掘及相关矿肥矿化上市企业的年度财务数据为样本,运用数据包络分析法(DEA)对化工矿业行业绩效进行分析评价,以利于化工矿业在了解行业整体运营状况的基础上针对性地提出发展政策的调整方向,为促进行业经济运行的高质量发展保驾护航。

一、中国化工矿业绩效评价模型

目前,针对矿业及相关行业的绩效水平进行评价研究的文献众多,如矿业企业环境绩效及社会责任绩效评价等(李慧霞,2016;刘伯恩,2017;宋领,2018)。这类绩效评价多基于可持续或高质量等科学发展观念,采用反映矿业企业经济、生态及社会等多方面发展水平的指标,建立企业绩效综合评价体系,但各企业披露的数据存在较大差异,常常存在数据不全和不易比较的难题。而财务绩效是矿业企业绩效评价的核心,也是最常用的评价目标,只有维持良好的财务效益才能保证矿业行业在市场中的健康持续运营。考虑到数据的全面性和易于比较性,本书选择对中国化工矿业相关上市企业的财务绩效情况进行评价,常用的绩效评价方法包括经济增加值法(EVA)、平衡记分卡法(BSC)和数据包络分析法(DEA)等。

(一)模型比较

1. 经济增加值法(EVA)

经济增加值法基于剩余收益和经济利润的思想分析企业的实际价值,是在企业税后利润中进一步扣除全部资本成本(包括股权资本成本和债权资本成本)的,即将企业的投资回报率与资本成本率进行比较,当投资回报率高于资本成本率时,企业才真正实现了经济价值的增加。EVA计算公式如式(7-1)、式(7-2)所示,当EVA>0时,说明企业EVA有效,产生盈利并创造了价值;当EVA<0时,说明企业盈利不足。该方法相对全面客观,反映了企业的股东价值,但整体计算较为复杂,每个企业常常根据自身情况设定不同的调整事项,实际操作过程中很难应用,可能导致计算结果并不精确或存在偏差(张志萍,2021)。

$$EVA = NOPAT - TC \times K \tag{7-1}$$

式中,NOPAT为税后净营业利润;TC为资本成本总额;K为加权平均资本成本率。

$$K = K_D \frac{DC}{TC}(1-T) + K_E \frac{EC}{TC} \tag{7-2}$$

式中,DC为债务成本;EC为股权资本;T为所得税税率;K_D为债务资本成本;K_E为股权资本成本。

2. 平衡记分卡法(BSC)

平衡记分卡法是一种以企业战略目标为基础,从财务、客户、内部运作和学习成长4个方面构建绩效评价体系的方法(图7-6),其核心方法为层次分析法。平衡记分卡法通过图卡表对企业的财务指标及非财务指标进行考察,旨在寻找企业战略目标驱动因素的关键,从而有效地提升企业的执行力。在财务方面主要考察企业运营情况,包括企业的净资产收益率及成本费用率等财务指标;在客户方面衡量企业的形象及客户的偏好情况,包括市场占有率、企业名誉和客户满意度等综合性指标;内部运作方面包括企业的管理、创新及研发等指标;在学习成长方面则考察企业未来可持续发展的潜力。值得注意的是,平衡记分卡法从长期与短期、内部与外部等方面对企业的综合发展能力进行衡量,但选取的指标众多,不易量化(王翙,2020;汪琳琳,2020)。

3. 数据包络分析法(DEA)

数据包络分析法由运筹学家Charnes、Cooper和Rhodes提出,是一种以线性规划和凸分析为基础来计算决策单元之间相对效率的方法。DEA方法将每一个待评价对象视为一个决策单元(decision making unit,DMU),通过采用各决策单元不同产出和投入指标的权

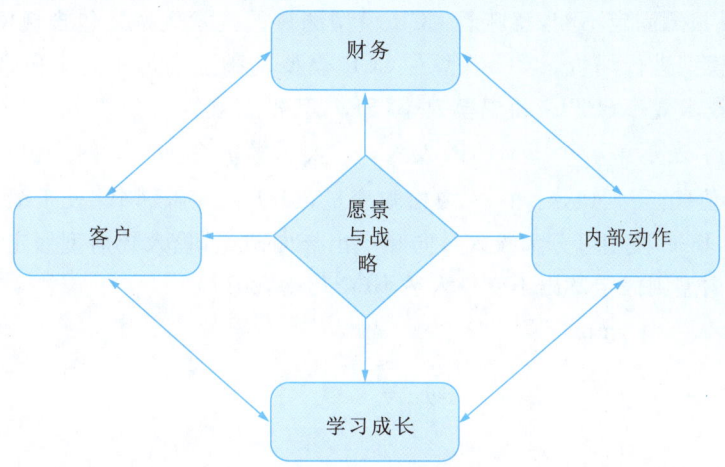

图 7-6　平衡记分卡法基本框架图

重为变量来计算确定 DMU 有效生产前沿面,并根据每个 DMU 与有效生产前沿面的距离来判定其 DEA 是否有效。与经济增加值法和平衡记分卡法相比,数据包络分析法更为客观,对数据指标的属性没有约束,且更符合化工矿业企业多投入多产出的行业发展特征(施旭,2018)。

(二)模型确立

1. DEA 应用步骤

数据包络分析法(DEA)的应用步骤如图 7-7 所示。首先,确定一个具体的评价目标,如本书的评价目标为化工矿业上市企业的财务绩效评价;其次,根据评价目标选取合适的投入及产出指标以构建评价指标体系;再次,选择合适的决策单元,决策单元数量应不少于指标数量的 3 倍,并根据决策单元获取、整理相应的数据;最后,采用合适的 DEA 模型对各 DMU 的投入规模及技术有效性做出分析,即对决策单元的绩效进行评价。

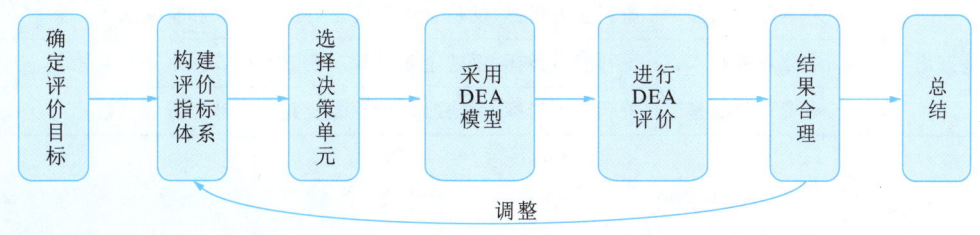

图 7-7　DEA 应用步骤

2. DEA 基本模型构建

DEA 模型包括规模报酬不变模型(CCR)和规模报酬可变模型(BCC),但现实中经济体并不能保证规模报酬固定不变,意味着 CCR 模型测算的技术效率是包含规模效率的,因此本书选取 BCC 模型进行评价,BCC 模型在 CCR 模型基础上增加了约束条件,将技术效率(TE)分解为纯技术效率(PTE)和规模效率(SE),其模型规划式如式(7-3)所示。假设有 n 个决策单元,x_j 表示第 j 个 DMU 的投入,y_j 表示第 j 个 DMU 的产出,θ 为决策单元 DMU 的总效率值($0 \leqslant \theta \leqslant 1$),$s^-$ 和 s^+ 为松弛变量,当 $\theta=1$ 时,DMU 处于绩效前沿面上为技术有效状态。BCC 模型可分为投入导向和产出导向两类,投入导向型假定投入不变产出最大;而产出导向型则假定产出不变投入最小(彭传梅,2017)。

$$\min \theta \\ s.t. \begin{cases} \sum_{j=1}^{n} x_j \lambda_j + s^- = \theta x_0 \\ \sum_{j=1}^{n} y_j \lambda_j - s^+ = y_0 \\ \sum_{j=1}^{n} \lambda_j = 1 \\ \lambda_j \geqslant 0, j=1,2,\cdots,n, s^- \geqslant 0, s^+ \geqslant 0 \end{cases} \quad (7-3)$$

3. 评价指标选取

本书参考张跃松(2012),基于综合性、重要性、弱关联性、简洁性和可获得性等原则,各选取 3 个投入指标和 3 个产出指标对化工矿业上市企业的财务绩效进行评价,指标和具体含义如表 7-7 所示。

表 7-7 DEA 投入产出指标选取

属性	指标	指标含义
企业投入	x_1:总资产	发展能力指标,反映企业的现有规模和资源配置情况
	x_2:主营业务成本	营运能力指标,反映企业的成本投入和成本管控水平
	x_3:股东权益总额	偿债能力指标,反映企业的自有资本和股东经济利益
企业产出	y_1:基本每股收益	盈利能力指标,反映企业每股享有的净利润和获利水平
	y_2:主营业务收入	盈利能力指标,反映企业日常运营的主要收入水平
	y_3:净资产收益率	盈利能力指标,反映股东权益的收益水平和投资收益效率

二、中国化工矿业绩效评价

基于上述模型比较和选用的投入产出指标,本书收集整理 25 家化工矿业行业相关上市企业财务指标数据并进行归一化处理,将无量纲化数据代入 DEA 线性规划式中,运用 DEAP 软件投入导向型 VRS 模型(即规模报酬可变 BCC 模型)进行 DEA 有效性分析,测算各个决策单元的综合技术效率值、纯技术效率值和规模效率值,以对化工矿业行业整体财务绩效进行评价。

(一)评价过程

1. 评价对象选取

通过筛查企业的经营范围,选取了从事基础的磷硫钾等化学矿采选以及利用化学矿进行化肥农药及化工产品生产的企业作为评价对象,对拥有 A 股、B 股的企业只选取 A 股信息,并剔除了 2020 年企业股票停牌和股票存在异常的企业。最终,本书综合选取 25 家代表性化工矿业相关上市企业作为评价对象,企业具体信息如表 7-8 所示。由表 7-8 可知 2020 年除兴业矿业和宏达股份两家企业净利润为负值外,其他企业均为正值。

表 7-8 2020 年 25 家代表性化工矿业相关企业评价对象情况

DMU	证券代码	证券简称	经营涉及	净利润/百万元	DMU	证券代码	证券简称	经营涉及	净利润/百万元
1	000902	新洋丰	磷矿洗选	971.74	14	002053	云南能投	芒硝生产	259.55
2	603077	和邦生物	磷矿采选	2.91	15	600425	青松建化	硫酸重晶石	282.16
3	600096	云天化	磷矿采选	394.74	16	600328	中盐化工	盐化工	615.17
4	002312	川发龙蟒	磷矿采选	668.18	17	600160	巨化股份	氟化工	102.46
5	002386	天原股份	磷矿采选	107.00	18	600141	兴发集团	磷化工	601.30
6	000426	兴业矿业	硫矿采选	−183.87	19	002326	永太科技	氟化工	77.69
7	000833	粤桂股份	硫铁矿	63.02	20	600727	鲁北化工	磷硫化工	315.39
8	002538	司尔特	磷硫矿	300.72	21	002539	云图控股	磷化工	506.80
9	000422	湖北宜化	磷矿生产	214.08	22	600331	宏达股份	磷化工	−2 246.32
10	002895	川恒股份	磷硫矿石	143.18	23	600731	湖南海利	化肥化工	300.66
11	600470	六国化工	磷石膏	182.86	24	002588	史丹利	化肥农药	270.77
12	000893	亚钾国际	钾盐开发	61.46	25	000830	鲁西化工	化肥化工	824.97
13	000408	藏格控股	钾盐开发	228.89					

2. 数据来源与处理

本书选取上述 25 家企业 2020 年的总资产、主营业务成本、股东权益总额、基本每股收益、主营业务收入和净资产收益率等财务指标数据作为样本,原始数据主要来源于新浪财经(https://finance.sina.com.cn)、深证信数据服务平台(http://webapi.cninfo.com.cn)及各企业公示的年度财务报表。由于本书选用规模报酬可变(variable returns to scale,VRS)模型,要求数据非负,因此在评价前对原始数据进行归一化处理,具体如式(7-4)所示,设有

n 个评价对象，X 为评价指标的原始数据，$\bar{X}$ 为归一化后的数据，其原理为将原始有量纲数据映射转化为取值于 0.1～1.0 内的无量纲化数据。

$$\bar{X}=0.1+\frac{X-X\min}{X\max-X\min}\times 0.9 \quad 其中 X=(X_1,X_2,\cdots,X_n) \quad (7-4)$$

(二) 结果

1. 综合技术有效性分析

综合技术效率反映了决策单元资源配置和技术水平的综合效率情况，是企业实际产出与潜在最大产出的比值，比值为 1 说明决策单元投入产出达到了最优水平，决策单元 DEA 有效。DEA 评价结果如表 7-9 所示。从整体效率来看，所有样本企业 2020 年的综合技术效率值都在 0.914～1.000 之间，样本综合技术效率均值为 0.982，标准差为 0.022，说明化工矿业行业整体效率较好，样本企业间的总体效率差异不大。从个体来看，2020 年有云天化、天原矿业及兴业矿业等 10 家企业综合技术效率值为 1。样本内 40% 的企业处于生产效率前沿面上，在技术和规模上投入产出效率均达到了最优水平；而剩余 60% 的企业处于 DEA 无效状态，其中 8% 的企业是由于规模效率损失导致的 DEA 无效，例如新洋丰和兴发集团，两个企业的纯技术效率值均为 1，但规模效率未到达最优水平。换言之，这些企业的规模和投入产出存在不匹配现象，企业应该适当调整生产规模；8% 的企业是由于纯技术效率损失导致的 DEA 无效，例如川恒股份和藏格控股，两个企业的规模效率值均为 1，但纯技术效率未到达最优水平，说明这两个企业技术管理水平相对落后，应该适当加强技术创新水平；其余 44% 的企业则是由于纯技术效率和规模效率均未达到最优水平而导致的综合技术效率无效，这些企业的经营需要进一步做出调整改进。

表 7-9 DEA 评价结果

企业	综合技术效率	纯技术效率	规模效率	规模报酬
新洋丰	0.990	1.000	0.990	drs
和邦生物	0.950	0.967	0.983	drs
云天化	1.000	1.000	1.000	—
川发龙蟒	0.973	0.982	0.991	drs
天原股份	1.000	1.000	1.000	—
兴业矿业	1.000	1.000	1.000	—
粤桂股份	0.914	0.917	0.997	drs
司尔特	0.979	0.983	0.996	drs
湖北宜化	1.000	1.000	1.000	—
川恒股份	0.978	0.978	1.000	—
六国化工	1.000	1.000	1.000	—

续表 7-9

企业	综合技术效率	纯技术效率	规模效率	规模报酬
亚钾国际	1.000	1.000	1.000	—
藏格控股	0.969	0.970	1.000	—
云南能投	1.000	1.000	1.000	—
青松建化	0.993	0.995	0.998	drs
中盐化工	0.980	0.993	0.986	drs
巨化股份	0.939	0.974	0.964	drs
兴发集团	0.982	1.000	0.982	drs
永太科技	0.998	0.999	0.999	drs
鲁北化工	0.967	0.969	0.998	drs
云图控股	1.000	1.000	1.000	—
宏达股份	1.000	1.000	1.000	—
湖南海利	1.000	1.000	1.000	—
史丹利	0.982	0.994	0.988	drs
鲁西化工	0.966	0.995	0.971	drs

注：irs 表示企业规模报酬递增，drs 表示企业规模报酬递减，— 表示企业规模报酬不变。

2. 纯技术有效性分析

纯技术效率反映了企业由于技术管理水平差距导致的非规模经济性的投入产出效率差异，纯技术效率值为 1 说明 DMU 技术有效。从经济学角度来说，技术有效是指当前企业的生产状态已经位于生产函数的曲面上，即产出相对投入而言已达到最大水平，衡量 DMU 是否满足生产函数。由表 7-9 可知，2020 年样本企业的纯技术效率处于 0.917～1.000 的范围内，化工矿业行业整体纯技术效率均值为 0.989，标准差为 0.018 5，说明企业整体的技术管理水平较高，企业间技术水平差距不大。其中有云天化、天原股份、新洋丰及兴发集团等共 12 家企业的纯技术效率值为 1，说明这些企业的技术管理水平较高，可以有效调动企业产出效率实现最优；而永太科技、青松建化和粤桂股份等 13 家纯技术效率低于 1 的企业，需要持续优化企业内部生产要素配置，加强企业技术发展水平创新。

3. 规模有效性分析

规模效率反映了企业生产规模的有效程度，是综合技术效率与纯技术效率的比值，比值为 1 说明 DMU 规模有效。从经济学角度来说，规模有效是指当前企业的投入既不偏大也不过小，处于规模收益不变的最佳状态，即当前企业的资本投入与最终产出同比例变动，衡量 DMU 投入规模是否适合。2020 年化工矿业行业整体规模效率均值为 0.994，标准差为 0.010，行业处于规模效率递减状态，表明当前行业市场中的流通股较多，整体资本规模过大,生产无法有效协调,后续的股本投入只会带来较少的经济收益,行业整体处于规模不经济状态。从个体来看,共有12家企业规模效率为1,即处于规模效率不变状态,说明这12家企业生产规模已经达到了合适水平,实现了规模经济;13家企业规模效率小于1,处于规模效率递减状态,说明这13家企业生产效率低下,可以通过股票回购适当缩减资本规模,使投入产出达到有效状态。此外,在15个DEA无效的DMU中,新洋丰、史丹利、中盐化工、兴发集团、鲁西化工和巨化股份6家企业的规模效率值低于纯技术效率值,其余9家企业的纯技术效率值低于规模效率值,两种类型的企业数量差距不大,表明化工矿业行业中大多数企业效率低下是由于技术水平和规模水平低下共同导致的,应加快行业创新技术研发和规模调整才能提高行业的总体经营效率。

三、结论

本书基于投入导向规模报酬可变的DEA模型对25家化工矿业相关上市企业2020年的财务绩效进行分析评价,从综合技术效率、纯技术效率和规模效率3个角度对企业发展状况做出分析,得到以下结论。

(一)行业整体发展状况良好但仍有不足

化工矿业行业2020年综合效率、纯技术效率和规模效率的均值分别达到了0.982、0.989和0.994,标准差分别为0.022、0.0185和0.010,说明行业总体发展状况良好,企业间效率值差距不大。其中,样本企业内有云天化、天原股份及兴业矿业等10家企业总体效率、纯技术效率和规模效率水平都达到了1,处在行业生产前沿面上,实现了经营管理创新和资源的优化配置,达到了规模经济,有巨大的发展潜力,但剩余如新洋丰、兴发集团及粤桂股份等15家企业处于DEA无效状态,且大多数企业都处于规模效率递减状态,投入产出效率较为低下,行业发展仍然存在不足。

(二)行业规模和技术水平有待提升

在15家非DEA有效的样本企业中,新洋丰和兴发集团是由于规模效率损失导致的DEA无效,川恒股份和藏格控股是由于纯技术效率损失导致的DEA无效,而永太科技、青松建化、鲁西化工及粤桂股份等11家企业DEA无效均是由于技术管理水平和规模效率水平低下共同导致的结果。这说明化工矿业行业应积极拓展融资渠道,提高行业技术创新水平,同时应该重视行业内企业规模水平调整,通过股票回购等方式减少资产规模,调整行业规模效率,提升投入产出效率,实现企业价值的最大化和高质量运营发展。

第四节　中国化工矿业发展政策的调整方向

中国是化学矿产品生产大国、消费大国和贸易大国，化工矿业发展对中国社会经济发展举足轻重。在建立全球矿业命运共同体的新时代背景下，中国必须摸清化工矿业发展的脉搏，不断调整化工矿业发展政策方向，才能保障化工矿业持续高质量发展，维持国民经济的稳定持续增长。

一、促进中国化工矿业经营模式变革

面对高质量发展的挑战，化工矿业行业亟需变革并创新经营模式，统筹完善矿政管理体系，以合作共赢的理念构建风险共担、利益共享、优势互补、和谐发展的经营共同体，降低经营风险，实现可持续发展。

（一）统筹完善矿政管理体系

1. 健全资源储量动态监测机制

健全与完善化学矿山资源储量动态监测机制有利于摸清当前化学矿产资源的基本情况，对资源的安全供应、统筹开发与合理配置具有重要意义。

一方面，要完善化学矿产资源储量年报工作机制。相关部门应加快健全对应的技术标准体系，建立数据规范和上下一致的汇总途径；应大力推进管理信息化建设，加强年报编制的法理制度性监管，要求矿山企业按照标准认真编制年报，尽可能保证年报数据的统一性、可比性和真实性。

另一方面，要加强重点化学矿种的矿产资源调查工作。应严格把关建设专业化的调查队伍，立足国内资源，采用新知识、新技术和新的科学指导理论，勘探摸清重点化学矿产的生产矿山、关停矿山和未利用矿山等的基础情况，科学评价重要化学矿产资源潜力，建立安全的化学矿产资源供应体系。

2. 完善矿业权交易有形市场

传统的化学矿山矿权交易低频率且高成本，而矿业权交易有形市场以资本市场的方式对化学矿资源进行合理配置，有利于矿业权的投融资，便于化工矿业企业重组改革，降低交易成本。目前中国化学矿山矿权交易市场尚未完善，亟需在以下方面做出调整。

首先，要清晰界定政府的管理权能。政府应作为矿业权交易中的服务者和宏观调控者，为参与交易的企业提供更好的政策帮助和交易信息服务，进一步完善市场机制，确保交易的公平、公正和公开。

其次，要完善化学矿山矿权市场交易体系。采取规范化、公开化和程序化的方式管理建

设矿业权有形交易市场,并通过优化整合构建全国性的化学矿山矿权市场交易信息平台,加快全国范围内的数据信息共享,实现供求信息的精准高效对接。

最后,要健全化学矿山矿权市场监督机制。政府授权的部门及组织需依照相关政策对矿业权交易市场进行监督和指导,而市场主体之间应加快形成"相互监督—内部监督—行政监督"的有效机制,保障产权人的合法权益,促进化学矿山矿权市场交易的有序进行。

(二)合作提升矿产业链价值

1. 加强矿业资本运营模式

当前中国化工矿业行业产业集中度低,企业规模小、分布散,骨干企业少,综合实力不强,需进一步加强矿业资本运营模式,推动行业兼并重组,培养建立若干个跨区域的大型集团企业,提升化工矿业产业的综合竞争力及影响力。

一方面,要消除化工矿业企业兼并重组的制度障碍。相关地级部门应废止不利的规章制度,突破外地企业对本地企业实施兼并重组的限制约束。深入了解企业兼并重组中遇到的具体问题,积极探索跨地区企业兼并重组的利益共享机制,在不违背有关政策规定的前提下,达成财税利益分成协议,实现化工矿业企业兼并重组成果共享。

另一方面,要加快制定推动当地化工矿业企业兼并重组的政策措施和实施意见。各地相关部门要把化工矿业企业兼并重组与企业改制、管理创新、技术改造等相结合,并进一步简化化工矿业企业兼并重组的程序步骤,促进如登记证和生产许可证等相关证件伴随企业兼并重组无障碍转移和使用。

2. 共建矿业经营共同体

化学矿山企业经济效益持续低迷,说明当前的自营、生产承包或自营与发包兼有等经营模式需进一步优化,应加快共建化学矿业经营共同体。

一方面,要建立化学矿山承包费用与产品销售价格联动的机制。将化学矿山生产通过招投标承包出去的同时,还需达成与销售价格联动的多档次承包费用机制,清晰界定各自的责任和义务,从源头上改善化学矿山的经济效益。

另一方面,要建立合伙人制度和经营共同体模式。要通过科学的制度设计,使相关利益主体共同参与到矿山的投资建设、生产经营和产品销售工作中,使矿山的投资合作方多元化,形成股权、分红及债务风险共担的紧密利益共同体,避免传统经营模式存在的制度性分割问题。

此外,还需加快化工矿业产业与金融业的深度融合,借助金融手段来实现投融资对接,有效解决化工矿业企业融资难等问题,促进产业转型整合和布局优化,引导化工矿业可持续发展。

二、促进中国化工矿业结构调整和优化

人才是产业发展的第一资源,化工矿业应以劳动力及产品结构调整为核心,倒逼产业优

化升级，以精细化工增加矿产品附加值，加快实现高质量发展。

（一）人才结构调整及优化

总体来看，化工矿业要想推动产业转型升级，需加快劳动力结构调整和产业的人才培养建设进程。

一方面，要加强专业化人才培养力度。地矿特色高校需做好人才培养的顶层设计，完善配套的课程体系，构建紧密关联的专业知识系统，重点提升人才的研究能力。而化工矿业企业作为人才的需求主体，应加大对创新人才吸纳引进的投资力度，提高技术创新人才的待遇水平。

另一方面，要完善化工矿业人才中介服务体系。要在省级及各区域层面设立矿业人力资源服务中心和人才储备库，为各地区矿业产业发展提供全面的人才供需信息，为化学矿业企业人才的推介、甄选、流动及人力资源发展规划提供对接服务，解决化工矿业用人难等问题。

（二）产品结构调整及优化

中国化工矿业已基本形成矿石—肥料—基础产品—二级加工产品—三级加工产品的产业链条，但当前大部分化工矿业企业呈现出产业链条短、产品结构单一、产品同质化严重等问题。因此，亟需从以下两个方面调整化工矿业产业产品结构。

一方面，要建立产品生产与需求联动的机制以规范市场秩序。聚焦产业链及产品开发，通过与下游应用端之间建立良性的反馈交流机制，实现产业链的规范化和标准化，鼓励对化学矿石资源实现梯级利用，杜绝无序同质化产品竞争。

另一方面，要加快高端精细化工产品的研发，以提升矿产品附加值。化工矿业行业应积极对接国际技术前沿标准，依托国内重点科研院校设立研究所及实验室，加快对精细化工产品生产的研发工作，从而加快产业的产品结构调整，促进化工矿业走高端化、精细化发展道路。

三、促进中国化工矿业发展方式变革

中国化工矿业正处于转型升级的关键时期，传统的发展模式已严重制约了化工矿业实现高质量和可持续发展的进程，积极变革发展方式已成为当前的首要任务。

（一）数字矿山带动产业智能化发展

随着中国经济进入新常态，数字化转型已经成为化工矿业在发展过程中的必然趋势，中国应该积极步入建设数字化矿山的行列中，带动产业的智能化升级。

首先，应加强信息化建设。要推进5G通信技术、人工智能技术、数字化技术和可视化技术等前沿技术的全面应用，加强矿区的无盲点网络、无障碍通信建设，实现生产经营决策、安全生产管理和机械设备控制的信息化管理,从而实现开采过程的机械化、生产过程的自动化和关键流程的数控化。

其次,需推进技术设备的智能化升级。利用产学研一体化的优势,加强与科研院所的合作,加快科研成果的推广和应用。鼓励企业加大研发资金投入、加强关键技术攻关。在已有的自动化基础上,加强对无人采矿技术、智能采矿设备的改造升级,实现开采过程的机械化、自动化,从而提高企业的生产效率和经济效益,并在一定程度上解决用工荒及人员安全等问题。

(二)绿色矿山引领产业可持续发展

中国人均矿藏资源量少,而化学矿资源作为一种稀缺性、不可再生性资源,建设绿色矿山、推进化工矿业的可持续发展具有重要的实践意义。

首先,要鼓励化学矿山绿色开采。坚持"在开发中保护,在保护中开发"的开采原则,因地制宜地选择开采方法和生产方式。例如,露天开采应优先考虑内排的方式,及时恢复矿区的土壤、植被。

其次,要鼓励现有技术的改造升级。要优化生产技术及工艺,提高化学矿产资源的开采率和选矿回收率,降低采矿贫化率。积极研发资源综合利用技术,实现对废石、尾矿等固体废弃物的二次资源利用,同时,要推进对低品位矿、共伴生矿的综合开发利用,打造循环产业链。要积极研发无害化工艺技术,减少废弃物的排放量,推进废弃物的减量化、无害化。未能消化和处理掉的废弃物在不造成二次污染的基础下,还可以用于建材、矿地的回填等。

四、促进中国化工矿业区域布局优化

随着中国经济的不断发展,化学矿产资源的需求也在逐步扩大,中国矿产资源供求矛盾愈发突出,相当部分矿产资源依靠大量进口补缺,对国外资源的依赖性严重,这对中国化工矿业的发展将是十分不利的。因此,优化中国化工矿业布局,加强国内资源的供应,建立稳定的境外矿产资源供应源,保障中国化学矿产资源安全,对化工矿业的发展起着促进作用。

(一)区域协调发挥各地区矿业优势

1. 优化产业区域布局

在目前的资源环境下,中国化工矿业区域布局存在不合理,不利于化工矿业的高质量发展,因此需在国家层面上对化工矿业产业区域布局进行顶层设计和统筹规划。

一方面,要综合考虑中国化学矿产资源区域分布特点和国内外市场情况进行合理规划。统筹在长江上、中、下游科学布局一批专业化、高端化的国家级化工矿业园区,建设跨区域的化工矿业大型企业;要鼓励沿海地区企业进口中东、北非、美洲的高品位化学矿石资源,适当减少国内高品质稀缺化学矿开采和出口,提高化学矿石使用效率,维护国家化学矿资源供给安全。

另一方面,以龙头企业为核心建设化工矿业产业区域集群。重点支持云天化、川化控股、贵磷集团、湖北兴发等龙头企业的发展,适当给予一定的税收优惠;以资源、品牌、市场为纽带,进一步整合化学矿及产品开发生产企业,推进矿肥矿化产业集中,实现化学矿开采、选矿、制肥和精细化工一体化发展,打造上下衔接及系统完备的全产业链条,推动化工矿业产业集群高质量发展。

2. 促进区域监管联动

为进一步提高监管水平,应促进区域联动机制的建立和实行,通过建立中央与地方联动、部门联动、省际联动来解决化学矿采选监管困难的问题。

一方面,要实行矿种总量控制。在保障中国化学矿产资源供给安全的基础上制订开发规划,划定重点勘查开发区域,确定合理的开发上限,对磷矿等优势化学矿种、钾矿等保护性开采特定矿种实行总量控制。同时下级部门应按照规定分解落实指标,使规划更具有操作性。

另一方面,要建立联合监管机制。建立自然资源部、安全监管部、生态环境部等部门的联合监管机制,完善相应的责任落实机制及奖惩机制,明确各个体的责任,共同参与化学矿产资源开发秩序的规范工作。对违法违规行为进行共同监督,对不合规企业进行定期公示并予以整顿,并按照规定对相关责任人进行惩罚,对举报者和合法合规企业进行相应的奖励。

(二)"一带一路"促进国内外市场循环

中国相当部分化学矿产资源自给率不足,严重依赖进口补缺,因此,中国应该在积极开展深部找矿的基础上深化"走出去、引进来"战略,在合理开发利用国内资源的基础上,积极参与并开拓国际市场,提高中国的资源供给能力。

一方面,加大对海外化工矿业的投资力度。加强与"一带一路"沿线国家和地区的勘查开发合作,加强国家间的经济联系,维持良好的双边政治关系,建立稳定的国外资源供应源。政府应积极引导收集整合"一带一路"国家及地区的相关法律法规以及本土化政策、政治形势等信息,为企业的投资决策提供参考。企业要强化风险防范体系。为保证境外勘查开发活动的顺利进行,企业需要根据目的国地质的实际情况,坚持绿色发展的原则,参考相应的成矿理论,制订合理的境外勘查开发计划,对矿产资源进行合理的开发和利用。

另一方面,不断改善中国化工矿业的投资环境。通过吸引外资进入市场,学习和引进国外先进技术和设备来开采国内埋藏深、品位低、复杂难处理的化学矿产资源,深化矿业双边合作机制,签订更有利的投资协议,达到投资的自由化、便利化,进一步增加中国的化学矿产资源储备。

第八章 中国矿业组织

中国矿业组织的发展适应了经济社会发展形势的需要,并对中国经济社会发展产生了重要的影响。下面就矿业产业组织的绩效问题进行分析,为中国矿业产业组织的发展提供理论支撑。

第一节 中国矿业市场分析

一、中国矿业市场概况

中国是全球最大的制造业大国、矿产品消费市场,大多矿种消费量占全球的50%左右,但是中国矿产资源严重短缺,是全球主要矿产品严重依赖国际市场的国家,大多战略性矿种对外依存度高达50%以上。当前中国矿业企业与全球矿业企业差距显著。2021《福布斯》全球上市公司500强中,46家全球金属矿业企业中只有7家中国企业,且体量规模有较大差距;中国仅一家企业进入前10。与此同时,传统矿业大国勘探投资连年增加。

按照中国统计口径,我们分析矿业产业组织结构主要从煤炭采选业、石油与天然气开采业、黑色金属矿采选业、有色金属矿采选业、非金属矿采选业和其他开采业等行业展开。

根据中商产业研究院2012—2020年中国矿业规模以上企业统计数据,企业数量从2012年的16 975家降至2020年的10 071家,其中,煤炭开采和选洗业变化最大,从2012年的7790家降至2020年的4245家,石油与天然气开采业从2012年的137家降至2020年的125家,黑色金属矿采选业从2012年的3560家降至2020年的1211家,有色金属矿采选业从2012年的2122家降至2020年的1218家,非金属矿采选业的企业数量从2012年的3347家降至2020年的3263家,其他开采业变化不大。中国矿业开采业规模以上企业数量变化情况见表8-1。

表 8-1 中国矿业开采业规模以上企业数量

(资料来源:中国产业研究院数据库)

年份	规模以上企业数量/家					
	煤炭采选业	石油与天然气开采业	黑色金属矿采选业	有色金属矿采选业	非金属矿采选业	其他开采业
2012	7790	137	3560	2122	3347	19
2013	7975	138	3554	2108	3524	20
2014	7098	144	3447	2037	3623	17
2015	6430	144	3128	1949	3763	19
2016	5592	140	2347	1797	3746	20
2017	5111	139	1891	1674	3708	25
2018	4505	123	1528	1456	3395	21
2019	4239	115	1239	1272	3174	11
2020	4245	125	1211	1218	3263	9

资料表明,2015—2020年全国采矿业固定资产投资额总体呈先降后升的趋势,2015年为12 971亿元,为2015—2019年间的最大值;2019年,全国采矿业固定资产投资继续恢复增长,为9818亿元,比2018年增长2.41%,2020年,全国采矿业固定资产投资下降14.1%,2020年中国采矿业固定资产投资额为8434亿元,为2015年来新低(表8-2)。

表 8-2 中国矿业固定资产投资规模及增长情况

(资料来源:中国产业研究院数据库)

年份	投资额/亿元	累计增长/%	年份	投资额/亿元	累计增长/%
2015	12 971	—	2018	9587	4.1
2016	12 320	−20.44	2019	9818	2.41
2017	9209	−10.77	2020	8434	−14.1

从采矿业规模以上企业营业收入来看,近年来中国采矿业发展波动较为明显。2015年以来,受到中国能源改革等政策的影响,中国采矿业的生产规模波动下滑。叠加2020年初新冠肺炎疫情的影响,2020年全年,中国采矿业规模以上企业营业收入约为31 621亿元,同比下降31.5%(表8-3)。

表 8-3　中国矿业规模以上企业营业收入情况

（资料来源：中国产业研究院数据库）

年份	营业收入/亿元	累计增长/%	年份	营业收入/亿元	累计增长/%
2015	53 406	0	2018	45 695	−14.03
2016	49 647	−7.04	2019	46 162	24.1
2017	53 155	7.07	2020	31 621	−31.5

二、中国矿业市场利润概况

2020年，中国采矿业营业收入38 812.3亿元，同比下降8.2%。其中，煤炭采选业营业收入20 001.9亿元，同比下降8.4%；石油与天然气开采业营业收入6 674.0亿元，同比下降20.1%；黑色金属矿采选业营业收入3 951.1亿元，同比增长11.2%；有色金属矿采选业营业收入2 661.8亿元，同比下降3.2%；非金属矿采选业营业收入3 494.7亿元，同比下降1.3%；其他开采业营业收入9.8亿元，同比下降68.7%。

2020年，中国采矿业实现利润总额3 553.2亿元，同比下降31.5%。其中，煤炭采选业实现利润总额2 222.7亿元，同比下降21.1%；石油与天然气开采业实现利润总额257.1亿元，同比下降83.2%；黑色金属矿采选业实现利润总额380.6亿元，同比增长74.9%；有色金属矿采选业实现利润总额353.7亿元，同比增长14.7%；非金属矿采选业实现利润总额325.9亿元，同比增长4.2%。

2020年，中国煤炭采选业营业成本14 086.3亿元，同比下降7.8%；采矿业营业成本28 752.9亿元，同比下降4.5%。

第二节　中国钢铁行业产业组织绩效分析

集中度是能够很好地反映行业、企业或者产业组织变化等对其绩效的影响程度的重要指标。为此，我们从集中度的角度来分析中国钢铁行业产业组织绩效变动情况。

一、集中度

中国钢铁业的市场是垄断竞争型，产业集中度和纵向一体化程度不高，规模经济和必要资本量成为主要的进入壁垒。

钢铁产业最主要的上游产业是铁矿石产业，而下游产业则包括汽车制造、船舶生产和机械制造等产业。在铁矿石产业，世界三大铁矿石供应商合计占有高达72%的市场份额，在国际铁矿石市场上处于垄断性控制地位。目前,中国虽然是世界钢铁生产大国,但钢铁粗钢产量排名前 5 位的企业合计仅占有 17.9% 的市场份额,粗钢产量排名前 10 位的钢铁企业的产量也仅占全球总产量的 26.4%。

中国钢铁行业集中度相对低,钢铁市场是寡头垄断市场,行业处于被动境地,市场上对上游原料采购、下游产品消费的议价能力比较薄弱。

二、产品差异化

按照产业组织理论,企业控制市场的程度取决于使自己产品差异化的成功程度。钢铁行业产品差异化的表现形式主要如下。

(1)不同钢铁企业所生产的钢铁产品本身的差别,主要是钢铁品种的不同。如宝武钢铁的优势在于碳钢、电镀锌、热镀锌等,鞍钢以中厚板、高别管线为拳头产品,重轨则是攀钢的主导产品。

(2)由于企业销售条件的不同所引起的产品差别。

(3)品牌差异。当前企业在生产和销售过程中为顾客提供优质服务,塑造良好的企业形象。

三、进入壁垒

(1)行政性壁垒。国家对钢铁项目投资实施核准制,规定了明确的市场准入条件。

(2)资金规模壁垒。对新建的钢铁项目在资金规模上提出了更高的要求。

(3)人才壁垒。鉴于钢铁企业生产经营上的复杂性,缺少具有经验的高素质管理和技术人员。

(4)技术壁垒。成品钢材出产需要一系列复杂流程,每一流程都要配备相应的专业技术人员,钢铁产品竞争越来越集中在高技术含量的产品上,这也势必要求企业的科研实力相应提高,对新进入者提出了更高的技术要求。

四、市场行为

(1)价格行为。目前中国钢铁企业在定价时候主要考虑市场平均价格、竞争对手、下游经销商的价格承受能力三个因素。目前总的来说中国钢铁业由于市场集中度较低,单个企业或几个企业很难调节市场价格,没有能力确定一个垄断价格来获取垄断利润。钢铁价格基本是随着国际国内能源的供求关系和政策的变化而不断波动起伏的状态。

(2)纵向一体化。现代钢铁工业是一个庞大的工业生产体系,主要生产部门除包括烧结、球团等之外,还包括有大量的辅助生产部门,如动力、运输等。从流程上可以看出企业内部组织形式上基本架构为一条链子,纵向一体化程度高。

(3)研发支出。国家统计局资料显示,目前中国总体上处于工业化的中期阶段,人均钢产量和消费量没达到发达国家水平,加上钢铁生产冶炼技术进步和生产效率提高使钢铁行业成本有所下降,作为国民基础产业的钢铁加强了研发支出的比重。全行业已基本形成以企业为主导、以市场为导向、产学研相结合的技术创新和新产品研发体系,形成科研基地设施建设加强、科研技术增加的良好格局。在高效采选技术、钢铁冶炼技术、高端产品研发等方面取得了新的结果和进步。

四、市场绩效

在产业组织理论中,市场绩效与企业行为和市场结构不存在单项因果关系,却直接影响着企业行为和市场结构。

(1)行业利润。钢铁行业是典型的社会化大生产行业,行业利润受市场因素影响较大。

(2)行业估值。钢铁行业企业利润增速变慢,投资者对中国钢铁股的估值导向趋于低落。

(3)节能减排。钢铁工业是资源消耗大、能源消耗大的重工业,节能减排是钢铁企业创造社会福利、履行社会责任的重要途径。

第三节 中国有色金属产业组织绩效分析

有色金属是国民经济发展的基础材料,航空、航天、汽车、机械制造、电力、通信、建筑、家电等绝大部分行业都以有色金属材料为生产基础。随着现代化工、农业和科学技术的突飞猛进,有色金属在人类发展中的地位愈来愈重要。它不仅是世界上重要的生产资料,还是人类生活中不可缺少的消费资料的重要材料(杨占萍,2014)。

一、行业市场规模

2020年,有色金属行业统筹推进新冠肺炎疫情防控和复工复产工作,持续深化供给侧结构性改革,推进传统产业控产能、促转型,加快高端产业强基础、补短板,推动行业高质量发展,行业运行整体平稳。据统计,十大有色金属产量6168万t,同比增长5.5%,增幅同比扩大2个百分点(图8-1)。相关机构发布第四季度企业信心指数为50.1,连续两季度保持在临界点以上。

未来,有色金属行业将推动传统产业转型升级,加快智能化改造,实现高端、绿色、低碳、安全发展,提升有色金属新材料高端供给能力,拓展内需市场,助力形成双循环格局,不断提升有色金属行业发展质量效益。

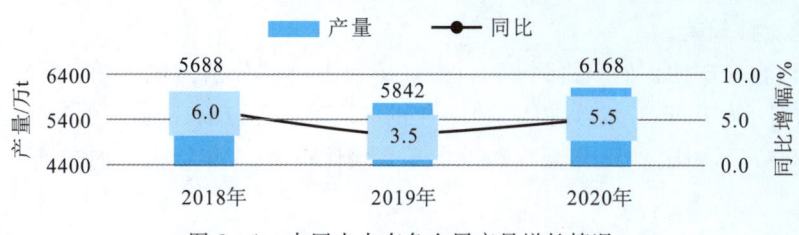

图 8-1 中国十大有色金属产量增长情况

二、产业链

有色金属行业产业链包括上游原料产业,中游金属冶炼及铸造加工产业和下游应用产业,组成完整的产业链(图 8-2)。

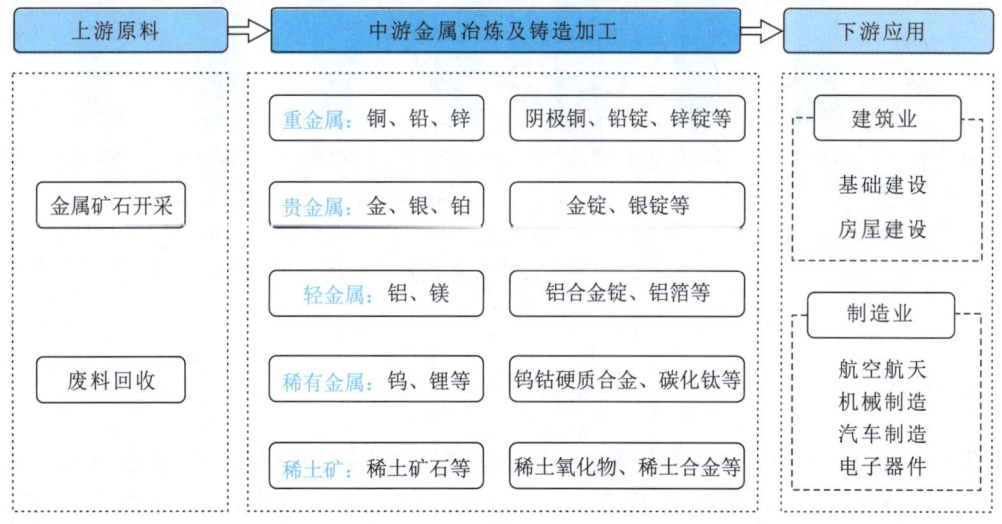

图 8-2 中国有色金属产业链

(一)有色金属上游市场

有色金属行业的上游主要为金属矿石开采和金属废料回收再利用,矿石中有色金属含量一般都较低,为了得到 1t 有色金属,往往要开采成百吨以至万吨以上的矿石,因此矿山是发展有色金属工业的重要基础。有色金属矿石中常有多种金属共生,因此必须合理提取和回收有用组分,做好综合利用,以便合理利用自然资源。

1. 铝土矿

近几年,铝土矿的国内供应情况日益窘迫,除了环保督察、矿山整顿、矿业权出让制度改革等的政策限制产量外,本身国内矿的基础条件也不理想。除广西主要是自采矿,山东全部是进口矿外,山西、河南、贵州等地都以民采矿为主要的供应来源,容易受到外部因素的影响,供应的稳定性较差。

目前国内自采矿的比例只占到25%,民采矿和进口矿分别为35%和40%。数据显示,2019年全球铝土矿产量37亿t,相比2018年的32.7t,增长13.15%。2019年中国铝土矿产量下降至7500万t,相比2018年减少约400万t,预计在2021年铝土矿的产量可达8440万t(图8-3)。

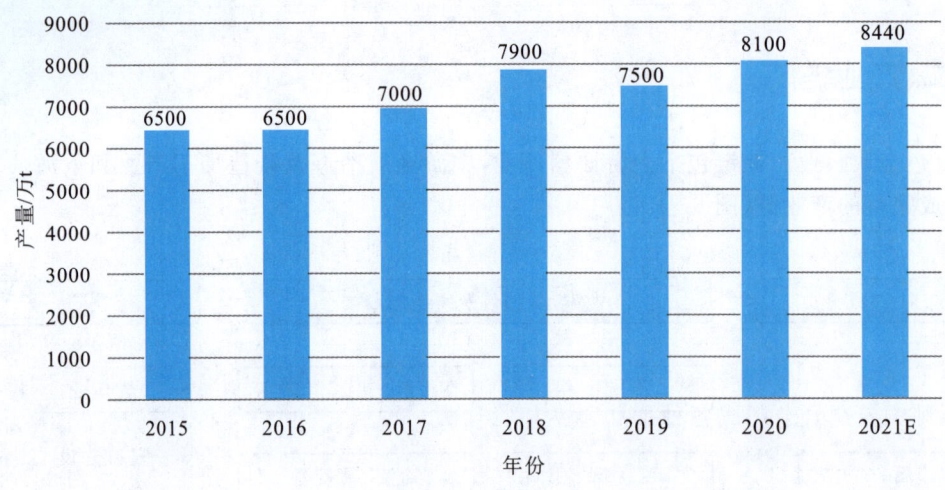

注:E表示预测;后同。

图8-3 2015—2020年中国铝土矿产量

2. 钴矿

据资料统计,2006—2020年全球钴矿产量呈现波动上升的趋势,2019年全球钴矿产量为140 000公吨,较2018年略有下降,2020年在疫情的影响下,全球钴矿产量继续下滑,产量约为136 500公吨。全球知名的钴资源企业有嘉能可、洛阳钼业、谢里特和淡水河谷等(表8-4)。

表8-4 2019年全球主要钴资源企业钴矿情况

序号	公司名称	所在国家	矿石类型
1	嘉能可	瑞士	铜钴矿(刚果(金)、肯尼亚)、铜镍钴矿(加拿大)、红土镍矿(澳大利亚)
2	洛阳钼业	中国	铜钴矿(刚果(金))
3	金川集团	中国	铜镍钴矿(中国)、铜钴矿(刚果(金))
4	谢里特	加拿大	红土镍矿(古巴)、红土镍矿(马达加斯加)

续表 8-4

序号	公司名称	所在国家	矿石类型
5	淡水河谷	巴西	铜镍钴矿（加拿大）
6	诺里斯克镍业	俄罗斯	铜镍钴矿（俄罗斯）
7	欧亚资源	哈萨克斯坦	铜钴矿（刚果（金））
8	Managem Group	摩洛哥	砷钴矿（摩洛哥）

（二）有色金属中游市场

有色金属行业的中游为各个有色金属的冶炼、铸造和加工。有色金属大多是加工成材后使用，因此如何合理有效地生产性能良好、物美价廉的有色金属材料以取得最大的社会经济效益是十分重要的问题。随着科学技术的进步与国民经济的发展，对有色金属材料在数量、品种、质量及成本等方面不断提出新的要求，需要提供更好性能的结构材料和功能材料。

1. 铜材

以纯铜或铜合金制成各种形状包括棒、线、板、带、条、管和箔等统称铜材。数据显示，2020 年 12 月全国铜材产量为 192.1 万 t，同比下降了 17.3%。

2. 黄金

黄金是一种软的、金黄色的、抗腐蚀的贵金属。资料表明，2020 年，中国共生产黄金 479.5t，同比下降 4.2%。其中，受新冠肺炎疫情冲击以及金矿资源品位下降等因素影响，国内黄金原料供应趋紧，利用国内原料生产黄金 365.3t，同比下降 3.9%；利用进口原料生产黄金 114.2t，同比下降 5%（图 8-4）。

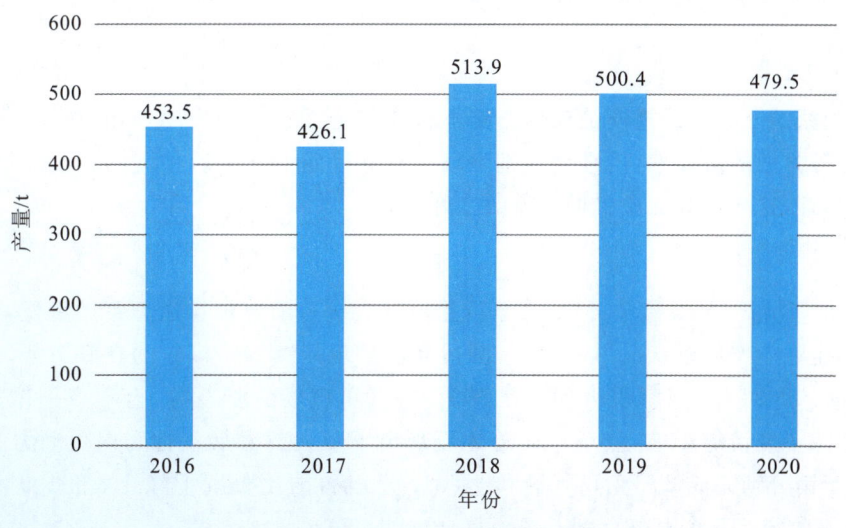

图 8-4 2016—2020 年中国黄金产量

3. 铝材及铝合金

铝材是由铝和其他合金元素制造的制品,通常先加工成铸造品、锻造品以及箔、板、带、管、棒、型材等后,再经冷弯、锯切、钻孔、拼装、上色等工序而制成,其主要金属元素是铝,再加上一些合金元素以提高铝材的性能。相关数据显示,2020年12月全国铝材产量为567.8万t,同比增长6.3%(图8-5)。

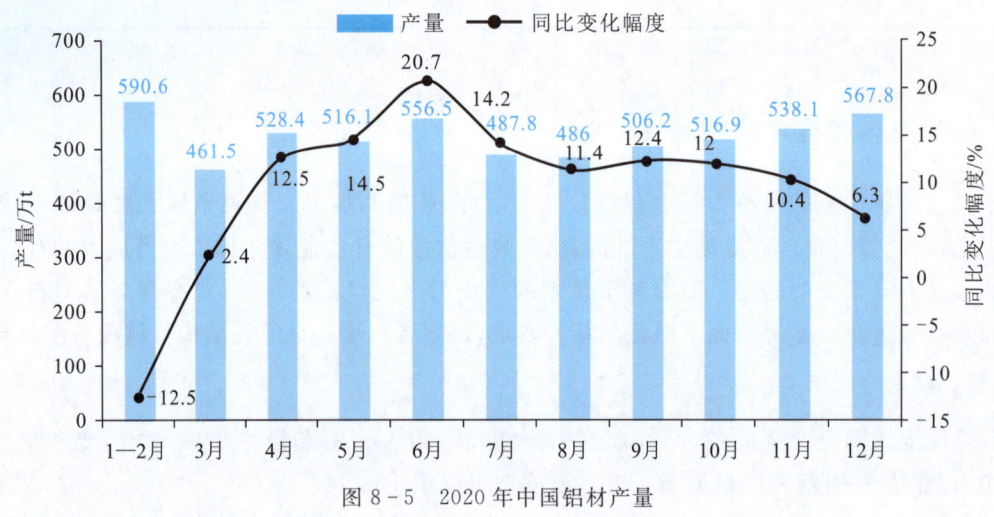

图8-5 2020年中国铝材产量

铝合金是以铝为基础,添加一定量其他合金化元素的合金,是轻金属材料之一。铝合金除具有铝的一般特性外,由于添加合金化元素的种类和数量的不同又具有一些合金的具体特性。据统计,2020年12月中国铝合金产量为94.3万t,同比增长了8.9%。

(三)有色金属下游市场

1. 基础建设

一个国家的公路建设规模是根据公路运输在综合运输体系中的作用,按其政治、经济、文化、旅游等方面的重要性,再结合地理环境条件来确定的。随着中国的逐步发展,公路建设得越来越好,这离不开优质机械设备的良好供给。

2. 汽车制造

2020年,受新冠肺炎疫情影响,汽车行业一度放缓。随着市场活力持续激发,供需两端稳步向好,企业生产经营状况不断改善,国民经济呈现持续稳定恢复的良好态势,汽车行业也逐步回暖。2020年,国家积极促进汽车消费,汽车市场逐步复苏,全年产销增速稳中略降,基本消除了疫情的影响,汽车行业总体表现出了强大的发展韧性和内生动力。2020年全年汽车产销分别完成2 522.5万辆和2 531.1万辆,同比分别下降2%和1.9%,降幅比2019年分别收窄5.5个百分点和6.3个百分点(图8-6)。

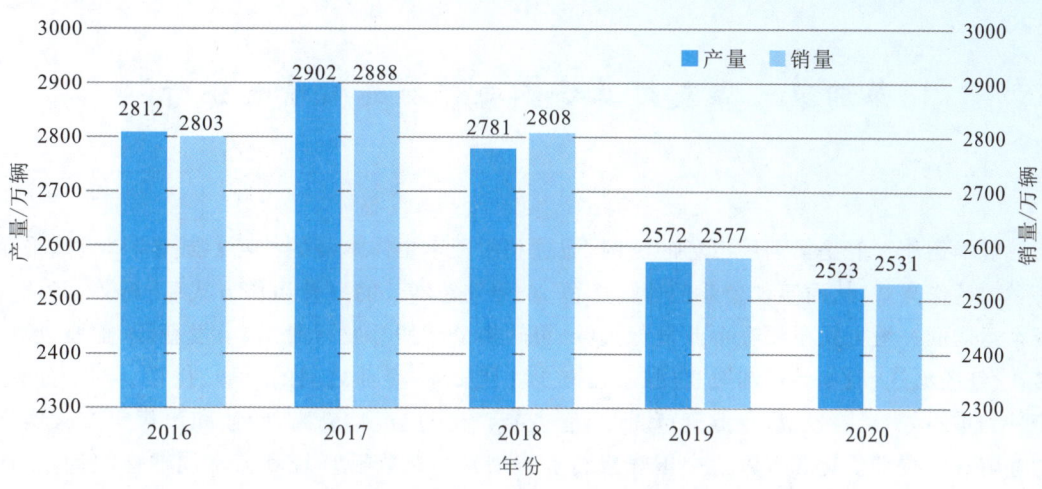

图 8-6　2016—2020 年中国汽车产销量变化趋势图

4. 机械制造

数据显示,卡特彼勒排名第一,2019 年营业额为 328.82 亿美元,占市场份额达 16.2%;排名第二的为小松,2019 年营业额为 232.98 亿美元,占市场份额的 11.5%(表 8-5)。上述两家企业合计占市场份额达 27.7%,稳居世界第一二位。

分国家来看,中国企业共有 9 家进入世界前 50 排名,其中,跻身前 10 的有 3 家,分别为三一重工、徐工集团和中联重科。据统计,这 3 家企业在全球市场销售额的占比增长至 14%。

表 8-5　2020 年度全球工程机械制造商十强排行榜

排名	企业	营业额/亿美元	排名	企业	营业额/亿美元
1	卡特彼勒	328.82	6	沃尔沃	93.81
2	小松	232.98	7	日立建机	89.89
3	约翰迪尔	112.20	8	利勃海尔	85.65
4	徐工集团	111.62	9	斗山	66.89
5	三一重工	109.56	10	中联重科	62.70

第四节 煤炭行业资本运作与公司绩效分析

资本运作一般是指利用市场的法则,通过利用资本主体本身的技巧性或者科学性,采用科学的运作方式,从而实现企业的价值增值、企业效益增长的一种运作方式(王超等,2018)。资本运作的一般方式主要有企业发行债券、可转换公司债券发行股票、增发新股、配股、股权转让、红股派送、股本转增和股权回购,以减少注册资本,企业之间的收购、托管、合并、分立、兼并和重组等,风险投资、企业资产重组,企业资产通过置换、剥离、转让和出售等方式实现企业财务结构的优化和改善。中国煤炭行业发展环境随宏观环境和需求周期性波动,目前处于发展关键时期,采用并购重组方式,能帮助煤炭企业整合现有资源,消化过剩产能,形成规模效应,延伸产业链一体化发展,实践多元化战略,产生资源协同、资金协同、产业链协同作用,从而助推煤炭行业整体发展向好,煤炭企业通过并购重组,帮助并购方拓展市场空间,促进被并购方提高风险抵御能力,实现煤炭行业整体规模和盈利水平的有效提高。

一、基本假设

为了进一步分析中国煤炭行业资本运作与公司绩效,我们提出以下3个假设(朱莉华,2019)。

(1)假设1 上市公司采取定向增发,能全面提升公司经营管理水平和公司治理能力,有效、全面降低经营管理过程中存在的各方面风险,以保证公司业绩的实现(刘伯恩,2017)。

(2)假设2 发行公司债能够受到资本市场有效监督,促进公司创新能力,从而正向作用于公司创新绩效(苗鹏等,2019)。

(3)假设3 煤炭企业实施并购重组额度占总资产比例越高,越能促进公司绩效水平提高(孙柏茹,2016)。

二、变量定义和模型设计

(一)变量定义

根据以上基本假设,我们设计了被解释变量、解释变量和控制变量(表8-6)。

表 8-6 基本变量汇总

变量类型	变量名称	符号	定义
被解释变量	净资产收益率	ROE(return on equity)	公司当年净利润除以年末净资产的比值
解释变量	融资额度资产比	AP	公司定向增发,融资额度资产比(AP)=当年定向增发融资额度/年末资产总额
		BP	公司发行公司债,融资额度资产比(BP)=当年发行公司债融资额度/年末资产总额
		RP	公司并购重组,融资额度资产比(RP)=当年并购重组交易额度/年末资产总额
控制变量	资产负债率	ALR	资本运作当年,总负债除以总资产
	营业收入增长率	GC	营业收入增长率=(本年营业收入-上年营业收入)/上年营业收入
	固定资产净额占总资产比例	FAP	资本运作当年固定资产净额占总资产比例
	当年前十大股东持股比例合计	TTS	前十大股东的持股比例合计
	所属期间	T	年度虚拟变量。采用资本运作方式当年取值为1,其余年份取值为0

(二) 模型设计

根据研究假设,构建如下回归模型。模型1用于探讨定向增发与公司绩效的相关关系;模型2用于论证公司债与公司绩效的相关关系;模型3考察并购重组与公司绩效的相关关系,构建数学模型如下(孙桥等,2017):

$$\text{ROE}_1 = \alpha_1 + \beta_1 \text{AP} + \text{ALR} + T + \text{GC} + \text{FAP} + \varepsilon_1 \tag{8-1}$$

$$\text{ROE}_2 = \alpha_2 + \beta_2 \text{BP} + \text{ALR} + T + \text{GC} + \text{FAP} + \varepsilon_2 \tag{8-2}$$

$$\text{ROE}_3 = \alpha_3 + \beta_3 \text{RP} + \text{ALR} + T + \text{GC} + \text{FAP} + \varepsilon_3 \tag{8-3}$$

以资产负债率(ALR)、营业收入增长率(GC)、固定资产净额占总资产比例(FAP)、当年前十大股东持股比例合计(TTS)、所属期间(T)作为控制变量,α、β为待估计参数,ε为随机误差项。

三、实证分析

根据以上确立的研究方法,我们就中国煤炭行业资本运作与公司的绩效进行实证分析。

(一)数据收集

本研究数据源于中国上海、深圳证券交易所煤炭上市公司年报以及万德数据库中有关煤炭企业于 2010—2019 年期间通过实施定向增发、公司债、并购重组实现的融资情况。煤炭上市公司融资数据统计期间为 2010—2019 年,对应公司绩效数据统计期间为 2010—2020 年。根据 2010—2019 年期间,煤炭行业上市公司运用定向增发融资企业 25 家、发行公司债融资样本企业 56 家、实施并购重组样本企业 69 家,对其资本运作融资规模以及融资当年及下一年度年报数据,运用 SPSS 26.0 统计软件进行描述性分析,涉及最大值、最小值、均值和标准差 4 项指标。

(二)数据描述

2010—2020 年,由于煤炭行业上市公司的绩效优劣程度差别很大,本研究以净资产收益率(ROE)作为考量公司绩效的主要指标,其标准差为 0.13,最小值和最大值分别为 -1.39 和 0.75,均值 0.07。煤炭行业企业经营盈利水平伴随着宏观周期呈现周期性剧烈波动(表 8-7)。

表 8-7 统计量描述

统计量	N	最小值	最大值	均值	标准差
ROE	300	-1.39	0.75	0.07	0.13
FSA	50	4.23	204.06	34.91	41.47
FSB	112	0.10	60.00	16.76	12.50
FSR	138	0.00	77.28	11.51	16.99
AS	300	1.05	2 917.73	647.33	775.63
AP/BP/RP	300	0.00	46.77	0.27	2.75
ALR	300	0.16	2.19	0.56	0.16
GC	300	-1.49	471.82	2.16	27.55
FAP	300	0.00	0.80	0.32	0.15
TTS	300	0.34	0.95	0.69	0.16
T	300	0.00	1.00	0.50	0.50

(三)相关性分析

基于前面的描述性分析,讨论两两变量之间的相关性,本研究选取 Spearman 相关系数进行相关性分析,详见表 8-8。

表 8-8 Spearman 相关系数表

变量		ROE	T	AP	GC	ALR	FAP	TTS
ROE	相关系数	1.000						
	Sig.	—						
T	相关系数	0.017	1.000					
	Sig.	0.386	—					
AP	相关系数	0.101*	0.029	1.000				
	Sig.	0.041	0.312	—				
GC	相关系数	0.407**	0.168**	−0.027	1.000			
	Sig.	0.000	0.002	0.322	—			
ALR	相关系数	−0.063	−0.045	−0.162**	−0.068	1.000		
	Sig.	0.139	0.220	0.003	0.119	—		
FAP	相关系数	−0.108*	−0.083	0.116*	−0.146**	0.185**	1.000	
	Sig.	0.031	0.077	0.023	0.006	0.001	—	
TTS	相关系数	0.146**	0.025	−0.101*	−0.020	0.026	−0.023	1.000
	Sig.	0.006	0.332	0.041	0.362	0.324	0.344	—

解释变量(AP/BP/RP)和被解释变量(ROE)之间具有明显相关性(刘萍等,2020),证明了前文中理论假设模型设计的合理性。煤炭行业上市公司 2010—2019 年采取定向增发、发行公司债和实施并购重组三类主要资本运作方式,其融资额度和融资当期总资产之比提高,被解释变量净资产收益率(ROE)显著正向增长。控制变量中煤炭行业上市公司的营业收入增长率(GC)、固定资产占总资产比例(FAP)及前十大股东持股比例合计(TTS)与被解释变量净资产收益率(ROE)存在明显的正相关关系,因此,选取以上几项指标作为控制变量是合理的。

(四)回归分析

基于研究假设及上述线性回归模型,本研究运用 SPSS 26.0 对各变量间关系进行回归分析(表 8-9)。

表 8-9　回归分析结果表

变量名称	被解释变量(ROE)		
	模型 1	模型 2	模型 3
AP	0.520**	1.910***	0.007*
T	−0.010	0.036	0.017
ALR	0.121	−0.802	−0.107
GC	0.002	0.001	0.000
FAP	−0.145	0.223	−0.031
常数	0.046	0.393	0.136
R^2	0.288	0.378	0.550
调整后的 R^2	0.189	0.342	0.120
F	2.905	10.630	1.278
P	0.018	0.000	0.072

根据表 8-9 的回归分析数据,对回归结论分析如下。

煤炭行业上市公司通过定向增发这一股权融资模式进行融资,该资本运作方式与公司绩效净资产收益率(ROE)在 5% 置信水平下呈显著正相关,相关系数 0.52,与假设 1 相符。煤炭行业上市公司通过定向增发,通过释放股权比例,引入外部战略投资者,或公司原股东增加持股比例,实现了股权多元化及资源进一步的协同和融合(付晓云,2020)。资本运作不仅实现了融资功能,同时通过股权或者债权方式优化资本结构,引入战略投资者,实现公司治理机制水平提升和经营管理模式的优化。煤炭行业通过定向增发实现融资,缓解了煤炭行业上市公司在煤炭黄金 10 年后因行业整体的波动,导致煤炭价格严重下跌、回款速度慢、固定投资居高不下、人员成本高等种种问题所带来的资金困难,帮助煤炭企业利用资本运作克服行业周期性困难以及长期以来单一经营的问题,实现公司绩效的提高(李俊杰等,2020)。

煤炭上市公司通过发行公司债这一债权融资模式进行融资,该资本运作方式与公司绩效净资产收益率(ROE)在 1% 置信水平下呈显著正相关,相关系数为 1.910,与假设 2 相符。企业发行公司债属于债权融资性质,能帮助发行人煤炭企业提高行业知名度及认可度,形成良好的市场效应,有助于煤炭企业利用该市场效应提高煤炭产品开采量及销售量、扩大行业占有率、积极应对市场周期性波动,从而稳定公司的盈利能力。发行公司债的煤炭企业管理层必须努力提高管理水平、加强管理效能、积极应对市场风险,以更加科学理性的态度做好企业管理,完善管理制度,提高产品供销,实现盈利能力提高(黄洁等,2018)。

煤炭行业上市公司实施并购重组,该资本运作方式与公司绩效净资产收益率(ROE)在 10% 置信水平下呈显著正相关,相关系数为 0.007,与假设 3 相符。煤炭企业实施并购重组,兼并行业上下游企业,拓展产业链上下游业务,降低产业链成本,或降低采购成本,或降低销售成本,可以明显提升煤炭企业的盈利能力(方重,2015)。并购重组能帮助煤炭企业拓展业务领域,尽快实现多元化经营,实现业务领域的横向开拓,助推公司绩效提高。

与定向增发及发行公司债相比,并购重组回归分析的显著性及相关系数均不如以上两种资本运作方式显著,可能由于并购重组属于两家企业合并,面临企业文化、合并运行、管理模式等各个方面的不同,需要融合发展,对公司绩效的提升反应并不迅速。因此,在并购重组当年及下一年度,并购重组额度占总资产比例与净资产收益率之间的关系能显示正相关,但是显著性程度却不如定向增发及发行公司债,这与并购重组合并运行及适应发展需要时间有极大关系(丁日佳等,2014)。

四、研究结论

根据以上研究,我们得出如下研究结论。

(1)实施定向增发能够有效提升煤炭企业的公司业绩水平。煤炭上市公司通过定向增发这一股权融资模式进行融资,通过释放股权比例,引入外部战略投资者,或公司原股东增加持股比例,实现了股权多元化及资源进一步的协同和融合,对企业长远发展具有一定的现实意义。

(2)煤炭企业发行公司债有助于提高盈利水平。煤炭行业上市公司发行公司债需要通过中介机构承销,具备专业机构提供的资信评级,在公开市场进行发行融资,形成良好的市场效应,有助于煤炭企业利用该市场效应扩大行业占有率、积极应对市场周期性波动,从而稳定公司的盈利能力。

(3)实施并购重组的煤炭企业,能有效促进公司绩效提高。煤炭企业通过并购重组兼并产业上下游优质企业,有效压降采购或销售成本,提升盈利能力。如并购重组企业为其他领域企业可以帮助煤炭企业拓展业务领域,实现多元化经营,有助于企业提高公司绩效。

第九章 中国矿业的碳达峰与碳中和

在社会的发展历程中,煤炭、石油、天然气等是现阶段人类可实现利用的主要能源来源。近现代工业生产的快速发展使得二氧化碳等温室气体排量和全球平均气温逐渐上升,破坏了生态多样化,提高了极端天气等生态问题的出现频率。面对生态环境问题,世界各国达成了"碳达峰、碳中和"的目标共识,作为世界能源最大生产国、最大消费国和最大二氧化碳排放国的中国也将"碳达峰、碳中和"纳入生态文明建设整体布局。2020年9月22日,国家主席习近平宣布中国二氧化碳排放力争于2030年前达到峰值,努力争取2060年前实现碳中和(习近平,2020)。这一项审时度势、具有前瞻性的重大发展战略决策对中国矿产资源行业供需格局产生深远影响,同时为矿产资源行业的发展指明了方向。

本章通过梳理中国碳排放情况,从碳达峰和碳中和两个角度分别对中国矿业未来发展趋势和路线做出分析,并提出有关政策建议。

第一节 碳排放现状

工业化时代的革新进步,在促进经济社会高速发展的同时,也导致二氧化碳排放量的增加,引起全球气温升高、生态物种加速灭绝、冻土加速融化等一系列生态环境恶化的问题。碳排放是生态气候变化的主要原因,碳排放即为以二氧化碳为最主要组成部分的温室气体排放的简称。本节通过对国内外碳排放政策历程以及低碳经济发展的梳理和分析来研究碳排放现状。

一、国内外碳排放的政策规定

1992年,联合国大会通过了《联合国气候变化框架公约》(以下简称《公约》),首次将控制二氧化碳等温室气体排放、缓解生态环境恶化对经济社会发展造成的不利影响纳入国际法框架中,在全球范围内取得一致认同,会议中共154个国家首次针对碳排放通过并签署了《公约》;同年6月11日,中国签署了《公约》并于1994年3月21日开始生效。该文件首次在国际范围内明确规定要全面控制温室气体排放量,并提出温室气体排放浓度水平规定:要将碳排放稳定在防止气候环境系统受到人为破坏性干扰的水平上,这样可以确保生态系统能够在时间范围内自然适应气候变化、实现可持续性经济发展。多数国家特别是发展中国家的经济发展特别依赖于矿物燃料生产、使用和出口,限制温室气体排放所面临的特殊困难,要求所有国家承担各国共同但有区别的责任,根据各国的自身能力、社会经济条件,开展最广泛、最有效、最适当的国际合作治理气候变化的全球性行动(于宏源,2016)。

《公约》签署后,为了加强各国的实施,在 1997 年 UNFCCC 第三次缔约方会议中,联合国会议上通过了《京都议定书》(陈迎等,2001),在中国及其他发展中国家的推动下该文件于 2005 年 2 月 16 日生效(中国青少年影视网,2021)。其中规定了四种减排方式:发达国家之间的"排放权交易","净排放量"法计算温室气体排放量,"绿色开发机制"共同减排及"集团方式"整体排放。2012 年,多哈会议通过了《〈京都议定书〉多哈修正案》,在保留了前《京都议定书》中减排模式的前提下明确了三项减排责任:共同但有区别的责任原则、公平原则以及各自能力原则。2014 年 6 月 2 日,中国向联合国交存接受书,但由于美国以及加拿大在会议上拒绝加入第二承诺期并多方阻挠使得全球气候谈判形势愈发严峻。

2015 年 12 月,多边气候变化进程中的一个里程碑——《巴黎气候协定》(以下简称《巴黎协定》)在 UNFCCC 缔约方会议第 21 次大会上制定并通过,于 2016 年 11 月正式生效,提出了将全球气温上升浮动控制在 2℃ 以内,尽可能限制在 1.5℃ 的水平的环境气候目标(Wei et al. ,2020)。2018 年 10 月,联合国政府间气候变化专门委员会(Intergovernmental Panel on Climate Change,IPCC)发布了《全球升温 1.5℃ 特别报告》,在《巴黎协定》的基础上对环境气候目标进行了重点行动指示和系统阐述,进一步对碳排放提出了新的要求:全球各国碳排放需要在 2030 年内减半,在 2050 年实现"净零排放",即碳中和。"碳中和"是指大气中所有温室气体的排放量与吸收量达到平衡,"气候中性"是指针对全球范围内综合物理效应的影响(Masson-Delmontte et al. ,2018),碳达峰是指一定区域内或一个行业内年度碳排放量达到历史峰值,并开始呈现持续下降的过程(经济日报,2021)。对碳达峰、碳中和的全方面研究和推进加快了全球低碳发展的进程。

2020 年 9 月 22 日,在第 75 届联合国大会一般性辩论上,中国提出了碳排放、碳中和的目标:力争在 2030 年前达到碳达峰,在 2060 年前实现碳中和(习近平,2020),向全世界展现发展中国家自主贡献力度与全球气候责任。2020 年 10 月,全球范围内已经有 127 个国家以及地区将碳排放、碳中和作为主要的环境治理目标,并提出治理对策(王灿等,2020)。比如 2016 年 11 月,为了实现碳中和,芬兰决定禁止在能源生产中使用煤炭,并在 2030 年期间减少石油用量的 1/4,成为世界上第一个逐步淘汰煤炭的国家(杨永明,2020);2020 年 12 月 25 日,中国会议通过《碳排放权交易管理办法(试行)》,以充分发挥市场机制作用的方式来治理碳排放,促进市场绿色低碳发展,以坚持市场导向、循序渐进、公平公开和诚实守信的原则积极应对气候环境问题(生态环境部,2021)。

2021 年 3 月 15 日,习近平总书记在中央财经委员会会议上再次强调碳达峰、碳中和是一次具有广泛性、深刻性、长远性的经济社会变革,要实现变革就要在全国范围内把"双碳"目标作为生态文明建设整体布局的总方针,制定全面性的、针对性的、系统性的行动方案和政策规定(中国政府网,2021)。

二、国内外碳排放的发展进程

面对生态环境问题越来越严重的态势,国内外对碳排放开始进行严格管控。为了更好地促进发展"双碳"目标的施行,需要更好地了解各国碳排放的发展进程,取其精华去其糟粕,探索出适合自身发展的最优道路。

不同国情下,各国对于碳排放目标的发展分为三种:提出目标而未正式明确执行、提出目标且正式明确执行、不仅正式明确执行而且具有法律约束力。据文献资料统计,现有超过120个国家已经针对生态环境建设提出了减排目标。有学者对于不同国家不同国情下对"双碳"的定义、核算、法律进行了梳理(邓旭等,2021),其研究发现已经提出碳中和目标的85个国家的总碳排放占全球排放比例超过40%。在这85个国家中仅有29个国家能正式明确碳中和目标,明确目标后又只有30%的国家具有较为完善的气候立法,能够实现对于碳中和目标的实施具有法律约束力;绝大多数国家对于"双碳"定义虽然有不同程度的差异,但是归根到底是净零排放。

为实现全球碳排放目标,发达国家以组织发展救援资金的方式向发展中国家提供资金支持。在1992年里约热内卢举行的联合国环境与发展会议上,发达国家承诺将发展援助资金投资于减少碳排放的项目(DAC,2002)。在2009年哥本哈根会议上,发达国家同意建立全球绿色气候基金为全球碳排放目标做出贡献。该基金主要是面向发展中国家即受援国进行资金帮助,在国际层面上支持受援国执行减缓和适应气候变化的政策和活动。绿色气候基金是官方发展援助可持续发展的重要资金来源。有研究采用动态面板阈值回归模型对59个低收入和中低收入国家的官方发展援助程度和碳排放的影响进行了研究(Wang et al.,2021)。该模型以城市化作为门槛变量,以碳排放惯性特征和动态变化作为内生解释变量。研究得出碳排放的一阶滞后系数具有显著的正效应,表明这些国家的碳排放增长具有很强的路径依赖性。此外,当受援国城市化水平低于阈值时,官方发展援助每增加1%,碳排放量就会增加0.225 9%。当城市化超过阈值时,官方发展援助每增加1%,碳排放量就增加0.228 1%。此外,低城市化地区碳排放增长的条件收敛水平远高于高城市化地区。随着城市化的发展,如果不制定和实施有效的措施,受援国的碳排放可能有从低排放平衡增长向高排放平衡增长发展的风险。

各国近些年来开始逐步实现碳达峰,碳排放达到峰值,呈现下落趋势。据研究统计,截至2020年,全球将近54个国家实现了碳达峰(图9-1)。大部分发达国家在2010年前实现碳达峰,部分亚洲发达国家在2020年内达峰。按照各国碳排放目标规划,预计到2030年全球将有57个国家实现碳排放达峰,总碳排放占全球的60%。

对于碳中和目标的进展,各国也开始提出目标并制定碳中和立法规定。2019年联合国气候行动峰会上,联合国秘书长发表声明称"2050"集团全数承诺将在2050年前实现碳中和。另外,排除在2014年和2018年已经实现碳中和目标的国家之外,大部分国家也开始陆续提出碳中和目标,如乌拉圭、芬兰、冰岛和奥地利、瑞典等国家将在2030年、2035年、2040年、2045年实现碳中和,欧盟、美国、英国、加拿大、日本等其他国家和地区将在2050年

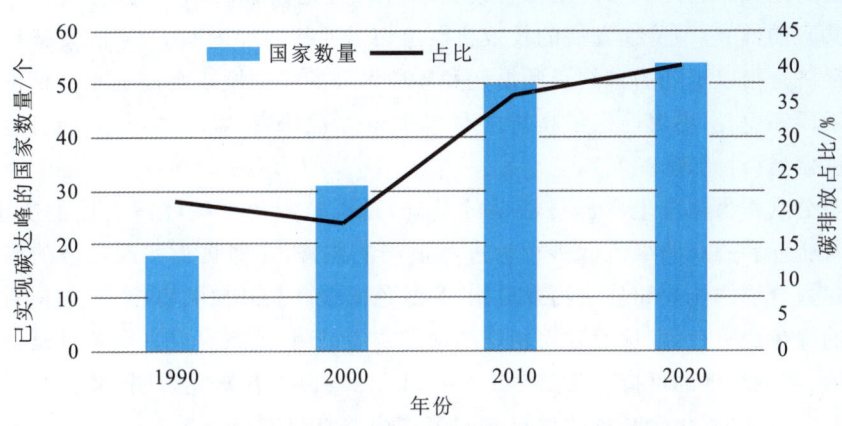

图 9-1　全球已实现碳达峰的国家数量及其碳排放占比

实现(人行国际司青年课题组,2021),中国将在 2060 年实现碳中和目标。其中,欧盟和英国也实现了碳排放立法规定,制定了减碳计划,明确了中短期阶段性目标:力争在 2030 年碳排放在 1990 年的基础上下降 55% 和 68%(陈小茹,2021),并且颁布配套政策加快计划实施。但是在这些国家中,大部分只是政策层面上宣示了标准,只有如法国、英国、瑞典、丹麦、新西兰、匈牙利等少数国家将碳中和目标纳入法律层面,还有部分国家正在立法过程中(人行国际司青年课题组,2021)。

国际能源署(Internationel Energy Agency,IEA)报告称,2020 年春季,虽然全球碳排放在受到新冠肺炎疫情的冲击下呈现暴跌的形势,但 2021 年开始出现强劲反弹迹象。按照各国疫情复工发展情况,预计两年内全球碳排放将进一步上升,2023 年将创下历史峰值。碳排放量的迅猛增长出于两大原因。一是电力需求的增长。2020 年,在疫情期间全球电力需求下降约 1%,而在之后的两年内,全球电力需求预计增长 5%、4%。二是化石燃料需求的增长。化石燃料是电力需求的主要来源,也是重工业企业的生产来源,2020 年燃煤发电量下降 4.6%,2021 年将增长近 5%,预计 2022 年增长 3%,达到历史峰值(佚名,2021)。全球多个国家及地区承诺加速绿色复苏,并强调疫后复产复工开始实施低碳能源转型,以加速摆脱化石燃料(丁辉,2021)。中国面对国际碳排放的形式也表明了自己的立场以及行动能力并得到了国际认可,国际能源署(IEA)在《中国能源体系碳中和路线图》中指出,中国作为全球能源和气候未来的关键行动者,通过自身诸多优势已经在能源技术和能源政策方面展现出国际领导力,有能力提前实现碳达峰目标,并最终成功完成碳中和转型(王林,2021)。

三、低碳经济理论及发展模式

经济全球化之后,各国经济规模迅速扩大,碳排放也持续上升,在面对气候环境变化问题时,达成绿色低碳发展的共识。因此,"绿色发展"和"低碳经济"成为大部分国家经济社会转型的综合战略,也成为应对气候变化、维护生态安全的重要手段。在全球实现碳排放、碳达峰、碳中和目标的大方向下,传统环境理论和经济理论面临着如何实现经济、社会和环境的多目标共赢的挑战,可持续发展的长效机制迫切需要新的理论框架、方法突破和实践。

低碳经济是指以更低的自然资源损耗和环境污染的代价换取更高的生活标准和生活质量的发展手段和途径,不仅催生了高新技术、先进技术的研究、发展和应用,而且也实现了经济的持续性发展(付允等,2008)。

企业和公众作为社会生产经济活动的基础,是影响绿色低碳经济发展的决定性力量。只有通过对企业和公众的绿色低碳行为进行适当的监督,才能真正实现经济的绿色低碳发展。如何建立合理的企业和公众约束机制,为绿色低碳产品开放共享市场,如何有效引导企业和公众的绿色低碳行为,从而建立相应的动态响应机制,关系到未来绿色低碳经济能否得到有效发展,实现经济的可持续发展(Xiao et al.,2021)。有研究表明,经济增长效率呈现下降趋势的同时,二氧化碳减排效率在各国范围内略有提高(Bonsu et al.,2020)。比如矿产资源的开发和利用是碳排放的主要来源之一,在实施减排政策时社会会出现原材料分配、销售、使用、研究和创新等一系列与经济效率有关的问题,因此在低碳经济的目标下,社会发展模式应该考虑创新政策战略和产品全球价值链的许多方面,包括:公平就业、关键的原材料依赖性、循环治理和行业标准、保护自然环境、处理排放和确保可持续的消费和生产模式。

采取社会、经济和环境协同发展模式才能更好地满足社会发展与环境问题的共同需求。在全球针对碳排放、碳达峰及碳中和的政策实施中,不仅要考虑实现单方面的减排目标,同时还要考虑在全球价值链的政策目标中建立关键权衡,以及利用社会、经济和环境目标之间的协同效应发展低碳经济社会。在全球范围内,各国企业在生产活动、经营活动以及日常活动中都会产生不同程度的碳排放,而在企业承担的社会责任中,低碳绿色发展对企业经济价值存在负影响。在中国上市公司中,企业社会责任实践可能会降低企业价值,表现出显著的滞后效应(Zhang et al.,2020)。滞后效应的产生是由于企业社会责任的过度投资效应可能超过了冲突解决效应。较高的企业社会责任投入要求企业承担外部成本,导致企业社会责任成本在短期内增加。为了解决企业的经济发展问题,政府政策制定者可以采取政策处罚和补贴,降低企业社会责任的成本应该成为政策制定的指导原则。

同时,采取社会居民主观性碳减排模式。有学者提出心理因素(即主观规范、态度、自我效能感和可控性)和政策因素(即命令和控制政策)基于计划行为理论和态度—行为—情境的综合研究模型,对个体碳减排行为的影响进行了研究。研究结果表明,个体的主观规范、态度和自我效能感都是影响个体碳减排意愿的重要内部影响因素,并进一步影响个体的实际行为。而可控性可以显著调节个体减少碳的意愿与实际行为之间的关系(Shi et al.,2019)。

第二节 中国矿业碳排放的主要来源

矿产资源是整个工业生产的基础,也是一个碳排放密集型行业。因此,要推动碳排放的清洁升级与新能源发展、构建清洁能源体系必须分析中国矿业碳排放的关键驱动因素,从而提出相应的减排政策。政府间气候变化专门委员会(IPCC)评估报告指出,影响全球气候变暖的碳源主要分为两类,一类是化石燃料的大规模使用;另一类是土地利用方式的转变。相关研究表明,煤炭形成过程也会生成大量瓦斯气体,其重要成分为主要的温室气体之一——甲烷,将这种气体按质量计算所引起的温室效应是 CO_2 的 21 倍。中国是世界上最大的煤炭生产和消费国,生产活动能源消耗主要依靠煤炭。面对当前提出的自主减排目标以及国内的一系列环境问题,中国必须科学地进行碳排放问题的分析,根据目前国内的能源形势以及温室气体的排放结构分析,矿业成为中国应对节能减排问题的主要承担者。本节分析了中国矿业碳排放的主要因素,同时对各环节中碳排放提出建议。

一、矿区区域的碳排放

矿区活动各环节中所形成的碳排放相互影响,同时与区域生态系统的碳循环机制相结合形成了矿区独特的碳循环体系。一系列复杂的采煤活动造成了地表植被的破坏(黄翌等,2014),陆地覆盖面积的减少和土壤质地的破坏(孙映祥,2020),在地上植被、土壤系统与大气碳库进行循环的过程中,植被通过光合作用吸收大气中的二氧化碳,植被和土壤通过呼吸作用向大气中排放二氧化碳(徐小锋等,2007)。矿区区域的碳排放包括矿产资源开采、加工、销售以及矿区居民的综合碳排放,其区域碳循环结构如图 9-2 所示。在植被—土壤系统中,凋落物通过腐殖质的作用转化为有机碳进入到土壤,土壤、植被、大气碳库及这一系列复杂的过程构成了矿区生态系统的碳循环(刘纪远等,2003)。

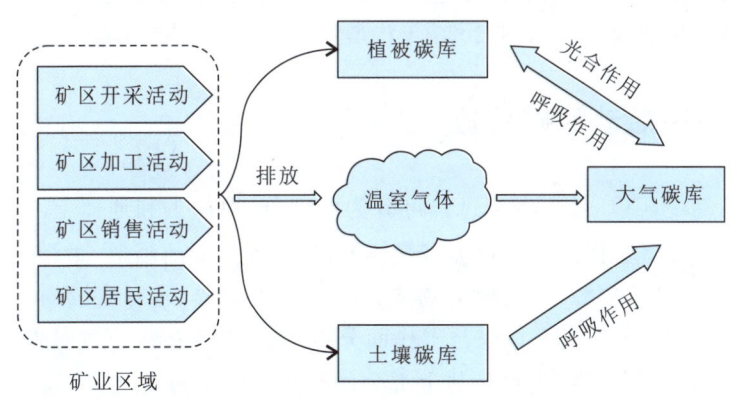

图 9-2 矿区碳循环结构示意图

矿区生命周期碳减排问题已经引起了全世界的广泛关注。相关研究多集中在减少废弃物、废弃物回收利用、可再生能源消耗、逆向物流等方面,以实现资源节约和环境友好发展。随着对全球变暖问题的广泛关注,越来越多的研究建议从减缓温室气体特别是 CO_2 排放的角度来实现绿色供应链。这种研究分为两类:从整个供应链和从供应链中某个子系统进行研究。关于整个供应链研究方面,Jabbour 等(2015)从整个矿产资源供应链出发,提出了绿色供应链中减少 CO_2 排放的框架。Asrawi 等(2017)提出了一个平衡供应链总成本和碳排放的模型。他们的发现提供了整个供应链的减排重点,而忽略了特定子系统的差异。这些研究未能设计出进一步减少二氧化碳排放的详细方案。这可能是由于难以从供应链中不同的上下游合作者获取和共享实际的生命周期信息。在子系统研究方面,Ando 等(2006)发现了运输过程中旅行时间对碳减排的影响。Merrick 等(2010)发现,运输是供应链中环境危害的最大来源,其关键影响因素(即车辆重量、行程长度和平均行驶速度)。特别是电煤开采、运输和燃烧等子系统造成了大量的二氧化碳排放。

本段以整个矿区为主进行分析,整个区域的碳排放从煤炭开采开始,一直到电煤的消费结束。矿区区域碳减排是基于该区域矿产资源全生命周期碳排放的估算结果,但目前关于具体环节的区域碳排放研究较少。大多数现有研究遵循《2006 年 IPCC 国家温室气体指南清单》来估计 CO_2 排放量。该指南中提出的估算方法更适合于投入和价格稳定的部门和产业链,而不适用不稳定的部门和产业链(比如矿产资源)。矿区供应链绿色化、电煤生命周期管理对实现《可再生能源发展"十三五"规划》提出的煤炭消费具体目标具有重要意义,同时对未来《可再生能源发展"十四五"规划》的布局具有前瞻性。数据显示,2020 年,中国可再生能源开发利用规模达 6.8 亿 t 标准煤,相当于替代煤炭近 10 亿 t,且减少 CO_2、SO_2、氮氧化物排放量分别约 17.9 亿 t、86.4 万 t、79.8 万 t(刘淼,2021)。尽管企业越来越多地尝试管理供应链中的环境足迹,但有效衡量和控制供应链阶段活动的环境影响仍然是一个挑战。特别是对于矿产资源这种碳密集型行业,其复杂的生产链和高能量活动强调了全生命周期管理的必要性。中国火电厂电煤燃烧产生的 CO_2 排放日益增加,实现电煤供应链全生命周期的绿色模式对于发展全国排放交易市场、实现减排目标具有重要意义,而目前仅仅是煤炭开采阶段就构成了全球碳减排的绿色发展难题。美国环保署的报告称,2010 年,煤炭开采占全球人为排放总量的 8%,预计到 2030 年将增加 33%(EPA,2016)。

二、矿区开采活动的碳排放

矿区开采活动中,CO_2 排放生产过程可分为两部分:地面下和地面上。以煤炭为例,煤炭开采过程的各个环节都伴随着大量温室气体的排放,如瓦斯的溢散、大型机械设备消耗大量汽油、电力等能源及水资源,各类废弃物未经处理便直接排放,对区域的大气、植被、土壤碳库均产生一定影响。地下部分以煤与工作面分离开始,在煤被运出坑时停止,包括掘进作业和停止作业。地下部分的停止点是地上部分的开始点。经过洗选,地面部分结束于煤转化为电煤。CO_2 排放源主要有驱动操作、停止操作和清洗操作 3 种类型。生产过程中的 CO_2 排放主要来自采矿和洗涤。在采矿过程的碳排放中,排放的主要温室气体是生产中释放的 CH_4 和 CO_2,这给煤炭开采带来了巨大的挑战。作业环境复杂程度,技术要求是否严格,开采过程中的碳排放可能存在较大差异。

煤炭开采过程中的碳排放与煤炭总产量直接相关,采煤工艺直接决定了煤耗,技术改进是减少采矿业 CO_2 排放的主要因素。洗涤过程中的碳排放是煤的自燃产生的,其排放量远远少于采矿过程中的 CO_2 排放。中国企业、地方企业以及乡镇企业的地下矿山碳排放因子达到 $176gCO_2eq/kg$、$175gCO_2eq/kg$ 和 $150gCO_2eq/kg$。相比,露天矿山的碳排放因子只有

$46gCO_2eq/kg$,产生这种差异的主要原因是四种采煤配置的 CH_4 逃逸率不同。开采过程中的 CH_4 逃逸是最大的碳排放贡献者,占总排放的 80%～90%;其次是电力供应,约占 10%;再者是蒸汽供应,碳排放贡献非常小,柴油消耗的碳排放贡献可以忽略不计(Li et al., 2020a)。同时,还有研究展示了煤电机组各项技术指标对碳排放的影响,其研究结果表示 49 种煤电机组满负荷工况的温室气体排放因子均有差异(Li et al., 2020b),其中,高压以下 100MW 的温室气体排放因子在 $1479gCO_2eq/(kW·h)$ 时最高,而在特高压 1000MW 的条件下温室气体排放因子在 $803gCO_2eq/(kW·h)$ 时最低。随着机组参数或机组规模的提高,煤发电效率显著提高,碳排放因子显著降低。由于褐煤净消耗率和温室气体排放系数较高,循环流化床锅炉机组的碳排放因子比煤粉锅炉机组高出 25% 以上。空气冷却机组也比水冷导轨机组存在更高的碳排放因子,因为更多的电力被用于驱动冷端系统进行传热。直接空冷机组和间接空冷机组在发电相同的情况下,碳排放量分别比水冷机组多 4.5%～6.2% 和 3.0%～4.1%。负荷变化对碳排放因子影响同样显著,当负荷由 100% 降至 85% 时,碳排放系数不变;当负荷持续下降到 85% 以下时,它开始显著增加;当负荷下降到 20% 时,它增加约 20%。

煤炭开采的总碳排放与煤矿地理分布位置也存在很大程度上的相关性。有报告提供了煤炭开采过程省级温室气体排放因子。报告显示,2016 年,中国温室气体排放因子较高的省份主要集中在东部和中部地区。这是因为这些地区的国有地下矿山和地方地下矿山的比例总和都在 80% 以上,这些矿山的供电碳强度都在 $750gCO_2eq/(kW·h)$ 以上。再者是河北省,该地方碳排放因子最高,为 $178gCO_2eq/kg$,其次是山东、北京、安徽、河南、江苏和陕西,均在 $170gCO_2eq/kg$ 以上。低碳排放省份主要集中在华北、西部和南部。内蒙古的排放因子最低,只有 $113gCO_2eq/kg$,最后是青海和云南,都小于 $120gCO_2eq/kg$。它们的低碳排放因子是由露天矿集群和供电低碳强度造成的。其中,内蒙古和云南的露天矿占比分别达到 47.1% 和 20.1%,远高于全国 11.9% 的平均水平。云南和青海因可再生能源资源丰富,电力供应碳强度最低,分别为 $268gCO_2eq/(kW·h)$ 和 $277gCO_2eq/(kW·h)$。地方政府应根据当地煤炭开采、煤炭运输和煤炭发电过程碳排放水平的具体表现,制订灵活、适当的策略。具体来说,在河北、宁夏、河南、湖北和青海,开采 CH_4 逸出量小的煤矿可以减少开采过程中的温室气体排放。在中国东部和南部,包括江苏、贵州、安徽、江西和上海,进口煤炭可以有效减少煤炭开采和运输过程中的碳排放。大多数省区市应该把重点放在减少燃煤发电过程中的温室气体排放上。各个地方政府可以通过提高进入门槛、工厂技术更新换代并增加运行负荷来实施矿区开采活动中的碳减排,同时应该更有针对性地识别当地的实际情况,重视地区矿山差异,因地制宜制定具体的碳减排规划。

三、矿区加工活动的碳排放

在矿产资源的碳排放中,加工活动也是一个主要来源。当前煤炭加工技术使得燃煤质量低,因此在煤炭加工活动中往往造成燃煤设备平均效率低、能耗高、碳排放量大的问题。国内现有的煤炭加工利用途径主要有 3 个方向(发电、工业锅炉以及煤化工),特别是电力、钢铁、化工和建材四大行业,具体途径如图9-3所示。近年电力行业的消费量占比一直在50%以上。这三种加工途径基本涵盖了目前和未来20年内的用煤领域,是现阶段中国中期主要的洁净煤技术应用方向,也是中国走低碳经济道路的重点(申宝宏等,2010)。

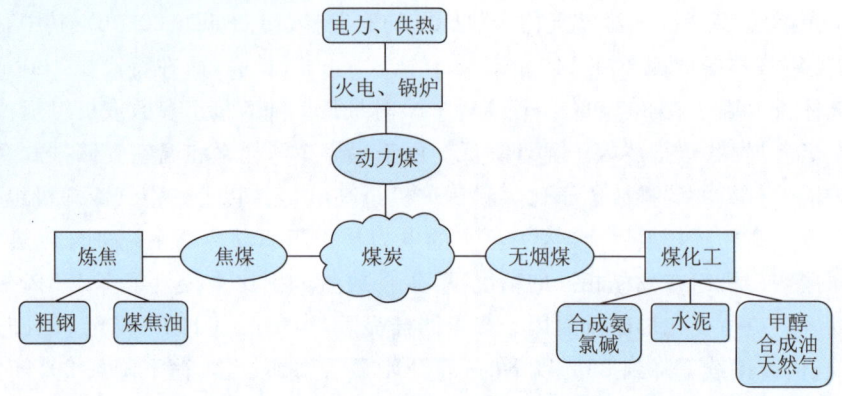

图9-3 中国煤炭加工主要用途示意图

据研究统计,2010年全国煤炭消费总量约为32亿t,其中,发电用煤量达17亿t,工业锅炉用煤约6亿t,煤化工用煤约5亿t,合计约占煤炭消费总量的90%(辛凡文等,2011)。据国家统计局初步核算,2019年全国煤炭消费量约28.04亿t标准煤,消费量同比增长1.0%,能源消费总量中煤炭消费量占57.7%,同比下降1.5%。全国商品煤消费总量中,电力行业煤炭消费量增幅较大,全年耗煤22.9亿t左右,占比53.61%,同比增长9%;钢铁行业、化工行业、建材行业全年耗煤分别为6.5亿t、3.0亿t、3.8亿t,分别同比增长4.8%、同比增长7.1%、同比下降24%。进入2020年以后电力行业用煤量出现了同比回落,2020年上半年中国商品煤消费量累计18.9亿t,同比下滑2.2%。电力行业耗煤量10.1亿t,同比减少2.2%,化工行业耗煤量1.4亿t,同比减少1.5%,建材行业耗煤量2.1亿t,同比减少5.4%,钢铁行业耗煤量3.5亿t,同比增长2.3%。根据国家统计局数据,2020年上半年全国规模以上电厂发电量33 645亿kW·h,同比下降1.4%,增速比上年同期回落4.7%。其中火电发电量24 323亿kW·h,同比下降1.6%,增速比2019年同期回落1.8%(图9-4)。

在碳减排的目标下,大部分企业选择原煤提质加工的方式,通过煤炭洗选、低阶煤提质加工、超临界发电等技术方法从根本源头提高原煤质量,这种加工方式不仅可以减少运力消耗而且还可以降低加工运输期间的碳排放(辛凡文等,2011)。中国现有褐煤产量约3亿t,将其全部经过提质加工可以降低煤炭60%~70%的水分,使其热值提高为1000~1500kcal/kg,而且这种途径还可以减少约0.7亿t煤炭的无效运输,假设全部采用铁路

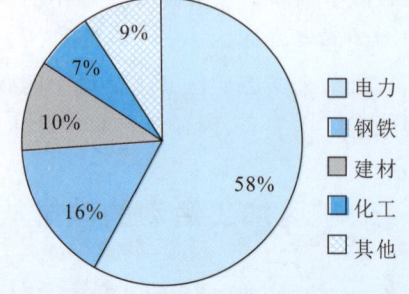

图9-4 中国主要耗煤行业及其占比示意图

运输,则节约运力 420 亿 t/km,间接减少约 34 万 t 运输碳排放。

还有一些企业采用高效燃煤发电、工业锅炉洁净燃烧以及新型煤化工来实现碳减排。这种技术改造使得电厂效率每提高 1%,可减少碳排放 2%~3%,同时平均燃烧效率提高 7%,减少排放量约 1.6 亿 t,较改造之前减少约 30kg/h。

四、矿区销售活动的碳排放

矿产销售通常会拥有自己的供应链,碳排放的产生及转移会在供应链的各个环节中发生。因此,基于环境原则、可持续发展和零排放的理念,有学者分别提出了绿色供应链、可持续供应链和低碳供应链,从碳减排的角度提出了煤炭供应链的创新模式。煤作为基本能源,既是产品本身,也是其他产品的原料或燃料。有学者从环境足迹和社会足迹两个方面对中国煤炭供应链进行了调查(Shan et al.,2014),并分析了几种减少足迹的策略,如 CO_2 封存、脱硫和脱硝。也有研究建立了电煤供应链 CO_2 减排的系统动力学模型,分析了 CO_2 排放的主要来源和影响因素(Cao et al.,2019)。模型中,煤炭供应链包括 4 个子系统:生产子系统、运输子系统、储存子系统和消费子系统。本段的矿区销售活动部分,我们选取运输活动进行分析。

在煤炭运输活动中,电煤实际交通量由发电能力和交通量来衡量,且实际运输量与发电量呈负相关关系。运输工艺环节包括采煤、洗选工艺、火电厂内电煤储存、电煤消耗等经营活动。运输过程中的化石燃料的消耗是最主要的碳排放来源,运输过程中的装载和搬运操作使用电气设备,不直接产生 CO_2 排放。首先,交通运输过程中减少碳排放的优化路径的重点是降低燃料消耗,包括公路运输比例、铁路运输比例、运输技术投资和装载率。公路运输单位煤的油耗远高于铁路运输单位煤的油耗,因此公路运输比例的有效降低和铁路运输比例的提高可以在一定程度上实现运输过程中的碳减排。其次,由于生物柴油的 CO_2 排放量比柴油的低,所以理论上应该在生物柴油上投入更多的资金,,但是实际上单位生物柴油的价格高于柴油。最后,装载率越高,单位煤的运输油耗越低。提高装载率是运输过程中降低燃料消耗进而减少碳排放的另一途径。研究表明,减少 CO_2 排放的最优途径是运输子系统中铁路占比提高到 85%,公路占比降低到 15%(即 330t)(Cao et al.,2019)。同时从煤炭运抵的角度,研究分析 2016 年煤炭运输过程的省级温室气体排放因子(Li et al.,2020a)。中国 12 个省区市的碳排放因子均在 $40gCO_2eq/kg$ 以上,且主要分布在中南部地区。温室气体聚集在这些省份,导致当地煤炭运输过程中发生重大的煤矿逃逸。特别是贵州和安徽的温室气体比例分别达到 77.3% 和 90.5%,其中碳排放因子分别为 $52.02gCO_2eq/kg$ 和 $51.62gCO_2eq/kg$。海南的碳排放因子最低,在 $1gCO_2eq/kg$ 以下。其余 17 个省区市主要集中在华北地区和华东地区,其碳排放因子在 $20~40gCO_2eq/kg$ 之间。产生地域运输逃逸量差异的原因有两点:一是中国北方露天矿短途集疏运服务能力较弱,导致当地煤炭运输过程中 CH_4 发生小范围逃逸;二是进入中国东部的部分煤炭是通过内陆短距离运输的,没有开采后逃逸的 CH_4,其余煤炭主要是从华北地区和西北地区进行长途运输。

五、矿区居民活动的碳排放

由于越来越多的地区开始采取行动应对气候变化和碳减排,煤炭资源丰富的矿区已成为控制能源消耗的重点地区,而高排放、污染高的矿区居民则成为节能减排的重点群体。根据矿区资源禀赋、经济发展模式、社会发展特征和气候条件,研究矿区居民的消费习惯和消费特征,分析矿区居民能源消费碳排放的构成及影响因素,为区域节能减排和制定有效的能源规划与管理方案提供依据,有利于矿区的可持续发展。

改变消费模式将是未来减缓气候变化、促进低碳绿色行为的有效途径,但学术研究普遍发现,改变消费者的生活方式以减少碳排放更为困难,因为家庭能源消费、能源使用行为、生活方式,一旦习惯形成,就会积习难改;因此,绿色转型需要时间的累积。现有许多关于居民碳排放的研究,比如 Kurniawan 等(2018)调查了 2000—2015 年印度尼西亚家庭能源消费排放变化的基本决定因素;Meangbua 等(2019)分析了影响泰国家庭基于消费的 CO_2 排放的因素;此外,挪威、希腊、日本和芬兰也有关于家庭碳排放的研究。这些研究发现,发达国家的矿区居民消费导致了相当数量的碳排放。近 10 年来,中国城乡居民家庭能源消费总量和碳排放呈上升趋势,碳排放的空间分布具有明显的区域差异。此外,中国矿区居民与非矿区家庭在能源消费和碳排放方面存在显著差异。

矿区居民社区标志着该社区以资源开采和加工为主导产业,是远离市县中心和经济社会功能相对独立的居住区。目前,中国约有 450 个矿区,通常每个矿区的居民人口主要由矿区职工及其家属组成。受历史因素和区位条件的影响,矿区在产业转型、生态保护、节能减排、民生改善、区域协调发展,特别是生态文明建设等方面的碳减排仍面临巨大挑战。比如作为煤炭资源型省份的山西省,其煤炭资源开发和利用的历史超过 100 年,已经形成一个相对大量的更完整的煤炭开采领域。矿区开发煤炭资源,就需要建设矿山等一系列厂房设备和配套的炼化、洗选、粗选工厂,因此会聚集大量的产业工人及其家属,顺势形成一定人口规模的生活区。由于煤矿矿区远离当地人口集中的市、县中心,因此矿区一般位于偏远的农村地区,或者人烟稀少的游牧地区,甚至无人区。为了解决矿区附近产业工人及其家属的生产生活问题,早期矿区的主要企业被赋予了更高的行政层次和更大的自主权:他们自行规划、设计、修建生活设施,自行修建供水、供电、供气、供热和物业系统。随着社会经济的不断发展,国家对矿区民生问题开始加强重视程度、矿区建设支持力度不断加大,矿业居民的生活水平明显提高,基础设施建设明显改善,地方政府逐步承担起矿业居民的社会保障职能。有研究通过对山西省城乡居民生活消费中使用的煤炭资源和电力资源的统计得出结论:靠近矿区的村庄或边缘地区居民对煤炭资源的需求远远大于对电力资源的需求,且差距也呈现出不断扩大的趋势。这说明矿区居民的生活方式和相邻矿区农村居民的生活方式具有较高的碳排放特征(Li et al.,2020a)。

矿区居民碳排放也存在显著的地区差异,这与不同矿区的地理位置密不可分。矿区远离市中心,靠近煤炭资源的源头。资源的便利使用导致了当地家庭消费和出行的高碳排放。根据研究实证结果,为了减少矿区高碳排放行为的发生,改善矿区生态环境质量,实现资源丰富地区的清洁生产、节能减排,加强家庭节能减排行为,完善公共基础设施建设,是未来需要密切关注的问题(Sepehri et al.,2018)。采煤区煤炭价格较低,运输距离较短,紧密的区域特征使得生产和消费区域之间的联系更少,降低了当地家庭使用传统能源的成本。与太阳能等新能源的高成本相比,当地家庭会选择使用煤炭,这将比使用新能源产生更多的碳排放。据计算,使用太阳能水加热系统将每年平均减少 CO_2 排放量 44 041 kg。

确定如何树立减排节能意识,培养绿色能源消费行为,是矿区节能管理的首要任务(Sepehri et al.,2019)。首先,要高度重视思考和加强矿区员工及居民的节能减排意识。要规划"节能降耗,共建节能工矿区"的核心理念,利用报纸、广播、新闻、微信等宣传平台,大力开展节能减排法规、政策和知识的宣传工作(Zhang et al.,2019)。其次,社会要对矿区的管理人员和生产骨干进行节能减排培训,丰富他们的专业知识,增强他们的责任感,提高他们的专业管理和操作技能。最后,鼓励家庭开展清洁生产和消费,推广太阳能热水器等新能源器具和清洁燃料,鼓励矿山企业采用先进技术,对废弃物和废水进行有效处理。

第三节 中国矿业碳达峰与碳中和路线图

本节从国际和中国矿业碳达峰及碳中和的发展概况入手,通过文本分析及政策趋向来总结中国矿业碳达峰及碳中和路线图。

一、国际矿业碳达峰及碳中和概况

2020 年新型冠状病毒的流行不仅对全球矿产资源市场造成了巨大的冲击,而且一次能源的消耗下降了 4.5%,这是自第二次世界大战以来的最大降幅。一次能源消耗下降的主要原因是石油消耗量的降低,造成了接近 75% 的降幅,同时天然气和煤炭的消耗量也呈现出不同幅度的降低。尽管整体上全球能源需求有所下降,但风能、太阳能和水力发电等清洁能源依然保持了增长态势。2020 年风能和太阳能的装机容量迅速增长,超过了历史峰值的 50%。这一增幅主要是由于 2020 年煤炭发电占比的下降。2020 年可再生能源实现了强力的增长,逐渐取代了化石能源,这一趋势符合全球碳中和的需求。2020 年美国、印度和俄罗斯的能源消耗降幅最大(Feindt et al.,2021),分别为 7.7%、5.6% 和 5.5%,中国能源消耗逆势增长达到了 2.1% 的增幅,是去年少数能源需求增长的国家之一。能源消耗量的下降使得 2020 年能源使用产生的碳排放量下降了 6.3%,减少了 2.1 万 t 碳排放量,这是 2011 年以来的最低水平。过去 80 年间世界能源消耗和能源消耗造成的碳排放增速有一定的放缓趋势。

能源结构转向清洁低碳是历史发展的必然趋势。从世界能源的发展趋势来看,人类历史上一共有 3 次能源转型,分别是木炭到煤炭、煤炭到油气、油气到新能源的转型(Chen et al.,2021)。能量转型的过程中始终遵循固态向气态和液态发展,高污染向低污染发展的趋势,目前人类正处在第三次能源转型的过程中,风能、太阳能、水能和核能等新能源低碳环保的特性符合能源转型的必然趋势,在能源结构中的占比也会逐步提高。

根据 BP 数据,过去 20 年虽然石油在能源组合中的占比一直在下降,但目前仍然占据了能源组合中的最大份额——31.2%。煤炭在消费组合中的占比在 2010 年后就持续呈现下降趋势,2020 年占一次能源消耗的 27.2%。天然气和可再生能源的能源结构占比在过去 20 年中一直呈现上升趋势,2020 年分别上升至 24.7% 和 5.7% 的历史高点。可以看出,新能源在世界能源消费结构中的地位不断增强,无论是消费量占比还是能源结构占比都保持稳步上升的趋势,能源结构低碳清洁的趋势也愈发明显(Wang et al., 2019)。

碳排放交易机制逐步在全球推行。碳排放交易起源于《京都议定书》。其首次提出可以将 CO_2 的排放权像普通商品一样交易,也是人类历史上首次以法规形式限制 CO_2 的排放量。碳交易权围绕 CO_2 减排的目标允许发达国家通过碳交易市场的交易来灵活实现自身减排目标,同时发展中国家也可以获得减排技术和资金资产。《京都议定书》提出的国际排放贸易机制、联合履约机制和清洁发展机制使得碳排放量成为可交易的商品,碳交易市场也应运而生,近 20 年间在诸多国家实施并得以逐步完善。

碳交易市场已经成为国际社会实现低碳目标不可或缺的政策工具。目前全球主要的碳交易体系有欧盟、韩国、新西兰碳市场等(邹才能等,2021)。碳市场自成立以来交易额就保持高速的增长,2020 年全球碳市场的交易规模同比增长了 16%,达到了 2290 亿欧元。《2021 年度全球碳市场进展报告》指出,2005—2020 年,碳市场机制在全球增速迅猛,碳市场所覆盖的排放占全球温室气体的比例扩大到之前的 3 倍,截至 2021 年 1 月 31 日,全球已经开始运营的碳市场有 24 个,在未来几年中计划实施运营的有 8 个。国家经济发展对于碳市场也有影响,正在运行碳市场的国家和地区占全球 GDP 的 54%,碳市场覆盖了全球 16% 的温室气体排放。碳市场机制已经体现出巨大的发展潜力。迄今为止虽然还未形成全球统一的碳排放市场,但不同的碳排放市场已经开始尝试对接(图 9-5)。

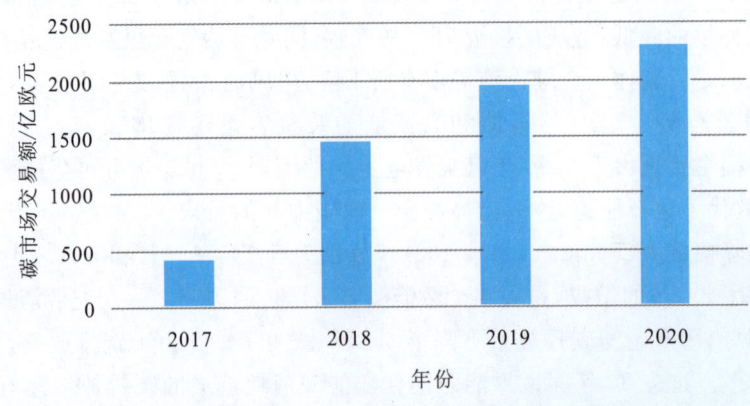

图 9-5 全球碳市场 2017—2020 年交易规模

二、中国矿业碳达峰及碳中和趋势分析

(一) 中国低碳政策历程

应对气候变化是人类的共同使命。习近平总书记明确指出,中国已成为全球生态文明建设的重要参与者、贡献者和火炬手,正积极推动应对气候变化国际合作。中国在习近平生态文明思想的指导下,努力推动世界绿色低碳转型,建设具有共同未来的人类社会,显示了中国作为一个发展中大国的巨大政治勇气和使命感。中国作为世界上碳排放量最大的国家之一,其双碳政策对全球气候变化会产生决定性的影响。

中国近年来高度重视气候变化,坚持把绿色、循环、低碳发展作为促进高质量可持续发展的重要战略措施(樊大磊等,2021)。中国在"十二五"(2011—2015年)期间把应对气候变化纳入社会经济发展全局,中国一直以降低人均GDP碳排放的系统性和约束性目标为基础,推进社会低碳发展。"十二五"二氧化碳强度目标超额完成,实现碳强度下降20%左右,能耗强度和能源强度双控目标基本完成。2020年9月22日,在第七十五届联合国大会上,国家主席习近平表示中国将提高国家自主贡献度,采取更加严格的法律法规,力争2030年实现碳达峰,2060年实现碳中和(新华网,2020),本次"3060"目标也被称为"922"承诺。2021年2月1日,中国正式试行了《碳排放权交易管理办法(试行)》,全国碳市场的建设和发展进入一个新的阶段。2021年4月22日,国家主席习近平在领导人气候峰会上进一步提出了碳排放具体要求——严控煤电项目,同时还表明煤电控制需分阶段来实现,"十四五"时期严控煤炭消费增长,"十五五"时期逐步减少"。

碳达峰和碳中和是中国的重大战略决策,更是中国能源行业变革的开端。中国接连提出"922"承诺和"422"承诺,不仅体现出中国引领全球减排的雄心,更是体现出中国减排的决心。中国把应对气候变化作为了国家重大战略,碳达峰和碳中和成为了中国生态文明布局的重要组成部分,将对中国的矿业产生深远的影响,更是会为其发展指明未来方向。总体上看,中国已经实现气候变化目标从相对目标(能源和碳强度目标)向绝对目标(碳达峰、碳中和目标)的过渡。

(二) 中国矿业及能源发展现状

中国的能源供给以化石能源为主,且一次能源生产消费规模均居于世界首位。近20年来,中国的矿产产量持续保持增长,根据国家统计局数据,中国一次能源生产总量从2000年的12.9亿t标准煤提高到了2020年的40.8亿t标准煤,提高了近3倍,能源高速生产有力保证了中国能源安全和国民经济的平稳运行。作为中国主要能源和重要原料,煤炭产量一直保持上升趋势。随着中国能源结构的调整,特别是"十二五"以来严控二氧化碳强度目标以后,中国煤炭占一次能源生产比重从2011年峰值的77.8%下降到了2020年的67.6%,虽然中国煤炭在一次能源中的生产、消费比例均呈现下降趋势,但煤炭在中国储量丰富且有

着刚性需求，未来很长一段时间中国的一次能源消费依然会以煤炭为主（樊大磊等，2021）。原油产量相对稳定，近10年内始终稳定在2万t左右，但由于能源结构的变动在一次能源中的占比呈现不断下降的趋势，从2001年占一次能源生产总量的15.9%下降到了2020年的6.8%。天然气产量保持稳定上升，从2001年的303.29亿m^3上升到2020年的1 924.95亿m^3，产量增长近6倍，一次能源生产比重从2001年的2.7%上升到2020年的6%。其他非化石能源所占一次能源生产总量的比重也不断上升，从2001年的8.8%上升到2020年的19.6%。

2015年，中国制定了"3060"的双碳国家决策，并对此采取了一系列政策措施，包括调整产业结构、节约能源资源、提高能源资源利用效率、优化能源结构、发展非化石燃料、发展循环经济、增加森林碳汇、建立和经营碳市场、开展南南合作等，促进全社会绿色低碳转型（仲冰等，2021）。在2005年的基础上，2020年，GDP增长翻两倍，中国人均碳排放比2005年下降了近50%，中国全面建成了小康社会。同时，第三产业比重由41.3%提高到54.5%，煤炭消费比重由72.4%下降到56.8%，非化石燃料占一次能源的比重由7.4%上升到15.9%。所有数据表明，应对气候变化的政策和行动不会阻碍经济发展，而是将实现提高经济增长质量、培育新兴产业和市场、促进就业、改善民生、保护环境、增进人民健康的共同利益。

然而，除了发展潜力之外，中国的低碳转型也面临着巨大的挑战。首先，中国减排任务受经济发展水平制约较多。中国单位GDP能耗仍高达世界平均水平的1.5倍，说明中国的工业化进程和世界先进水平仍有较大差距，高能耗、高材料消耗、低附加值的制造业仍处于国际产业价值链的中低端，经济结构调整和产业升级任务艰巨，中国要从更低的经济发展水平出发实现二氧化碳中和，这一过程相比西方国家将受到更大程度的经济制约。其次，中国"多煤少油少气"的资源禀赋使得中国能源结构依然保持对煤炭的高依赖，煤炭消费在能源使用中仍占很大比例，中国想要快速实现碳达峰和碳中和必须要实现能源结构的清洁化，这要求中国在较短时间内能使用清洁能源替代煤在中国能源结构中的核心地位，这对中国科技、基础设施建设、经济增长等多方面提出了巨大的挑战。最后，中国实现碳中和的时间相比西方国家缩短了几十年，意味着中国实现碳排放目标需要更加深刻和快速的技术创新与产业变革，二氧化碳减排速度要超过发达国家。这是一场史无前例的艰巨挑战，建立绿色低碳经济体系是一项艰巨的任务。

三、中国矿业碳达峰及碳中和路线图

中国2030年实现碳达峰，2060年实现碳中和，从碳达峰到碳中和的时间远低于发达国家过渡时期将经历的60~70年。这意味着中国在碳排放领域所做出的努力需要大大超过发达国家，也意味着中国的国情与其他国家不同，不能直接复制其他国家的碳中和模型。本书将中国矿业发展路径分为起步期、攻关期和巩固期（王灿等，2020）。起步期是中国矿业按照目前发展趋势实现碳达峰的时期，攻关期是中国矿业减排关键技术亟待突破的时期，巩固期是中国利用攻关成功的负排放技术实现碳中和的时期。

(一)起步期(2020—2030 年)

1. 能耗达峰

中国丰富的煤炭资源是主要的能源类型和关键的工业原材料。推动矿业碳排放尽快达峰就是要在矿业生产过程中将节能降耗置于首位,在开采过程中利用新兴技术,加快开展节能项目,包括安全、高效、绿色开采、燃煤污染控制与净化、新型洁净煤燃烧、先进燃煤发电等,持续优化矿产资源利用效率。

2. 减产升级

碳排放量和生产方式息息相关,因此大规模的产业升级势在必行。以减量规划倒逼矿业企业产业升级,主要从以下两个方面进行:一是减少产能,对于有必要建设的矿业项目进行严格的筛选,对于违规新增产能项目加大查处力度,强化负面预警;二是完善相关政策,不断强化矿业碳排放相关政策,以环保、能耗、安全、质量等要素约束规范企业行为。

3. 集聚协同

随着中国碳排放压力逐步增大,矿业转向高质量发展已成必然趋势,下游企业对矿产质量要求也会顺势提高,这样也会直接造成更为激烈的市场竞争。因此,矿业企业要提高行业集中度,在自身企业发展的同时也要推动矿业产业链形成新标准,形成上下游产业链,建立集聚融合、协同发展、相互连接的产业体系。

4. 生态碳汇

生态碳汇是最符合自然界规律的碳捕获方法。它的主要环节是由植物的光合作用将二氧化碳转化为有机物从而固定在植物或土壤内。中国的绿色矿山建设和废弃矿山生态修复便是对这种理论的实践验证成果,自从中国《全国矿产资源规划(2008—2015 年)》中规划绿色矿山格局基本建立后,中国矿山企业的碳排放量明显减少的同时经济效益没有受到太大的影响,证明了生态碳汇方向的正确性。2016 年 6 月提出的《工业绿色发展规划(2016—2020 年)》初步建立了绿色制造业体系,为中国生态碳汇的发展进一步奠定基础。它一方面提高了中国资源利用效率,减少碳排放量,另一方面则通过生态碳汇吸收了部分碳排放量。

5. 完善法制

随着中国矿业经济的发展,中国也逐步重视到矿业发展过程中带来的环境污染问题。在 1996 年的《矿产资源法》第一次修改中首次将环境影响作为取得矿业权的重要条件。后来在 2009 年的《矿山地质环保规定》中进一步规定了矿山规划、治理和监督的相关制度。但目前在减少矿业碳排放方面中国并没有专门立法,法律法规方面显得十分薄弱,相关政策之间存在缺乏协调和稳定性较差的问题。如何在气候变化、减排任务、能源安全等多重压力之下,将矿业碳排放目标纳入一个长效稳定的法律机制中是中国矿业碳排放管理面临的首要问题,也是实现中国矿业碳达峰与碳中和的必经之路。

(二)攻关期(2030—2050年)

1. 减排技术

矿业是传统的高排放产业,同时又与经济发展和人民生活息息相关,通过节能的方式减排有着很大的局限性,唯有通过技术创新实现产业升级,才能在实现"双碳"目标的同时保留产业发展潜力和核心竞争力。

矿业减排技术主要分为两个方面:一是减少碳排放,包括节能技术和清洁能源技术等;二是碳吸收技术,包括碳捕集、利用与封存和植树造林等(陈浮等,2021)。中国煤炭储量丰富意味着中国未来能源结构中煤炭仍会长期占据关键地位,而煤炭消费是碳排放的主要来源之一,这意味中国的矿业有着较大的产业升级空间。国际能源署发布的《碳捕集、利用与封存(CCUS)——世界能源技术展望2020特别报告》中认为碳捕集、利用与封存技术有潜力解决全球二氧化碳排放问题。碳捕集技术很大程度上可以决定煤炭行业减排的结果,要求我们加大技术的研究和推广,发挥其在碳中和进程中的作用,这也是中国矿业低碳进程的迫切需要。目前碳捕集技术推广面积有限,主要是成本方面还没有取得大的突破,在科技创新降低成本的同时要积极发挥企业主观能动性为技术发展提供助力(朱法华等,2021)。我们要促进新工艺流程、技术和新材料的出现来实现矿业领域碳减排,为此要加强低碳技术研究平台的构建,支持和鼓励相关方面的研究发展,特别在煤炭、天然气和石油的开发利用、金属资源清洁开发利用等方面,要力求掌握一批高新技术。

2. 生态修复

矿产行业净零排放并不等于实现了碳中和远景,以往长期矿产开发所产生的碳排放量仍遗留在大气中等待去除。考虑到《巴黎协定》希望实现的1.5℃目标,这些历史遗留问题必须去除。要求矿业企业以更高水平实现生态修复,通过新兴技术减少自身碳排放。未来矿物资源开采既要考虑减少废弃物实现生态环境保护,也要通过修复生态实现生态碳汇能力的增强。该阶段可鼓励矿业企业通过植树造林的方式增加生态碳汇规模,实现碳排放量的零增长或负增长。

3. 碳市场完善

碳排放市场是在设置碳排放总目标的前提下,通过市场机制配置碳排放空间分布的重大体制机制创新,是一种低成本、可持续的碳减排政策工具。碳市场的建立及成本增加从根本上有助于化石能源消耗减少,同时实现二氧化碳和空气污染物减排。实施碳排放市场相关基础设施建设,明确相关方标准规范可以进一步完善碳排放交易市场的相关规则,是完善国家碳排放交易市场体系的必要条件。碳市场机制对中国矿业碳达峰及碳中和的意义有:一是有助于激励矿业企业实现低排放水平,从而实现中国碳排放总量的控制目标;二是有助于倒逼企业生产方式转型,解决煤炭过度消耗问题,激励矿业企业资金导向低碳发展领域,推动企业新旧动能转换;三是有助于打造一个具有国际影响力的碳交易中心,提高中国在国际碳排放交易中的领导力。

4. 新能源替代

该时期能源转型将进入存量替代阶段,传统能源在能源消费中的占比将逐渐降低,新能源将成为能源消费结构中的第一大能源。但新能源发电能力受自然条件影响较大,具有不稳定性,大规模储能技术也难以突破,难以提供充足稳定的电力供应。中国煤炭消费总量短期内又难以降低,在碳吸收技术有效升级前难以实现低减排成本。因此应充分发挥新能源的替代作用,以煤电保证电力基本供应的同时尽量使用新能源替代,以提升新能源在碳减排进程中的参与度。

(三)巩固期(2050—2060年)

负排放技术大规模应用。增加二氧化碳封存的应用和促进,二氧化碳封存可以在很大程度上减少二氧化碳排放,是化石燃料清洁利用的配套技术(He et al.,2020)。中国煤炭主导决定了二氧化碳封存的重要地位,我们应最大限度地发挥其在碳中和过程中的作用,促进煤炭高效清洁利用。在未来,枯竭的油田、气田和开发后的地下空间可以用来形成一个人工二氧化碳池。到目前为止,中国石油在吉林、新疆和大庆油田实现了二氧化碳驱油等技术突破,年置换产量近 100 万 t,二氧化碳驱油技术取得了新的突破发展碳转化技术,将二氧化碳转化为化学产品和燃料的碳转化可以将废物转化为"财富"。此外,二氧化碳驱油不仅可以实现二氧化碳的埋葬和封存,而且可以提高油气回收率。未来,松辽、渤海湾、鄂尔多斯、大庆等大型油气田可建成"人工二氧化碳气田"封存示范基地。中国科学院大连化学与物理研究所提出的"液体阳光"技术,用电解水制氢与二氧化碳发生反应,得到甲醇。生产 1t 甲醇可以固定 1.375t 二氧化碳。中国甲醇产能 2409 万 t,主要由天然气和煤炭生产。如果所有的甲醇都是用"液体阳光"技术生产的,就可以固定数亿 t 的二氧化碳。负排放技术的大规模应用将助力中国碳中和的实现。

第四节 "双碳"目标下中国矿业发展与转型

中国目前经济发展的模式依然是资源消耗型,在控制温室气体排放的问题上,高能耗工业企业的转型发展十分必要。面对全球"双碳"目标实行的大浪潮,企业能源转型的趋势是不可逆转的,而且可能会加快转型发展,尽快实现油气业务脱碳化、高能耗产业低碳化、低碳业务多元化的社会经济发展模式。近些年,中国经济社会进入高质量发展期。供应侧结构化改革有效地控制了煤炭消费和二氧化碳排放快速增长的趋势。碳达峰、碳中和目标快速推动了中国低碳发展,同时对煤炭产业带来了全新的机遇与挑战。本节从煤炭及其他能源企业和政策的角度来分析中国矿业在"双碳"目标下的转型发展。

一、"双碳"目标下煤炭行业的发展与转型

煤炭的清洁升级以及以新能源替代传统能源的能源结构调整是碳中和的主要方向。在政策上,针对新能源发展,国家能源局通过储能标准化工作方案引领储能技术与产业发展,并鼓励风电、光伏等清洁能源健康发展,提出了清洁能源开发建设的具体安排。部分省份也为减少煤炭消费和新能源发展制定了相关政策与目标。煤炭大省山西省在政府工作报告中提出"推动煤矿绿色智能开采,推进煤炭分质分级梯级利用,抓好煤炭消费减量等量替代";山东省则就煤炭产量设定了定量目标,即"2021年,煤炭产量稳定在1.1亿t左右";山西、广东、辽宁等多个省份均表明要大力发展可再生能源,并设定了可再生能源发电装机目标数量。

中国是世界上最大的煤炭生产和消费国,近年来,在矿产资源方面,为确保能最大效率地实行低碳、减排,中国大力发展绿色矿山,实行矿山绿色开采、矿山土地复垦、矿山科技创新、矿地和谐等模式,建设清洁生产、企业社会责任、资源节约利用、数字化的绿色矿山。在实行矿山的减排、低碳建设中,我们需要明确矿业碳排放主要来源,剥茧抽丝地研究实现碳达峰、碳中和的核心问题。

(一)发展现状

近些年,中国经济社会进入了高质量发展期。供应侧结构化改革有效地控制了煤炭消费和二氧化碳排放快速增长的趋势。碳达峰、碳中和目标快速推动了中国低碳发展,同时对煤炭产业带来了全新的机遇与挑战。在"双碳"目标下,中国煤炭产业发展现状主要表现在以下几个方面。

1. 减煤不是去煤

在相当长的一段时期内,煤炭仍将是中国能源安全的"稳定器"和"压舱石",处于能源主体地位。当前时期,煤的基本能源战略地位和资源优势依然突出,新能源要取代传统燃煤作为基本能源在短期内较难实现。由于当前煤矿技术的提高,煤炭资源开发与利用已向大规模和自动化方向发展,同时煤炭资源使用也不受天气、季节因素的影响,具备了经济、稳定、安全等优势。从碳达峰目标上看,即便到2030年碳达峰前非化石燃料占全国一次能源总消费比例已超过了25%,但燃煤能源的下降量仍然有限且煤炭依然是全国主要能源供给者。按照《中国统计年鉴2020》的统计资料,在2019年中国全部口径发电量中,煤电占比62.15%,并网太阳能发电占比3.05%,核能占比4.76%,并网风能占比5.53%,核能和风能发电的占比仍然较小。2020年中国煤炭消费占能源消费总量的56.8%。根据国情,煤炭在相当长时间内仍将是体量较大的能源行业,还要发挥新能源逐步替代过程中保障能源安全的"兜底"作用,高度重视煤炭的高效清洁利用。因此,即使减量发展,煤炭行业仍有发展的基础(表9-1)。

表 9-1 碳中和目标下煤炭与新能源的地位变化

项目		2021—2030 年	2031—2050 年	2051—2060 年
煤炭	定位	基础能源	保障能源	支撑能源
	消费量/亿 t	45~35	35~25	25~12（调峰、还原剂、安全支撑）
新能源	定位	补充能源	替代能源	主体能源
	在能源消费结构中的占比/%	15~29	30~49	50~80

2. 省内煤矿生产步入收缩期，生产退出程序加速

在碳中和的背景下，近年来煤炭企业已无新增生产意愿，仅中国新疆地区出现了新增生产。目前全国尚存大量的中小型矿井，生产能力合计 5.23 亿 t，但部分矿井面临着资源的枯竭问题，估计在 2030 年之前退出。随着中东部、西南煤矿生产能力的相继撤出，中国煤矿生产能力将逐渐聚集在内蒙古、陕西以及新疆地区。据预测，至 2060 年底，中国煤矿生产能力在一千万吨级以上规格的主要矿山将仅剩余约 1/3，总剩余生产能力规模在 3.74 亿 t 以下。

3. 全球供给关系更加紧迫，无法填补国内供需短缺

2014 年以来全球矿商的采煤部门产出不断下滑，至 2020 年时已经减少了 44%。全球矿商的采煤部门资金支出一直保持在低位，无扩产计划。由于全球需求，特别是东南亚、南亚等地区由于国民经济已步入高速发展期，煤炭需求量迅猛增加，长期向好；加剧了全球煤炭供给格局偏紧的局势，结果不仅无法有效克服国内煤矿供应短缺的问题，也将导致全球范围内煤矿供应量减小，造成煤价易涨难跌的局势。

4. 供求两端的微观不平衡因素容易引发煤价的飙升

在供给减少的供求格局下，微观供求变化等因素的负面影响会被放大。比如安全事故、物流不畅通、高温气候等因素都将导致短期煤价爆炸式上升。因此，我们分析指出，供需偏紧的供求格局至少维持至 2025 年，或者延续至 2030 年，而在此期间煤价将易涨难跌，煤炭中枢价位将持续保持在 700 元/t 以上、800 元/t 以下的水平。

5. 煤炭生产结构不断优化

在去落后产能政策措施的支持下，中国煤矿总数量已从 2016 年初的 1.2 亿处以上下降到了 2020 年的 4700 处以下，煤矿过剩生产能力矛盾得以合理缓解，大中型现代化矿井已开始成为了中国煤矿生产的主导，晋陕蒙煤矿生产已占到了中国煤矿生产的七成以上，供给保证能力明显提升，市场供求关系也从严重的供大于求转化为市场供求基本均衡，产业经济效益明显回升，转型提升的发展也获得了实质进步。2020 年，中央政府国民经济工作会议上首次明确提出把"碳达峰、碳中和"纳入新一全年目标工作重点各项任务，并确定要加速进一步优化生产结构和能耗构成，推进煤炭资源消费需求尽早达峰，中国电力集团公司、中煤电力集团公司、国网集团公司、中国华能集团公司、晋能控股集团等一些与煤炭资源生产利用相关的大型企业纷纷开展碳达峰、碳中和策略调研活动,在中国走向碳中和的征途中奉献方案与智慧。

(二)发展趋势

目前,中国已建立以"三西(蒙西、陕西、山西)+宁夏"为内核,以新疆、青海为互补,以东部沿海地区为外延的现代煤石油化工产业发展格局,其中内蒙古地区鄂尔多斯市煤石油化工产业发展示范基地、宁夏宁东新型能源石油化工产业发展示范基地、陕西省榆横煤石油化工产业发展示范基地,和乌鲁木齐的准东、仪礼、吐哈、和丰等煤石油化工产业发展示范基地,已初具一定规模。

未来中国煤矿生产将逐步集中在新疆、内蒙古、陕西和山西的部分区域,而煤矿消费则将逐渐淡出国内中东部和西南地区。在此背景下,未来煤炭产出的大量煤炭将直接在坑口地方用作火力发电。同时,在煤矿、坑口火电厂附近积极发展清洁能源光伏系统、风能发电,将坑口火力发电与清洁能源发电技术一起并网特高压,输至中东部消费区域,将现有的煤炭运输改为电力运输。这一方面能够继续充分发挥国家煤矿储量充足的先天资源优势,另一方面利用坑口火电调峰技术,克服了清洁燃料水力发电的不平衡问题,从而能够做到电源端供需的平衡。在新疆地区计划"十四五"时期,大力开展第三期"疆电东送"工程建设,基本采取了该种"坑口火电+新能源发电"特高压输电的管理模式。

(三)发展转型

根据权威机构预测,煤炭消费将在2025年前后达峰,并在2030年之前缓慢下降。因此,煤炭行业必须通过优化升级来实现低碳发展,发挥"压舱石"的作用。

(1)在确保安全的基础上,深入推动清洁高效利用系统构建,向绿色、智慧的服务行业转变提升。应大力发展节能减排科技,实现煤矿绿色开发。重点利用高绿色能效利用技术与设施,在煤炭资源开发利用的全生命周期实施余热、余压、省水、节材等综合利用节能项目,以提升煤炭资源开发利用的效率。以此为基础,以循环经济为途径实现煤炭的"绿色加工";做好资源的综合利用和污染治理;进一步推荐碳排放核算与交易、在煤炭智能化开采方面,做好全产业链智能化研究,要通过科学分类,指定煤层智能化开采的原则和工作面要求;强化技术研发;注重人才培养和专业运维;建立揭榜挂帅、奖补、金融支持等激励措施;因地制宜、自我挖掘与引进相结合等举措深度推进煤炭智能化开采。

(2)充分发挥中国煤炭资源储量大、看得见、拿得到、易转化、加工利用方式多的特点,加速煤炭由燃料向原料转化,拓展煤炭加工利用的空间。煤炭行业近年来一直致力于发展新型煤化工。根据中国煤炭行业协会数据,截至2020年底,煤制油、煤制烯烃、煤制气、煤制乙二醇的能力将依次达到931万 t/a、1582万 t/a、51亿 m^3/a、489万 t/a。煤焚烧生成大量二氧化碳,而现在全国大约1.5%的煤炭资源用作发电,其中,火电产业二氧化碳排放量在中国碳排放总量中的占比达到了40%以上。将煤作为原材料发展煤化工，是煤炭低碳使用的主要途径之一。在煤化工行业中，煤制石油、煤制燃气等工艺技术道路，转换流程中的高浓度超临界二氧化碳较容易捕捉，而煤制乙酰丙胺、烯烃、乙二醇等工艺技术道路，部分高碳元素已加入生产，可固碳30%～40%。所以，应当积极探索将煤转换技术和能源、碳捕集运用与封存等相互协调耦合运用，以形成低碳循环、洁净高效的现代煤化工产业系统。

(3) 主动调整产业结构，现代煤化工作为煤炭行业的重心进一步发展。传统煤化工面临着产能过剩的问题，使得减排的目标难以实现，为控制传统煤化工产能的过剩，中国政府开始采取控制手段。在碳中和政策的影响下，现代煤化工的未来前景非常可观。

(4) 提供清洁燃料。传统煤化工技术向现代煤化工技术方向进一步发展之后，煤制油生产基本不再包括土壤中的有机重金属和硫，而是提供了比较干净的油基和燃料，在较大程度上降低了化学污染的排放量。用煤制气方法替代以前散燃原煤的方法，大大减少了碳污染物排放，从根本上降低了温室废气的污染物排放，促进煤化工行业的绿色生态循环发展。因此，现代煤化工这些煤基燃烧方法都是满足碳中和政策的有关规定，将燃煤集中洁净转化、污染物排放物集中处理，这将是煤化工行业未来蓬勃发展的主要方向。

(5) 主要通过加强节能降耗和清洁高效利用来减少煤炭消耗，提高低阶煤和高硫煤利用效率。低阶煤有较高含油率，并且还带有一定的挥发性，在经过提质热解处理之后能够把低阶煤中的石油资源提炼起来并进行加工使用，从而提高了低阶煤的生产效率，也提升了煤化工新发展产品的价格表现，推动了高效化、绿色化的发展。高硫煤因为本身就存在着一些缺点，比如不太适宜进行焚烧利用，导致其效率比较低下，但是它却能够成为非常好的煤化工原材料之一，还能够把其中的硫成分加以再利用，从而避免了污染环境，实现了资源的充分利用。

(6) 为了维护地球生态环境，现代煤化工技术的进展还可以进一步优化地球煤炭板块的消费结构。据统计，中国现阶段煤炭行业的基本消费结构为：燃煤发电生产占52%，钢材生产占17%，建筑材料生产占13%，化学工业用燃煤生产占7%，其他领域生产和市民生活消费占11%。传统煤化工生产过程中会生成巨量二氧化碳、二氧化硫、灰尘、氮氧化剂及多种重金属污染物，给生态环境带来极大影响，而现代煤化学由于工艺技术改进减少了上述化学物质的环境污染，大大增加了煤炭资源的转换率，降低了碳排放量，也让煤化工行业的产品销售大大提高了市场附加值，在碳中和经济发展政策背景之下，现代煤化工行业生产遵循低碳、绿色的利用方针，将高碳污染物的生产方式逐步消灭，促进产业可持续发展。

(7) 做好煤炭行业转型的政策保障，强化中长期科技支撑与人才储备，遵循市场经济规律。应补偿煤电企业在履行"压舱石"和"稳定器"保护工作责任时的碳排放量成本，通过构建可再生能源水力发电企业对煤炭燃料应急保护的补偿保障制度和财税优惠政策，共同分担煤矿碳排放量责任。另外，政府在"让路"新能源发电时，必须对煤电"让路"所负担的基荷、调峰、储备等予以相配套的市场收益，以达到煤电公司和清洁燃料发电公司的互补共存。长远而言，政府对于在部分应用领域推动煤炭的退出流程应提供相应的政策保障。加大对煤矿应用领域中的重点科学技术研究支持和人才保护工作。要发挥大型综合能源公司的科技带动功能,进一步强化煤炭行业与其他能耗和矿产行业之间的科技合作创新,建设开放共享的碳减排科技国家研究中心,积极筹措专项基金,继续推动现代化燃料发电、CCS/CCUS、智慧电力科技等重点最前沿科技、重要基础理论研究攻关和成套装置的研制,建立煤矿区域碳中和示范工程项目或煤矿、煤电和煤化工等煤炭资源利用,转化整个产业链上的碳减排示范工程项目。重视校企合作和人才培养储备,有效破解煤矿、石油化工、能源应用领域高等教育未来学科专业建立和问题,持续为煤矿行业领域经济社会发展和转型升级供给科技服务和人才培养保证。

解决煤矿重大事故灾害的防控问题。中国煤炭资源大部分为井工矿,开发深度一般为600m左右,更深的达到千米,煤矿开发要同水、火灾、瓦斯、粉尘、冲击地压、高温等自然灾难作搏斗,确保安全第一。保障能源供应,得在确保安全的前提下,不安全就不生产。提升煤矿质量,促进煤炭资源洁净有效使用。原煤全部入洗是最大的节约,也是最有效的减排。2020年,全国原煤入洗率为74%左右,还有一定的提升空间。煤炭企业应提供用户需要的煤种,出精煤,提高能效,减少用量,达到最经济的减排。环境不友好、安全条件差、煤质不好的煤矿,应率先关闭退出。

二、"双碳"目标下其他能源矿业的发展与转型

(一)其他能源矿业发展现状

碳排放量和燃料消费密切相关。统计资料表明,工业部门能耗占全国总体能源的40%,石化与化工产业碳排出量约占全国工业生产总排出量的20%。"十三五"时期,国内炼油能力由7.1亿t/a提高至8.8亿t/a,炼油企业开工率年均为73%,低于国际83%的水平,接近行业产能过剩的标准(低于开工率70%,即意味着该行业产能过剩)。2019—2020年,成品油出口为6100万~6685万t/a,主营炼油厂平均综合能耗为60kg标准油/t,乙烯综合能耗约为550kg标准油/t。预测"十四五",成品油出口量将达7000万t左右,如果降低成品油出口价格,也可以降低炼油产业的二氧化碳排放量。

以能源规范为例,根据2013年的规范要求,所有炼油企业,不得超过63kg标准油/t。2020年,中国主营炼厂炼油综合能源从2015年的65kg标准油/t降低到60kg标准油/t,乙烯生产综合能源从2015年的568kg标准油/t降低到550kg标准油/t;中石化企业的大青岛油田化学、镇海冶炼、茂名油田化学、大上海石油化工等已达到40~50kg标准油/t,已逼近全球和亚太地区的先进水准(50~55kg标准油/t);国内的许多大炼铁企业能达到60~70kg标准油/t,小炼铁企业的这一数值有时已经超过了90kg标准油/t。

新能源行业在中国的发展势头很快,并在较短时间内就取得了跨越式进展。截至2019年底,中国的洁净燃料水力发电量已超过了6300亿kW·h,占全国总水力发电量的8.6%。同时,中国光伏累计装机量已达到205GW,占全国电力装机量的10.2%。其中,太阳能光伏水力发电量达到2238亿kW·h,约占中国总水力发电量的3.1%;风能累计装机量已达到

1.93亿 kW·h。另外,核电、氢能等新能源技术也在持续研究和积极推动中。中国的清洁能源工业正在寻求数量、质量、生态的"三位一体"发展,而在清洁能源工业快速发展的同时也暴露了若干问题。

近年来中国开始成为清洁能源强国,不过与国外一些清洁能源强国一样,中国的新能源领域缺少核心创新科技,已经制约着清洁能源工业的长期发展,主要体现在以下几个方面。

1. 对外国技术引进的依赖性

目前,清洁能源工业的部分产品关键技术还是依靠国外进口,这需要巨大的投入,不利于清洁能源工业的长远发展。

2. 对技术上的应用,急于求成

以风能行业为例,不少风能装置生产公司在没有充分掌握成熟技术的情况下盲目寻求公司利润或财政补助,造成风能装置运转效能低下,风能机组倒塌等严重事故时有发生。

3. 储能技术落后

清洁能源矿业的运行过程中存在着波动性和不稳定性,所以储能技术在保证清洁能源产品长期稳定运转的过程中也扮演着重要角色,但是由于目前中国的储能技术相对落后,也限制了清洁能源产品的长期发展。

(二)发展转型

国内炼油行业,产能已经过剩,炼油产能要维持总量不变,抓大放小,督促"高能耗""高排放""低附加值"的企业关停或者转型。其中,全球可再生塑料行业、新能源行业以及"碳中和"行业将大有可为。而且,ETRI认为在未来3~5年内,世界原油产出将面临着越来越巨大的挑战,世界现有油田总量将由现在的36亿t减少到2050年的不到12亿t,每年减少约3.2%,相当于全世界一年减少两座大庆油田。为了保持资源供需平衡,需要不断投资以发现新油田。可以看到:一方面,碳排放、环保要求炼油行业节能降耗、转型;另一方面,原油技术可采量不足,也逼迫炼油行业转型,例如中国石油作为国内油气开采的巨头,积极发展天然气,推进CCUS技术商业化应用;中国石化提供清洁能源,建设一千座加氢电站及油气氢合建电站,建设国内第一个大型氢能公司,同时,发展新型建筑材料、高档聚烯烃、高档人工合成橡胶;中国海油发展气电,风能。利用陆地电网向海上油田生产供电。

清洁能源矿业绿色生态转型的实质,是在全面促进新能源开发与使用的同时以绿色发展理念为导向,加速推进清洁能源矿业的转型升级。把绿色生态经济发展视为实现清洁能源行业健康高效快速发展的必要条件。清洁能源矿业的绿色生态转型,将从根本上平衡经济蓬勃发展和生态环境之间的相互关系,从而减少在清洁能源产品快速发展过程中对自然环境的损害,将清洁能源产品的快速发展建立在自然环境的可持续能力之上,并最后达到高品质的绿色生态目标。

完善绿色转型制度设计。绿色转变机制是保障绿色生态环境和推动清洁能源矿业健康转型发展的关键保证。依托"生态+"视域,积极融入绿色生态理念,为突破清洁能源矿业的发展难题,政府必须积极设计并健全绿色转变的发展机制系统,并强化政策机制对清洁能源矿业绿色转变的保障。一是以绿色生态为基石,建立并完善新能源开发使用管理和生态建设治理跨界合作制度,形成绿色经济建设管理与新能源发电行业绿色发展的价值共识。二是把绿色生态理念纳入经济高质量发展的大格局之中。在保护生态资源和容量的前提下,总体规划开发利用力度,确定生态防护警示线,并进行严密监测。

强化创新,培养生态型新能源产品体系。技术条件落后、技术创新力量不足,是当前清洁能源矿业发展中存在的突出问题。通过技术创新能够有效克服清洁能源矿业发展中面临的生产成本高昂、污染、发电消纳困难等问题,是增强清洁能源矿业核心竞争力的关键问题。一是需要地方政府积极建立技术创新环境,为清洁能源技术创新提供健康生长的沃土,积极建立以清洁能源产品需求为引导的,集绿色科技研究、成果转移为一身的创新园区,以促进清洁能源产品技术创新的实现。二是有效运用绿色工业发展的政策红利,促进清洁能源工业绿色转化提升,深入推动清洁能源行业生产工艺流程与关键技术的低碳、绿色、可持续性改善,着力形成以绿色洁净能源工业为核心的生态型现代工业体系。

推动绿色金融技术创新和持续供给,推动新能源行业的绿色发展。绿色金融主要以生态环境保护与发展为核心思想,透过有效优化经济社会资源,推动工业绿色生态升级,是突破工业绿色转型困境、统筹经济社会发展和环境相互关联的途径。一是进一步健全绿色金融的政府保障和供应。采取创新型绿色生态投资担保、绿色生态财政补贴等方法,鼓励绿色生态资金进一步向清洁能源行业聚集。二是合理利用绿色金融,以服务清洁能源行业转型升级需要。以清洁能源行业的现实需求为出发点,合理开发绿色发展基金等特色化金融服务产品,以保障清洁能源行业的绿色转型。

三、"双碳"目标下政策的发展与转型

碳中和的目标体现了中国政府应对气候变化的决心,也为中国的发展提出了新的硬约束。面对碳中和的目标,有效的能源和环境政策工具对于控制二氧化碳排放和实现近零排放至关重要。中国的碳减排过程面临着经济不确定性、技术不确定性等不确定因素。在现有产业结构和技术水平下,实现碳中和是一项艰巨的任务,这需要中国进行重大的技术改进和能源体系转型。但这在短期内很难实现,需要在长期发展的道路上完成。因此,从目前来看,碳交易作为加强节能减排的工具,是促进碳中和的重要政策选择。

市场导向激励对减排的贡献及其在应对气候风险方面具有重要作用。国际上碳中和、碳达峰的实际行动已经证明碳市场可以明确减排责任,中国应尽快建立和完善全国各行业的碳交易市场。通过改善绩效实现减排,这是现阶段和未来各阶段关注的重点。碳市场对碳中和的驱动作用进一步体现在促进低碳技术创新和发展上,以及对减排技术的刺激上。目前,电力行业已经参与了中国的全国碳交易,其他行业也可以逐步开展碳交易。虽然中国目前面临着严峻的碳中和目标,但建立全国碳市场不可能一蹴而就,需要逐步发展。政府在

推动排污权交易时，应充分考虑各行业的不同特点，避免对各行业采取"一刀切"的原则。然而，建立全国碳市场也面临着许多的挑战，需要进一步考虑市场机制、政策措施和技术途径之间的互补性。

在当前气候变化和环境问题的背景下，碳交易是控制碳排放的重要工具之一。实现近零排放既需要多元化的路径，也需要长期的布局调整和发展。碳捕集、利用、储存、清洁能源开发、储能技术等需要在长期发展道路上不断推进。逐步降低传统化石能源的比重，推广高性价比的脱碳技术，减少排放。

一是强调碳定价的重要性，并将其与可再生能源政策相结合。碳定价是一种减排的工具，通过记录碳排放的外部成本，即公共支付的排放成本，并将这些成本以对二氧化碳定价的方式来表现。这种定价方式有助于将温室气体排放造成的损害负担转移到具有实际责任的人，或可以减少碳排放的特定人员。碳定价是欧盟气候政策的核心，得到了学术界和国际机构的广泛支持。比如，欧洲长期以来一直对道路运输的化石燃料征收相对较高的税，越来越多的欧盟国家正在引入更普遍的碳税。欧盟委员会还建议进行边境碳调整，以使进口价格反映其碳含量。更严格的欧盟碳排放交易体系，对非碳排放交易体系部门征收碳税，以及边境税调整。在"双碳"目标的推动下，世界各国越来越趋向于所有商品和服务都要征税的经济发展模式，全面碳核算的相关性增加。这种全面的碳定价可能需要与帮助公民应对向低碳经济转型的措施相结合。碳定价的好处之一是，增加的税收可以循环利用，以减少其对家庭或工业的不利影响。

二是对各行业中企业的碳配额也应根据发展阶段进行调整。目前煤炭开采和利用在中国碳排放源中占主要比重，煤炭在能源结构中的比重将长期处于主导地位，燃煤发电在中国电力供应结构中占70%以上，因此煤、电位于供应链密集的上下游，是化石能源生产、消费和碳排放的主要部门，对碳减排应承担不可推卸的责任。2017年，中国神华和中国国电合并重组为中国能源集团，实现了煤电供应链企业向纵向一体化的转型，一定程度上缓解了煤电矛盾，降低了交易成本，优化了产业链上下游资源配置。目前碳配额分配仍处于探索阶段，主要表现在宏观和中观水平，碳配额分配模式的公平性直接影响企业微观层面的减排积极性。

三是制定和完善相关的法律法规是有效实行碳交易的必要条件，要防止高排放企业向欠发达地区转移，防止碳泄漏，使欠发达地区成为"污染避风港"。对于积极履行社会责任的企业，政策制定者应出台优惠政策（如税收优惠和减免）、提供专项资金支持（如补贴、优惠贷款）、建立负责任采购制度。对于高污染产业的企业，政府应该努力适当减少污染排放和能源消耗的成本，以便企业履行企业社会责任和建立绿色发展的激励机制，并鼓励这些企业实现技术创新、节能减排、污染防治措施。在执行环境法规的同时，政府还应该注意环境法规的门槛效应。研究表明，环境规划和碳减排效率之间存在阈值效应。在东部地区，当环境规制大于阈值时，其对交通基础设施碳排放效率的促进作用下降约96%。因此，持续加大环境监管力度可能会导致治理成本急剧增加，而碳排放效率不会显著提高。东部地区应根据本地区的实际发展需要，谨慎调整环境规制的力度。对于中部地区来说，当环境法规高于门槛时,其对碳减排效率的提升将降至60%左右。此时,继续加大环境法规的力度,可以对碳减排效率的成长起到一定的促进作用。因此,在调整中部地区内部治理的强度时,应综合评估治理成本与治理效果之间的关系,以达到平衡。与东部和中部地区不同,西部地区的环境法规强度在达到阈值后会对碳排放效率产生负面影响。由此看出,西部地区应该尽可能地将环境法规控制在阈值以下。

主要参考文献

阿米娜·艾力更,2019.新疆有色金属产业发展现状分析[J].世界有色金属(21):169-170.

白仟,2015.中国钾盐产业发展环境分析与发展战略研究[D].北京:中国地质大学(北京).

陈浮,于昊辰,卞正富,等,2021.碳中和愿景下煤炭行业发展的危机与应对[J].煤炭学报(6):1808-1820.

陈俊杰,潘传快,2021.房地产企业经营绩效与股权集中度的实证分析:基于主成分分析法[J].中国管理信息化,24(15):43-45.

陈莲芳,严良,2011.中国西部矿产资源产业集聚度与竞争力研究[J].中国人口·资源与环境,21(5):31-37.

陈其慎,张艳飞,邢佳韵,等,2017.矿产资源强国评价指标体系构建与评价[J].中国矿业,26(11):1-9.

陈其慎,张艳飞,邢佳韵,等,2021.矿产资源供应基地评价与供应链调查理论技术方法[J].地球学报,42(2):159-166.

陈小茹,2021.全球气候峰会能否开启中美合作新"气候"[EB/OL].(2021-04-22)[2021-09-25].http://news.youth.cn/gj/202104/t20210422_12878532.htm.

陈迎,庄贵阳,2001.《京都议定书》的前途及其国际经济和政治影响[J].世界经济与政治(6):39-45.

陈宇科,刘蓝天,2019.环境规制强度、企业规模对技术创新质量的影响[J].科技进步与对策,36(16):84-90.

陈占恒,2021.2020年中国稀土产品进出口统计分析[J].稀土信息(2):24-28.

邓旻,张静,2015.山西省上市公司绩效评价的实证研究:基于因子分析和聚类分析方法[J].经济视角(上旬刊)(11):1-8.

邓晓兰,鄢哲明,杨志明,2013.中国煤炭城市的发展绩效评价和转型影响因素分析[J].资源科学,35(9):1782-1789.

邓旭,谢俊,滕飞,2021.何谓"碳中和"?[J].气候变化研究进展,17(1):107-113.

邓雪,陈创杰,沈璐,等,2020.基于Malmquist-DEA模型的科技金融绩效评价:以广东省为例[J].科技管理研究(21):64-72.

丁辉,2021.双碳背景下中国气候投融资政策与发展研究[D].合肥:中国科学技术大学.

丁日佳,刘娜,2014.基于层次分析法的煤矿可持续发展研究[J].煤炭技术,33(9):331-333.

丁玮,闫微,2019.中国铁矿石进口现状问题及分析[J].中外企业家(29):198.

冬青.中国矿业发展简史[EB/OL].(2006-02-23)[2020-01-02].http://www.qx100.com.cn.

杜建磊,申宇鹏,李杨,等,2020.集成AHP/熵权法的煤炭资源开发利用综合评价:以潞宁煤业公司为例[J].中国矿业,29(4):32-37.

杜子芳,2016.多元统计分析[M].北京:清华大学出版社.

段威,谢雪梅,2021.基于因子分析的新疆旅游产业发展潜力评估[J].中国市场(1):43-46.

樊大磊,李富兵,王宗礼,等,2021.碳达峰、碳中和目标下中国能源矿产发展现状及前景展望[J].中国矿业,30(6):1-8.

樊三彩,2021.中国铁矿石进口量"十四五"预计年减约亿吨[N].中国冶金报,2021-08-27(1).

方重,2015.中国上市公司重大资产重组绩效分析:基于2011—2014年上市公司年报视角[J].清华金融评论(12):82-85.

付晓云,2020.中国钢铁企业并购重组绩效研究:以宝钢并购武钢为例[J].中国市场(16):56-57.

付允,马永欢,刘怡君,等,2008.低碳经济的发展模式研究[J].中国人口·资源与环境,3:14-19.

高丽,沈镭,2012.西部地区资源开发利用中的制约因素及对策探讨[J].安徽农业科学,40(10):6148-6149,6152.

郜婕,赵忠德,李育天,等,2020.2019年天然气产业链发展回顾及展望[J].石油规划设计,31(4):1-4,54.

宫明娥,2016.内蒙古有色金属产业发展现状及对策建议[J].中国矿业,25(6):54-57,71.

郭冕,2018.浅谈新形势下煤炭企业发展的优势与机遇[J].河北企业(4):109-110.

郭学益,田庆华,刘咏,等,2019.有色金属资源循环研究应用进展[J].中国有色金属学报,29(9):1859-1901.

韩静,2021.碳达峰碳中和对钢铁行业的影响[R].北京:格林大华期货有限公司.

韩振兴,姚晓萍,2019.基于SCP范式分析的山西省煤炭产业发展研究[J].财会研究(9):77-80.

贺赤兵,1999.中国钢铁工业体制演变和企业改革历程[J].冶金经济与管理(6):23-25.

黄洁,侯华丽,2018.中国矿业绿色发展指数体系构建[J].中国矿业,27(12):1-5.

黄洁,侯华丽,陈丽新,等,2020.中国矿业绿色发展指数研究[J].中国矿业,29(7):52-56.

黄其励,袁晴棠,韩涛,2015.能源生产革命的若干问题研究[J].中国工程科学,17(9):105-110.

黄维,秦子然,邢娜,等,2021.废钢产业发展及其对钢铁行业的影响[J].冶金经济与管理(5):36-38.

黄翌,汪云甲,田丰,等,2014.煤炭开采对植被-土壤系统扰动的碳效应研究[J].资源科学,36(4):817-823.

霍健,2017.基于SCP范式的"后石油时代"石油产业组织演进研究[D].北京:中国社会科学院研究生院.

江宇,2020.把制度优势转化为产业转型升级动力:有色金属工业考察[J].开放导报(1):32-36,43.

姜雪薇,2017.中国铁矿行业发展现状及前景分析[J].中国金属通报(7):161.

焦森,郑厚义,任永健,等,2021.中国主要农用矿产资源安全保障战略研究[J].地球学报,42(2):279-285.

经济日报,2021.加快实现碳排放达峰 推动经济高质量发展[EB/OL].(2021-01-04)[2021-09-25].http://www.xinhuanet.com/fortune/2021-01/04/c_1126941705.htm.

李崇,2019.2018年中国硫酸行业生产运行情况[J].硫酸工业(5):11-14,23.

李春雪,刘春学,张钦礼,2017.有色金属产业发展稳定性的熵评价分析[J].中国矿业,26(3):34-37,42.

李刚,张诗雨,孔靖婧,2020.江苏省经济发展潜力影响因素及预测研究[J].长春师范大学学报,39(7):74-81.

李格锐,2014.中国矿业城市发展与矿业产业布局优化研究[D].北京:中国地质大学(北京).

李宏勋,胡美燕,2020.中国天然气供应安全影响因素研究:基于主成分和VAR模型[J].河南科学,38(6):1007-1016.

李慧霞,2016.中国采掘业企业环境绩效与财务绩效的相关性研究[D].北京:中国地质大学(北京).

李剑,佘源琦,高阳,等,2020.中国天然气产业发展形势与前景[J].天然气工业,40(4):133-142.

李俊杰,程婉静,梁娟,等,2020.基于熵权-层次分析法的中国现代煤化工行业可持续发展综合评价[J].化工进展,39(4):1329-1338.

李理,曹代勇,彭方思,2008.山东矿产资源产业发展研究[J].中国矿业,17(12):11-14.

李文婧,2019.废钢专题二:中国废钢供需分析[R].上海:兴证期货研发中心.

李英华,2018.中国主要磷矿、硫铁矿集中开采区水土污染现状分析[J].化工矿产地质,40(4):241-246.

李雨佳,2017.中国铁矿石进口贸易现状及影响因素分析[J].山西冶金,40(6):59-61.

林文达,2017.对中国煤炭行业去产能问题的预测与建议[J].经济研究参考(23):119-123.刘伯恩,2017.中国矿业企业社会责任绩效体系与推进措施[J].中国人口·资源与环境,27(5):177-180.

刘诚达,2019.制造业单项冠军企业研发投入对企业绩效的影响研究:基于企业规模的异质门槛效应[J].研究与发展管理,31(1):33-43.

刘光辉,2017.新常态下有色金属产业发展研究[J].明日风尚(3):308.

刘纪远,于贵瑞,王绍强,等,2003.陆地生态系统碳循环及其机理研究的地球信息科学方法初探[J].地理研究,22(4):397-405.

刘森,2021."十四五"是碳达峰的攻坚期、窗口期:绿色能源发展"风光无限"[EB/OL].(2021-03-31)(2021-09-25).http://www.gov.cn/xinwen/2021-03-31/content_5596909.htm.

刘萍,于建鑫,2020.环保理念下化工行业财务绩效评价指标体系构建[J].科技与管理,22(1):58-64.

刘天科,周璞,2015.市场决定资源配置形势下的矿产资源总量调控研究[J].中国矿业,24(5):42-45.

刘小丽,2018.党的十八大以来中国石油天然气行业改革回顾与评价[J].中国能源,40(2):6-9,35.

刘又三,1990.中国化学矿山工业[J].化工进展(3):1-4.

卢婷,2018.邮轮旅游发展潜力评价研究[D].沈阳:辽宁大学.

吕建中,2018.一亿吨原油包干的历史性选择及启示[N].中国石油报,2018-11-30(4).

吕明,丛威,迟静,2016.打破石油天然气行业垄断及其改革路径研究[J].价格理论与实践(1):94-96.

罗建华,2000.组建中国矿业企业集团模式及其组织结构再研究:完善中国矿业产业组织的途径和方式[J].中国矿业,9(5):20-24.

罗能生,王仲博,2012.基于委托代理模型的中国矿产资源优化配置研究[J].中国人口·资源与环境,22(8):153-159.

马洪云,周梦艳,黄启,2014.基于主成分分析法的中国煤炭产业有效竞争评价[J].中国矿业,23(3):45-48.

马建堂,2018.我所亲历的2000年有色金属工业管理体制改革[N].中国经济时报,2018-05-07(1).

马丽娜,2020.中国磷矿资源供应风险评价与需求预测[D].北京:中国地质大学(北京).

马勇,董观志,1997.区域旅游持续发展潜力模型研究[J].旅游学刊(4):36-40,62.

苗鹏,徐通,2019.基于G1法和灰色评价的煤矿采掘绩效评价研究[J].煤炭经济研究,39(3):68-72.

潘剑波,李振兴,恭明玺,2013.中西部地区有色金属产业发展分析与思考[J].矿业研究与开发,33(6):127-130.

彭传梅,2017.基于DEA模型的黄金上市公司市值管理绩效评价[J].经济研究导刊(4):70-74.

全国国土资源标准化技术委员会,2020.固体矿产资源储量分类:GB/T 17766—2020[S].北京:中国标准出版社.

主要参考文献

全国国土资源标准化技术委员会,2020.油气矿产资源储量分类:GB/T 19492—2020[S].北京:中国标准出版社.

全国能源信息平台,2021.钢铁业科学减碳考验行业智慧[N].经济参考报,2021-12-06(8).

人行国际司青年课题组,2021.主要国家实现"碳中和"路线图[N].第一财经日报,2021-02-04(A11).

任思达,刘倩,李玫洁,2019.中国矿业经济绿色发展评价研究[J].中国国土资源经济,32(12):66-72,80.

申宝宏,赵路正,2010.高碳能源低碳化利用途径分析[J].中国能源,32(1):10-13.

生态环境部,2020.排污许可证申请与核发技术规范稀有稀土金属冶炼:HJ 1125—2020[S].北京:中国环境科学出版社.

生态环境部,2021.碳排放权交易管理办法(试行)(部全第〔19〕号)[EB/OL].(2021-01-06)[2021-09-25].http://www.gov.cn/zhengce/zhengceku/2021-01/06/content_5577360.htm

施启机,2011.广西有色金属矿业现状分析及发展战略探讨[J].技术与市场,18(7):463-464.

施诗,王梓涵,2021.白宫出台250页评估报告,多管齐下强化关键产品供应链,中美专家回应:中国不慌[N/OL].21世纪经济报道,2021-06-09[2021-10-22].http://www.21jingji.com/article/20210609/herald/da999332dbcf82b4c4a51792e09d7257.html.

施旭,2018.基于DEA的黄金矿业上市公司财务绩效评价研究[D].北京:中国地质大学(北京).

宋领,2018.煤炭企业环境绩效评估研究[J].中国管理信息化,21(1):18-19.

苏东水,2012.产业经济学[M].南昌:江西人民出版社.

苏美权,2018.湖南矿业经济绿色发展指标体系构建研究[J].国土资源情报(9):34-40.

孙柏茹,2016.采矿业财务绩效综合评价体系的构建与应用研究[D].北京:华北电力大学(北京).

孙桥,孙雪梅,2017.中国有色金属矿业上市公司的财务绩效评价[J].全国流通经济(33):45-51.

孙映祥,2020.中国绿色矿山建设研究现状综述与思考[J].中国国土资源经济,33(9):35-40,85.

田野,马斌,2009.基于模糊神经网络模型构建煤炭企业绩效评价体系研究[J].生产力研究(1):94-95,98.

田泽,魏翔宇,丁绪辉,2018.中国区域产业绿色发展指数评价及影响因素分析[J].生态经济,34(11):103-108.

汪琳琳,2020.基于平衡记分卡下HT证券公司绩效考核体系研究[D].北京:中央民族大学.

王斌斌,2010.低碳经济发展评价体系构建与经验研究:以大庆市为例[J].东北财经大学学报(6):46-51.

王波,2020.推进沿江磷化工产业优化布局和转型升级[J].湖北政协,9:10-12.

王超,周莎莎,蒋萍,2018.工业行业环境绿色生产绩效测算研究:基于全局GML指数方法[J].山西广播电视大学学报,23(4):89-95.

王庚亮,2018.硫铁矿在中国硫资源中的地位分析[J].化工矿产地质,40(1):53-59.

王华俊,2008.改革开放30年有色金属工业管理体制改革和发展成就[C]//钮因健,聂祚仁.有色金属工业科技创新:中国有色金属学会第七届学术年会论文集.北京:冶金工业出版社:747-748.

王吉位,2019.再生金属产业全球化高质量发展探索与展望[J].资源再生(11):15-19.

王林,2021.国际能源署:中国完全有能力完成清洁能源转型[N].中国能源报,2021-10-11(5).

王珅,2019.基于主成分分析的煤炭上市公司财务绩效评价[J].煤炭经济研究,39(7):84-88.

王守谦,周舟,2015.民国时期矿业管理体制研究概述[J].中国矿业大学学报(社会科学版)(9):89-97.

王显政,2015.能源革命和经济发展新常态下中国煤炭工业发展的战略思考[J].中国煤炭(4):5-8.

王孝峰,2016."十三五"石化行业发展方向带给磷产业的启示[J].磷肥与复肥,31(6):2.

王欣,2019.云南有色金属产业转型升级政策优化研究[D].昆明:昆明理工大学.

王鑫,李恩泽,程芳琴,2018.国内外钾资源及钾肥生产现状[J].广州化工,46(14):9-10.

王旭,褚旭,2019.中国制造业绿色技术创新与融资契约选择[J].科学学研究,37(2):351-361.

王伊杰,王雪峰,薛亚洲,等,2018.中国重要矿产资源采选水平及综合利用产值分析[J].中国国土资源经济,31(4):25-30,38.

王翊,2020.平衡记分卡在A银行M支行客户经理绩效评价中的应用研究[D].苏州:苏州大学.

王兆峰,2008.区域旅游产业发展潜力评价指标体系构建研究[J].华东经济管理(10):31-35.

王震,张安,2020.落实国家创新驱动发展战略推动油气行业高质量发展[J].石油科技论坛,39(2):6-12.

魏鹏,2011.中国磷矿分布特点及主要开采技术[J].武汉工程大学学报,33(2):108-110.

温婧,2011.中国磷矿资源类型和潜力分析[D].北京:中国地质大学(北京).

问立宁,叶丽君,2019.中国磷化工产业现状及发展建议[J].磷肥与复肥,34(9):1-4.

吴江,黄敏,亓昭英,2019.六十一甲子,辉煌再启程:中国钾盐(肥)产业发展站上新起点[J].化肥工业,46(6):14-18,26.

吴吟,2020.保障国家能源安全 推进煤炭工业高质量发展[J].中国煤炭,46(7):1-3.

习近平,2020.在第七十五届联合国大会一般性辩论上的讲话[N].人民日报,2020-09-22(3).

肖兴志,李少林,2016.能源供给侧改革:实践反思、国际镜鉴与动力找寻[J].价格理论与实践(2):23-28.

谢雄标,严良,罗斌,2011.矿产资源产业可持续发展模式及机制分析[J].科技管理研究,31(22):108-112.

辛凡文,张明,2011.煤炭加工利用过程的碳排放特点及减排途径[C]//中国科学技术协会,天津市人民政府.第十三届中国科协年会第7分会场——实现"2020年单位GDP二氧化碳排放强度下降40%~45%"的途径研讨会.天津:中国科学技术协会学会学术部:86-92.

新华社,2019.2019年中国能源十大新闻[N/OL].经济参考报·能源周刊,2019-12-31[2020-03-20].http://www.xinhuanet.com/energy/2019-12/31/c_1125407013.htm.

熊增华,王石军,2020.中国钾资源开发利用技术及产业发展综述[J].矿产保护与利用,40(6):1-7.

徐国祥,2004.统计指数理论及应用[M].北京:中国统计出版社.

徐靖雯,王鹏,2017.火电行业发展指数问题研究[J].华北电力大学学报(社会科学版)(1):37-42.

徐君,2011.基于模糊神经网络的煤炭企业循环经济评价模型[J].资源开发与市场,27(3):205-209.

徐文强,2021.2021—2026年全球铁矿石行业市场前瞻与投资战略规划分析报告[R].深圳:前瞻产业研究院.

徐小锋,田汉勤,万师强,2007.气候变暖对陆地生态系统碳循环的影响[J].植物生态学报,31(2):175-188.

许礼刚,2017.以有色金属文化为基石 发展赣州城市特色文化[J].江西理工大学学报,38(2):78-81.

闫晗,2017.煤炭工业发展"十三五"规划重点内容分析[J].今日工程机械(1):31-33.

闫军印,赵国杰,孙卫东,2006.基于可持续发展的区域矿产资源配置问题研究[J].生态经济(5):5-9.

杨华,刘新社,黄道军,等,2016.长庆油田天然气勘探开发进展与"十三五"发展方向[J].天然气工业,36(5):1-14.

杨敏,2006.青海旅游产业的发展潜力评估[J].统计与决策(14):102-104.

杨永恒,胡鞍钢,张宁,2005.基于主成分分析法的人类发展指数替代技术[J].经济研究(7):4-17.

杨永明,2020.欧洲能源转型:2050年碳中和路径探析[EB/OL].(2020-11-9)[2020-02-08].https://news.bjx.com.cn/html/20201109/1114676.shtml.

杨占萍,2014.中国矿业企业环境绩效评价指标构建研究[D].北京:中国地质大学(北京).

杨子,2020.再生金属产业迎来发展新契机[J].资源再生(10):1.

姚震,王文,吕晓岚,2018.勘查区综合评价指标体系构建研究:以整装勘查区为例[J].中国国土资源经济,31(12):44-50.

叶肖鑫,2021.钢铁行业碳中和专题报告:"碳中和"下钢铁行业的机遇和问题[R].上海:中国银河证券研究院.

佚名,2018.硫磷化工出路在特色化精细化[J].硫酸工业(8):56.

佚名,2021.电力需求增长速度超过可再生能源[J].中外能源,26(10):99.

阴秀琦,宋崇宇,董延涛,等,2021.全球金融大变局下中国矿业资本市场发展现状与展望[J].中国矿业,30(10):7-17.

殷俐娟,2007.西部地区矿产资源产业结构现状及调整思路[J].中国矿业(7):18-20.

尹伟华,肖宏伟,2021.中国国内市场规模和潜力测算及发展趋势展望[J].中国物价(7):25-28.

于宏源,2016.《巴黎协定》、新的全球气候治理与中国的战略选择[J].太平洋学报,24(11):88-96.

袁建国,屈云燕,柳霞丽,等,2017.中国重晶石资源现状及供需形势[J].现代化工,37(6):1-4,6.

苑清敏,邱静,冯东,2015.基于SBM-Undesirable模型的中国三大城市群经济增长效率研究[J].干旱区资源与环境,29(9):7-12.

张汉泉,周峰,许鑫,等,2020.中国磷矿开发利用现状[J].武汉工程大学学报,42(2):159-164.

张欢,成金华,王来峰,2011.中国工业化进程与能源矿产供需均衡的研究[J].中国人口·资源与环境,21(3):165-170.

张会新,高超,白嘉,2011.基于区位熵的能源矿产资源产业集群识别研究:以陕西省为例[J].科技管理研究,31(18):119-123.

张俭,张玲红,2014.研发投入对企业绩效的影响:来自2009—2011年中国上市公司的实证证据[J].科学决策(1):54-72.

张文,2016.基于SCP范式的中国煤炭产业发展模式研究[J].煤炭经济研究,36(5):20-22.

张雪花,许文博,李宝娟,等,2018.中国环保产业发展指数构建与测评[J].环境保护,46(2):35-41.

张雪君,马越峰,2017.基于DEA的中国稀土上市企业经营效率评价[J].价值工程,36(27):60-62.

张艳飞,陈其慎,于汶加,等,2015.2015—2040年全球铁矿石供需趋势分析[J].资源科学,37(5):921-932.

张跃松,黄志烨,谢宇宁,2012.基于DEA的建筑业上市公司绩效评价[J].土木工程学报,45(S2):331-336.

张志萍,2021.EVA 在 K 公司绩效考评中的应用研究[D].长春:长春工业大学.

赵腊平,2021.精准施策,矿业减排应从八面发力[N].中国矿业报,2021-09-14(1).

赵平飞,程宏伟,黄薪萌,2011.矿产资源开发与西部各省区科学发展评价研究[J].成都理工大学学报(社会科学版),19(3):29-36.

郑国栋,王琨,陈其慎,等,2021.世界稀土产业格局变化与中国稀土产业面临的问题[J].地球学报,42(2):265-272.

中国青少年广播影视网,2021.《联合国气候变化框架公约》第 24 次缔约方大会[EB/OL].[2021-02-20].http://www.vocy.cn/vocy/vocyArticle/preview/386.

中国砂石协会,2020.矿产资源管理迎来重大改革![EB/OL].(2020-01-10)[2021-05-20].https://baijiahao.baidu.com/s?id=16552994840278431678wfr=spider&for=pc.

中国有色金属报编辑部,2021.本报编辑部评出中国有色金属工业 2020 年十大新闻[N/OL].中国有色金属报.(2021-01-28)[2020-04-20].https://www.chinania.org.cn/html/yaowendongtai/guoneixinwen/2021/0128/42106.html.

中国政府网.2021 年政府工作报告[EB/OL].(2021-03-05)[2021-09-25].http://www.gou.cn/zhuanti/20219gch/2021zfzbgdzs.html.

中华人民共和国工业和信息化部,2020.稀土产品的包装、标志、运输和贮存:GB 39176—2020[S].北京:中国标准出版社.

中新社,2021.中国驻美大使崔天凯即将离任[N/OL].中国新闻网,2021-06-22[2022-10-25].https://baijiahao.baidu.com/s?id=17032450143192002878wfr=spider&for=pc.

仲冰,张博,唐旭,等,2021.碳中和目标下中国天然气行业甲烷排放控制及相关科学问题[J].中国矿业,30(4):1-9.

周斌,艾玉强,费延梅,等,2020.基于灰色关联分析和层次分析法的水泥回转窑用煤质量指标综合评价[J].水泥工程(5):23-26,31.

周灵,2018.绿色矿业经济评价指标体系构建与实证[J].统计与决策,34(20):68-70.

周维富,1998.中国煤炭工业体制改革和政策调整的回顾与展望[J].煤炭经济研究(5):3-5.

周文雅,吕振福,曹进成,等,2021.中国磷矿大型资源基地开发利用现状分析[J].能源与环保,43(1):56-60.

周宇倩,朱芬芬,2019.基于绿色价值链的企业绩效评价体系构建研究[J].江苏商论(12):115-117,134.

朱法华,王玉山,徐振,等,2021.中国电力行业碳达峰、碳中和的发展路径研究[J].电力科技与环保,37(3):9-16.

朱莉华,2019.煤炭企业高质量发展绩效评价研究[D].南昌:华东交通大学.

朱彤,2014.中国石油天然气体制的演进逻辑、问题与改革建议[J].北京行政学院学报(6):77-81.

朱彤,2019.中国能源工业七十年回顾与展望[J].中国经济学人,14(1):34-65.

朱永坤,2002.磷,南出北进 硫,保持产能 钾,内外兼顾:中国化学矿山业"量体裁衣"[J].化工管理(2):29.

朱政江,徐金荣,董建忠,2016.山西省有色金属产业发展的现状及问题解析[J].中国有色冶金,45(4):71-74.

祝嫣然,2021.钢铁行业碳达峰方案将实施实现"双碳"面临哪些挑战[N].第一财经日报,2021-11-29(A2).

自然资源部,2020.中国矿产资源报告(2020)[R].北京:自然资源部.

自然资源部,2021.中国矿产资源报告(2021)[R].北京:自然资源部.

邹才能,陈艳鹏,孔令峰,等,2019.煤炭地下气化及对中国天然气发展的战略意义[J].石油勘探与开发,46(2):195-204.

邹才能,何东博,贾成业,等,2021.世界能源转型内涵、路径及其对碳中和的意义[J].石油学报,42(2):233-247.

邹才能,潘松圻,赵群,2020.论中国"能源独立"战略的内涵、挑战及意义[J].石油勘探与开发,47(2):416-426.

ANDO N,TANIGUCHI E,2006. Travel time reliability in vehicle routing and scheduling with time windows[J]. Networks and Spatial Economics,6(3):293-311.

ASRAWI I,SALEH Y,OTHMAN M,2017. Integrating drivers' differences in optimizing green supply chain management at tactical and operational levels[J]. Computers and Industrial Engineering,112:122-134.

BANKER R D,CHARNE A,COOPER W W,1984. Some models for estimating technical and scale inefficiencies in data envelopment analysis[J]. Management science,30(9):1078-1092.

BERK I,EDIGER V Ş,2018. A historical assessment of Turkey's natural gas import vulnerability[J]. Energy,145:540-547.

BONSU N O,2020. Towards a circular and low-carbon economy:insights from the transitioning to electric vehicles and net zero economy[J/OL]. Journal of Cleaner Production,256:120659(2020-05-20)[2021-03-15]. https://doi.org/10.1016/j.jclepro.2020.120659.

CAO Y,ZHAO Y H,WEN L,et al.,2019. System dynamics simulation for CO_2 emission mitigation in green electric-coal supply chain[J]. Journal of Cleaner Production,232:759-773.

CHEN X,LIN B,2021. Towards carbon neutrality by implementing carbon emissions trading scheme:policy evaluation in China[J/OL]. Energy Policy,157:112510(2021-08-14)[2021-10-20]. https://doi.org/10.1016/j.enpol.2021.112510.

CHERCHYE L,MOESEN W,ROGGE N,et al.,2007. An introduction to 'benefit of the doubt' composite indicators[J]. Social Indicators Research,82(1):111-145.

DAC, 2002. The DAC guidelines: integrating the Rio conventions into development co-operation[R]. Paris: OECD.

EHIE I C, OLIBE K, 2010. The effect of R&D investment on firm value: an examination of US manufacturing and service industries[J]. International Journal of Production Economics, 128(1):127-135.

EPA, 2016. Executive summary: global mitigation of non-CO_2 greenhouse gases, 2010-2030[R]. Washington D. C. : United States Environmental Protection Agency.

FEINDT S, KORNEK U, LABEAGA J M, et al., 2021. Understanding regressivity: challenges and opportunities of European carbon pricing[J/OL]. Energy Economics, 103(C): 105550[2021-12-30]. https://doi.org/10.1016/j.eneco.2021.105550.

FRIED H O, LOVELL C A K, SCHMIDT S S, et al., 2002. Accounting for environmental effects and statistical noise in data envelopment analysis[J]. Journal of Productivity Analysis,17(1/2):157-174.

GNANSOUNOU E, 2008. Assessing the energy vulnerability: case of industrialised countries[J]. Energy Policy,36(10): 3734-3744.

HATEFI S M, TORABI S A, 2018. A slack analysis framework for improving composite indicators with applications to human development and sustainable energy indices [J]. Econometric Reviews,37(3): 247-259.

HE J K, LI Z, ZHANG X L, 2020. Comprehensive report on China's long-term low-carbon development strategies and pathways[J]. Chinese Journal of Population, Resources and Environment,18(4):263-295.

HUNTER C, 1997. Sustainable tourism as an adaptive paradigm[J]. Annals of Tourism Research, 21(4):850-867.

JABBOUR C J C, DE SOUSA JABBOUR A B L, 2015. Green human resource management and green supply chain management: linking two emerging agendas[J]. Journal of Cleaner Production, 112: 1824-1833.

KELLY M, 1998. Jordans potential tourism development[J]. Annals of Tourism Research, 25(4): 94-98.

KRUYT B, VAN VUUREN D P, DE VRIES H J M, et al., 2009. Indicators for energy security[J]. Energy Policy,37(6): 2166-2181.

KURNIAWAN R, SUGIAWAN Y, MANAGI S, 2018. Cleaner energy conversion and household emission decomposition analysis in Indonesia[J]. Journal of Cleaner Production, 201: 334-342.

LI J J, CHENG W J, 2020b. Comparative life cycle energy consumption, carbon emissions and economic costs of hydrogen production from coke oven gas and coal gasification[J]. International Journal of Hydrogen Energy, 45(51):27979-27993.

LI J J, TIAN Y J, DENG Y L, et al., 2020a. Improving the estimation of greenhouse gas emissions from the Chinese coal – to – electricity chain by a bottom – up approach[J/OL]. Resources, Conservation and Recycling, 167: 105237(2020 – 11 – 06) [2020 – 12 – 30]. https://doi.org/10.1016/j.resconrec.2020.105237.

MARCELIĆ S, 2015. A critical analysis of the Croatian development index: three types of development and their regional position[J]. Revija Za Socijalnu Politiku, 22(3): 309 – 333.

MASSON – DELMOTTE V, ZHAI P M, PÖRTNER H O, et al., 2018. Global warming of 1.5℃[R]. IPCC Special Report. Geneva: IPCC.

MCKERCHER B, 1993. The unrecognized threat to tourism: can tourism survive 'sustainability'[J]. Sustainability Tourism Management, 14(2): 131 – 136.

MEANGBUA O, DHAKAL S, KUWORNU J K M, 2019. Factors influencing energy requirements and CO_2 emissions of households in Thailand: a panel data analysis [J]. Energy Policy, 129: 521 – 531.

MERRICK R J, BOOKBINDER J H, 2010. Environmental assessment of shipment release policies [J]. International Journal of Physical Distribution and Logistics Management, 40 (10): 748 – 762.

PAVLOVIĆ D, BANOVAC E, VIŠTICA N, 2018. Defining a composite index for measuring natural gas supply security: the Croatian gas market case[J]. Energy Policy, 114: 30 – 38.

ROMER P M, 2006. Increasing return and long – run growth[J]. R&D Management, 36(5): 499 – 515.

SEPEHRI A, SARRAFZADEH M H, 2018. Effect of nitrifies community on fouling mitigation and nitrification efficiency in a membrane bioreactor[J]. Chemical Engineering and Processing – Process Intensifical, 128: 10 – 18.

SEPEHRI A, SARRAFZADEH M H, AVATEFFAZELI M, et al., 2019. Interaction between Chlorella vulgaris and nitrifying – enriched activated sludge in the treatment of wastewater with low C/N ratio[J/OL]. Journal of Cleaner Production, 2019, 247: 119164(2019 – 11 – 06)[2021 – 10 – 20]. http://doi.org/0.1016/j.jclepro.2019.119164.

SHAN Y L, CUCEK L, VARBANOV P S, et al., 2014. Footprints evaluation of China's coal supply chains[J]. Comput. Aided Chem. Eng., 33: 1879 – 1884.

SHI H X, WANG S Y, GUO S D, 2019. Predicting the impacts of psychological factors and policy factors on individual's $PM_{2.5}$ reduction behavior: an empirical study in China[J]. Journal of Cleaner Production, 42: 895 – 913.

VERBUNT P, ROGGE N, 2018. Geometric composite indicators with compromise Benefit – of – the – Doubt weights[J]. European Journal of Operational Research, 264(1): 388 – 401.

WADE D J, MWASAGA B C, EAGLES F J P, 2001. A history and market analysis of tourism in Tanzania[J]. Tourism Managenment, 22(1): 93-101.

WANG B J, ZHAO J L, WEI Y X, 2019. Carbon emission quota allocating on coal and electric power enterprises under carbon trading pilot in China: mathematical formulation and solution technique[J/OL]. Journal of Cleaner Production, 239: 118104 (2021-08-19)[2021-10-21]. https://doi.org/10.1016/j.jclepro.2019.118104.

WANG Q, GUO J Q, LI R R, 2021. Official development assistance and carbon emissions of recipient countries: a dynamic panel threshold analysis for low-income countries and lower-middle-income countries[J] Sustainable Production and Consumption, 29: 158-170.

WEI Y M, HAN R, WANG C, et al., 2020. Self-preservation strategy for approaching global warming targets in the post-Paris Agreement era[J]. Nature Communications, 11(1): 1624.

WIDDER S, ELLIOT M, BUTNER R, et al., 2011. Sustainability assessment of coal-fired power plants with carbon capture and storage[R]. Oak Ridge, USA: Pacifific Northwest National Laboratory, United States Department of Energy.

XIAO J, ZHEN Z L, TIAN L X, et al., 2021. Green behavior towards low-carbon society: theory, measurement and action[J/OL]. Journal of Cleaner Production, 278: 123765 (2021-01-01)[2021-05-21]. https://doi.org/10.1016/j.jclepro.2020.123765.

YANG K P, CHIAO Y C, KUO C C, 2010. The relationship between R&D investment and firm profitability under a three-stage sigmoid curve model: evidence from an emerging economy[J]. IEEE Transactions on Engineering Management, 57(1): 103-117.

ZEMLYANSKII D Y, KALINOUSKI L V, MAKHROVA A G, et al., 2021. Integrated socioeconomic development index for Russian cities[J]. Regional Research of Russia, 11(1): 29-39.

ZHANG N, LIN X H, YU Y T, et al., 2020. Do green behaviors improve corporate value? An empirical study in China[J/OL]. Journal of Cleaner Production, 246: 119014 (2020-02-10)[2021-04-15]. https://doi.org/10.1016/j.jclepro.2019.119014.

ZHANG P, HUANG G H, AN C J, et al., 2019. An integrated gravity-driven ecological bed for wastewater treatment in subtropical regions: process design, performance analysis, and greenhouse gas emissions assessment[J]. Journal of Cleaner Production, 212: 1143-1153.

ZHU Y L, YANG J H, HU L Y, et al., 2014. Calculation and analysis of the industrial green development index in Hunan Province[J]. Meteorological and Environmental Research, 5(11): 34-37.